ARNOLD KÜSTERS

Der Lambertimord

Das Buch

Im Spätherbst fault der Kohl auf den Feldern. Dann riecht der Niederrhein nach Elend und Tod.

Der Mönchengladbacher Kriminalhauptkommissar Frank Borsch ist mit seinem Kollegen Michael »Ecki« Eckers in Nettetal unterwegs, denn er muß den Mord an einer jungen Frau aufklären. Die Ermittlungen in Breyell und Umgebung sind für den Polizisten auch ein Stück Begegnung mit der eigenen Vergangenheit. Und obwohl Frank Borsch in Breyell geboren und aufgewachsen ist, bleiben ihm die Menschen seiner Heimat seltsam fremd. Zu allem Übel hat er das seltsame Gefühl, ständig zu spät zu kommen. Dabei hat er eigentlich keine Ruhe für die Aufklärung des Mordes. Seine Freundin Lisa benimmt sich schon seit Wochen mehr als merkwürdig. Frank Borsch würde sich lieber um sein Leben kümmern als um die Ermittlungen in den ehrenwerten Kreisen der Nettetaler Schickeria. Und da ist noch die Musik. Der Blues. Kriminalhauptkommissar Borsch spielt die Bluesharp in der Band STIXS. Wenn er denn Zeit hat. Sein Kollege Ecki dagegen liebt es eher volkstümlich. Er hört gerne Stefanie Hertl und den »Holzmichl«, am liebsten im Dienstwagen.

So oder so: Frank Borsch hat es wirklich nicht leicht, im Moment nicht und überhaupt. Ja, und da ist noch der »alte Lambert«, der Breyeller Kirchturm aus dem 14. Jahrhundert, das Wahrzeichen Nettetals. Der Turm wird zum Schauplatz des Schreckens. Und trotzdem halten es die Breyeller lieber mit den drei Affen: Nichts sehen, nichts hören, nichts sagen.

Frank Borsch muß sich beeilen, denn Mörder warten nicht.

Der Autor

Arnold Küsters, geboren 1954 in Nettetal-Breyell, wuchs in einer Metzgerei auf – vielleicht erklärt das seine Neigung zum Blut...

Nach dem Studium (u.a. Anglistik, Amerikanistik, Pädagogik und Psychologie) Referendariat; seit 1986 ist Küsters als Journalist tätig (WDR, ARD, Die Zeit, Stern, dpa, Rheinische Post u.a.)

Natürlich spielt Arnold Küsters in einer Rockband – er gibt uns die Bluesharp bei STIXX und »Sgt. Arnie«.

Küsters ist lieber in der Natur als in seinem Arbeitszimmer. Er kann sich eine Welt ohne Blues nicht vorstellen, wohl aber eine Welt ohne Haß und Krieg. Bis die Menschen soweit sind, hört er den Blues und liebt alles Menschliche.

Arnold Küsters lebt mit seiner Frau und seinem Sohn in Mönchengladbach.

Seine Stimme kennen Hunderttausende; mit »Der Lambertimord« legt Arnold Küsters seinen ersten Roman vor.

Arnold Küsters

Der Lambertimord

Der Niederrhein Krimi 1

Verlag der Buchhandlung Matussek & Sohn

3. Auflage 2008

Umschlaggestaltung: Fabian Matussek
Umschlagfoto: Arnold Küsters
Satz: DTP im Verlag
Druck und Bindung: Clausen & Bosse, Leck
Printed in Germany 2008
Verlag der Buchhandlung Matussek & Sohn, Nettetal
ISBN 978-3-920743-61-5

Man denkt oft, die Liebe sei stärker als die Zeit.
Aber immer ist die Zeit stärker als die Liebe.
Kurt Tucholsky

Ich werde aber niemals aufhören, und ich
wüßte auch gar nicht, wie. Ich liebe das,
was ich tue. Ich bin schon zu weit gegangen,
um noch umkehren zu können.
Buddy Guy

Personen und Handlung sind frei erfunden. Ähnlichkeiten mit Lebenden oder Verstorbenen sind nicht gewollt und wären daher rein zufällig – bis auf einige wenige Ausnahmen. Vor allem den »Alten Lambert«, den kann man nicht erfinden; der wacht seit mehr als 600 Jahren über seine Breyeller.

I.

Frank klopfte vorsichtig an die abgewetzte Bürotür im Kellergeschoß des A-Gebäudes. Trotzdem schepperte die Milchglasscheibe häßlich in ihrer Fassung. Frank verdrehte die Augen. Wenn Heinz-Jürgen eines nicht mochte, dann war es eine laute Störung während seiner Pause. Andererseits, böse Zungen behaupteten, Heinz-Jürgens Arbeitstag bestehe aus einer einzigen Pause. Zumindest wollen einige Kollegen ihn noch nie beim Arbeiten gesehen haben. Aber das erzählten sie, wenn überhaupt, nur hinter vorgehaltener Hand. Den Zorn von Heinz-Jürgen Schrievers wollten sie sich nämlich auf keinen Fall zuziehen, denn ohne das phänomenale Gedächtnis des Hauptwachtmeisters wären sie oft genug aufgeschmissen.

Heinz-Jürgen Schrievers hieß wirklich mit Vornamen Heinz-Jürgen und legte auch Wert darauf, daß er mit seinem vollen Namen angesprochen wurde. Heinz-Jürgen Schrievers war im Präsidium für das Archiv zuständig. Warum er es in seiner Dienstzeit bisher »nur« zum Hauptwachtmeister gebracht hatte, wußte niemand so recht. Aber es störte auch niemanden, denn wichtig war allein seine Arbeit. Er war so etwas wie das fleischgewordene Gedächtnis der Mönchengladbacher Polizeibehörde.

Und das war durchaus wörtlich gemeint. Heinz-Jürgen Schrievers brachte locker 120 Kilo auf die Waage, sein mächtiger Bauch war eine ständige beträchtliche Belastung für Stoff und Knöpfe an seinem Hemd. Es gab Tage, da platzte der Knopf, der an der dicksten Stelle seines Bauches nur mühsam den aufs äußerste gespannten Stoff hielt, ohne Vorwarnung ab. Einfach so. Dabei spielte es für diese unsensiblen Kunststoffknöpfe nicht die geringste Rolle, ob Schrievers nun in einer Besprechung mit seinen Vorgesetzten saß oder in der Kantine.

Durch ähnliche Vorfälle in den zurückliegenden Jahren abgehärtet, zog Heinz-Jürgen Schrievers in solchen Momenten ungerührt seine voluminöse Strickjacke einfach ruckartig ein Stück weiter vor seinen Bauch. Dabei sah er jedem in der Runde offen und herausfordernd ins Gesicht. Es war somit klar, daß diese Situationen mit nicht mehr als einem gelegentlichen unterdrückten Räuspern kommentiert wurden. Der Hauptwachtmeister nickte dann dabei selbstzufrieden, als sei er ganz allein im Raum.

Frank versuchte es noch einmal mit Klopfen. Nichts. Dabei steckte der Schlüssel in der grauen Tür. Ein untrügliches Zeichen dafür, daß sein Kollege in seinem Büro sein mußte. Als er beim dritten Versuch immer noch kein »Herein« hörte, drückte er einfach die Türe auf und trat ein.

Frank hätte es wissen müssen. Heinz-Jürgen Schrievers saß auf seinem – für seinen massigen Körper viel zu kleinen – Schreibtischstuhl und kaute an einem Butterbrot, das offensichtlich aus einer grünen Tupperdose stammte, die mit offenem Deckel vor ihm stand. Beim Anblick des zufrieden kauenden Heinz-Jürgen begann Franks Magen übergangslos zu knurren. Hunger. Er hatte den ganzen Tag noch nichts gegessen. Er hatte wieder einmal einfach vergessen, sich Frühstück zu machen. Seit seine Frau ausgezogen war und er allein lebte, bekam er kaum noch eine geregelte Mahlzeit.

Das lag daran, daß er in seiner für ihn allein viel zu großen Wohnung nicht alleine kochen wollte, und er sich andererseits auch nicht in die Kantine im F-Trakt des Präsidiums setzen wollte. Der Kantinenwirt konnte am allerwenigsten dafür. Frank mochte beim Essen einfach keine Kollegen um sich haben. Meist aß er nach Dienstschluß in einer Pommesbude, die auf seinem Weg lag, eine Portion Fritten oder ein halbes Hähnchen. Manchmal machte er einen Umweg ins Café Trotzdem, oder ins 4,3 auf der Rheydter Straße, wenn er Lust auf Türkisches hatte. Aber das kam eher selten vor.

Schrievers sah den hungrigen Blick von Frank und schob ihm uneigennützig die Tupperdose hin. Dabei verrutschte seine goldene Brillenfassung, die an einer gedrehten Kordel um seinen Hals hing und mit ihren Gläsern auf seinem mächtigen Bauch ruhte. Frank konnte in der offenen Dose eine dicke halbe Scheibe Weißbrot und eine halbe Scheibe Schwarzbrot erkennen, dazwischen eine undefinierbare graue Masse. Fingerdick geschmiert.

»Willst'n Brot? Du siehst hungrig aus. Ist Leberwurst drauf, original geschmiert von Gertrud. Da nimm. Ich bin eh' fast satt. Ich hätte es doch nur noch aus Appetit gegessen. Hat mir aber mein Arzt verboten.« Schrievers kaute genußvoll weiter und balancierte dabei auf dem leicht gekippten Stuhl gefährlich leichtsinnig hin und zurück. »Hm, himmlisch.«

»Ich soll nur noch das essen, was mein Körper braucht, sagt er.« Heinz-Jürgen Schrievers schmatzte ungeniert beim Sprechen. »Aber woher soll ich wissen, was mein Körper braucht? Außerdem kocht Gertrud einfach zu gut.«

Gertrud konnte nicht nur gut kochen, das wußte Frank. Ihre Plätzchen waren jedes Jahr auf ihrer Weihnachtsfeier im Präsidium ein gefragter Tombolapreis.

»Nein, danke, Heini. Ich wollte dich nur kurz was fragen.« Frank verbesserte sich. »Heinz-Jürgen.« Wie gesagt, er wußte, daß sein Kollege die Kurzform seines Namens auf den Tod nicht ausstehen konnte. Und er wußte auch, daß Heinz-Jürgen bei Mißachtung seines vollen Namens unausstehlich werden und dann wichtige Terminsachen einfach für eine gewisse Zeit vergessen konnte – zur Strafe.

Frank konnte jetzt nur noch mit Mühe den Impuls unterdrücken, nach dem angebotenen Brot zu greifen.

»Na, dann setz dich erst mal, Jung. Watt kann ich für dich tun?«

Frank war erleichtert. Noch einmal Glück gehabt. Schrievers war offenbar in Gönnerlaune. Trotzdem, bei *Jung* war Frank leicht zusammengezuckt. An diese Marotte konnte nun wiederum er sich nicht gewöhnen. Obwohl fast gleichen Alters, nannte Schrievers ihn stets *Jung*, so als sei er Franks Opa. Aber mit diesem Tick des Archivars mußten auch die anderen Kollegen leben.

Frank vermutete, daß diese Angewohnheit mit der Herkunft Schrievers zu tun hatte. Denn Heinz-Jürgen Schrievers kam von einem Bauernhof in der Nähe von Amern. Er war eins von sechs Kindern, vier Jungen und zwei Mädchen, die auf dem Hof groß geworden waren. Weil nicht alle vom Rübenanbau oder der Milchviehwirtschaft leben konnten, war nur der Älteste von ihnen Bauer geworden und hatte den elterlichen Hof übernommen. Die beiden Mädchen hatten als »gute Partie« eingeheiratet und lebten als Bäuerinnen auf großen Betrieben irgendwo im Heinsberger Raum. Ein Bruder von Heinz-Jürgen hatte Landmaschinentechniker bei einem Neusser Traktorenbauer gelernt und sich später selbständig gemacht, der zweitälteste war Rechtsanwalt geworden.

Heinz-Jürgen Schrievers hatte sein Leben lang nichts anderes werden wollen als Beamter. Das hatte er dann auch geschafft und war vor Jahren nach einigen dienstlichen Umwegen im Präsidium an der Theodor-Heuss-Straße gelandet. Einige jüngere Kollegen meinten, Schrievers sei quasi im Archiv groß geworden. Seine wirkliche Herkunft hatte Schrievers dabei nie verleugnen wollen oder können. Denn neben den unvermeidlichen grauen Strickjacken mit Zopfmuster, die er jahrein, jahraus über seinen stetig größer werdenden Uniformhemden trug, verrieten seine rosigen Wangen, daß er als Kind und Jugendlicher bei Wind und Wetter auf dem Traktor seines Vaters gesessen hatte, um bei der harten Arbeit zu helfen.

Frank setzte sich umständlich und räusperte sich.

»Na, da bin ich doch gespannt.« Heinz Jürgen Schrievers lehnte sich erwartungsvoll in seinem Schreibtischstuhl zurück, der dabei verdächtig krachende Geräusche von sich gab. Schrievers schien das nicht zu stören.

»Ich war am Wochenende mit meiner Band in Bracht. Nach dem Konzert habe ich an der Theke gehört, daß eine junge Frau verschwunden ist. Angeblich schon seit ein paar Wochen. Das hat mich an die anderen Vermißtensachen aus der Gegend erinnert. Wenn ich nicht falsch liege, sind dort in den vergangenen Jahren vier Mädchen bzw. Frauen verschwunden. Eine der jungen Frauen ist dann tot aufgefunden worden. Ich hab gedacht, ich frag mal nach. Reines Interesse.«

»Ich weiß. Das war die kleine Ruth. Ruth Meisen. Eine schreckliche Geschichte. An der Autobahn bei Eindhoven gefunden, erschlagen.«

Frank war baff. Selbst das Hungergefühl war mit einem Mal weg. »Woher weißt du das so genau? Ohne nachzusehen?«

Schrievers mußte wirklich ein phänomenales Gedächtnis haben. Frank jedenfalls war überzeugt, daß er selbst die Fakten niemals so fix parat gehabt hätte. Dieser Schrievers war schon ein seltsamer Vogel.

»Brauchst gar nicht so perplex zu gucken. Kannst den Mund wieder zumachen. Die Erklärung ist ganz einfach: wir sind mütterlicherseits über ein paar Ecken mit den Meisens verwandt.« Schrievers hatte sichtlich Spaß an Franks Gesichtsausdruck, wurde aber sofort ernst. »War eine schlimme Sache, damals. Seither ist Inge, Ruths Mutter, in Behandlung. Und Kurt hat schon versucht, sich auf dem Heuboden aufzuhängen. Sein Futterlieferant hat ihn gerade noch rechtzeitig abschneiden können. Wirklich schreckliche Geschichte.«

Frank nickte. Er hatte sich wieder gefangen, auch das dunkle Knurren war wieder da. »Gibt es bei uns irgendwelche Unterlagen über die Fälle?«

Schrievers drückte sich von seinem Schreibtisch ab und stand auf. Die Rollen seines Stuhls kreischten in ihren Lagern. Frank traute seinen Augen nicht. Schrievers trug wirklich Pantoffeln. Braunkarierte Filzpantoffeln während der Dienstzeit. Das konnte sich auch nur der Dicke erlauben. Fehlte nur noch die Meerschaumpfeife und das Zipfelmützchen, so wie Frank es auf alten Bildern mit Szenen niederrheinischer Gemütlichkeit gesehen hatte.

Schrievers zog hinter sich die Metallschublade eines dunkelgrauen Aktenschranks auf. Obwohl auf seinem Schreibtisch ein fast neuer PC mit Flachbildschirm stand, vertraute der Hauptwachtmeister lieber seinen Karteikarten.

»Ich weiß, was du jetzt sagen willst, Frank. Aber mit meinen Karteikarten und meinem Ordnungssystem schlage ich jeden Computer. Na ja, meistens jedenfalls.«

Schrievers schob mit einem krachenden Laut die Lade zu und öffnete das nächste Fach. »Moment, ich hab's gleich«, murmelte der Archivar und ließ seine wurstigen Finger flink über die Registratur laufen.

»Wußt' ich's doch.« Er zog einen dünnen Hefter aus der Schublade, den er aber nur kurz aufschlug.

»Nee, Jung, tut mir leid. Der ganze Vorgang liegt nicht bei uns. Wir haben damals mit der Sache nur am Rande zu tun gehabt. Die Viersener haben zusammen mit den niederländischen Kollegen die Hauptermittlungen geführt. Ich weiß von der Sache mit Ruth auch nur deshalb so viel, weil sie ja doch in irgendeiner Weise zur Verwandtschaft gehörte.«

Schrievers steckte den Hefter an seinen Platz zurück und zog die Schultern hoch. »Ich fürchte, daß du auch in den Viersener Akten nicht viel finden wirst. Du kennst das ja: die Mädchen werden vermißt und die Ermittlungen laufen am Anfang noch auf Hochtouren. Aber wenn nach ein paar Wochen nichts dabei herauskommt, wird es schwierig, sehr schwierig. Europol hat auch nicht weiterhelfen können, wenn ich mich recht erinnere. So ist das nun mal, leider. Schicksale werden dann leicht zu Aktendeckeln, die im Archiv verstauben. Na ja.«

Mit einem kräftigen Schubs seines Bauches schob Schrievers die Schublade zu und drehte sich dann wieder zu Frank um. »Hab' ich dir eigentlich erzählt, daß meine Familie vor mehreren Generationen aus den Niederlanden nach Amern übergesiedelt ist? Das muß so Ende des 19. Jahrhunderts gewesen sein. Auf jeden Fall habe ich da letztens mit einem Bekannten...«

Frank unterbrach den Redefluß Schrievers. Wenn er jetzt nicht den Absprung schaffte, würde er unweigerlich die nächste Stunde in die Tiefen der Schrieverschen Ahnenforschung eingeweiht. Und dazu hatte er nun überhaupt keine Lust. Schon gar nicht an einem Montagvormittag.

Frank stand auf.

»Tut mir leid, Heinz-Jürgen, aber ich muß wieder ins Büro. Die Arbeit ruft. Vielen Dank jedenfalls, daß du für mich in deinem Archiv gewühlt hast. Ist doch immer ein Erlebnis mit dir.« Frank lächelte seinen Kollegen an.

Heinz-Jürgen Schrievers fühlte sich geschmeichelt. »Keine Ursache. Jederzeit. Schade, daß ich dir nicht wirklich helfen konnte.«

»Macht nix. Wie gesagt, war auch nur so eine Idee. Ich wollte nur mal kurz nachhören. Hat mich doch interessiert. Wie gesagt, hatte nur so ein Gefühl. Ist ja auch nicht mein Ressort.«

»Gefühl, soso.« Schrievers ließ offen, was er damit meinte.

An der Tür drehte sich Frank noch einmal um. »Ähm, dürfte ich vielleicht doch...?« Mit einer Kopfbewegung deutete er auf den Schreibtisch. Sein Hungergefühl war einfach stärker.

»Klar, greif zu. Ist wirklich lecker. Hast du abgenommen? Ich meine, du bist noch schlanker als sonst. Und du bist so blaß. Siehst irgendwie krank aus. Außerdem könntest du dir mal wieder die Haare schneiden lassen.« Schrievers zwinkerte ihm zu. »Arbeite nicht soviel. Das ist ungesund, sagt mein Arzt. Und das ist ein kluger Mann. Hat immerhin studiert.« Schrievers ließ sich krachend auf seinen Stuhl fallen und schob Frank einladend die Tupperdose hin. Ohne weiter auf seinen Kollegen Frank zu achten, zog er anschließend eine Schreibtischschublade auf und begann darin zu kramen. Dabei schnaufte er leicht. »Irgendwo muß doch noch ein Bounty sein. Ah, ja.« Triumphierend hielt er den Schokoriegel in die Höhe. Aber da war Frank längst zur Tür hinaus. Schrievers zuckte gleichgültig mit den Schultern und begann langsam und voller Vorfreude, das Papier von seinem Bounty zu schälen.

II.

Stanisław konnte sich nicht satt sehen. Wie schön sie doch war. Leise und selbstvergessen summend kroch er aus seinem Versteck ein Stück näher an den Spalt in der Wand, um sie noch besser sehen zu können. Er mochte die deutschen Frauen. Sie waren irgendwie so anders als die, die er aus seiner Heimat kannte. Warum das so war, konnte er sich nicht erklären. Vielleicht, weil ihre Kleider schöner waren. Die Frage spielte für ihn aber auch keine Rolle. Stanisław hatte noch nie lange über sein Leben nachgedacht.

Stanisław hatte schon länger keine Frau mehr in seinen Armen gehabt. Geschweige denn geküßt, oder gar mit einer Frau geschlafen. Einmal wäre es fast dazu gekommen. Es wäre überhaupt das erste Mal gewesen. Er konzentrierte sich kurz, vor zwei Jahren mußte es gewesen sein. Damals im heißen Sommer. Aber dann hatten die Eltern von Irina etwas gemerkt, und er hatte seine kleine, blonde Freundin nicht wiedersehen dürfen. Von einem Tag auf den anderen. Dabei hatten sie so gut aufgepaßt, hinten im Heu, daß ja keiner kommt und sie erwischte. Das Herz wäre ihm fast gebrochen.

Seitdem hatte er *seine* Irina, wie er sie für sich nannte, nur sonntags beim Kirchgang heimlich beobachten können. Wenn er von der heiligen Kommunion zurück in seine Bank ging, hatte er sie für einen winzigen Augenblick aus seinen Augenwinkeln betrachten können. Wie schön sie doch war! Mit ihren langen Locken, die sich nicht bändigen ließen, und ihrer weißen Bluse. Mit gesenktem Kopf hatte sie in ihrer Bank gekniet. Sie hatte ihre Hände gefaltet, aber Stanisław spürte genau, daß auch sie ihn beobachtete.

Aber die Erinnerung an Irina war schon fast verblaßt. Nur manchmal noch, nachts, wenn er nicht schlafen konnte, dachte er an sie. An ihre zärtlichen blauen Augen, an die sanfte Kurve, mit der ihr Rücken am Po auslief, und an ihr blondes Haar. Immer wieder an ihr blondes Haar. Spätestens dann war das Bild von Irina eins mit dem Foto dieser amerikanischen Schauspielerin, das er in seiner Schlafecke fein säuberlich an die Wand geheftet hatte.

Die Frau aus Amerika war auch blond und hatte auf dem Foto eine Federboa um ihren schlanken, halbnackten Oberkörper geschlungen. Ihren Kopf hatte sie für den Fotografen mit einem Lachen zurückgeworfen. Ihre kurzen Haare waren fast eins mit den Federn. Ihre rechte Hand hatte sie wie zufällig quer über ihre Brust gelegt, damit sie ihre Boa auf der linken Schulter festhalten konnte. Die Frau sah auf dem leicht unscharfen schwarzweißen Foto jung aus. Und sie war schön.

Stanisław mochte diese Pose, die ihn an eine andere Frau erinnerte; die er schon mal in einem dieser alten schwarzweißen Hollywood-Filme gesehen hatte und die schon lange tot war.

Er hatte das Foto aus einem Musikmagazin herausgerissen, das er auf der Bank auf einem Parkplatz an der Schnellstraße nach Warschau gefunden hatte. Sein Onkel hatte ihn damals mitgenommen und an der Raststätte angehalten, zum Pinkeln. Sie hatten sich Arbeit in Warschau suchen wollen. Obwohl sie von morgens bis abends unterwegs waren, hatten sie nichts gefunden. Nachts hatten sie im Auto geschlafen. Bis ihm die Augen zufielen, hatte er damals in dem Heft geblättert. Schließlich waren sie nach vier Tagen wieder in ihr Dorf zurückgefahren, weil sie kein Geld und kaum noch etwas zu essen hatten. Das Foto und das Magazin aber hatte er behalten. Weil er die Aufnahme der Frau so schön fand.

Er hatte sich nur die Bilder in dem Heft ansehen können, denn es war die deutsche Ausgabe des *Rolling Stone*. Und Deutsch konnte Stanisław weder lesen noch sprechen. Seine Freunde hatten ihn deswegen aufgezogen, weil er sich immer nur die Bilder angesehen hatte. Einmal hatte ihn sein älterer Bruder dabei erwischt, wie er vor dem Spiegel im Badezimmer einen Musiker nachgemacht hatte, der auf einem der Fotos in dem Heft wild Gitarre spielte. Gleich danach hatte er das Bild der Frau herausgerissen und das Heft in den Kohleofen geworfen. Er hatte solange an der offenen Ofentür gewartet, bis das Heft Seite für Seite in roten Funken verglüht war. Erst danach hatte er langsam die gußeiserne Türe zugeschoben. Lange hatte er an dem Tag an Irina gedacht und dabei das Bild mit der amerikanischen Frau in seinen Händen angesehen.

Später hatte er das Bild in seinem Zimmer aufgehängt. Neben die alten Filmplakate. Die schöne blonde Frau neben Filmszenen mit Heinz Rühmann und Hans Moser. Stanisław mochte die alten Schwarzweißfilme. Immer wieder war er ins Kino gerannt, wenn auf Plakaten die alten Filme angekündigt wurden. *Wenn der Vater mit dem Sohne* mochte er besonders. Der Film, in dem der Vater seinem Jungen so schön das Schlaflied *Lalelu* vorsingt. Nach dem Kino hatte er jedes Mal noch lange die Melodie von *Lalelu* gesummt. Sein Vater hatte nie mit ihm gesungen. Nun hing dieses Bild in seinem Zimmer. Und auf einmal mochte er die blonde Frau auf seiner Wand noch mehr als Heinz Rühmann.

Einige Wochen später war sein Vetter aus Deutschland zurückgekommen. Er hatte dort drei Monate auf einem Bauernhof gearbeitet. Er war schon ein paar Mal auf dem Hof gewesen – eingereist immer mit einem Touristenvisum. Ganz begeistert hatte er davon erzählt, daß er gut behandelt worden sei, in Deutschland. Stanisław konnte sich nichts unter Deutschland vorstellen. Wie zum Beweis hatte sein Vetter dann ein paar Fotos gezeigt, die ihn neben einer dicken Frau in Kittelschürze und einem älteren Mann mit zerbeultem Hut zeigten. Die fremde deutsche Frau hatte wie eine Mutter einen Arm um seinen Vetter gelegt. Alle drei lachten fröhlich in die Kamera. Vor ihnen lag an einer langen Kette ein zerzaust und mager aussehender Hofhund.

Stanisław hatte sich mit Georg gefreut. Auch, weil er ihm die dicken Buchstaben übersetzt hatte, die unter dem Foto mit der blonden Frau standen. Nun wußte er, daß sie Schauspielerin war und Sharon Stone hieß. Sie hatte gesagt: »Als mein Kopf explodierte, war es das beste, was mir passieren konnte.« Ein merkwürdiger Satz für eine so schöne Frau, hatte Stanisław gedacht. Was er bedeuten sollte, wußte sein Vetter auch nicht. Aber das war Stanisław egal.

Immer wieder hatte er die Laute wiederholt, die ihm sein Cousin langsam vorgesprochen hatte. Bis er sie auswendig konnte: »Als mein Kopf äksplodierte, war es das Bästä, war mirr passirren konntä.« Das waren seine ersten deutschen Worte. Klang irgendwie geheimnisvoll und gut. Er lachte über die ungewohnten Laute. Bei jeder Gelegenheit hatte er sie wiederholt und dabei das Foto angesehen. Er hatte jetzt einen großen Schatz, den ihm niemand wegnehmen durfte.

Von seinem Versteck aus betrachtete er die blonde Frau vor ihm, die sich arglos bückte, um ein Stück Papier vom Boden aufzuheben. Stanisław explodierte fast der Kopf, als er daran dachte, was sich unter dem kurzen Rock der jungen Frau verbarg. Sie war so schön, so jung und unbekümmert. Sie war wie ein Traum, aus dem er nicht aufwachen wollte. Aufgeregt rückte Stanisław noch näher an den schmalen Spalt, der ihm nur einen unbefriedigenden Blick auf ein schmales Stück Hof frei gab. Aber Stanisław genügte dieser kleine Ausschnitt aus einem anderen Leben. Vorerst.

Er fühlte sich schmutzig und schuldig – und wollte doch diese Frau besitzen, die ihn so sehr an Irina erinnerte. Irina, meine Irina, wie schön sie doch war. Er mußte sie besitzen. Um jeden Preis. Gleichzeitig wußte er schmerzvoll, daß sie ihn nicht wahrnehmen würde, wenn er sie ansprechen würde. Einmal waren sie sich kurz auf dem Hof begegnet. Sie hatte nicht einmal richtig hingesehen, als sie ihm flüchtig zunickte, bevor sie in ihren Wagen stieg und davonfuhr. Die ganze Nacht hatte er wachgelegen und immer wieder das Bild von Sharon Stone und die Unterschrift angesehen: »Als mein Kopf explodierte, war es das beste, was mir passieren konnte.« Er konnte den Satz mittlerweile fast ohne Akzent sprechen. »...das beste, was mir passieren konnte.« In dieser Nacht explodierte sein Kopf das erste Mal.

In den Tagen danach hatte er immer wieder nach kleinen Gelegenheiten gesucht, um sich auf dem Hof aufzuhalten. Er wollte die schöne junge Frau mit den kurzen blonden Haaren, die in seinem Alter sein mußte, unbedingt wiedersehen. *Seine Sharon*, wie er sie heimlich nannte, war zu ihm gekommen. Stanisław hätte sich über jede noch so winzige Begegnung gefreut, aber er hatte sie nur noch einmal von weitem in ihrem Auto gesehen. Dabei hatte ihn das wenige, was er bei dieser Gelegenheit von ihr hatte sehen können, fasziniert und erregt. Er war in seinen eigenen Gedanken gefangen. Denn er würde sich nie trauen, sie anzusprechen. Und er hätte nicht sagen können, was passiert wäre, wenn sie ihn unerwarteterweise angesprochen hätte.

An Irina hatte er schon lange nicht mehr gedacht. Das war endgültig vorbei. Stanisław stand an der Schwelle zu einem neuen Leben. Das wußte er, und dafür hatte er alles aufgegeben. Einen ersten Schritt hatte er schon getan. Er liebte seine Sharon, dessen war er sich ganz sicher. Und sie würde ihn auch lieben. Schade nur, daß er den anderen nichts von seiner Liebe erzählen konnte. Sie würden ihn nicht verstehen, ihn bestenfalls für einen armen, verwirrten

Spinner halten – und ihn mit seiner Beichte aufziehen. So wie damals sein Bruder ihn mit der Gitarristenpose noch Wochen später geärgert hatte. Dabei wollte er doch nur ein bißchen glücklich sein. Hatte er nicht ein Recht darauf? Ein kleines bißchen Glück für Stanisław, das war doch wirklich nicht zuviel verlangt. Einmal, nur einmal in seinem Leben, wollte er auch im Mittelpunkt stehen, begehrt und geliebt von einer schönen Frau, begehrt und geliebt von Sharon...

Wenn er solche Gedanken hatte, war er bei der Arbeit noch schweigsamer als sonst. Seine Arbeitskollegen sagten dann, wirst sehen, das Heimweh wird weggehen. Du mußt dich nur gewöhnen. Die Zeit heilt alle Wunden. Bete, das hilft. Oder trink mit uns. Aber Stanisław schüttelte dann nur den Kopf. Er wußte, auch Beten half nichts. Er mußte etwas tun, damit sein Kopf nicht wieder und wieder explodierte. Er wußte nur noch nicht genau, was.

Mehr als tausendmal hatte er sich das Bild schon vorgestellt. Jeden Tag, jede Stunde. Wie sie sich an seine Schulter schmiegt und leise und zärtlich seinen Namen sagt: »Stanisław, mein starker Mann, ich liebe dich.« Aus ihrem Mund klang »Stanisław« wie der Name eines Königs. »Stanisław, du bist der Mann, von dem ich immer geträumt habe.« Er würde sie küssen, erst leicht auf ihr seidiges kurzgeschnittenes Haar. Ihm gefiel ihre Frisur, obwohl er lange Locken eigentlich lieber mochte. Mit vielen kleinen Küssen würde er ihren Kopf liebkosen, ihn mit seinen Händen streicheln. Dann würde er langsam ihren Hals mit seinen Küssen bedecken. Dazu würde er romantische Musik aufgelegt und Kerzen angezündet haben. Im Kerzenschein würde ihre Haut noch weicher als Samt aussehen. Er hatte das einmal im Kino gesehen, in Großaufnahme. Wie ein Zeigefinger langsam den hellen Pflaum am Hals der Schauspielerin entlang gefahren war. Er konnte sich später an den Titel des Films nicht mehr erinnern. Nur an den Hals der Schauspielerin in Großaufnahme und an ihre blonden Nackenhärchen.

Sie würden Sekt trinken, nein, teuren Champagner. Viel Champagner. Und sie würden sich dabei küssen. Obwohl er noch nie Champagner getrunken hatte, spürte er in Gedanken schon die prickelnden Perlen auf seiner Zunge. Einmal, bei einer Familienfeier im Winter, hatte er als Kind heimlich den Rest Schaumwein probiert, den seine Mutter in ihrem Glas zurückgelassen hatte. Champagner mußte noch viel besser schmecken als damals der billige Perlwein aus Rußland.

Ganz langsam würde er schließlich mit ihr zur Musik tanzen und sie dabei auf ihren heißen Mund küssen. Sie immer ein Stückchen mehr ausziehen, bis sie schließlich beide nackt auf das Bett sinken und sich die ganze Nacht lieben würden.

Auch jetzt hatte er wieder dieses Bild im Kopf. Quasi in Großaufnahme von oben fotografiert. Wie sie beide verschwitzt auf dem Laken liegen und jeder seinen Gedanken nachhängt. Die Sehnsucht nach dieser Frau auf dem Hof brachte ihn fast um. Er hatte sich von dem Moment an, als er sie das erste Mal von draußen durch das Fenster gesehen hatte, in sie verliebt. Er mußte sie haben. Sie sollte nur ihm gehören. Nur ihm allein.

Stanisław rieb sich mit beiden Händen über das Gesicht. Er schloß die Augen. Er mußte sich konzentrieren und nachdenken. Nachdenken half, ihm würde schon etwas einfallen. Die Zeit hilft. Wie hatte seine Großmutter immer gesagt, wenn er Kummer hatte? »Jungchen, kommt Zeit, kommt Rat. Auf einen Winter folgt der Frühling. Jungchen, das wird schon wieder. Glaube deiner alten Oma, mein liebes Jungchen.«

Stanisław drehte den Kopf ganz zur Seite, um noch mehr zu sehen. Die junge blonde Frau stand immer noch auf dem Hof. Allerdings konnte er kaum noch ihre schlanken Beine sehen. Sie war ein paar Schritte zur Seite gegangen und er hörte, wie sie mit jemandem sprach. Es klang fast wie ein Streit, aber er konnte nicht hören, worum es ging. So sehr er auch sein Ohr an den schmalen Spalt in der Holzwand drückte, die Stimmen waren einfach zu leise.

Plötzlich fuhr er herum und schlug dabei hart mit der Stirn an eine Eisenstange, die neben ihm aus einem Stapel Alteisen ragte. Jemand hatte mehrmals seinen Namen gerufen. Stanisław fluchte und rieb sich den Kopf. Blut sickerte aus dem Riß in seiner Haut. Er achtete nicht weiter darauf und setzte beim Hinausgehen seine abgewetzte Kappe auf.

Als er auf den Hof trat, war der leer. Seine blonde Sharon war verschwunden. Irgendwo in der Nachbarschaft kläffte laut ein Hund. Langsam ging Stanisław über den Hof. Seine Gedanken wurden düster. Er wußte nun, was er tun mußte. Es würde nicht leicht werden, aber es würde sich lohnen. Es mußte sich lohnen, denn er würde einen hohen Preis zahlen müssen. Erleichtert über seine Entscheidung war er nicht. Er hatte Angst, panische Angst. Sein Plan konnte ihn den Kopf kosten. Das wußte er genau. Aber er wußte auch, daß er keine Alternative hatte. Er mußte nur vorsichtig genug sein, dann würde alles gut werden. Ganz vorsichtig. Er versuchte jetzt nur noch, an seine längst verstorbene Großmutter zu denken. Reflexartig begann er, leise das alte Schlaflied aus seiner Kinderzeit zu summen.

III.

Frank saß erst seit einigen Minuten in seinem Büro und hatte damit begonnen, das Chaos aus Berichten und Zeitschriften zu ordnen. Er schob die auf billigem Recyclingpapier gedruckten Dienstanweisungen beiseite. Die Kollegen in der Verwaltung könnten sich zur Abwechslung mal mit dem wahren Polizeialltag beschäftigen, dann kämen sie schon auf andere Gedanken, als sich mit Fragen wie *der Einsatz der Seifenspender in den Diensträumen* zu beschäftigen. Frank hatte den Gedanken kaum zu Ende gebracht, als sein Blick auf einen aktuellen Zeitungsartikel fiel, der in der Umlaufmappe steckte.

Jugendrichter soll Kinderpornos gesammelt haben
MÖNCHENGLADBACH (ap) Ein Jugendrichter aus Mönchengladbach soll über Jahre Kinderpornos gesammelt haben. Die Polizei war dem 62 Jahre alten Richter bei Ermittlungen gegen Kinderpornographie im Internet auf die Spur gekommen. Schon im September vergangenen Jahres hatten die Fahnder bei ihrer groß angelegten Durchsuchungsaktion 38 kinderpornographische Zirkel im Internet gesprengt. Weltweit waren 26.500 tatverdächtige Internet-User in 166 Staaten von den Ermittlungen betroffen.

Frank hatte vor zwei Wochen an der Durchsuchung der Wohnung des Juristen teilnehmen sollen, hatte sich an dem Tag aber krank gemeldet. Seine Kollegen hatten ihm erzählt, daß der Jurist äußerst höflich gewesen war und sie bei der großangelegten Aktion eilfertig unterstützt hatte. Als sei er froh, daß endlich eine Last von ihm genommen würde. Ein Verhalten, das bei solchen verdächtigen Straftätern immer wieder vorkam. Der 62jährige hatte bislang eher als unauffälliger und fleißiger Jurist gegolten, dessen Urteile sich oft am unteren Ende der möglichen Strafskala bewegt hatten. Als Frank von der bevorstehenden Durchsuchung erfahren hatte, mochte er zunächst an die Vorwürfe nicht glauben. Ein Mann des Gesetzes, der sich auch noch kraft seines Amtes Zugang zu Kinderpornos verschafft haben soll. Schon bei dem bloßen Gedanken wurde ihm schlecht.

Er hatte den Gedanken kaum zu Ende gedacht, als das Telefon auf seinem Schreibtisch klingelte. Er warf die Mappe auf einen Stapel.

»Kann man nicht einmal am Tag seine Ruhe haben und wenigstens die Rundläufe lesen?«, fluchte Frank laut, als er zum Hörer griff.

»Borsch!« Das klang nicht gerade freundlich.

»Ach du bist's, Hei..., äh, Heinz-Jürgen. Was kann ich für dich tun?« Franks Stimme klang jetzt wesentlich freundlicher. Der Archivar konnte ihn zu jeder Tages- und Nachtzeit anrufen!

»Nein, Heinz-Jürgen, ich weiß nicht, wo Ecki ist. Ich habe ihn den ganzen Tag noch nicht gesehen. Vielleicht ist er noch in der Kantine oder zu einer Befragung draußen. Ich habe keinen Überblick über seine Termine. Vielleicht ist er auch nur mal kurz nach Hause. Was? Nein, er muß im Dienst sein. Frei hatte er erst letzte Woche. Soll ich ihm etwas ausrichten?«

Frank suchte leise fluchend in dem Durcheinander auf seinem Schreibtisch nach einem Kugelschreiber.

»Was soll er? Dir und Gertrud Karten für die Kaiser-Friedrich-Halle besorgen? Gut, habe ich notiert.« Frank war neugierig. »Was wollt ihr euch anhören? Ist Herbert Knebel wieder in den Stadt?« Frank wußte, daß die Schrievers gerne ins Kabarett gingen. Das war ihre gemeinsame Leidenschaft.

»Wen wollt ihr euch anhören?« Frank traute seinen Ohren nicht. »Wen? Vicky Leandros? Ich glaub's ja nicht. Lebt die wirklich noch? Was sagst du, einfühlsame Lieder? Nee, nee. Ja, ist ja schon gut, hab's notiert. Karten für das Konzert von Vicky Leandros zugunsten der ZNS-Stiftung von Hannelore Kohl.«

Bevor er losprustete, konnte er so gerade eben noch den Hörer auflegen. *Theo, wir fahren nach Lodz.* Das sah den Schrievers ähnlich. Und Ecki.

Noch Stunden später mußte Frank über das *musikalische Highlight* in der alten KFH grinsen. Er hätte Ecki gerne damit aufgezogen. Aber Ecki blieb an diesem Tag verschwunden, was eigentlich gar nicht seine Art war. Aber bestimmt gab es eine Erklärung dafür. Sicher gab es eine Erklärung dafür. Aber Frank hatte es nicht eilig damit, sollte sich Ecki ruhig seine Auszeit nehmen. Das hatte er sich ohnehin mehr als verdient, schob er doch wie alle anderen Kollegen einen Berg Überstunden vor sich her, den er in seinem Berufsleben nie mehr würde abbauen können. Morgen war auch noch ein Tag. Im Moment gab es keinen Fall, an dem sie dringend zu zweit arbeiten mußten.

Theo, wir fahren nach Lodz – Frank konnte es immer noch nicht glauben. Auf dem Weg in seine Stamm-Pommesbude ertappte er sich dabei, wie ihm der Refrain der alten Schnulze nicht aus dem Kopf wollte. Wie lange war das her? Zwanzig Jahre, dreißig? Er sah Vicky Leandros vor sich, als wäre die *Hitparade* erst letzten Samstag gelaufen. Anmoderiert von Schnellsprecher Dieter Thomas Heck. *Unsere Startnummer zwei:* Lange dunkle Mähne, karierter Glockenrock und weiße hohe Stiefel.

Zu Hause besah sich Frank im Spiegel. Wieso sollte er zum Frisör? Er fand nicht, daß seine Haare zu lang waren. Was Schrievers nur immer hatte.

IV.

Der Novemberwind hing träge zwischen den geduckten Häusern. Das helle Gelb der Straßenlampe tauchte die enge Kreuzung in milchiges Licht. Der Marktplatz war leer. Die Dorfstraßen verloren sich hinter dem matten Lichtkranz schnell in der Dunkelheit. Es war kalt. Naßkalt. Und still.

Mit leisem Motor und ohne Licht rollte der kleine Pritschenwagen auf den Platz. Ohne ein Geräusch zu machen, sprang der Fahrer aus dem Führerhaus und klappte eine Seite der niedrigen Bordwand herunter. Umständlich zog er sich auf die Ladefläche und stand schließlich, mit unterdrücktem Atmen, über dem dunklen Etwas. Mit den Füßen rollte er die sperrige Last an den Rand der Pritsche. Der im dunklen Overall kräftig und kompakt wirkende Mann hielt inne und sah sich um. Hinter den dunklen Fenstern der umliegenden Häuser war nichts zu erkennen. Nur in der Bäckerei an der Ecke schien in der Tiefe des Ladens ein fahles Licht.

Zu hören war nur der Motor des kleinen Transporters, der im Leerlauf leise tuckerte. Er konnte den verbrannten Diesel riechen. Schließlich straffte sich die Gestalt und holte mit dem rechten Fuß zu einem kräftigen Schubs aus. Dumpf schlug der Körper auf das rote Pflaster. Es klang wie ein mattes Seufzen, als dabei die letzte Luft aus dem leblosen Brustkorb entwich. Hastig sprang der Mann im olivfarbenen Overall hinterher und klappte die Bordwand geräuschlos hoch. Ohne sich noch einmal umzudrehen, setzte er sich ans Steuer und rollte mit seinem Wagen langsam vom Platz Richtung Friedhof. Erst in Höhe der Gärtnerei schaltete er das Licht ein und gab Gas.

V.

Eigentlich würde er lieber im Auto sitzen bleiben und den *Airline Blues* von Larry Garner entspannt zu Ende hören, dachte Frank. Aber Ecki hatte sowieso schon während der ganzen Fahrt ein Gesicht gemacht, als habe er schlimmste Zahnschmerzen. Und außerdem waren sie in diesem Moment am Rand des Marktplatzes in Breyell angekommen.

Sein Kollege Ecki, eigentlich Michael Eckers, war bekennender und glühender Anhänger des deutschen Schlagers. WDR 4 war sein Lieblingssender. Für Frank dagegen war Volksmusik ein Grauen. Es gab kaum etwas, das ihn mehr entsetzte als all die fröhlichen Menschen, die in ihren Dirndln und ledernen Trachtenhosen in der klinisch sauberen Welt des Musikantenstadls bei »Bier und Brez'n« unbeschwert und willig zum Takt der Blasmusik klatschten.

Frank und Ecki waren zeitgleich zur Kriminalpolizei gewechselt. Sie kannten sich noch von den gemeinsamen Schichten im Wach- und Wechseldienst. Zunächst durch die Dienstpläne zwangsläufig aneinander gebunden, war über die Jahre eine Freundschaft gewachsen, die mehr war als die gelegentlichen Verabredungen auf ein Bier mit einem Arbeitskollegen. Nur, mit der Musik, das hatten die beiden in der ganzen Zeit dann doch nicht auf die Reihe bekommen. Dazu gingen ihre Meinungen über *gute* Musik zu weit auseinander. Aber sie hatten sich wenigstens auf einen Kompromiß einigen können, der erstaunlicherweise dauerhaft hielt.

Wenn sie bei einer ihrer Schichten, oder später dann bei den Observationen über Stunden auf engstem Raum in einem Auto zusammengepfercht saßen, hatte jeder im Wechsel die Musik des anderen mitanzuhören. Kopfhörer waren leider tabu, denn sonst würden sie den Funkverkehr der Kollegen nicht mitbekommen. Es war für beide Seiten weiß Gott nicht einfach, aber gegen das ungeschriebene Gesetz der musikalischen Toleranz wurde nur ganz selten von beiden Seiten mit Unmutsäußerungen verstoßen. Und auch nur dann, wenn selbst für sie als langgediente Profis die Enge im Auto nicht länger zu ertragen war. Ansonsten galt vor allem während der Arbeitzeit das Motto: »Jeder Jeck ist anders.«

B.B. King kontra Wolfgang Petri. Bei dem Gedanken an den Schnulzenrokker mußte Frank sich jedes Mal aufs Neue schütteln. Freundschaftsbändchen und Karohemd, unglaublich.

Ecki hatte so lange schweigend neben ihm gesessen, bis Frank die Stoptaste des CD-Wechslers gedrückt hatte. Nun witterte sein Kollege seine Chance.

»Na endlich. Das Gejammere war ja nicht auszuhalten.« Demonstrativ legte Hauptkommissar Eckers eine seiner gefürchteten selbstgebrannten CDs neben die Tüte mit dem Rest Nußschleife, die noch vom Vortag auf dem Armaturenbrett lag.

Teilchen, am liebsten Hefeteilchen mit viel klebrigem Zuckerguß und Marzipan, waren neben Stefanie Hertel und Co. Eckis zweite Leidenschaft. Trotz seines unglaublichen Teilchenkonsums hielt Ecki schon seit Jahren sein Idealgewicht. Dafür beneidete Frank seinen Freund und Kollegen. Ecki war ein drahtiger, kompakter Typ, der verdrücken konnte, was er wollte, ohne ein Gramm zuzunehmen. Dazu machte er regelmäßig Kraftsport und ging Kegeln. Für Ecki war es sehr praktisch gewesen, als vor Jahren gleich neben der Dienststelle ein Sportpark aufgemacht hatte. Seit neuestem spielte er dort mit einigen Kollegen jeden Mittwochabend Beachvolleyball. Frank dagegen brauchte sprichwörtlich nur an einem Stück Kuchen vorbei zu gehen, und schon hatte er ein Kilo mehr auf den Rippen. So gesehen war sein regelmäßiges Joggen nicht viel mehr als Schadensbegrenzung.

Frank betrachtete den handgeschriebenen Titel auf dem Aufkleber der CD: *Neue Hitparade.* Die schönsten Schlager und die schönsten Melodien der Volksmusik, präsentiert von Dieter Thomas Heck. Das kann ja heiter werden. Musik, schlimmer als Karies, stöhnte Frank innerlich. Ecki dagegen war zufrieden, das konnte man ihm ansehen, er hatte für die Rückfahrt sein Feld frühzeitig abgesteckt. Beim Aussteigen brummte er daher vergnügt: »Mal sehen, was die Kollegen diesmal für uns haben. Hoffentlich eine saubere Leiche.«

Seit Ecki im Sommer vergangenen Jahres bei dem Versuch, einen Selbstmörder von einem Balken auf dem Speicher eines Mietshauses im Mönchengladbacher Ortsteil Dohr abzuschneiden, von dem bedauernswerten Verblichenen *angerülpst* worden war, hatte er seinen eher unbeschwerten Umgang mit Leichen aller Art verloren. Der Gerichtsmediziner hatte ihm später zwar erklärt, daß der Tote nicht wirklich gerülpst hatte, als Ecki ihn beim Abnehmen auf dem Arm hatte. Aber allein die Vorstellung, daß beim Lockern der

Schlinge lediglich übelriechende Luft aus dem schlaffen Körper entwichen war, ließ Ecki seither bei Einsätzen einen respektvollen Abstand zu Toten halten.

Die beiden Beamten vom KK 11 der Polizei in Mönchengladbach ließen ihren Dienst-Mondeo am Café Schluhn stehen und näherten sich gespannt dem Flatterband, mit dem der Tatort abgesperrt war. Ein Polizeiwagen und ein Rettungswagen standen mit eingeschaltetem Blaulicht außerdem so, daß die wenigen Schaulustigen, die sich zu dieser frühen Stunde auf dem Marktplatz eingefunden hatten, nicht sehen konnten, was zwischen den Wagen und dem Bauzaun am Lambertiturm passierte. So sehr sie sich auch reckten.

Ecki schüttelte den Kopf. Einige der Neugierigen standen doch tatsächlich im Bademantel an der Absperrung, oder hatten in einem Anflug von Scham notdürftig einen Mantel über den Schlafanzug gezogen. Auf jeden Fall wollte niemand von ihnen auch nur die geringste Kleinigkeit verpassen. Die Ankunft des Autos mit Mönchengladbacher Kennzeichen und die beiden Ermittler wurden von ihnen mit vielsagendem Kopfnicken und einem aufgeregten Raunen quittiert. Hoffentlich kam endlich wieder etwas Bewegung in die Sache.

Frank und Ecki wären fast mit Richard Leenders zusammengestoßen, der sich auf dem Weg zum Notarztwagen gedankenverloren die Einmalhandschuhe von den Händen zog. Leenders war der zuständige Gerichtsmediziner. Sie kannten Leenders mit grauem Dreitagebart und deutlichem Bauchansatz von früheren Einsätzen als einen eher finsteren Mediziner, den jede Frage schon zu nerven schien, bevor sie überhaupt ausgesprochen wurde. Er hatte bei den beiden Ermittlern daher den Spitznamen *Mad Doc* weg.

Ehe Frank und Ecki auch nur ansatzweise »Guten Morgen« sagen konnten, ging Richard Leenders schon in die Offensive. »Ich kann noch nicht viel sagen. Vor allem Kopfverletzungen. Todeszeitpunkt vermutlich gegen Eins, also vor«, er schaute auf die Uhr, »etwa fünf, höchstens sechs Stunden. Hier, das haben wir gefunden. Steckte in der Jeans der Kleinen.« Der Mediziner hielt den beiden ein Handy hin, eingepackt in eine durchsichtige Plastiktüte.

»Leichenfledderer«, meinte Ecki mit einem flüchtigen Blick auf das Mobiltelefon und versuchte dann an Leenders vorbei einen Blick auf die Szene am Kirchturm zu werfen.

»Keine Angst, da rülpst keiner mehr«, feixte der Mediziner schadenfroh grinsend, der Eckis Geschichte natürlich kannte, und schlug ihm aufmunternd auf die breiten Schultern.

»Ha, ha, wie witzig. Ich lach mich tot.« Ecki verzog das Gesicht zu einem schiefen Grinsen.

»Na, besser nicht, sonst landest du womöglich noch auf meinem hübschen kalten Stahltisch.«

Leenders räusperte sich, als er merkte, daß er bei den beiden mit seinen Witzen nicht landen konnte, und versuchte dann noch so etwas wie eine Versöhnung. »Ganz schön kalt geworden, richtig Winter.«

Frank sah Ecki an und verdrehte die Augen. Dann ließen sie den Pathologen mit dem sichergestellten Handy einfach stehen und bogen um die offene Tür des Rettungswagens.

»Oh, mein Gott.«

Die beiden Ermittler hatten während ihrer Arbeit im KK 11 schon vieles mitansehen müssen, Selbstmörder, Rentner, die erst Wochen nach ihrem einsamen Tod gefunden worden waren, erdrosselte Kinder in ihren Bettchen. Der Anblick einer Leiche war für sie trotzdem jedes Mal aufs neue ein Schock. Besonders, wenn es sich wie in diesem Fall um eine junge und noch dazu hübsche Frau handelte.

Ihnen bot sich ein jämmerlicher Anblick. Der Körper lag zusammengekrümmt auf dem roten Pflaster am Fuß des alten Kirchturms. Wie eine überfahrene Katze, war Franks erster Gedanke. Die Frau hatte kurzes blondes Haar. Frank sah an dem Backsteinturm empor, der auf allen Seiten mit grauen und blauen Bauplanen fast komplett verhängt war. Auf den ersten Blick sah es so aus, als könnte die Frau irgendwo oben auf dem Gerüst ausgerutscht und dann fast 30 Meter in die Tiefe gestürzt sein. Vielleicht war es auch nur ein Unfall, ausgerutscht auf glitschigen Planken. Vielleicht war es aber auch Selbstmord, oder sie war doch absichtlich hinunter gestoßen worden. Sie würden es herausbekommen. Immerhin galten die beiden Ermittler als Spitzenteam. Das hatte sich schon bis zum Innenministerium herumgesprochen. Frank und Ecki blieben am Rand der Absperrung stehen und sahen den beiden Kollegen der Spurensicherung zu, die im Schein der aufgestellten Lampen in ihren weißen Plastikanzügen am Boden knieten. Einer von ihnen klappte gerade einen großen silberfarbenen Metallkoffer zu.

»Fertig?« fragte Ecki. Der Mann vor ihm sah nur kurz hoch und schwieg.

»Was meinst du?« Frank sah Ecki fragend an.

»Also, gesprungen ist die sicher nicht.«

»Hhm. Könnte stimmen. Kein Blut.«

»Fundort ist nicht gleich Tatort.« Der ältere der beiden Beamten von der Spurensicherung murmelte mehr vor sich hin, als daß er die beiden direkt ansprach. Er war damit beschäftigt, etwas vom Boden abzukratzen, das für Frank so aussah wie ein festgetretenes Kaugummi.

»Und was noch, lieber Kollege?« Franks Stimme klang zuckersüß. Ein sicheres Zeichen dafür, daß er mehr als ungeduldig war, dachte Ecki. Warum mußten die Typen von der »Spusi« auch immer so eine Show abziehen? Der einsilbige Cowboy auf der Suche nach der Wahrheit. Die Kollegen hatten wohl sonntagabends zu viele Tatorte gesehen. Weder Ecki noch Frank mochten die verschlossene Art der Kollegen von der Spurensicherung besonders.

»Können wir noch nicht sagen, morgen vielleicht, oder...«
»Schon gut, weiß schon, ihr könnt auch nicht mehr als arbeiten.«
»Eben.« Der Mann in seinem weißen Einmal-Overall mit Kapuze zog ein beleidigtes Gesicht und steckte das Messer und den Plastikbeutel mit dem abgekratzten Etwas in ein Fach seines Koffers. Dann stand er auf und verschwand mit seinem Kollegen samt Koffer Richtung Café. Dort brannte schon Licht.
Frank konnte ihn in gewisser Weise sogar verstehen. Wer will schon im November morgens in aller Herrgottsfrühe anderer Leute Kaugummi vom Boden abkratzen?
»Super, und jetzt?« Ecki zog die Nase hoch.
Frank antwortete nicht. Statt dessen kniete er sich neben den Körper der schlanken Frau und hob vorsichtig ihren rechten Arm, den sie wie im Schlaf angewinkelt hatte. Der linke Arm zeigte auf die andere Straßenseite, auf einen Punkt irgendwo zwischen der Kneipe *Paradise* und der Bäckerei Nethen. Die Tote lag halb auf der Seite, mit dem Gesicht Richtung Turm, die Beine merkwürdig verdreht. Frank zog Einmalhandschuhe aus seiner Jackentasche und streifte sie über. Dann drehte er ihren Kopf mit beiden Händen vorsichtig ein Stück zur Seite.
Sie hatte weiche Gesichtszüge und war ungefähr 1,70 groß. Ihre Fingernägel waren unlackiert. Die Tote mochte Mitte Zwanzig gewesen sein. Frank fiel auf, daß sie für Ende November nicht besonders warm angezogen war. Eher wie für die Disco: tief sitzende Jeans, ein dünner, enger, hellblauer Pullover mit Fransen an Armen und Saum. Um den Hals trug sie eine schmale Silberkette mit kleinem Anhänger. Auf den ersten Blick waren es zwei miteinander verschlungene Initialien. Was es aber genau war, würden die Kollegen feststellen müssen. Eine Jacke oder eine Tasche fehlten. Der Reißverschluß der Jeans war halb aufgezogen.
»Wollt ihr das Handy nun mitnehmen oder nicht?«
Frank fuhr vor Schreck herum und stand schwerfällig auf. Es war einfach noch zu früh für Gymnastik. Er hatte *Mad Doc* Leenders nicht kommen hören. Der Arzt wedelte mit dem schmalen Plastikbeutel dicht vor Franks Nase und zog dabei selbstzufrieden an seiner Zigarette. Dabei wippte er leicht auf den Zehenspitzen.
»Was meint ihr, wo wir das niedliche Telefon gefunden haben?«
»Mach's nicht so spannend.« Frank merkte, wie er nervös wurde.
»Vorne, in der Jeans der Kleinen.« Leenders plusterte sich zu seiner ganzen Größe auf. Er wollte seine sensationelle Entdeckung voll auskosten und betonte noch einmal mit einem süffisanten Grinsen ausdrücklich den Fundort. »Vorne im Höschen, nicht etwa in einer Hosentasche. Weil, die Jeans ist so eng, die hat nämlich keine Taschen. Da ist noch nicht mal Platz für ein Tem-

po. Die Dinger sind ja auch ziemlich klein geworden, und haben heutzutage fast alle Vibrationsalarm.«

Frank überhörte die platte Zweideutigkeit von *Mad Doc* und sah Leenders stattdessen ernst an.

»Und, was ist mit dem Akku, tut's der noch?« Auch Ecki hatte sich über den Gerichtsmediziner geärgert.

»Weiß nicht, keine Ahnung. Das Handy wird wohl ausgeschaltet sein. Auf jeden Fall ist das Display dunkel. Vielleicht ist es auch kaputt. Könnte beim Ablegen der Leiche beschädigt worden sein. Ich bin dann weg.« Leenders hatte für seine Begriffe genug kriminalistisches Gespür gezeigt. Der Rest ging ihn nichts mehr an. Er schnippte den Rest seiner Zigarette einfach in Richtung Café und verschwand im hell erleuchteten Notarztwagen.

Ecki und Frank sahen sich vielsagend an. Leenders war eben ein Arsch. *Mad Doc* eben.

Frank fuhr sich mit einer Hand durch das für sein Alter immer noch dichte, dunkelbraune Haar und sah Ecki an. »Was ich an der Toten auf den ersten Blick erkennen konnte, ist nicht viel. Die Haare sind am Hinterkopf mit angetrocknetem Blut verklebt. Ihre Kopfschwarte sieht an einer Stelle aus wie eine aufgeplatzte Kastanie. Am Tatort müßte daher viel Blut zu finden sein. Tatwaffe war vielleicht ein Hammer, oder ein Aschenbecher, könnte aber auch ein Baseballschläger gewesen sein, oder die flache Seite eines Beils, was weiß ich? Die Frau muß irgendwo anders getötet und dann später hierhin gebracht worden sein. Fragt sich nur wie und womit.« Frank sah über den Platz hinüber zu den Häusern an der Lobbericher Straße. »Irgendjemand muß doch was gehört oder gesehen haben.«

»Sieht ganz so aus, als sei die Frau nicht einfach nur abgelegt worden. So wie sie hier liegt, glaube ich eher, daß man sie abgekippt habt. Regelrecht abgekippt, wie ein totes Stück Vieh. Die entscheidende Frage dabei ist, warum? Warum ausgerechnet hier? Wer macht sich die Mühe, und bringt die Leiche hierhin, mitten ins Dorf? Direkt vor den Turm? Der Täter mußte doch damit rechnen, entdeckt zu werden. Oder die Täter.« Ecki schüttelte den Kopf. Das paßte nicht ins Bild. Ein Mörder, der sein Opfer an einem öffentlichen Ort ablegt. Ecki dachte laut nach. »Könnte auch ein Ritual sein. Eine Opfergabe, oder so was ähnliches. Vielleicht wollte der Täter ein Zeichen setzen, einen Hinweis geben? Vielleicht wollte er, daß sie möglichst schnell gefunden wird. Aber vielleicht liegt sie auch nur zufällig hier.«

»Am Samstag beim Konzert in Bracht hat mir jemand erzählt, daß dort eine junge Frau verschwunden ist. Die vierte in drei Jahren. Eine wurde im vergangenen Jahr an der Autobahn bei Eindhoven gefunden. Erschlagen.«

»Ich erinnere mich. Meinst du, es besteht ein Zusammenhang zwischen den Fällen und der Toten hier?«

»Immerhin kommen alle aus dem Kreis Viersen. Und die Frau hier wurde offenbar auch erschlagen. Ist doch merkwürdig oder?«

»Ein bißchen dünn, deine Vermutung. Warten wir ab, was unser verehrter Gerichtsmediziner dazu zu sagen hat.« Ecki sah müde aus. Obwohl seine halblange hellbraune Cordjacke gefüttert war, fror er sichtlich. Er hatte einfach zu früh aufstehen müssen. Er zog den Kopf noch ein Stück tiefer in den Kragen.

»Was ist das eigentlich für ein Turm?«

»Das kann ich dir sogar ziemlich genau sagen.«

»Oh, nee, bitte jetzt keinen Vortrag, Frank.« Ecki bedauerte schon, daß er gefragt hatte.

Frank hatte beide Hände tief in seiner schwarzen Lederjacke vergraben. Er hätte dickere Schuhe anziehen sollen. Langsam kroch die Kälte durch die dünnen Sohlen. Seine Zehen waren schon eiskalt. Außerdem hatte er seinen Schal vergessen. Mit dem Kinn deutete er auf die umstehenden Häuser. »Der Turm heißt hier im Ort *Alter Lambert*. Das ist ein Kirchturm, 14. Jahrhundert, Backstein mit Tuffsteinverzierungen, Breyeller und Nettetaler Wahrzeichen, und ziemlich marode. Seit zwei Jahren versucht ein Förderkreis, ihn zu erhalten. Die Stadt hat sich vor kurzem nach einigem Hickhack schließlich für die aufwendige Sanierung und den Erhalt des Turms entschieden. Soweit ich das beurteilen kann, sind die Arbeiten schon ziemlich weit. Im Frühjahr soll das Gerüst fallen.«

»Und? Woher weißt du das alles? Du solltest dich bei Jörg Pilawa melden.« Ecki hatte seinem Freund Frank nur halb zugehört und statt dessen die Häuserreihe auf der anderen Straßenseite betrachtet.

»Schließlich bin ich in Breyell geboren, das solltest du aber mittlerweile wissen. Oder hörst du eigentlich nie zu, wenn ich dir etwas erzähle? Außerdem kann ich Zeitung lesen. Willst du noch mehr wissen?«

»Meine Güte, wie bist du denn heute drauf? Sei doch nicht gleich beleidigt. Alles klar, Herr Kommissar?« Ecki zog erneut die Nase hoch.

Wenn Frank etwas an Ecki nicht leiden konnte, war es dieses Hochziehen der Nase. Bevor er weitersprach, zog er ein Papiertaschentuch aus der Jackentasche und reichte es seinem Freund, der es kommentarlos annahm. Ecki mochte nicht, wenn er von Frank wie ein kleines Kind behandelt wurde.

Ecki war ein paar Meter weiter gegangen. Dabei kickte er mit dem Fuß ein Steinchen weg, das scheppernd gegen den Baucontainer flog, der seit den Bauarbeiten den Marktplatz zur Lobbericher Straße abgrenzte. Es klang wie Applaus, als ein paar Tauben, die auf dem Dach des Metallgehäuses saßen, mit heftigem Flügelschlag aufflogen. Nach einer Runde um die Turmspitze ließen sie sich gegenüber auf dem Dach eines Blumenladens nieder.

Ecki zeigte über die Straße auf das alte Haus neben der Apotheke. »Was steht da über der Tür auf der Tafel?« Er gab sich selbst die Antwort, kniff die Augen zusammen, um besser sehen zu können und las langsam vor. Das Licht reichte kaum, um die Zeilen zu entziffern. »Geburtshaus von Johann Peters. Komponist des Rheinliedes *Strömt herbei ihr Völkerscharen* und des Westfalenliedes *Ihr mögt den Rhein, den stolzen preisen.* Geboren 13.3.1820, gestorben 7.7.1870 in Köln. Sieh' mal einer an, ist ja richtig romantisch bei euch. Hast mir ja noch gar nicht erzählt, daß du aus so einem berühmten Kaff kommst.« Ecki grinste spöttisch.

»Brauchst das *berühmt* gar nicht so zu betonen. Bist ja nur neidisch.« Frank hob scheinbar entschuldigend die Hände und hielt dagegen. »Jetzt frag bloß nicht, ob es die Nummern von dem Peters auch auf einer Volksmusik-CD gibt. Das weiß ich nämlich nicht und ich will es auch nicht wissen. Ich kenne noch nicht mal den ganzen Text der Lieder. Aber vielleicht sollte man mal eine Bluesversion versuchen? So nach dem Motto: *I'm going down the Rhine, made me proud, made him mine.* Oder so ähnlich.« Frank wurde wieder ernst. »Warum interessierst du dich so für den Turm? Meinst Du, es besteht ein Zusammenhang mit dem Mord?«

»Weiß nicht. Wie gesagt, ist doch merkwürdig, daß die Tote ausgerechnet hier liegt. Muß mich mal um die Arbeiter kümmern. Kennst Du den Unternehmer?« Ecki zeigte auf das Bauschild.

»Nee, nicht wirklich. Wer hat die Tote eigentlich gefunden? Weiß das jemand?«

Gemeinsam gingen sie zum Streifenwagen und sahen den uniformierten Beamten, der fröstelnd mit verschränkten Armen neben der offenen Wagentür stand und sie die ganze Zeit beobachtet hatte, fragend an.

»Moin. Wer hat die Tote gefunden, Kollege?« Ecki hielt ihm die Hand hin.

Der Polizeibeamte räusperte sich. Er straffte sich und grüßte mit kurzem Griff an seine Dienstmütze. Dann drückte er diensteifrig Eckis Hand. »Polizeihauptmeister Johannes Peters.«

»Die Leute heißen hier wohl alle Peters? Landadel, nehme ich an.« Ecki hatte heute offenbar seinen witzigen Tag.

Der Polizeibeamte sah ihn fragend an.

»War nur 'n Scherz.«

Johannes Peters war nun vollends verwirrt. Die Kollegen von der Mordkommission schienen ja echte Scherzkekse zu sein. Dabei lag doch nur ein paar Schritte weiter eine tote Frau. Unglaublich, wie man so abstumpfen kann. Vielleicht waren sie auch nur aufgeblasene Wichtigtuer. Von der Sorte kannte er in seinem Kollegenkreis mehrere.

»Ich, äh...« Peters verkniff sich eine bissige Bemerkung. »Wer die Frau gefunden hat? Das war...« – er beugte sich sichtlich nervös ins Fahrzeuginnere – »...wie ist noch mal Ihr Name?«

Frank drängte sich neben Peters und sah durch die Seitenscheibe des Streifenwagens. Dann schlug er mit der flachen Hand aufs Autodach. »Mensch Josef, altes Haus. Komm raus.«

VI.

»Na, Schatz, was hast du heute vor? Gut geschlafen?« Wie immer hatte sie ihn die erste Tasse Kaffe alleine trinken lassen und in der Küche Radio gehört. Nun setzte sie sich unverbindlich lächelnd an den Frühstückstisch und griff nach der Kaffeekanne, um ihm nachzuschütten.

Christa Böskes achtete streng auf Rituale und Umgangsformen. Der Frühstückstisch war wie an jedem Morgen sorgfältig gedeckt. Und obwohl es erst sieben Uhr in der Frühe war, stand natürlich auch heute ein Strauß frischer Blumen in der Mitte des großen Eßtisches. Böskes hat bei dem Anblick der frischen Tulpen nur mit dem Kopf geschüttelt. Tulpen im November. Wo sie die nur her haben mochte, vermutlich von Reimann, wie alle ihre Blumen.

Das leichte Rosa der Blumen paßte perfekt zum englischen Frühstückservice. Im geflochtenen Brotkörbchen lagen frische Brötchen. Daneben standen Honig und Marmelade in eigens dafür vorgesehenen kleinen Porzellantöpfchen. Auf zwei Desserttellern waren Aufschnitt und Käse mit Petersilie sorgfältig arrangiert.

Ein bißchen viel Aufwand nur für sie beide, nicht nur für diesen Morgen, dachte er. Dieter Böskes hatte eigentlich keine Zeit für ein ausgiebiges Frühstück. Wie jeden Morgen. Aber seine Frau hatte halt andere Maßstäbe. Schon als Dieter Böskes noch ein einfacher Angestellter in der kleinen Baufirma in Kaldenkirchen war, hatte sie stets auf Etikette geachtet. Oder auf das, was sie dafür hielt, dachte Böskes abfällig. Ihm ging das vornehme Getue seiner Frau auf den Wecker. Ihm würde auch ein einfaches Frühstück in der Küche reichen. Nicht nur, daß seine Frau das Eßzimmer mit dem Frühstückszimmer eines gediegenen Hotels verwechselte, sie verlangte auch, daß er sich im Jakkett an den Tisch setzte.

»Nun erzähl schon«, drängte seine Frau. Das Lächeln war aus ihrem Gesicht verschwunden. »Laß dir doch nicht jedes Wort einzeln aus der Nase ziehen.« Sie setzte sich aufrecht. »Bist du eigentlich heute abend mit deinen Parteifreunden im *Quellensee* verabredet? Oder trefft ihr euch erst morgen?«

»Meine Güte, kannst du mich nicht einmal in Ruhe die Zeitung lesen lassen? Nur einmal. Bitte.« Böskes ließ ärgerlich den Lokalteil der Rheinischen Post sinken. Er hatte keine Lust, mit ihr seine Termine und Verabredungen zu diskutieren. »Wir sind morgen Abend verabredet. Und es sind nicht die Parteifreunde, wie du sie nennst. Wir haben Vorstandssitzung der *Brauchtums-*

Freunde. Und heute abend habe ich noch ein Arbeitsessen auf Schloß Krikkenbeck. Reicht das? Aber das habe ich dir auch schon mehr als einmal erzählt. Hör doch zur Abwechslung einfach mal zu, wenn ich mit dir rede.«

Christa Böskes drehte ihre Perlenkette zwischen den Fingern, nahm das Kinn noch ein Stück höher, sah durch das große Eßzimmerfenster hinaus in den Garten und schwieg. Er konnte sie nicht mehr verletzen. Er nicht. Sie kniff die Augen zusammen und versuchte in der Dunkelheit die schiefen Stümpfe der gestutzten Kopfweiden zu erkennen. Ihr Leben und die trostlose abgestorbene Natur da draußen vor ihrer Terrasse, wo war da der Unterschied? Mehr als einen kalten Herbst und einen toten Winter hatte sie nicht mehr von ihrem Mann zu erwarten, dachte sie bitter. Aber das war für sie an diesem kalten Morgen keine neue Erkenntnis. Sie hatte sich schon vor Jahren damit abgefunden.

Dabei hatte Christa Böskes sich ihr Leben anders vorgestellt. Am Anfang ihrer *Beziehung* hatten sie und ihr Mann viele Pläne geschmiedet, nächtelang durchgerechnet, ob und wann sie sich mit einem eigenen Baugeschäft würden selbständig machen können. Ob die Kredite bewilligt und die Kontakte in die Nettetaler Verwaltung oder in die Viersener Kreisverwaltung weit genug reichen würden. Sie hatten hart gearbeitet und schließlich viel Glück gehabt. Als vor 25 Jahren aus den umliegenden Dörfern die Stadt Nettetal wurde, hatte die kommunale Neuordnung einen Bauboom ausgelöst, der sie schnell reich gemacht hatte. Damals war sie glücklich gewesen und hatte an eine gemeinsame Zukunft geglaubt.

Was sie zu spät bemerkt hatte: über die Jahre hatten sie sich und ihre Träume beim Aufbau ihrer Karriere aus den Augen verloren. Damals zählte nur der Erfolg. Heute hatten sie zwar ihre Villa in Hinsbeck, wunderschön gelegen, wie ihr von Besuchern immer wieder bestätigt wurde, direkt am Naturschutzgebiet, mit weitem Blick auf die Felder und den nahen Wald. Trotzdem kam ihr der Niederrhein mittlerweile wie ein grünes Gefängnis vor. Wenn sie ehrlich war, hatte sie im Grunde die nassen Wiesen, den Nebel und die düstere Stimmung in den Wintermonaten schon damals gehaßt, als sie als Kind mit ihren Eltern von Frankfurt nach Lobberich gezogen war. Ihr Vater hatte dort eine Stelle als Prokurist einer großen Teppichbodenfirma angenommen. Sie hatte ihren Vater damals kaum gesehen und sehr vermißt. Ein gütiger Mann, immer mit einem Lachen auf den Lippen, zu dem sie sich gerne auf den Schoß setzte, und der so herrliche Geschichten von Drachen und Prinzen erzählen konnte. Aber er war damals viel auf Auslandsreisen gewesen, immer auf der Suche nach neuen Märkten für die Teppichböden, die das Werk in vielen Qualitäten herstellte.

Christa Böskes schluckte. Sie hatte auf einmal das Gefühl, als schnüre ihr etwas die Luft ab, und sie fuhr mit einem Finger zwischen den Rollkragen des rosa Pullovers und ihren Hals. Trotz Heizung wurde ihr kalt, und sie zog ihre Arme enger um den Oberkörper. Sie ging einfach über die rüden Bemerkungen ihres Mannes hinweg. »Ich bereite dann nichts zum Abendessen vor. Ich werde nachher nach Krefeld fahren und ein bißchen einkaufen. Am späten Nachmittag gehe ich mit Ilse zum Tennis. Vielleicht trinken wir anschließend hier noch ein Glas Rotwein zusammen und erzählen ein bißchen.«

»Ja, ja, mach das nur.« Dieter Böskes hatte wie immer nur mit halbem Ohr hingehört. Ihn interessierte nicht sonderlich, was seine Frau machte. Hauptsache, das Essen stand pünktlich auf dem Tisch, wenn er heimkam, und sie kümmerte sich um das Haus und den Garten. Er faltete die Zeitung zusammen und schob das Geschirr achtlos zur Seite. Mit einer Hand zog er seine Zigaretten aus der Jackentasche. Er wußte genau, daß sie das nicht ausstehen konnte, Rauchen nach dem Essen. Aber er hatte Lust, sie zu provozieren. Das ganze rosa Getue ging ihm mächtig auf die Nerven. Und immer diese gerade Haltung seiner Frau, lächerlich.

»Wo ist der Aschenbecher?« Er wußte ganz genau, daß er auf der Fensterbank stand. Dort stand der schwere Ascher aus Bleikristall seit Jahren, immer an der gleichen Stelle, und immer sauber. Seine Frau haßte nichts mehr als Asche auf den dicken Teppichen, die im ganzen Haus dicht an dicht lagen. Überall war es sauber. Nein, steril. Und genau das konnte er nicht ausstehen. Nirgendwo konnte er mal etwas liegen lassen, noch nicht mal eine Zeitung, ohne daß Christa hinter ihm her räumte oder gleich mit dem Staubsauger kam.

»Kannst du ihn mir holen? Bitte.« Er stellte mit Genugtuung fest, daß sie zuckte und ihr seine Frage körperlich weh zu tun schien.

Christa Böskes stand auf und stellte den Aschenbecher mit einer ausladenden Bewegung eine Spur zu fest vor ihn hin. Die Tischdecke und die dicke Unterdecke fingen den Aufprall der spitzen Ecken des Aschers auf die Tischplatte schützend ab.

Böskes zog nur eine Augenbraue unmerklich hoch und ging ansonsten über diese Mißfallensbekundung kommentarlos hinweg. Wie lächerlich, dachte er nur. »Auf dem Weg in die Firma fahre ich zuerst zum Lambertimarkt. Mal sehen, ob die gelieferten Ziegel endlich die richtige Farbe haben und eingebaut werden können. Außerdem müßten endlich die ersten Tuffsteine aus der Eifel da sein. Aber ist auch egal. Ist ohnehin zu kalt zum Einbauen.« Den letzten Satz hatte er schon mehr zu sich selbst gesagt.

Ohne seine Frau anzusehen, rauchte Böskes schweigend zu Ende. Eine Reaktion auf seine Bemerkungen hatte er ohnehin nicht erwartet. Seine Frau saß neben ihm und sah wieder in den Garten. Er sah sie an, wie ein Biologe interessiert sein Insekt betrachtet, das er gleich auf eine Nadel spießen wird. Sie ertrug erstaunlich stumm das Rascheln der Zeitung und das langgezogene Inhalieren des Zigarettenrauchs. Keine Regung. Er konnte lediglich sehen, wie sich ihre Finger mehr und mehr um die Stoffserviette krallten, die sie auf ihren Schoß gezogen hatte. Ihre Fingerknöchel wurden weiß. Er würde ohnehin gleich gehen.

Sie schreckte leicht zusammen, als ihr Mann hörbar mit dem Stuhl nach hinten rutschte. »Ach, bevor ich es vergesse. Wenn dieser Joosten vom Förderkreis anruft, sag ihm, ich bin die nächsten Tage nur schlecht zu erreichen. Sag ihm was von Terminen in Düsseldorf und Köln. Der Typ geht mir langsam ziemlich auf die Eier. Das glaub' mal.«

Christa Böskes zuckte wieder zusammen. Sie haßte seine primitiven und vulgären Ausdrücke. Warum ließ er sie nicht auf den Baustellen? Er mußte doch wissen, daß er ihr damit weh tat. Früher hatte sie sich noch beschwert. Sie hatte immer noch sein überhebliches Lachen im Ohr. »Auf dem Bau weht halt ein steifer Wind, Kleines. Wirst dich dran gewöhnen«, hatte er gesagt und ihr dabei burschikos auf die Schulter geklopft. Aber sie hatte sich nicht daran gewöhnen wollen.

»Also, ich bin dann weg.« Auf dem Weg zur Haustür küßte Böskes seine Frau im Vorbeigehen flüchtig auf die Wange. Sie sagte nichts und hob nur leicht ihren rechten Arm.

Kaum war er aus dem Haus, rieb sie sich in der Küche angewidert mit einem Papiertaschentuch seine Spuckereste aus dem Gesicht. So heftig, daß ihre Wange schmerzte. Dann ging sie zurück ins Eßzimmer und begann das Geschirr abzuräumen. Ihr Kopf tat weh und war doch leer. Sie zwang sich, nicht aus dem Fenster zu sehen. Ihre Arme wurden immer schwerer. Sie mußte sich schließlich an der Tischkante abstützen, um nicht umzufallen.

VII.

Josef Giskes kletterte umständlich aus dem Streifenwagen. Etwas linkisch und verlegen stand er schließlich in seinem abgetragenen grünen Anorak vor Frank und Ecki und sah zu ihnen auf. Zögernd gab er den beiden Ermittlern die Hand.

Frank versuchte, die Situation mit einem Scherz zu entspannen. »Das ist mein Kollege KHK Michael Eckers. Aber er hört eigentlich auf Ecki. Wenn du eine Schwäche für Schlager hast, bist du bei ihm richtig.« Frank zwinkerte Josef Giskes zu und drehte sich dann zu seinem Kollegen und Freund. »Ich bin mit Josef zur Volksschule gegangen, mußt du wissen. Wie lange ist das her, Josef? Das war doch, nee, laß man lieber, ist auf jeden Fall schon viel zu lange her.«

Ecki hatte Franks Seitenhieb geflissentlich überhört und sah statt dessen Josef Giskes neugierig an. Wie er so in seinem zu großen, abgewetzten Parka da steht, wirkt er völlig unauffällig, dachte Ecki, eher wie einer, der im Leben schon viel Pech gehabt hat.

Josef Giskes' Versuch, ebenfalls zu lächeln, ging gründlich daneben. Sein unbeholfenes Lachen war nicht mehr als ein heiseres Meckern. Zu viele Zigaretten, dachte Ecki, als er auf die Zigarette sah, die sein Gegenüber mit der hohlen Hand gegen den Herbstwind schützte. Hinter den ungeputzten Brillengläsern des billigen Kassengestells wirkten Giskes Augen unnatürlich groß.

»Mensch Josef, was haben wir uns lange nicht gesehen!? Was treibst du so? Du hast dich überhaupt nicht verändert. Das mußt du mir nachher in Ruhe erzählen.« Frank wechselte den Ton und wurde dienstlich: »Du hast also die Tote gefunden?«

Josefs Giskes' Augen wirkten mit einem Mal noch größer. Verunsichert zog er hastig an seiner Zigarette, die schon fast bis auf den Filter aufgeraucht war.

»Ich habe bis nach Mitternacht gearbeitet. Drüben in der Josefstraße, in der Spielhalle.« Josef Giskes machte eine Pause und deutete mit seinen gelben Nikotinfingern vage schräg hinter sich. Dabei fiel die letzte Glut von seinem Zigarettenstummel. Bevor er weitersprach, sah er abwechselnd von Frank zu Ecki. »Wie immer, eigentlich. Ich bin da seit fast zehn Jahren die Aufsicht, so Mädchen für alles, Geld wechseln, Kaffee kochen und so.« Giskes warf den Stummel zu Boden und trat ihn umständlich platt.

»Diese Nacht also auch?« Ecki hatte sein ledernes Notizbuch aus der Innentasche gezogen und damit begonnen, sich Stichpunkte zu machen.

Josef Giskes beobachtete ihn dabei argwöhnisch. Er bekam Angst. Fragend sah er Frank an und nickte dann zögernd.

»Nach dem Abrechnen habe ich gegen ein Uhr abgeschlossen und bin nach Hause gegangen. Sind ja nur ein paar Schritte. Ich wohne ja fast neben der Spielhalle. Ich meine, da, in der Seitengasse.« Er schwieg und sah wieder zwischen Frank und Ecki hin und her. Außerdem trat er nervös von einem Bein auf das andere. Die Befragung schien ihm nicht zu gefallen.

»Ja, und dann?« Frank bemerkte die Nervosität seines Schulfreundes und versuchte ihn zu beruhigen. »Nu mach' dir mal keine Sorgen. Wir werden dich nicht gleich festnehmen. Dazu besteht überhaupt kein Grund, Josef. Wir haben wirklich nur ein paar Fragen an dich. Keine Angst.«

»Ja, und dann«, echote Josef Giskes, »dann habe ich nicht einschlafen können und lange wachgelegen. Ich kann oft nicht einschlafen. Ich weiß, das kommt wohl von dem ganzen Kaffee, den ich auf der Arbeit trinke. Der Arzt hat mir gesagt, ich soll ihn weglassen. Sei schlecht für meine Gesundheit. Aber ich bin halt eine Kaffeetante. Ja.« Josef Giskes versuchte den Faden seiner Geschichte nicht zu verlieren. »Also, irgendwann habe ich es nicht mehr ausgehalten, ich bin aufgestanden und habe angefangen, Kreuzworträtsel zu lösen. Sonst hilft das immer. Wissen sie, ich habe mir vorgestern wieder so ein dickes Heft geholt. Das mache ich gerne. Ich habe auch ein Buch, da kann ich die Wörter nachschlagen, die ich brauche.« Josef Giskes drohte, vom Thema abzukommen. Aber er bekam rechtzeitig die Kurve. »Na ja. Aber diesmal hat es nicht geholfen. Dann habe ich mir meinen Mantel angezogen und bin halt noch mal raus aus der Wohnung. Fernsehen wollte ich nicht.« Josef Giskes wiederholte sich. »Ich schlafe immer schlecht. Und ich wollte nur mal eben eine kleine Runde drehen. Frische Luft schnappen. Um den Roten Platz herum, die Biether Straße hoch und dann wieder zurück.« Josef Giskes machte dabei mit der rechten Hand eine kreisende Handbewegung.

Ecki lachte kurz auf und schüttelte den Kopf. »Roter Platz. Wir sind doch nicht in Moskau. Wieso denn Roter Platz?«

Frank antwortete für seinen Schulfreund. »Der Marktplatz heißt so, seit er vor ein paar Jahren saniert wurde. Die meisten Breyeller meinen, kaputtsaniert wurde. Den Namen hat er von dem roten Pflaster. Aber das ist eine andere Geschichte.«

Josef Giskes nickte nur.

Ecki verdrehte innerlich die Augen. Der reinste Oberlehrer, dachte er und hakte dann bei Giskes nach. »Und, was war dann bei der Runde, die sie diese Nacht gedreht haben? Was haben sie bemerkt?«

Josef Giskes zögerte mit der Antwort. »Ja, und dann lag sie da, direkt vor meinen Füßen.« Bei dem Gedanken an die Tote schloß er für einen Augenblick seine Augen und sah zu Boden. Hilflos ließ er die Schultern hängen. Wie ein Angeklagter, dachte Ecki.

»Wann war das?« Ecki tippte ungeduldig mit der Kugelschreiberspitze auf das Blatt in seinem Notizbuch. »Von wo kamen sie genau?«

Josef Giskes sah wieder hoch. Sein Blick hatte diesmal etwas Abwartendes, als müsse er sich darauf einstellen, in welche Richtung das Gespräch gehen sollte. Ecki hatte das Gefühl, daß Giskes nicht alles erzählte. Aber er ließ sich vorerst nichts anmerken.

»Ich kam hinten von der Josefstraße, bin hier an der Ecke an der Bäckerei rüber auf den Platz und wollte dann am Turm vorbei. Wann, weiß ich nicht mehr so genau. Es muß so gegen fünf gewesen sein. Aber ich bin dann direkt in die Backstube von Nethen, die arbeiten ja schon früh, und habe von Johann die Polizei anrufen lassen.« Giskes sah Frank an. Frank kannte Johann Nethen, auch er war in ihrer Klasse gewesen. Giskes zögerte, bevor er weitersprach. »Was ist mit ihr?«

»Die ist tot, mausetot«, erklärte Ecki und fuhr sich mit der rechten Hand durch sein kurzes Haar. »Wahrscheinlich erschlagen.« Ecki hatte eine Idee. »Haben sie eigentlich einen Baseballschläger in der Spielhalle, zum Beispiel gegen Überfälle und andere ungebetene Gäste? Das ist in ihrem Beruf ja nichts Ungewöhnliches.«

»Ja, warum? Ist das verboten?« Josef sah von Ecki zu Frank. »Soll ich ihn holen?«

»Laß man, Josef, darum kümmern wir uns später.«

Ecki war noch nicht zufrieden. »Ist ihnen sonst nichts aufgefallen? Etwas Außergewöhnliches? Etwas, das anders war als sonst? Haben sie jemanden gesehen? Oder haben sie jemanden wegfahren hören? Ein Auto, ein Motorrad, irgendwas? Oder war es ruhig im Dorf?«

Josef Giskes schüttelte nur den Kopf. »Es war totenstill.« Erschrocken über diesen Satz, schlug er die Hand vor den Mund. Dabei drehte er sich um und sah in Richtung Absperrung. Er legte den Kopf schief. Er sah traurig aus. »Arme Heike.«

Frank traute seinen Ohren nicht. »Du kennst die tote Frau?«

»Ja, klar kenne ich sie. Jeder kennt sie doch. Das ist Heike, die Tochter von dem alten van den Hövel aus Kaldenkirchen. Obsthof van den Hövel, müßtest du doch noch kennen?«

»Was hast du mit Kaldenkirchen zu tun?«

»Nichts. Heike hat ihren Vater schon öfter bei mir aus der Spielhalle abgeholt. Toni van den Hövel hat meist donnerstags gespielt und sich von einem seiner Arbeiter bringen lassen. Und später kam dann seine Tochter, um ihn abzuholen.«

»Wie lange geht das schon?«

»Das habe ich mir nicht gemerkt, bestimmt ein paar Jahre schon. Und oft ging es um ganz ordentliche Beträge.« Giskes kratzte sich am Kopf. »Ja, fast regelmäßig sogar. Er spielt zur Entspannung, wie er immer sagt.« Josef Giskes dachte kurz nach. »Ich weiß nur nicht, wie man sich beim Zocken entspannen kann.«

»Zur Entspannung, also?« Ecki schrieb mit.

»Heike van den Hövel aus Kaldenkirchen«, wiederholte Frank die Angaben seines Schulfreundes. »Obsthof van den Hövel, also. Bist du sicher?«

Giskes nickte wieder stumm und blickte zu Boden.

Frank sah sich zu dem Polizeihauptmeister um, der scheinbar gelangweilt mit verschränkten Armen vorne am Kotflügel seines Streifenwagens gelehnt stand.

»Ist die Familie schon informiert, Kollege?«

Polizeihauptmeister Johannes Peters schüttelte stumm den Kopf.

»Das machen wir dann schon. Wann war van den Hövel das letzte Mal bei dir?« Frank musterte Josef, der fast einen Kopf kleiner war. Und obwohl fast gleichaltrig, wirkte Giskes gut zehn Jahre älter. Der Anorak war wirklich schon ziemlich alt, dachte Frank. Sah so aus, als ginge es seinem Schulfreund finanziell nicht besonders gut.

»Na, gestern erst. War ja wieder Donnerstag. Klar bin ich sicher. Er hat wie immer richtig viel Geld in die Automaten geworfen. Und dabei Kaffee getrunken. Viel Kaffee. Bier gibt es bei uns ja nicht.«

»Und wann hat Herr van den Hövel die Spielhalle verlassen? Die Uhrzeit will ich wissen, möglichst genau. Und, hat seine Tochter ihn auch diesmal wieder abgeholt?« Ecki wartete ungeduldig auf eine Antwort.

»Nein, Heike war gestern Abend nicht da. Ich denke, er ist wohl selbst mit dem Auto heim, oder mit dem Taxi. Weiß nicht. War auf jeden Fall nicht allzu lange da. Ist auf einmal aufgestanden und raus, ohne sich groß zu verabschieden.«

Frank wurde neugierig. »Weißt du, warum van den Hövel es so eilig hatte?«

»Keine Ahnung. Ich glaube, er wollte noch was mit seiner Tochter besprechen. Hab nicht so genau hingehört, ehrlich gesagt. Ich kümmere mich nicht so um die privaten Sachen der Kunden. Das geht mich nichts an, gibt sowieso nur Ärger. Und nun ist die Arme tot. Arme Heike.« Josef Giskes hatte tatsächlich Tränen in den Augen.

Frank nahm Josef Giskes beim Arm. »Paß auf, Josef, du fährst jetzt mit dem Beamten zur Wache nach Viersen. Dort wird man deine Aussage zu Protokoll nehmen. Anschließend bringen dich die Beamten wieder nach Breyell. Oder willst du lieber mit dem eigenen Wagen fahren?«

Josef Giskes schüttelte den Kopf und zog aus der Anoraktasche eine angebrochene Schachtel Zigaretten hervor. »Ich habe kein Auto.« Er verabschiedete sich umständlich von den beiden Polizeibeamten. Beim Einsteigen in den Streifenwagen drehte er sich aber noch einmal um und lächelte mit großen Augen durch seine Hornbrille. »Wir sollten bald noch einmal ein Klassentreffen machen. Wär' schon wirklich schön.«

Frank nickte nur und hob eher halbherzig die Hand. Mit einem Mal fühlte er sich müde. Er zog hörbar die Luft ein. Mord in Breyell. Das hatte ihm gerade noch gefehlt. Ausgerechnet Breyell.

Als der Streifenwagen um die Ecke bog, packte er Ecki am Arm und zog ihn zurück zur Absperrung. Er nickte den beiden Bestattern zu, die dort darauf warteten, Heike van den Hövels Leiche im Aluminiumsarg in die Gerichtsmedizin nach Duisburg bringen zu können. »Warten sie bitte, sie können noch nicht fahren. Möglicherweise kann die Leiche noch hier vor Ort identifiziert werden. Sie müssen sich also noch etwas gedulden. Vielleicht gehen sie solange einen Kaffee trinken. Wie ich sehe, hat Café Schluhn schon geöffnet.«

Die Zwei nickten und verschwanden in dem Café, das neben dem alten Kirchturm stand.

Ecki sah ihnen nachdenklich nach. »Wer von uns fährt eigentlich zur Obduktion? Fährst du?«

»Nee, fahr du man lieber. Da fällt mir ein, wo ist eigentlich der Staatsanwalt? Weißt du, wer heute Dienst hat?«

Ecki zuckte mit den Schultern und verzog beleidigt das Gesicht. »Das ist doch nicht dein Ernst? Muß das sein? Muß ich wirklich dabei sein? Du weißt, daß ich Obduktionen nicht ertrage.«

Frank mußte lachen. »Keine Panik, Ecki, du bist genau der Richtige. Und vielleicht hat der Doc sogar noch ein paar Tips für dich. Du weißt schon: die Leiche und ich – das immerwährende Mysterium.«

Ecki sagte nichts, aber er konnte sich nur mühsam beherrschen. Er hatte das ewige Gequatsche über sein Verhältnis zu Leichen einfach satt. Und von Frank konnte er das erst recht nicht ab. Als er mißmutig das Notizbuch wegstecken wollte, fiel ihm etwas ein. »Giskes hat doch eben gesagt, daß du die Tote kennen müßtest. Stimmt das?«

Frank schüttelte den Kopf. »Nein, ich kenne zwar den Namen von dem Obsthof, aber mehr auch nicht. Außerdem ist, nein, war Heike van den Hövel zu jung. Nicht mein Jahrgang. Und ich war früher eher selten in Kaldenkirchen.«

Frank sah nachdenklich auf die Gruppe Schaulustiger hinter dem Flatterband: Eine bunte und lächerliche Ansammlung aus ungekämmten Haaren, nachlässig geknoteten Bademänteln und über Schlafanzüge halbherzig zugezogene Jacken.

Frank sah Ecki vielsagend an. Auf dem Weg zu den Schaulustigen, die in ihrer unpassenden Bekleidung sichtlich froren, räusperte er sich, um nicht lachen zu müssen. »Hat jemand von ihnen in den letzten Stunden irgendwas bemerkt? Oder haben sie alle einen festen Schlaf? Kennt jemand die Frau? Na, was ist?«

Wie auf Kommando verstummten die Gespräche und jeder sah entweder unbeteiligt zu Boden, scharrte mit den Pantoffeln über das Pflaster oder zuckte teilnahmslos mit den Schultern. Von der Pfarrkirche St. Lambertus gleich nebenan schlugen die Glocken sieben Uhr.

Frank wartete, bis der letzte Glockenton verklungen war. »Ich merke schon, in Breyell leben immer noch rechtschaffene und müde Bürger. Wie sich das gehört.« Frank konnte sich den Spott in seiner Stimme nicht verkneifen.

»Meine Kollegen von der Schutzpolizei werden jetzt ihre Personalien aufnehmen, wenn das nicht schon geschehen ist.« Er sah sich suchend um, konnte aber keinen Polizeibeamten in Uniform entdecken. »Wenn ihnen also doch noch etwas einfallen sollte, nur Mut. Die Kollegen werden ihnen geduldig zuhören. Vorerst also gute Nacht.« Er sah auf seine Armbanduhr. »Nein, Guten Tag, kann man ja mittlerweile schon sagen.«

Frank und Ecki setzten sich in den Mondeo. Nur mit einem schnellen Griff konnte Frank seinen Freund davon abhalten, seine CD einzulegen. »Bitte, verschone mich damit. Der Tag wird noch lang genug. Bitte jetzt keine Volksmusik. Überhaupt keine Musik.«

Er deutete auf die Gruppe der Neugierigen vor ihrem Auto, die sich langsam auflöste. In Breyell war ein Mord passiert, und sie waren fast dabeigewesen. In den kommenden Tagen würde ihnen der Gesprächsstoff sicher nicht ausgehen. »Das ist hier schon genug Komödienstadl, findest du nicht? Wo nur der Staatsanwalt steckt?«

Ergeben warf Ecki die CD wieder auf das Armaturenbrett und griff zur Tüte mit der angebissenen Nußschleife. Er hatte Hunger. Bevor er ein Stück abbiß, besah er sich das leicht angetrocknete Teilchen genüßlich von allen Seiten.

»Komisches Volk, die Breyeller. Hast du die Typen an der Absperrung gesehen? Die können mir nix erzählen, die haben bestimmt was gesehen.« Ecki schmatzte leicht beim Kauen. »Da gehe ich jede Wette ein. Und sagen nichts. Aber die werden wir schon in die Spur bringen.«

»Du kennst doch die drei heiligen indischen Affen: Nichts sehen, nichts hören, nichts sagen. Ebenso gut könntest du auch drei Breyeller nebeneinander auf die Stange setzen: bloß nichts sehen, nichts hören und nichts sagen. Zumindest nicht, wenn Fremde dabei sind. Das ist schon eine ziemlich verschworene Gemeinschaft, hier im Dorf.«

Frank suchte nach den richtigen Worten. »Ich will jetzt keine Geschichtsstunde abhalten. Aber das hier,« er deutete vage auf die Szene vor ihnen, »das ist, ja, das ist historisch bedingt. Das kommt aus der Zeit, als die Breyeller Kaufleute noch als Krämer über Land gezogen sind. Eine ganz merkwürdige Zunft, mit einer eigenen Geheimsprache. Wenn die Breyeller nicht wollen, kriegst du nix aus ihnen heraus. Das ist so. Glaub mir, ich weiß das. Schließlich bin ich hier geboren.«

»Das sind ja prima Aussichten.« Ecki hatte das Teilchen aufgegessen und holte mit einem angefeuchteten Finger die restlichen Krümel aus der Tüte. Dann zerknüllte er mit entschlossenen Bewegungen die Papiertüte. Fürs erste war er satt. Er sah suchend durch die Scheiben des Mondeo. »Weißt du eigentlich schon, wo wir unseren MK-Laden aufmachen?«

Frank überlegte nur kurz und zeigte dann auf ein Gebäude neben der Pfarrkirche. »Wir werden die Mordkommission vorerst drüben in dem alten Rathaus unterbringen. Das Haus steht schon länger leer. Ich vermute, die Stadtverwaltung muß nur die Heizung wieder hochfahren, denn, soviel ich weiß, soll das alte Rathaus demnächst verkauft werden. Natürlich müssen auch noch ein paar Telefonleitungen für Fax und PC geschaltet werden.«

In Frank kamen mit einem Mal Erinnerungen hoch. »Mir fällt gerade ein, in dem Haus war früher auch mal eine Polizeiwache untergebracht. Aber die ist schon längst nicht mehr besetzt. Komm, jetzt fahren wir erst mal zu van den Hövel.«

»Warte, sag mir erst, was du über die ganze Sache hier denkst.«

»Ist doch noch viel zu früh. Um ehrlich zu sein, ich habe keine Ahnung. Wir können, glaube ich, von einem Gewaltverbrechen ausgehen. Wir werden wohl oder übel die Obduktion abwarten müssen. Tatortspuren scheint es ja auf den ersten Blick keine zu geben. Zumindest hier nicht. Was wir haben, ist das Handy. Und die Aussage von meinem Schulfreund.«

»Nicht gerade viel, aber immerhin ein Anfang.« Ecki machte einen neuen Versuch mit der CD.

»Untersteh dich!«

»Ist unter anderem Nana Moskouri drauf.« Ecki versuchte die Melodie von *Weiße Rosen aus Athen* zu summen, gab aber mit einem Seitenblick auf Frank auf. Mit seinem Kollegen war heute morgen wirklich nicht zu spaßen, so müde wie er wieder einmal aussah.

Frank ließ den Motor an und bog langsam vom Marktplatz. An der Kreuzung fuhr er die Biether Straße hoch Richtung Kaldenkirchen. In Höhe des Bahnübergangs fiel Ecki etwas ein. »Wie war eigentlich am Dienstag eure Probe? Habt ihr das neue Programm schon stehen? Ist alles im Lot?«

»Hör bloß auf, ist alles Scheiße!« Frank sah angestrengt auf die Straße. »Wir kommen einfach nicht weiter. Ständig ist jemand krank oder hat Termine. Außerdem können wir uns nicht mit letzter Konsequenz darauf einigen, welche Stücke wir nun ins Programm heben sollen. Immer kommt ein anderer mit einer neuen Idee. Claus kriegt langsam die Krise. Und ausgerechnet jetzt muß mir auch noch dieser Mord in die Quere kommen. Eigentlich wollte ich mir ein paar Tage frei genommen haben, um endlich mal Zeit und Ruhe zu haben, meine Soliparts zu proben. Das kann ich mir jetzt wohl auch erst mal von der Backe putzen.« Am Ortsausgang gab Frank mehr Gas als eigentlich nötig, so sehr ärgerte er sich über die zähe Probenarbeit.

Bevor Frank weiter schimpfen konnte, wechselte Ecki das Thema. »Hast du eigentlich keinen Hunger? Wir könnten uns doch in Kaldenkirchen noch schnell ein paar Brötchen holen, ehe wir zu diesem Obsthof fahren? Oder ein paar Hefeteilchen. Lange hält das Stück Nußschleife sowieso nicht vor.«

Frank nickte abwesend. Er war in Gedanken zu sehr mit der mangelnden Arbeitsdisziplin seiner Band beschäftigt, als daß er wirklich zugehört hätte.

Ecki lehnte sich in seinen Sitz zurück und sah aus dem Fenster. Er wollte seinen Freund ablenken und versuchte es mit einem anderen Thema. »Und – was macht Lisa noch so? Hast schon länger nichts mehr erzählt.«

»Laß mich damit in Ruhe. Anderes Thema.« Frank deutete auf die gebrannte CD mit der Schlagermusik. »Was ist denn nu drauf auf der CD? Laß mal hören. Nana Moskouri kann doch gar nicht so schlecht sein. Mach man an.«

»Verarschen kann ich mich alleine.« Ecki wurde sauer. Meine Güte, was ist denn in den gefahren, dachte Ecki und legte die CD ein. »Bist wohl mit dem falschen Fuß aufgestanden, oder?« Der Rest des Satzes ging in der lauten Musik der Kastelruther Spatzen unter.

Die Stücke der Tiroler Musiker kannte Frank mittlerweile fast auswendig. Sie nervten ihn auch diesmal. Das war vielleicht doch keine so gute Idee gewesen mit der CD, dachte er und versuchte, den Rest der Fahrt einfach nicht mehr hinzuhören. Bis Kaldenkirchen war es ja zum Glück nicht mehr weit. Aber statt sich mit den Todesumständen von Heike van den Hövel zu beschäftigen, ging ihm Lisa nicht mehr aus dem Sinn.

VIII.

Ganz im Westen von Kaldenkirchen, dicht an einem Waldstück und fast an der ehemaligen Grenze zu den Niederlanden, lag das Betriebsgelände des Obsthofes van den Hövel. Auf dem Weg dorthin hatten sie bei der Bäckerei Leven angehalten und schnell noch eine Tüte mit frischen Hefeteilchen geholt.

Mit einer einfachen Gärtnerei im herkömmlichen Sinne hatte das Unternehmen schon lange nichts mehr zu tun. Der Obsthof bestand aus weit mehr als nur ein paar Gewächshäusern und einigen Obstwiesen. van den Hövel war in den vergangenen zwanzig Jahren zu einem der größten Anbieter von Beerenobst, Äpfeln, Birnen, Pflaumen und Erdbeeren geworden, nahezu bundesweit. Nur mit den großen Obstplantagen im Alten Land bei Hamburg konnte er nicht mithalten. An Adressen in ganz Europa lieferte die Firma ihr Obst aus. Aber nicht nur das Obst wurde vermarktet, van den Hövel hatte sich auch auf das Veredeln von Obstbäumen spezialisiert. Gehölze aus niederrheinischer Produktion standen in englischen Themenparks, an mehreren Stellen in Prag genauso wie mittlerweile auf zahlreichen Obstwiesen in den Neuen Bundesländern. Toni van den Hövel, der seinen Betrieb schon in der dritten Generation führte, hatte es schon früh verstanden, Obst und Obsthölzer regelrecht industriell anzubauen und zu vermarkten. van den Hövel hatte im Laufe der Jahre von den Bauern der Umgebung Feld um Feld gepachtet und dort seine Obstplantagen angelegt. Es gab kaum eine größere Fläche in Nettetal, auf der nicht van den Hövels Firmenschild, ein Apfel und eine Birne, stand.

Obwohl es schon fast Dezember war und die Arbeit in den Plantagen weitgehend ruhte, herrschte auf dem Firmengelände an diesem Morgen schon ein reger Betrieb. Ein Gabelstapler fuhr eine schwere eiserne Gitterbox mit Pflanztöpfen aus rotbraunem Ton über den Hof, um sie dann nahe der Ausfahrt an einem Zaun behutsam abzusetzen. Als Frank und Ecki auf den asphaltierten Hof fuhren, zog gerade ein Traktor an ihnen vorbei und ratterte vom Hof. So, wie der grüne Anhänger in der Ausfahrt über den holprigen Untergrund schaukelte, konnte er nicht sonderlich schwer beladen sein.

Die beiden Kriminalbeamten parkten ihren silberfarbenen Dienstwagen mit

Mönchengladbacher Kennzeichen neben einem nüchternen Zweckbau aus rotem Backstein, an dessen Tür ein Schild den Weg ins Büro wies. Weiter hinten, unter dem Dach einer offenen Halle für Zugmaschinen, Pflanz- und Erntemaschinen, standen mehrere Arbeiter zusammen. Sie rauchten und unterhielten sich. Ecki und Frank waren zu weit weg, um etwas hören zu können. Offenbar waren die Männer über irgend etwas in Streit geraten, denn sie gestikulierten heftig. Hinter dem Unterstand für den Fahrzeugpark waren die großen grünen Tore einer Lagerhalle weit aufgeschoben. Dort brannten die Deckenlampen.

Gerade, als Frank die einfache Tür aus geriffeltem Sicherheitsglas zum Büro aufdrücken wollte, wurde sie von innen geöffnet. Ihnen kam ein groß gewachsener älterer Mann in grünen Gummistiefeln, dicker schwarzer Hose und grauem Pullover entgegen. Darüber trug er eine blaue Arbeitsjacke, die eine Nummer zu klein geraten und an den Ärmeln schon ganz verschlissen war. Leicht gebeugt wollte er sich mit einem flüchtigen Gruß an seine ausgeleierte Wollmütze an den beiden Ermittlern vorbeidrücken, die aber einfach stehenblieben.

»Guten Morgen. Wir suchen Herrn van den Hövel. Ist der Chef schon da?« Frank fror. Er zog seine Lederjacke enger um den Oberkörper. Der Temperaturunterschied zwischen dem warmen Auto und dem kalten Freitagmorgen war schon ziemlich deutlich.

Der Arbeiter blieb stehen und sah erst ihn und dann Ecki unschlüssig an. Mißtrauisch schüttelte er den Kopf. Dabei ruderte er ungelenk mit den Armen. »Ich nix verstähn. Chef.« Mit seiner großen knochigen Hand zeigte er in den Flur hinter sich. »Ich nix können Deutsch. Ich Pole. Chef da.«

»Trotzdem, vielen Dank.« Mit einem Kopfnicken schoben sich die beiden an dem Mann vorbei. Am Ende des schmalen Durchgangs stand eine Tür offen, die in einen hell erleuchteten Raum führte. Im Flur roch es nach starkem Kaffee und nach Zigarren.

Beim Betreten des Büros klopfte Frank an den Türrahmen. Aus Routine überflog er mit schnellen Blicken den Raum, um sich einen ersten Eindruck zu verschaffen. Links von der Bürotür bedeckte ein deckenhohes Holzregal voller Aktenordner, die unterschiedlich beschriftet waren, die Wand. Der Tür gegenüber stand ein älteres Sideboard aus hellem Holz, auf dem mehrere dikke Kataloge für landwirtschaftliche Zugmaschinen, Fräsen für die Bodenbearbeitung oder Motorsägen lagen sowie Kladden undefinierbaren Inhalts, die zum Teil aufgeschlagen waren. Dazwischen stand ein dunkler Holzständer mit einem Wimpel. Frank konnte ein Wappen erkennen, auf dem ein stilisiertes schwarzes Gewehr und eine bunte Narrenkappe auf grünem Grund zu sehen waren. Unter der ungewöhnlichen Kombination waren mit Silberfäden die Worte »Freunde und Förderer des Nettetaler Brauchtums e.V.« eingestickt.

Rechts von der Tür ragte ein großer weißer Schreibtisch in den Raum, auf dem ohne erkennbare Ordnung Geschäftspapiere, Ordner und bunte Broschüren lagen. Neben dem Telefon qualmte in einem gläsernen Aschenbecher eine halb gerauchte Zigarre. Am Rande der Unordnung stand ein Bilderrahmen aus Silber neben einer Schale mit diversen Kugelschreibern und Bleistiften. Frank konnte von seinem Standort aus nur den schwarzen Rücken des Bilderrahmens sehen, vermutlich, dachte er, schmückte er ein Familienfoto.

Das Fenster hinter dem Schreibtisch ging auf den Hof hinaus. An den freien Bürowänden hingen neben einem großen Kalender mit dem Werbeaufdruck eines Nettetaler Autohauses einige kleinere Ölgemälde, die Jagdszenen am Niederrhein zeigten. Auf einem Bild flogen vor dem Hintergrund einer Kopfweidenreihe Rebhühner vor einer Hundemeute auf. Ein anderes Bild zeigte einen gefleckten Münsterländer, der aus einem Gebüsch kam und einen toten Fasan im Maul trug. Außerdem hing eine gerahmte großformatige Fotografie von Schloß Krickenbeck an der Wand.

Der weiße Schreibtisch stand neben einem schmalen Durchgang, der offenbar zu einem weiteren, ebenfalls erleuchteten Büro führte. Allerdings schien der Raum deutlich aufgeräumter zu sein als das Büro, in dem die beiden Polizeibeamten standen. Auf der nahezu leeren Schreibtischplatte steckten lediglich ein paar Kugelschreiber in einem Kaffeebecher zwischen einem PC und dem Telefon. Es war wohl das Büro der Sekretärin, vermutete Frank, die allerdings noch nicht da zu sein schien.

Hinter dem Chaos auf dem großen Schreibtisch saß ein Mann von ungefähr 65 Jahren und blätterte vornüber gebeugt in einer Zeitschrift. Er hatte eine Halbglatze mit grauem Haarkranz. Seine dicken rosigen Wangen wirkten frisch rasiert. Soweit Frank sehen konnte, trug der Mann über einem beigen Hemd eine dunkelgrüne Strickjacke mit Knöpfen aus Hirschhorn, die an den fleischigen Schultern deutlich spannte. Ein netter, gemütlicher älterer Herr, der, der teuren Kleidung nach zu urteilen, lukrativen Geschäften nachging, dachte Frank. Er wirkte auf ihn wie ein wohlhabender, behäbiger Großbauer, der sich seiner Stellung in der Nettetaler Gesellschaft sehr wohl bewußt war.

Ihm war mit einem Mal schlecht. Auch nach all den Jahren bei der Mordkommission kostete es Frank jedes Mal große Überwindung, wenn er unvorbereiteten Angehörigen eine Todesnachricht überbringen mußte. Er hatte schon alles erlebt: Schreie, Zusammenbrüche; Tobende, Stumme und Teilnahmslose – Menschen, die trotz Wut und Schmerz nicht weinen konnten. Er würde sich nie an diese Momente extremer Belastungen gewöhnen können. Wie würde van den Hövel reagieren? In wenigen Sekunden würde für diesen Mann, der ahnungslos vor ihm saß und bisher sicher mit beiden Beinen unerschütterlich fest im Leben verwurzelt war, nichts mehr auf der Welt so sein wie in diesem Augenblick. Frank würde sich und ihm liebend gerne die Nachricht vom Tod der Tochter ersparen. Er wünschte sich, einen der diensthabenden Notfallseelsorger mitgenommen zu haben, aber nun war es zu spät. Frank suchte hilfesuchend Eckis Blick.

van den Hövel hatte beim Eintreten der beiden die Zeitschrift *Jagd und Hund* zugeschlagen. »Guten Morgen, meine Herren. Kommen sie ruhig herein. So früh schon unterwegs? Ganz schön kalt heute, nicht? Es wird bald Schnee geben. Das sagt mir meine Nase. Es riecht nach Schnee. Na, was kann ich denn für sie tun? Bitte nehmen Sie doch Platz. Sie wollen sicher nicht nur meine Meinung zum Wetter hören.«

van den Hövel sah die Fremden geschäftsmäßig freundlich und erwartungsvoll an und deutete mit einer einladenden Handbewegung auf die beiden einfachen gepolsterten Stühle, die vor seinem Schreibtisch standen. Mit der anderen Hand griff er zu der Zigarre, ohne sie jedoch an den Mund zu führen. Für ihn schien es nicht ungewöhnlich zu sein, daß die ersten Kunden schon zu so früher Stunde bei ihm vorsprachen.

Frank und Ecki kamen näher, blieben aber stehen. »Ich vermute, Sie sind Toni van den Hövel, der Inhaber dieses Betriebes?« Frank sah sein Gegenüber aufmerksam und fragend an.

»Und wer sind Sie, wenn ich fragen darf?« van den Hövel musterte erst Frank und dann Ecki, dabei kniff er angestrengt die Augen zusammen.

»Herr van den Hövel, das ist mein Kollege Michael Eckers, mein Name ist Frank Borsch. Wir sind von der Kriminalpolizei in Mönchengladbach.« van den Hövel schien den Sinn der Worte nicht zu verstehen und sah die beiden erwartungsvoll an.

Frank suchte nach den richtigen Worten und zögerte einen Moment. »Wir haben die traurige Pflicht, Ihnen mitzuteilen, daß Ihre Tochter...« Weiter kam Frank nicht.

»Meine Tochter? Heike?« Auf einen Schlag wich das Blut aus van den Hövels rosigen Wangen. Sein Gesicht wurde von einer Sekunde auf die andere aschgrau, und er ließ die Zigarre in den Aschenbecher zurückfallen.

»Was ist mit meiner Tochter? Ich meine, sie muß gleich hier sein. Sie arbeitet bei mir, wissen Sie. Seit sie mit dem Studium fertig ist, hilft sie mir im Büro. Was ist mit ihr? Und, um Himmelswillen, warum kommen Sie extra aus Mönchengladbach hierher zu mir ins Büro? Was ist passiert? Herrgott, nun reden Sie schon!«

»Herr van den Hövel, es ist mir sehr unangenehm, aber wir können Ihnen das nicht ersparen. Auf dem Marktplatz in Breyell ist vor gut zwei Stunden eine junge Frau tot aufgefunden worden. Am Fuß des alten Lambertiturms. Ein Zeuge behauptet, die Tote sei Ihre Tochter Heike.«

van den Hövel wurde rot und dann wieder blaß. »Das ist unmöglich, warten Sie, meine Tochter wird gleich hier sein. Sie werden sehen. Ich, ich werde sie anrufen.« Hektisch griff er zum Telefon und tippte eine Nummer ein. »Sie werden sehen. Das muß eine Verwechslung sein. Bestimmt ist das eine Verwechslung. Sie werden sehen. Gleich, gleich können Sie selbst mit Heike sprechen.«

van den Hövel horchte angestrengt auf das Freizeichen im Hörer. Aber am anderen Ende der Leitung nahm niemand ab. van den Hövel ließ endlich den Hörer langsam sinken und sah sie dabei an. Erst jetzt schien er zu begreifen. Kraftlos legte er den Hörer zurück. »Nein, nicht Heike. Nicht meine Mausi, nein, nein, nein.« Seine Arme lagen schlaff auf dem Schreibtisch. Fassungslos sah er die beiden Beamten an.

»Das muß ein Irrtum sein, Heike kommt gleich.« Aus seiner Stimme war alle Kraft gewichen.

Frank trat an den Schreibtisch und nahm den Silberrahmen in die Hand. Eine junge blonde Frau in kurzem Tennisdreß, den Schläger im Arm, lachte ihn aus einem offenen Gesicht fröhlich an.

»Doch«, sagte Frank, »ich fürchte schon.« Seltsam berührt von der Momentaufnahme aus dem Leben der Toten, stellte er das Foto behutsam an seinen Platz zurück. Als ob er dadurch das Leid erträglicher machen könnte.

van den Hövel sank auf seinem Bürostuhl in sich zusammen und sagte kein Wort mehr. Statt dessen wimmerte er leise und starrte mit ausdruckslosem Blick vor sich hin. Zwischendurch bäumte er sich immer wieder auf und stöhnte dabei leise. Dann griff er zu dem Rahmen und preßte das Foto seiner Tochter an seine Brust.

Mehr aus Verlegenheit hatte Frank sich doch noch gesetzt. Ecki war am Sideboard gelehnt stehengeblieben. Es dauerte einige Minuten, bis van den Hövel wieder sprechen konnte. Mühsam richtete er sich auf, wischte sich die Augen und straffte sich. »Was wollen Sie wissen? Los, fragen Sie! Bringen wir es hinter uns.«

Frank versuchte behutsam vorzugehen. »Es tut mir wirklich sehr leid. Aber wir müssen Sie bitten, Ihre Tochter zu identifizieren.« Er sah van den Hövel an. Der stattliche Obsthofbesitzer schien in der kurzen Zeit um Jahre gealtert zu sein. »Sie brauchen keine Angst zu haben, Herr van den Hövel. Wir begleiten Sie. Sollen wir einen Arzt verständigen? Sie sehen sehr blaß aus. Haben Sie jemanden, der Sie begleiten könnte?«

van den Hövel schüttelte den Kopf. »Nein, nein. Es geht schon. Danke. Ich habe meine Tabletten. Es ist das Herz, wissen Sie. Das Herz will nicht mehr so recht, seit meine Frau nicht mehr lebt. Ihr Tod vor fast genau vier Jahren hat mich fast umgebracht.« Die Erinnerung an seine Frau ließ ihn wieder stöhnen.

»Plötzlich stand ich ganz alleine da. Hatte nur noch den Betrieb.« Er zögerte. »Ja, und meine Tochter Heike.« Er konnte nur mit Mühe ein erneutes

Schluchzen vermeiden. Während er sprach, kramte Toni van den Hövel angestrengt in einer der unteren Schreibtischschubladen. »Da sind sie ja«, murmelte er und steckte eine schmale Schachtel in seine Jackentasche. Dann suchte er nach einem Stift. »Ich bin fertig. Lassen Sie mich nur noch schnell meiner Sekretärin einen Zettel schreiben. Sie kann gleich wieder nach Hause gehen.« van den Hövel schien wie in Trance, abwesend, weit weg. »Heute geht keine Arbeit mehr, heute nicht mehr.«

Ecki hatte die ganze Zeit am Sideboard gestanden. Er machte nicht den Eindruck, als habe ihn die bedrückende Szene sonderlich gerührt. Aber das täuschte. Aufmerksam hatte er van den Hövels Schwächeanfall beobachtet. Nun nahm er den Wimpel des Brauchtumsclubs in die Hand und las den Namen des Vereins vor. »Freunde und Förderer des Nettetaler Brauchtums e.V. Hm, klingt sehr ehrenwert. Sicher ein Verein, der viel Gutes tut.« Umständlich stellte er den Wimpel wieder auf das Sideboard zurück.

van den Hövel zuckte mit den Schultern. Er sah Ecki zwar gespannt an, sagte aber nichts.

Ecki ließ sich nicht beirren. »Herr van den Hövel, ich muß Ihnen diese Frage stellen. Auch wenn es noch sehr früh ist, aber das gehört zur Routine. Leider, ich kann ihnen das nicht ersparen. Wo waren Sie gestern Abend? Und wann haben Sie Ihre Tochter Heike das letzte Mal gesehen?«

»Ich verstehe die Frage nicht. Was soll das heißen, bin ich verdächtig? Ich, der Vater von Heike?« van den Hövel zog den Kopf zwischen die Schultern und wirkte damit wieder bullig und kampfbereit.

»Das hat niemand behauptet. Ich habe nur eine einfache Frage gestellt und erwarte eine einfache Antwort. Ich tue nur meine Pflicht als Polizeibeamter.« Ecki bohrte direkt nach. »Wie kommen Sie denn darauf, daß Sie verdächtigt werden könnten; müssen Sie denn ein schlechtes Gewissen haben?«

van den Hövel schnappte hörbar nach Luft. »Ich war in Breyell in einem Spielsalon, wie immer donnerstags. Ist das verboten? Zeugen gibt es auch. Fragen Sie die Aufsicht da. Giskes heißt der Mann.«

Frank versuchte zu vermitteln. »Herr van den Hövel, mein Kollege meint es nicht so hart, wie es klingt. Wir wollen uns nur ein klares Bild machen können.«

van den Hövel hatte nicht hingehört. Er zeigte mit dem Finger auf Frank. »Sie behaupten, meine Tochter lebt nicht mehr. Ich habe diese Frau, die angeblich meine Tochter Heike sein soll, noch nicht gesehen, und schon stellt Ihr Kollege solch dumme Fragen. Wo haben Sie Ihre Arbeit gelernt? Noch ist doch nicht klar, daß meine Tochter«, er zögerte und fügte leise hinzu, »tot ist. Ich finde Ihr Verhalten mehr als merkwürdig, das können Sie mir glauben. Haben Sie denn nicht einen Funken von Anstand in sich? Gehen Sie bei der Polizei mit allen Menschen so rücksichtslos und menschenverachtend um?«

Frank nickte. »Sie haben ja recht, Herr van den Hövel. Alles schön der Reihe nach. Haben Sie irgendeine Vorstellung oder Vermutung, wer Ihre Tochter umgebracht haben könnte? Hatte Ihre Tochter in letzter Zeit Probleme? Hat Sie Ihnen etwas erzählt? Andeutungen gemacht?«

van den Hövel atmete schwer und schwieg. Er fuhr sich mit beiden Händen über das Gesicht. Er sah sich in seinem Büro um, als habe er den Raum zuvor noch nie gesehen, dann blieb sein trauriger Blick hilflos am Foto seiner Tochter hängen.

Frank stand auf. »Lassen Sie uns lieber fahren. Ach, eine Frage noch, hat Ihre Tochter noch bei Ihnen gewohnt, oder hatte sie eine eigene Wohnung?«

van den Hövel nickte. »Sie wohnt nicht bei mir.«

»Sie haben dann doch sicher einen Schlüssel zu der Wohnung? Sie wohnt doch in Kaldenkirchen?«

»Nein, sie wohnt in Hinsbeck. Sie ist dort vor ein paar Jahren in eine Wohnung gezogen, die dem Bäcker Leven von der Jahnstraße hier in Kaldenkirchen gehört. Das Haus war damals gerade erst neu gebaut worden. Heike wollte einen Ort, den sie für sich alleine hat. Ich konnte sie nicht überreden, bei uns wohnen zu bleiben. Dabei haben wir Platz genug hier. Mehr als genug. Was soll jetzt bloß werden?« Er wimmerte wieder.

Frank wiederholte seine Frage. »Haben Sie einen Schlüssel zu der Wohnung?«

van den Hövel nickte schwach. »Natürlich.«

»Dann nehmen Sie ihn bitte mit. Wir warten im Wagen.«

Draußen standen die Männer immer noch unter dem Hallendach zusammen. Sie rauchten jetzt schweigend. Der Pole von vorhin war nirgends zu sehen.

»Was meinst du?«, fragte Frank, als sie wieder in der Kälte standen.

Ecki antwortete nicht, sondern schlenderte statt dessen wortlos in Richtung Halle, ganz so, als sei er auf der Suche nach einem passenden Obstbaum für seinen Garten. Ecki hat manchmal das Gemüt eines Faultiers, dachte Frank, als er ihm folgte. »Los, nun sag schon!«

»Ich weiß nicht. Ich frage mich nur, warum hat er sich so aufgeregt, als ich ihn gefragt habe, wann er seine Tochter das letzte Mal gesehen hat? Warum hat er uns nicht gesagt, was er deinem Freund Giskes gesagt hat? Daß er gestern Abend noch mit seiner Tochter sprechen wollte. Ehrlich, das gefällt mir nicht. Klingt ganz so, als habe er etwas zu verbergen. Wir sollten van den Hövel mal richtig in die Mangel nehmen, was meinst du?«

Frank schüttelte den Kopf. Nun arbeiteten sie beide schon so lange bei der Aufklärung von Kapitalverbrechen zusammen, und Ecki konnte sich immer noch nicht daran gewöhnen, erst einmal Fakten zu sammeln, statt sofort alle möglichen Personen als Mörder zu verdächtigen.

»Mensch Ecki, nun mal langsam, deine Phantasie geht mit dir durch. Bleib mal auf dem Teppich, und denk doch mal nach. van den Hövel war geschockt. Das hast du doch gesehen. Was würdest du denn sagen, wenn man dir mitteilt, deine Tochter sei tot? Hast du nicht bemerkt, wie der arme Kerl gezittert hat? van den Hövel ist völlig fertig.«

»Nee, ich finde, der hatte sich gut im Griff, dafür, daß sein Ein und Alles tot in Breyell liegt. Ich bleibe dabei: das sah nicht sonderlich echt und überzeugend aus, was van den Hövel uns da geliefert hat.«

»Ecki, Ecki.« Frank wurde ungeduldig. Er kam seinem Freund kaum hinterher, so schnell wuselte Ecki zwischen Maschinen, Gitterboxen, aufgeschütteten Sandhügeln, verschiedenen Abteilungen ordentlich aufgereihter Obstbäume mit eingepackten Wurzelballen und einem großen, dunklen und dampfenden Haufen gehäckselter Holzreste hin und her.

»Hey, nun warte doch mal. Was suchst du hier eigentlich? Das ist ein Obsthof mit vielen kleinen und großen Bäumen und mit Sträuchern. Ein ganz normaler Betrieb mit Maschinen und Hallen. Alle Obsthöfe sehen so aus, vermute ich mal. Komm, laß uns fahren. Ich will van den Hövel unnötiges Warten ersparen.«

»Ja, ja, schon gut, Herr Kommissar. Ich wollte mich nur mal umsehen, wo ich schon mal hier bin. Meine Eltern brauchen für ihren Obstgarten im Hardter Wald noch ein paar Kirsch- und Apfelbäume. Außerdem wollen sie einige Stachelbeer- und Johannisbeersträucher neu setzen. Und mir ist gerade eingefallen, daß ich ihnen versprochen habe, mich darum zu kümmern.«

»Aber doch nicht jetzt, oder? Ecki, los komm, wir haben zu tun.«

Sie kehrten zum Auto zurück. van den Hövel wartete bereits.

Die Rückfahrt nach Breyell verlief schweigsam. Der CD-Player und das Radio blieben ausgeschaltet. Kein Blues, keine Randfichte, kein *Schatten überm Rosenhof.* Lediglich aus dem Funkgerät waren vereinzelt Stimmen aus der Leitstelle mit Durchsagen und Meldungen zu hören. Frank war froh darüber, nicht reden zu müssen. So konnte er in aller Ruhe nachdenken.

Auch Ecki und van den Hövel waren in ihren Gedanken versunken. Der Besitzer des Obsthofs hatte ein Taschentuch in der Hand, in das er ab und zu laut schnaufte.

So recht konnte Frank sich auf den neuen Mordfall noch nicht einstellen. In den vergangenen Tagen und Wochen war einfach zuviel passiert. Besonders der Ärger und die dauernden Besprechungen auf der Dienststelle machten ihm zunehmend zu schaffen. Die Debatten wegen der anstehenden Umstrukturierungen im Polizeidienst und der vom Land angekündigten Sparmaßnahmen raubten ihm noch den letzten Nerv. Im Präsidium löste eine überflüssige Sitzung die andere ab. Für seinen Geschmack wurden unnötig Stunden für Kleinigkeiten geopfert, die nachher sowieso keinen mehr interessierten. Es war doch nun wirklich egal, ob nun ein Aktenvernichter zentral aufgestellt oder für jede Abteilung ein eigener angeschafft wird. Hauptsache war doch, daß überhaupt einer geliefert wurde. Frank seufzte innerlich. Typisch Bürokratenärsche, alles mußte bis ins Detail geklärt werden, mit dem erbärmlichen Ergebnis, daß die Entscheidungen monatelang verschoben wurden. Statt sich um seine Fälle kümmern zu können, mußte er stapelweise überflüssige Vorgänge abarbeiten, die jeden Tag aufs Neue seinen Schreibtisch bevölkerten und ihm die ohnehin schon knappe Zeit raubten.

Frank sah Ecki von der Seite an. Er beneidete ihn um seinen Gleichmut. Sein Freund ertrug die elendig langen Dienstbesprechungen nicht nur mit einer stoischen Ruhe, er konnte sich im Gegenteil in die Detailfragen regelrecht verbeißen. Wenn er in den Besprechungen saß, schien er die Welt um sich herum völlig zu vergessen. Dann zählten nur der aktuelle Tagesordnungspunkt und die Chance, die Diskussion in seinem Sinne zu beenden. So hatte er doch tatsächlich durchsetzen können, daß jede Abteilung einen eigenen Aktenvernichter bekam. Stolz war er noch Tage später damit beschäftigt, jedem seinen Erfolg bei jeder sich bietenden Gelegenheit bis ins kleinste Detail zu erklären. Auch wenn Frank seinen Freund niemals als »Bürokratenarsch« bezeichnen würde, so war Ecki doch der geborene Beamte. Nervös wurde Ecki nur, wenn ihm bei den Sitzungen sein Vorrat an Hefeteilchen auszugehen drohte, die er während der Besprechungen zum Ärger des Polizeipräsidenten und unter den neidischen Blicken seiner Kollegen ungerührt nacheinander und mit sichtlichem Genuß verdrückte.

Mit dem Streß auf der Dienststelle und dem Ärger in der Band kam Frank ja noch halbwegs klar. Schlimmer war für ihn das merkwürdige und ihm völlig unerklärliche Verhalten von Lisa. Schon seit ein paar Tagen hatte er nichts mehr von ihr gehört. Vor einigen Wochen hatte seine Freundin ihm nach einem, aus seiner Sicht netten und harmonischen Wochenende, deutlich zu verstehen gegeben, daß sie im Moment »keine Lust auf ihn habe« und »Zeit zum Nachdenken« brauche. Für Frank kam diese Ankündigung beim Abendessen bei ihrem Lieblingstürken in Eicken wie aus heiterem Himmel. Er fühlte sich völlig überrumpelt. Zuerst hatte er gar nicht verstanden, was seine Freundin mit »Lust« meinte und sie mit Fragen bedrängt. Als sie nur mit Ausflüchten antwortete, war er wütend auf Lisa gewesen. Er war darüber erschrocken, denn das war ein Gefühl, das er bis dahin in ihrer Beziehung nicht kannte. Sein Nachfragen, sein Bitten, seine bissigen Bemerkungen, nichts hatte gefruchtet. Lisa war ihm nur ausgewichen. Schließlich war er gekränkt nach Hause gefahren. So klar hatte ihm vorher noch keine Frau eine Abfuhr erteilt. Jetzt war er nur noch traurig. Frank konnte sich immer noch nicht erklären, warum sich Lisa so von ihm zurückgezogen hatte. Stundenlang hatte er in seinem Wohnzimmer gehockt, sich den Kopf zerbrochen, war aber keinen Schritt weitergekommen.

Frank trank im Moment mehr als er vertragen konnte, immerhin konnte er damit seine Gefühle wenigstens eine Zeitlang betäuben. Er fühlte sich leer und ausgebrannt. Sein Akku brauchte neuen Stoff. Aber Frank wußte im Moment nicht, wie es weitergehen sollte. Im Grunde kam ihm diese tote junge Frau im Blechsarg gerade recht. Arbeiten und nicht an sein Leben denken müssen, Streß gegen Streß zu Hause. Ablenkung wenigstens für ein paar Tage.

Frank sah aus dem Autofenster. Hinter den Feldern und der Eisenbahnstrekke Köln-Venlo führte parallel zur B 7 ein Feldweg nach Breyell. Wie oft mochte er wohl die Strecke früher mit dem Fahrrad gefahren sein, nach der Schule von Kaldenkirchen zurück nach Breyell? Er konnte sich noch gut erinnern. Rund fünf Kilometer, unter der Brücke der A 61 hindurch, in deren Schatten er heimlich seine erste Zigarette geraucht hatte, weiter über den Feldweg, immer die drei Kirchtürme vor sich, die er schon von weitem sehen konnte. Besonders im Sommer war er gerne den Weg gefahren. Durch die stille warme Landschaft der Getreidefelder begleitete ihn das Zwitschern der Feldlerchen. Manchmal hatte er Angst davor gehabt, heimzukommen, wenn wieder mal die Matheklausur fünf war, oder er die Englischarbeit vermasselt hatte. Lange war das her. Erinnerungen an ein anderes Leben.

Vor dem Lambertiturm hatten die Kollegen die Umrisse von Heike van den Hövels Leiche mit Kreide nachgezeichnet. Aus der Distanz betrachtet, mochte Ecki recht haben, dachte Frank. Es sah wirklich so aus, als habe jemand dem Turm ein bizarres Opfer bringen wollen. Es fehlten nur noch die roten Grablichter, Kränze und Blumen. Die Breyeller waren groß im Trauern. Frank konnte sich die zynischen Gedanken an seine eigene Kindheit nicht verkneifen.

Der Platz vor dem Turm war immer noch abgesperrt. Schaulustige waren nicht mehr zu sehen. Um den Marktplatz herum herrschte dagegen mittlerweile die Betriebsamkeit eines ganz normalen Freitagvormittags. Das Wochenende stand vor der Tür, und die Hausfrauen waren entweder zu Fuß, mit dem Rad oder dem Familienkombi zum Einkaufen unterwegs. Niemand schien Notiz zu nehmen von dem Flatterband oder dem Leichenwagen, der auf dem Parkplatz neben dem Café stand. Man hätte denken können, daß eine große unsichtbare Glocke den Platz gegen das Dorfleben abschirmte, so sehr mieden die Breyeller den Fundort der Leiche.

Im Baucontainer am gegenüberliegenden Ende des Marktplatzes brannte Licht. Die Arbeiter waren nicht zu sehen. Für sie war in dieser Woche wohl überraschend früh Feierabend, dachte Frank. Noch war der Fundort der Toten nicht freigegeben. Und das würde vorläufig auch so bleiben.

Frank, Ecki und Toni van den Hövel stiegen aus dem Mondeo und gingen auf den schwarzen Leichenwagen zu. Die beiden Mitarbeiter der Bestattungsfirma, die in ihrem Wagen gewartet hatten, kamen ihnen entgegen. In ihren grauen Kitteln sehen sie aus wie seelenlose Geier, dachte Ecki, als sie wortlos die Heckklappe ihres Kombis öffneten und mit einem kurzen Griff routiniert den Sarg vorzogen, der auf Schienen stand. Dann traten sie zur Seite und warteten auf ein Zeichen der beiden Beamten. van den Hövel stand mit offenem Lodenmantel zwischen Frank und Ecki. Ein dunkelgemusterter Wollschal hing nachlässig um seinen Hals. Die Hände hatte van den Hövel tief in die Manteltaschen gedrückt. Er atmete tief durch. »Machen Sie schon.« Seine Stimme war kaum zu hören.

Als Ecki nickte, hob einer der Männer den Sargdeckel ein Stück an. Beim Anblick seiner toten Tochter zuckte van den Hövel zusammen. Er wich ein Stück zurück und griff dabei ins Leere. Ecki packte ihn unter die Schultern und führte ihn ein Stück zur Seite. Mit beiden Händen tastete van den Hövel nach seinen Tabletten, von denen er zwei nahm. Er würgte mehr, als daß er sie schluckte. Frank nickte im Weggehen den beiden Bestattern zu, die den Sarg in den Leichenwagen zurückschoben und anschließend grußlos abfuhren. van den Hövel hatte einen hochroten Kopf und atmete schwer. Stumm sah er mit zusammengekniffenen Lippen am verhüllten Turm hinauf. Langsam füllten sich seine Augen mit Tränen.

Ecki packte van den Hövel fest am Arm. »Ich werde Ihnen die Frage nicht ersparen können. Das gehört zu unserer Routine. Wo waren Sie gestern Abend?«

Frank hielt die Luft an. Ecki hatte einfach kein Taktgefühl. Diese Frage hätte sicher noch ein paar Stunden warten können.

van den Hövel schüttelte die Hand des drahtigen und durchtrainierten Kripobeamten ab und blieb weiter stumm. Trotz seines Alters mußte der Mann Bärenkräfte haben, dachte Frank. Er wollte sich gerade für Eckis Frage entschuldigen, als ein silberfarbener Mercedes auf den Marktplatz bog. Hätte Frank Ecki nicht geistesgegenwärtig zu sich gezogen, wäre ein Unfall passiert. Der Wagen hielt direkt neben Frank.

Der Fahrer ließ die Seitenscheibe langsam sinken. »Machen Sie doch den Weg frei. Sie sehen doch, daß ich hier durch muß. Das da ist meine Baustelle. Ich habe es eilig.«

Frank wurde wütend und griff in die Brusttasche seiner Jacke. »Und wer sind Sie? Sie sehen doch, daß hier abgesperrt ist.« Frank hielt seinen Dienstausweis ins Wageninnere.

Der Fahrer brummte etwas Unverständliches, stellte den Motor ab und stieg widerwillig aus. Vor den beiden Ermittlern stand ein untersetzter Mann mit kurzen dunklen Haaren, Ende fünfzig, Anfang sechzig, in teurem dunklem

Cashmeremantel, der locker über einem dunkelgrauen, fast schwarzen Anzug saß. Die helle Krawatte paßte perfekt zum teuren Tuch des Anzuges. Sein Gesicht war braun und hatte tiefe Falten. Unwillkürlich mußte Frank an Sonnenbank und Sauna denken. Wahrscheinlich war das faltige Gesicht die Quittung für zuviel UV-Licht. Das schmale goldene Brillengestell unterstrich den wohlhabenden Eindruck, den Fahrzeug und Fahrer machten. Der Mann hatte Geld und zeigte es ungeniert. Für Franks Geschmack eine Spur zu deutlich, um wirklich so seriös zu wirken, wie er sich mit seinem Auftreten den Anstrich geben wollte. Fehlt nur noch die Rolex, dachte Frank. Er konnte sehen, daß auch Ecki den Unbekannten mit hochgezogenen Brauen skeptisch gemustert hatte. Sein Freund dachte wahrscheinlich genau das Gleiche.

Die dunklen Augen des Unternehmers verengten sich für einen kurzen Moment, als er Frank mit kaltem Blick fixierte. Wie ein Tier, das seine Beute schon vor dem tödlichen Sprung am Boden halten wollte, dachte Ecki.

»Böskes, Dieter Böskes.« Die Augen entspannten sich. »Mir gehört die Firma, die den *Alten Lambert* hier wieder aufpäppelt. Wird wieder ein richtiges Schmuckstück, wenn wir mit der Kur fertig sind.« Lächelnd bot er den Polizeibeamten seine Hand an. »Nichts für ungut, ich wollte Sie nicht auf die Kühlerhaube nehmen.« Als er Toni van den Hövel erkannte, polterte er kumpelhaft los. »Mensch, van den Hövel, du siehst aus, als sei dir gerade der Unaussprechliche begegnet! Was ist los, Mann, du bist ja weiß wie ein Sack Kalk.« Böskes lachte los, als habe er einen geradezu umwerfenden Scherz gemacht. Eine Spur zu laut, dachte Frank.

»Mausi ist tot.« van den Hövel sah Böskes an und wischte sich ein paar Tränen von der Wange. Er sprach schleppend und machte nach jedem Wort eine lange Pause. »Ich meine, Heike. Heike ist tot. Sie wird gerade nach Duisburg zur Obduktion gebracht.« van den Hövel drehte sich zu Frank. »Ich will nicht, daß man sie aufschneidet. Hören Sie, ich will das nicht.«

»Oh Gott, das tut mir leid. Ich konnte ja nicht wissen, was hier los ist.« Böskes war unter seiner braunen Haut blaß geworden und sah Frank und Ecki entschuldigend an. Im nächsten Augenblick hatte er sich schon wieder gefangen. Ganz Geschäftsmann deutete er auf die Absperrung. »Wenn Sie mich jetzt bitte entschuldigen würden. Wenn Sie mich brauchen, ich bin hinten in meinem Büro. Ist wohl besser, wenn wir heute nicht arbeiten. Ist ja sowieso Wochenende. Also, meine Herren, guten Tag.« Er sah Toni van den Hövel lange an. »Tut mir leid, wirklich, Toni. Wenn du etwas brauchst, ruf mich an. Ich bin jederzeit für dich da.« Er gab den Männern zum Abschied die Hand und ging in Richtung Baucontainer.

Ecki sah ihm nach und sagte mehr zu sich selbst. »Was ist das denn für ein merkwürdiger Vogel?«

»Das ist mittlerweile der größte Bauunternehmer in Nettetal. Hat sich aus ganz kleinen Verhältnissen hochgearbeitet. Ohne ihn läuft hier in der Stadt nicht mehr viel. Der hat überallhin Kontakte, ein cleverer Geschäftsmann halt.« Toni van den Hövel hatte sich offenbar ein bißchen gefaßt. Nachdenklich sah er Böskes im Baucontainer verschwinden.

Ecki hatte sich von Böskes Auftritt nicht beirren lassen. »Ich frage Sie noch mal, Herr van den Hövel, wo waren Sie gestern Abend?«

van den Hövel ließ sich von der Frage nicht aus der Ruhe bringen. »Zu Hause. Wo sonst? Ich habe einen Haufen Bestellungen aus Frankreich. Die Franzmänner wollen an der Rhône große Obstplantagen anlegen. Die Aufträge müssen bearbeitet werden. Ich habe den ganzen Abend über meinen Abrechnungen gesessen. Was soll die Frage? Suchen Sie lieber den Mörder meiner Tochter. Oder brauche ich etwa einen Anwalt? Brauchen Sie nur zu sagen.« Böskes klang angriffslustig.

Ecki winkte leicht ab. »Herr van den Hövel, nun beruhigen Sie sich doch. War doch nur eine Routinefrage. Ich muß Ihnen solche Fragen stellen.«

IX.

Kurz nach der Pressekonferenz mit Staatsanwalt Ralf Böllmann im Kreishaus Viersen saßen Frank und Ecki wieder in ihrem Büro im Polizeipräsidium an der Theodor-Heuss-Straße in Mönchengladbach. Wie immer hatte der Jurist äußerlich unbewegt und souverän den ungeduldigen Journalisten Auskunft gegeben. Die Medienvertreter hatten fast eine Stunde auf den Beginn der Pressekonferenz warten müssen. Böllmann war bei der Staatsanwaltschaft Mönchengladbach zuständig für die Ermittlungen bei Kapitaldelikten. Keine leichte Aufgabe, die dem Vierzigjährigen ein hohes Maß an Selbstbeherrschung abverlangte. Das hatte Ralf Böllmann Frank einmal nach Dienstschluß bei einem Bier am Tresen der Fun-Arena in Giesenkirchen erzählt, wo sich die beiden nach dem Sport zufällig getroffen hatten. Aber schließlich müsse ja irgendjemand den Job machen, hatte er achselzuckend erklärt.

Bei seinen Kollegen war der Staatsanwalt sehr beliebt. Gab es Probleme oder dringende Familienangelegenheiten, war Ralf Böllmann immer bereit, einen zusätzlichen Bereitschaftsdienst zu übernehmen. Dabei war er überhaupt nicht das, was man als »karrieregeil« bezeichnen könnte. Eher war das Gegenteil der Fall. Böllmann wollte lieber seine Ruhe haben und ließ deshalb Kollegen auf der Karriereleiter an sich vorbeiziehen, ohne neidisch zu sein. Der Familienvater wirkte trotz seiner vierzig Jahre und der permanenten Arbeitsüberlastung eher wie ein großer Junge, der zudem gerne lachte. Er nahm seine Arbeit sehr ernst, konnte aber auch bei weniger offiziellen Angelegenheiten mit Genuß »fünfe gerade sein lassen«.

Frank Borsch und Michael Eckers waren froh, daß die Journalisten auf dem Rückweg in ihre Redaktionen waren. Das heißt, Frank war froh, denn Ecki war bei der Obduktion in Duisburg dabei gewesen. Ecki war froh, als er endlich aus der Gerichtsmedizin hatte abhauen können. Ihm war die ganze Zeit über schlecht gewesen. Das hatte aber eher daran gelegen, wie Ecki mehrfach überdeutlich betonte, daß er seit dem Stück Nußschleife am Morgen den ganzen Tag über »nichts Richtiges mehr zu Essen« bekommen hatte.

Den beiden Kriminalhauptkommissaren waren Pressekonferenzen gleichermaßen ein Greuel. Auch das Pressegespräch am späten Nachmittag, an dem neben Frank und Staatsanwalt Böllmann auch zwei Beamte der Viersener Polizei und der Kreisdirektor als Polizeichef teilgenommen hatten, war nach dem immer gleichen Schema abgelaufen. Es gab wie immer nur wenig mitzuteilen, und die Presse nörgelte wie immer, weil es außer der Tatsache, daß Heike van den Hövel tot war, nichts Konkretes zu berichten gab.

Während sie auf dem Weg aus dem Besprechungsraum waren, in dem die Fernsehteams mit dem Abbau ihrer Kameras und Mikrofone beschäftigt waren, hatte Frank mitbekommen, daß sich Gerd Fuchs vom *Express* am Ende der knapp dreißigminütigen Veranstaltung bitter bei Hans-Peter Wirtz, dem Sprecher der Mönchengladbacher Polizei, beschwerte. Fuchs mutmaßte aufgeregt, daß die Polizei »wieder mal bewußt« wichtige Informationen zurückhielt. Die Mitteilung, wie viele Polizeibeamte in der Mordkommission tätig seien, sei vom Nachrichtenwert her so dürr, daß er lieber auf diese Information in seinem Artikel verzichten wolle. Wirtz hörte Fuchs zwar geduldig und freundlich lächelnd zu; Frank wußte aber trotzdem, was in Wirklichkeit in Wirtz vorging. Frank konnte sich auf den Polizeisprecher verlassen. Was Wirtz nicht nach draußen lassen wollte, ging auch nicht raus.

Dabei hatten Frank und Ecki bis jetzt wirklich nicht viel Brauchbares in Händen: Heike van den Hövel, 28, mußte gegen ein Uhr früh tot vor dem Lambertiturm in Nettetal-Breyell abgelegt worden sein. Tatort, Mörder und Motiv waren den Ermittlern noch völlig unklar. Außerdem war der Obduktionsbericht noch nicht fertig. Das Handy, das sie in der Unterwäsche der Toten gefunden hatten, wollten sie der Presse gegenüber vorerst nicht erwähnen.

Frank sah über seinen Schreibtisch hinweg Ecki an, der gerade die Einladung zu einer großen Dienstbesprechung las, die für den kommenden Mittwoch geplant war. »Mir fällt gerade ein, gibt es eigentlich etwas Neues im Fall Wüsten? Hat Böllmann irgendwas erzählt?«

»Nur soviel, daß Wüsten vorerst wieder auf freiem Fuß ist. Und daß die Ermittlungen gegen ihn an die Staatsanwaltschaft Düsseldorf abgegeben werden sollen. Ist ja schon ein Hammer: ein Jugendrichter sammelt Kinderpornos.« Ecki schüttelte den Kopf.

»Möchte mal wissen, was Frau Wüsten zu dem ganzen sagt.«

Ecki ließ die Einladung sinken. »Die hat über all die Jahre offenbar nichts gemerkt. Wüsten hatte seine ganzen Dateien und Fotos in seinem Büro im Landgericht. Ich meine, daß die Kollegen 25 CD-ROMs und zwei Pappkartons mit Fotos sichergestellt haben. Fein säuberlich beschriftet und geordnet. Soweit bisher feststeht, hat Wüsten die Fotos aus Ermittlungsakten abfotografiert oder einfach geklaut. Die Bilder sind zum Teil aus den siebziger Jahren. Lauter kleine nackte Mädchen, meist blond. Möchte mal wissen, was in seinem kranken Hirn vorgegangen ist.«

»Das werden die Gutachter schon herausfinden.«

»Bei seiner Verhaftung hat er jedenfalls behauptet, er habe die Fotos lediglich als Material für eine Dokumentation über Kindesmißbrauch gesammelt. Er hat allen Ernstes behauptet, zusammen mit einem Galeristen ein Buch über das Thema vorzubereiten.«

»Wie kann ein Mensch sich nur selbst so belügen. Das glaubt ihm doch kein Richter, daß er, Jugendrichter Werner Wüsten, völlig uneigennützig Mahner und Wissenschaftler sein wollte? Kinderpornos sind verdammt noch mal Kinderpornos. Und deren Verbreitung steht Gott sei Dank unter Strafe. Das muß der feine Herr Wüsten doch am besten wissen. Welchen Galeristen meinte er denn? Doch nicht etwa Stolzenbach?«

Frank konnte sich erinnern, daß der Mönchengladbacher vor einiger Zeit wegen sexuellen Mißbrauchs zu einer langen Haftstrafe verurteilt worden war. In der Verhandlung hatte der hochintelligente und in seinem hellen Anzug und seiner teuren Goldrandbrille sehr seriös wirkende Angeklagte bis zur Urteilsverkündung stets behauptet, die bei ihm gefundenen Fotos und die von den Zeugen als Mißbrauch geschilderten Praktiken seien lediglich als Kunst zu verstehen. Außerdem hätte er niemanden zum Mitmachen gezwungen. Der ganze Prozeß sei ein Irrtum und ein Angriff auf die Kunst.

»Ja, genau. Stolzenbach. Der ehedem allseits beliebte Stolzenbach.«

»Das klingt nach einem ganzen Kinderpornoring.«

»Keine Ahnung. Auf jeden Fall werden die sichergestellten Asservate noch ausgewertet. Möglicherweise sind auf Wüstens Dienstcomputer noch Adressen oder Bilder versteckt. Schließlich hatte Wüsten mehr als 25 Jahre nahezu ungehindert Zugriff auf die Akten. Soviel ich weiß, werden auch alle Kontrollbücher aus dem Archivkeller überprüft. Dort sind alle Ausleihen penibel eingetragen. Wüsten wird wohl seine Spuren hinterlassen haben.«

»Na, hoffentlich haben sich nicht auch noch andere an den Fotos in den Akten bedient.«

Frank wollte das Thema beenden und tippte ungeduldig mit dem Kugelschreiber auf seine Schreibtischunterlage. »Kannst du bitte mal nachfragen, ob das Handy schon untersucht worden ist? Vielleicht haben die Kollegen von der KTU etwas gefunden. Außerdem würde ich mir gerne aus Viersen die Akten über die verschwundenen Frauen kommen lassen. Kannst du das für mich erledigen? Ich muß erst durch den Stapel hier auf meinem Schreibtisch.«

Ecki seufzte, stand demonstrativ schwerfällig auf, stopfte sich sein Hemd umständlich in die Hose und rückte das lederne Schulterholster zurecht. Warum immer er? Er hatte Hunger und wollte eigentlich nur noch nach Hause.

»Nun stell dich nicht so an, Ecki. Ich dachte, du kennst doch ein paar von den Kollegen in Viersen. Ruf doch nur eben einen von deinen Kumpeln an, vielleicht erledigt sich die Anfrage auf dem kleinen Dienstweg. Ist doch wirklich nur ein Anruf für dich. Ich spendier dir bei nächster Gelegenheit auch einen frischen Apfelberliner. Versprochen.« Frank sah seinen Freund von unten herauf treuherzig an.

Ecki brummte nur etwas Unverständliches und war fast schon zur Bürotür raus, als er sich noch einmal umdrehte. »Warum willst du unbedingt in die Viersener Akten gucken? Meinst du wirklich, daß zwischen den Fällen und dem Mord an Heike van den Hövel ein Zusammenhang besteht?«

»Das weiß ich nicht. Aber es ist doch schon merkwürdig, daß in so kurzer Zeit mehrere junge Frauen verschwinden oder ermordet werden. Oder findest du nicht?«

Ecki zuckte nur mit den Schultern.

»Ecki, nun laß dich nicht lange bitten,« Frank sah auf die Uhr, »ruf an, bevor du gleich heimfährst. Vielleicht erwischst du ja noch jemanden in Viersen.«

»Ist ja schon gut.«

»Ich habe einfach nur so eine Ahnung. Schließlich waren die Frauen alle relativ jung. Man weiß ja nie. Möglicherweise steckt in den Akten ein Hinweis, den die Kollegen übersehen haben. Irgendwas aus ihrer Vergangenheit, meinetwegen gehen wir zurück bis in ihre Kindheit. Gemeinsame Hobbys, den gleichen Lehrer, was weiß ich. Ich will auch sicher gehen, daß wir es nicht mit einem Serientäter zu tun haben, der im Kreis Viersen seine Opfer sucht.«

»Wieso Serientäter? Und warum soll er sie nur im Kreis Viersen suchen? Er kann doch überall Frauen überfallen?«

»Hm, weiß nicht, aus Holland könnte er kommen, hier bei uns zuschlagen und wieder verschwinden.«

»Oder er kommt aus dem Ruhrgebiet. Mensch, Frank, vielleicht ist ja alles nur Zufall. Und die Fälle haben nichts miteinander zu tun. Vielleicht kommt der Täter aus dem Umfeld der Opfer. Wäre ja nicht das erste Mal.«

»Und warum wird eine der Frauen an der Autobahn bei Eindhoven gefunden? Quasi in aller Öffentlichkeit abgelegt, so daß sie gefunden werden mußte? Das wäre doch ein Hinweis. Sie wurde erschlagen, Heike van den Hövel wurde auch erschlagen. Und mitten im Dorf abgelegt, in aller Öffentlichkeit. Zufall?«

»Keine Ahnung, vielleicht haben die Fälle einen gemeinsamen Hintergrund, vielleicht auch nicht. Wir sollten es herausfinden.« Ecki war schon fast wieder zur Türe hinaus, als er sich noch einmal umdrehte. »Wir werden es herausfinden.«

»Klingt wie aus einem Western: hey, Marshall, laß uns durch die Stadt reiten. Wir werden im Saloon auf ihn warten.« Auch Frank war müde und wollte eigentlich nur noch nach Hause.

»Apropos Western«, Frank feixte, »Hey, John Ecki Wayne, deine Waffe kannst du ruhig hier bei mir lassen. Die Typen von der KTU sind Kollegen, die tun dir da bestimmt nix.«

Ecki zeigte Frank einen Vogel. »Paß nur auf, daß das Ding nicht irgendwann mal von selbst losgeht, und du dann genau vor der Mündung stehst. Aber wär' auch nicht weiter tragisch. Bei deinem dicken Bauch merkst du ja eh' nix mehr.« Ecki wußte sofort, das saß. Wenn Frank eines nicht mochte, dann waren es Bemerkungen über seine Figur. Ecki verschwand mit breitem Grinsen.

Frank sah prüfend an sich hinunter und zog dabei seinen Bauch ein. Stimmt, könnte ein bißchen dünner sein. Aber deswegen gleich stundenlang Sport machen und elendig schwitzen? Dazu hatte er nun auch wieder keine Lust. Andererseits, Lisa hatte in den vergangenen Monaten auch schon die ein oder andere spitze Bemerkung losgelassen.

Lisa. Schon waren die düsteren Gedanken wieder da. Frank drehte sich mit seinem Stuhl um und sah aus dem Fenster des kleinen Büros. Dabei legte er die Füße auf das Fensterbrett. Lisa. Was war bloß los mit ihr? Warum konnte sie seine Berührungen kaum noch ertragen? Das fröhliche Lachen war verschwunden. Sie hatte sich verändert. Er wußte, verdammt noch mal, nur nicht warum. So sehr er auch grübelte.

Frank hatte sich auch schon gefragt, ob in Wirklichkeit nicht Lisa, sondern er sich verändert hatte? Ohne es bemerkt zu haben. Aber er hatte den Gedanken schnell beiseite geschoben. Nein, er liebte Lisa noch genauso wie am ersten Tag. Vielleicht hatte er sich in den vergangenen Wochen nicht mehr ganz so wie früher um Lisa gekümmert. Er wußte es nicht mehr. Er wußte gar nichts mehr. Je mehr Fragen er stellte, um so weniger Antworten bekam er. Er wußte nur, daß er Lisa liebte, wie er noch nie eine Frau in seinem Leben geliebt hatte.

Was wäre, wenn sie ihn verlassen wollte? In Franks Kopf drehten sich die Gedanken. Er mochte nicht weiterdenken. Es klang so kitschig, aber ein Leben ohne Lisa - die Welt würde für ihn zusammenbrechen. Er hatte ja schon jetzt das Gefühl, den Boden unter den Füßen zu verlieren. Wenn er doch bloß wüßte, was los war. Frauen.

Frank versuchte, sich abzulenken. Der Verkehr vor seinem Fenster hatte zugenommen, wie immer um diese Tageszeit. Dicht an dicht standen die Autos im Feierabendverkehr auf der Hauptverkehrsader zwischen Rheydt und Mönchengladbach. Es waren keine vier Wochen mehr bis Weihnachten. Eigentlich genau die richtige Zeit für gemütliche Stunden auf dem Sofa, mit Kakao oder Glühwein. Bei Kerzenschein von ihrer Zukunft träumen, nur sie beide, Frank und Lisa, ein glückliches Leben, bis an ihr Lebensende.

Ein lautes, anhaltendes Hupen unterhalb seines Fensters riß ihn aus seinen Tagträumen. Frank wäre vor Schreck fast vom Stuhl gefallen. So sehr war er in seine Gedanken vertieft. Mit einem Schlag waren die Gedanken an Zukunft und Kerzenschein wie weggeblasen. Ihm fiel Ruth ein. Seine Ex-Frau, mit der er fast zehn Jahren verheiratet gewesen war. Sie waren seit einem dreiviertel Jahr geschieden. Er hatte gehofft, daß das Kapitel damit endgültig abgeschlossen war, und nun hatte sie sich mit einem Brief bei ihm gemeldet. Er hatte gleich ihre Schrift auf dem Umschlag erkannt. Der Brief lag seit Tagen ungeöffnet auf seinem Küchentisch. Er hatte keine sonderliche Eile mit dem Lesen. Wenn er ehrlich war, hatte er ein wenig Angst davor, das Kuvert zu öffnen.

Frank seufzte und rieb sich die Augen, bis sie schmerzten. Als er sich mit seinem Stuhl wieder vom Fenster weg drehte, stand Ecki wie aus dem Boden gewachsen vor ihm und wedelte mit einer dünnen Akte. Frank fühlte sich ertappt und reagierte wütend: »Mann, mußt du mich so erschrecken? Wie lange stehst du schon so hinter mir und beobachtest mich?«

»Reg dich wieder ab. Ich bin gerade erst zurück.« Er hielt Frank den dünnen Hefter hin, der aber keine Anstalten machte, ihn anzunehmen. »Ist wohl doch ein größeres Problem, den Pin-Code von Handys zu knacken. Jedenfalls ist das Mobiltelefon von Heike van den Hövel schon auf dem Weg zum LKA nach Düsseldorf. Mal sehen, ob sie dort das Ding wiederbeleben können. Vielleicht sind ja SMS abgespeichert. Man hört ja die tollsten Sachen von unseren Supercops in Düsseldorf. »

Ecki setzte sich. »Hier, mehr ist im Moment nicht.« Er zog ein DIN-A4-Blatt aus dem Hefter und schob es über den Schreibtisch auf Franks Seite.

Frank beugte sich vor und las die wenigen Sätze, dann lehnte er sich zurück. »Wenn wir an das Telefonbuch des Handys herankämen, könnte uns das vielleicht ein Stück weiterbringen.«

Er sah Ecki an, sein Groll war schon fast wieder verschwunden. Nun war er wieder ganz der Polizist, der einen Mord aufzuklären hatte.

»Der Handy-Hersteller muß doch eine Möglichkeit gelassen haben, um das Ding knacken zu können. Außerdem müssen wir uns um die Telefongesellschaften kümmern. Bei einer wird die van den Hövel schließlich registriert sein. Wir lassen uns die Abrechnungen und die Liste mit den Telefonkontakten kommen. So kommen wir mit Sicherheit an die Nummern, die sie angerufen hat, oder über die sie angerufen wurde.«

»Klasse, du sagst *wir* und meinst in Wirklichkeit doch nur wieder *Ecki*. Darf ich annehmen, daß ich wieder stundenlang hier sitzen und Bürokram machen darf? Und der Herr fährt alleine über Land und macht sich einen schönen Tag?« In Eckis Stimme mischten sich Galgenhumor und Frust.

»Klar, dann habe ich endlich Ruhe vor Dieter Bohlen, Gotthilf Fischer und Co.« Frank mußte unwillkürlich grinsen. Er war froh, daß er Ecki zum Freund und Kollegen hatte.

Ecki fiel die passende Retourkutsche ein. Er streckte sich und sah Frank von oben herab an wie ein eitler Dozent seine Studenten. Er wußte, diese Pose konnte sein Freund auf den Tod nicht ausstehen. »Übrigens, bevor ich es vergesse, mein Lieber, wir sollten noch mal zu dem alten van den Hövel fahren. Wir müssen uns noch dringend die Wohnung seiner toten Tochter ansehen. Das machen wir am besten jetzt gleich.«

»Ach nee, ich denk', du wolltest Feierabend machen? Und sag jetzt bloß nicht, ich wäre selbst nicht drauf gekommen. Hör auf, mich wie einen Schuljungen zu behandeln. Brauchst gar nicht so überheblich zu tun. Du hast vielleicht einen Ton drauf. Ich weiß selber, was zu tun ist.«

Ecki grinste nur.

Frank ärgerte sich. Aber nicht so sehr über Eckis Vorschlag. In Wahrheit ärgerte er sich immer noch über seine Gedanken, die er sich über den Brief seiner geschiedenen Frau machte. Was sie bloß von ihm wollte?

»Schon gut, schon gut. War ja nur ein nett gemeinter Vorschlag.« Ecki tat jetzt beleidigt und zog die Schultern hoch. Abwehrend hob er die Hände. Aber er konnte sich sein Lachen nur mit Mühe verkneifen. »Du bist aber auch empfindlich. Mann. Sieh bloß zu, daß du deinen Hormonhaushalt wieder in die Reihe kriegst.«

»Quatsch keine Opern und komm schon. Ich habe heute abend doch nichts Besseres vor.« Das war glatt gelogen. Er mußte dabei an Lisa denken.

Ecki machte keine Anstalten, das Büro zu verlassen, und sah statt dessen Frank mit merkwürdigem Grinsen an.

»Is' noch was?«

»Schrievers war nicht mehr da, und von den Viersener Kollegen habe ich auch niemanden mehr angetroffen. Dafür habe ich Laumen aus der Verwaltung getroffen. Möchte mal wissen, was der um diese Uhrzeit noch im Präsidium zu suchen hat. Er ist doch sonst immer der erste, der mit seiner Aktentasche in der Hand am Ausgang auf den Feierabend wartet.«

Frank mußte lachen bei dem Gedanken.

»Na, jedenfalls hat er gemeint, wir sollen endlich den CD-Player aus unserem Dienstwagen ausbauen. Er meint, laut Vorschrift sowieso, hat Unterhaltungselektronik, zumal private, nichts in Dienstfahrzeugen zu suchen. Er sei es leid, das immer wieder anzumahnen. Wenn wir den CD-Player nicht freiwillig ausbauen, will er ihn bei der nächsten Inspektion einziehen lassen.«

Wenn es galt, gemeinsam gegen die Verwaltung zu Felde ziehen zu können, standen Frank und Ecki wie eine Front. »Pffft, der Sesselpupser soll mal schön in seinem warmen Büro bleiben und seine Vorschriften abstauben. Der CD-Player bleibt drin.«

»So was ähnliches habe ich ihm auch gesagt.«

»Dann sind wir uns ja wenigstens in diesem Punkt ausnahmsweise mal einig. Du mußt jetzt nur noch die richtige Musik hören. Blues zum Beispiel. Von deiner Volksmusik verkleben nämlich irgendwann die empfindlichen Tonköpfe. Und der CD-Player war schließlich teuer genug.«

Das hätte Frank besser nicht gesagt. Auf dem Weg zum Auto und während der Fahrt nach Kaldenkirchen stritt Ecki ausdauernd über die Frage, wer nun die einzig wahre ultimative Musik spielte: Stefan Mross auf seiner Trompete oder B.B. King auf seiner Lucille. Frank war sich seiner Sache ganz sicher.

X.

Sie hatten van den Hövel trotz der späten Stunde noch in seinem Büro angetroffen. Offenbar lenkte ihn die Arbeit vom Schmerz über den Tod seiner Tochter ab. Er war gerade dabei, Papiere zu ordnen, als Frank und Ecki auf den Hof fuhren und ins Büro kamen. Überall auf dem Sideboard und van den Hövels Schreibtisch lagen aufgeschlagene Ordner, selbst im Nebenraum hatte er auf dem Schreibtisch seiner Sekretärin Aktenordner verteilt. Frank wunderte sich über die Betriebsamkeit des Obstbauern. Andererseits reagierte jeder Mensch anders auf den Tod eines nahen Angehörigen, dachte Frank. Bereitwillig war van den Hövel zu ihnen in den Wagen gestiegen und mit ihnen nach Hinsbeck gefahren. Gleich am Ortseingang hatte er sie links in eine Straße abbiegen lassen, von der eine Sackgasse in ein Neubaugebiet mit Ein- und Mehrfamilienhäusern abzweigte. Dort spiegelten sich in den meisten Wohnzimmerfenstern die bunten Bilder der Fernsehprogramme. Die Vorgärten der Reihenhäuser waren nicht sonderlich groß. Sie reichten gerade für eine Nische für die Mülltonnen und einige immergrüne Sträucher. An den unterschiedlich farbigen Haustüren hingen Kränze aus Trockenblumen und bunten Schleifen, auf den Stufen waren Kürbisse in unterschiedlichen Größen dekoriert. Vor einem Haus stand ein vergessenes rotes Bobbycar, vor einem anderen eine Sitzbank aus Teakholz. Schöne heile Welt, dachte Frank. Ihm war das alles zu klein und zu spießig. Er könnte diese Enge der Häuserzeile nicht ertragen, diese Nähe zu den Nachbarn, die sich im Sommer bestimmt jedes Wochenende zum Grillen trafen, gemeinsame Ausflüge planten oder auf die nächste Geburtstagsfeier warteten. Ecki war da ganz anders. Er lebte mit seiner Familie in einer ähnlich modernen Wagenburg und fühlte sich dort nach eigenem Bekunden »sauwohl«.

van den Hövel ging mit Frank und Ecki zum letzten Haus in der Reihe. Vier Namen standen auf dem Klingelbrett, das neben der hölzernen Eingangstür mit großem Edelstahlgriff in die Fassade aus naturbelassenem Kalksandstein eingelassen war. Heike van den Hövel hatte ganz oben gewohnt. Ihr Vater schloß auf und ging vor ihnen die Steintreppe hoch. Der Hausflur war weiß und kahl. Nur die bunten Kokosmatten und die üppigen Türkränze brachten Abwechslung in den tristen Hausflur.

Als Frank vor der Tür zu Heike van den Hövels Wohnung stand, hatte er das Gefühl, vor einem Grab zu stehen. Dabei sah der Türkranz mit seinen blauen und gelben Schleifen nun überhaupt nicht nach Friedhof aus.

van den Hövel schloß auf und machte Licht. Die drei standen in einem kleinen Flur, in dem links ein Schuhschränkchen stand. Rechts reichte ein Spiegel vom Boden bis zur Decke. Davor stand als Dekoration ein alter runder Kohleofen. Auf seiner gußeisernen Platte saß ein kleiner Teddybär aus Plüsch, der mit seinem schräg gestellten Kopf die unerwarteten Eindringlinge aufmerksam zu mustern schien. Links führte eine Tür in die schmale Küche und den Eßbereich, der nicht gerade aufgeräumt aussah. Auf dem kleinen Tisch, der mit einer Längsseite an die Wand gerückt war, standen noch eine große Kaffeetasse, die Margarinedose und ein offenes Marmeladenglas. Neben dem Frühstücksbrettchen lag ein benutztes Messer. Im Spülbecken der Küchenzeile fand Frank eine leere Milchtüte. Es sah ganz so aus, als habe Heike van den Hövel am Morgen ihres gewaltsamen Todes nach dem Frühstück überhastet das Haus verlassen. Aber vielleicht täuschte sich Frank. Vielleicht war die Unordnung auch nur Ausdruck der unbeschwerten Nachlässigkeit einer jungen Frau, die alleine gelebt hatte und auf niemanden hatte Rücksicht nehmen müssen. Im Regal neben der Tür waren gefaltete Küchenhandtücher und Töpfe achtlos zusammengeräumt.

Die ganze Wohnung war weiß gestrichen und hatte einen einheitlichen weißgrauen Marmorboden. An den Wohnzimmerwänden hingen mehrere bunte Drucke von Kandinsky. Das große, bis auf den Boden reichende Fenster ließ bei Tag sicher viel Licht in das großzügige Wohnzimmer. van den Hövel ging zum Fenster und kippte es.

»Es riecht ein bißchen muffig«, erklärte er den beiden Beamten, die sich interessiert in dem Raum umsahen und keine Notiz von van den Hövel zu nehmen schienen.

Dominiert wurde der Raum von einem dunklen antiken Eichenschrank, der gegenüber der Zimmertür stand. Außerdem hatte in dem Wohnzimmer noch eine alte Eßgruppe Platz, die ebenfalls aus Eiche war. Das dunkle Holz bildete einen eleganten Kontrast zur hellen Farbe des Marmorbodens. Neben dem Fenster stand ein Regal, ebenfalls aus weißgrauem Marmor, für die kleine kompakte Musikanlage. Auf dem Boden davor lagen einige offene CD-

Hüllen. Frank bückte sich und hielt mit den Fingerspitzen eine weiße Hülle hoch und las halblaut den Titel vor: »*Renaissance* von Lionel Richie.« Dann legte er die leere Schachtel wieder auf den Boden.

Zwischen Regal und Fenster waren mehrere Grünpflanzen in Kübeln, eine Geigenfeige, drei Farne und zwei Palmen, zu einer großen grünen Insel zusammengestellt worden.

Heike van den Hövel mußte Nippes gemocht haben. Auf einer alten Kommode, auf dem schwarz bezogenen alten Sofa, auf dem alten Küchenschrank aus den zwanziger Jahren, sogar im alten Bücherregal standen und lagen passend zur Vorweihnachtszeit allerlei Engelsfiguren in den unterschiedlichsten Formen und Größen, dazu viele Bären, große und kleine, die meisten von ihnen offenbar von Hand genäht. Vom Wohnraum aus ging es über Eck ins Bad und ins Schlafzimmer. Während im kleinen Badezimmer das reinste Chaos aus Dutzenden Duschgels, Shampoos, Kurpackungen, Badezusätzen, Seifenstücken, Parfümflakons, Handtüchern und Bademantel herrschte, war hingegen das Schlafzimmer geradezu penibel aufgeräumt. Viel mehr als ein Schrank voller Hosen, Pullovern, T-Shirts, Blusen und Unterwäsche sowie ein großes Bett und ein Korbsessel hatte sowieso kaum Platz in dem Raum. Denn in einer Ecke war noch eine Schreibecke mit Computer und Drucker eingerichtet.

Frank drehte sich zu Toni van den Hövel um: »Können Sie auf Anhieb sagen, ob Ihnen etwas ungewöhnlich vorkommt?«

»Das weiß ich nicht. Ich war schon länger nicht mehr in der Wohnung meiner Tochter. Aber auf den ersten Blick sieht es so aus wie immer. So, als habe sie gerade erst die Wohnung verlassen.« van den Hövel wurde plötzlich kreideweiß im Gesicht und stützte sich am Schrank ab. »Ich glaube, ich muß mich mal setzen.«

Zusammen gingen sie ins Wohnzimmer, van den Hövel setzte sich auf das Sofa. Ecki verschwand in der Küche und Frank konnte ihn an der Spüle hantieren hören. Mit einem Glas Wasser kam er zurück. van den Hövel nahm das Glas dankbar entgegen und trank in kleinen Schlucken.

»Ich kann einfach nicht begreifen, daß Heike tot sein soll. Wer tut so etwas? Ich begreife das alles nicht.« Hilfesuchend sah van den Hövel die beiden Polizeibeamten an und hielt das Glas mit beiden Händen umspannt. Frank sah, wie die Knöchel weiß hervortraten. Wenn er noch fester zudrückt, dachte Frank, würde das Glas in van den Hövels Händen zerspringen.

»Das herauszufinden, ist unsere Aufgabe. Aber bei der Aufklärung der Todesumstände Ihrer Tochter müssen Sie schon mithelfen«, meinte Ecki, der zu Franks Erstaunen ungewöhnlich sanfte Töne anschlug.

»Wissen Sie, mit wem sich Ihre Tochter in ihrer Freizeit getroffen hat? Hatte sie einen Freund?« Frank sah van den Hövel an.

»Wissen sie, Herr Kommissar, meine Tochter war 28 Jahre alt. Da gab's natürlich immer wieder mal jemanden, den ein oder anderen jungen Mann, aber nichts Festes. Das war mir auch ganz recht so, denn ich habe Heike in der Firma gebraucht. Sie sollte doch das Geschäft später einmal übernehmen.« Überwältigt von den Erinnerungen an seine Tochter, setzte van den Hövel das Glas ab, schlug die Hände vor das Gesicht und schluchzte laut auf.

»Es tut uns wirklich leid, Sie damit jetzt konfrontieren zu müssen, aber wir dürfen keine Zeit verlieren. Hatte Ihre Tochter eine Freundin, eine Vertraute, die uns vielleicht weiterhelfen könnte? Frauen haben immer eine beste Freundin. Kennen Sie Namen oder Telefonnummern? Wir haben bei Ihrer Tochter nichts Verwertbares gefunden, was uns weiterhelfen könnte.«

»Bis auf Heikes Handy, aber das macht uns im Moment noch ein paar Probleme.« Ecki hatte sein ledernes Notizbuch zur Hand genommen.

van den Hövel sah ihn an und schüttelte den Kopf. »Ich weiß nicht, wirklich. Ich weiß im Augenblick sowieso nichts. Können Sie mich für heute nicht einfach in Ruhe lassen? Der Tag war schwer genug für mich. Können wir nicht morgen weiterreden? Ich bin sehr müde.«

Ecki schüttelte den Kopf. »Wir müssen uns noch etwas genauer in der Wohnung umsehen. Hatte Ihre Tochter ihren PC mit einem Paßwort gesichert?«

van den Hövel zuckte mit den Schultern.

»Egal, das werden die Kollegen schon herausfinden. Wollen Sie mir nicht endlich sagen, warum Sie gestern Abend früher als gewöhnlich aus der Spielhalle in Breyell weg sind?«

van den Hövel zog die Augenbrauen hoch und sah Ecki erstaunt und verwirrt an. »Woher wissen Sie das?« Dann fuhr er zögernd fort: »Ich mußte mit Heike reden, weil ich unbedingt noch Unterlagen für die Steuererklärung zusammenstellen muß. Die Prüfer vom Finanzamt haben sich angemeldet. Aber als ich gestern Abend hier geklingelt habe, hat sie nicht aufgemacht. Und an ihr Handy ist sie auch nicht gegangen. Und später war es dann ausgeschaltet.«

Frank und Ecki sahen sich an. »Eben haben Sie noch gesagt, Sie seien schon länger nicht hier gewesen.«

»Ich war nicht hier in der Wohnung, ich habe nur unten geklingelt.«

Frank suchte den Autoschlüssel in seiner Jackentasche. »Lassen Sie uns gehen. Es ist wirklich spät geworden. Ich sage noch der Spurensicherung Bescheid. Sie sollen sich die Wohnung ansehen und den PC mitnehmen. Vielleicht finden sie was. Morgen werden wir mit den Nachbarn Ihrer Tochter reden müssen.«

Auf dem Rückweg setzten sie kurz van den Hövel in Kaldenkirchen ab. Als sie auf der Autobahn Richtung Mönchengladbach unterwegs waren, kam Ecki doch noch zu seinem Recht – er hörte endlich seine Schlager-CD. Die beiden Ermittler hörten schweigend zu und hingen in der Dunkelheit müde ihren Gedanken nach. Es war ein langer Tag gewesen. Aber je länger die CD lief, um so unruhiger wurde Frank. Das Schlagergedudel machte ihn nervös und kribbelig. Ecki dagegen räkelte sich entspannt in seinem Sitz. Zumindest er konnte sich bei der Schlagerparade von Dieter Thomas Heck hervorragend entspannen.

XI.

Heinz-Jürgen Schrievers klopfte nur kurz an den Rahmen und steckte den Kopf ins Büro. »Moin, Jungs, na, wie isset?«

Frank telefonierte und hob nur kurz die Hand. Ecki sah von seiner Zeitung auf. »Wie immer, und du? Alles fit? Willst du nicht reinkommen?«

»Nee, keine Zeit, ich muß rüber zum Alten. Wir sollen neue Software für das Archiv kriegen.« Schrievers verzog das Gesicht, als habe er in eine Zitrone gebissen.

Ecki wußte, daß Schrievers nicht viel von moderner Datenverarbeitung hielt. »Nu stell dich mal nicht so an, auch an dir gehen die modernen Zeiten nicht vorbei.« Er sah an Schrievers herunter und grinste. »Du willst wirklich in deinen Puschen zum Alten? Wenn das man gut geht!«

Schrievers schob seinen mächtigen Bauch nun doch vollends in den Raum und baute sich vor Ecki auf.

»Was hast du gegen meine Pantoffeln? Sie sind warm und bequem. Genau das Richtige, um sich in den zugigen Büros nicht den Pips zu holen. Meine Frau meint das auch.«

Ecki unterbrach ihn. Wenn Schrievers seine Frau ins Spiel brachte, konnte eine kurze Unterhaltung leicht eine halbe Stunde dauern. Ecki kannte niemanden, der so sehr an seiner Frau hing wie Schrievers. »Okay, das ist dein Bier, das mußt du selber wissen. Aber du bist doch nicht hier, um uns von deiner Gertrud und der neuen Software zu erzählen.«

Heinz-Jürgen Schrievers machte eine beleidigte Handbewegung. »Ich wollte die geschätzten Herren nicht stören. Ich dachte nur, ich hab ein paar Neuigkeiten für euch, die euch interessieren könnten.«

Frank hatte mittlerweile sein Gespräch beendet und den Telefonhörer wieder auf den Apparat gelegt. »Nun hab dich doch nicht so, Heini, äh, Heinz-Jürgen. Du weißt doch, daß wir deine Gertrud mögen. Und ob du mit nackten Füßen zum Alten gehst oder in Pantoffeln, daß ist uns völlig wurscht. Was gibt's?«

Schrievers stopfte umständlich sein Uniformhemd, das einen kleinen Fettfleck neben der Brusttasche hatte, mit beiden Händen in den Hosenbund. Er schien den Faden verloren zu haben. »Ach, ich habe selbst mal in Viersen recherchiert. Es ist so, wie ich gesagt habe. Die Kollegen haben nicht wirklich viel. Die jungen Frauen sind immer noch spurlos verschwunden. Selbst die Veröffentlichung ihrer Fotos in den niederländischen Zeitungen hat keinen Erfolg gehabt. Niemand hat sie erkannt. Es gab zwar ein paar Hinweise, die waren aber völlig nutzlos. Und in der Mordsache von Ruth Meisen sind sie auch nicht weiter. Keine heiße Spur. Nur bei der Mordwaffe gibt es Gewißheit. Ruth ist mit einem Baseballschläger erschlagen worden. Die Gerichtsmediziner haben damals winzige Holzsplitter in ihrer Kopfhaut gefunden. Die Viersener Kollegen haben sogar deren Herkunft klären können. Der Schläger war aus naturbelassenem Eschenholz mit einer speziell gehärteten Lackierung der Schlagfläche. Der Täter hat offenbar mit einem amerikanischen Markenprodukt getötet, älteres Modell und lange benutzt. Der Schlägertyp wird zum Beispiel von einer Firma im Bergischen vertrieben. Die Recherche dort hat aber nichts gebracht. Die Dinger muß es zu Tausenden in Deutschland geben. Wollt ihr die Maße des Schlägers? Ich kann sie euch gleich als E-Mail schicken.«

»Nee, schon gut, Heinz-Jürgen. Laß man, danke für deine Mühe. Sollten wir es uns anders überlegen, melden wir uns bei dir.«

Heinz-Jürgen Schrievers war zufrieden, mehr konnte er nicht tun. Er nickte kurz und tippte sich beim Verlassen des Büros mit einem Zeigefinger an die Stirn. Er sah Ecki an. »Wir sehen uns spätestens beim Konzert.«

Ecki hob die Hand, aber Schrievers war schon zur Tür hinaus.

»Das bringt uns auch nicht weiter«, sagte Frank und sah Schrievers nach. Er konnte hören, wie sich das leichte, schlurfende Geräusch der Pantoffeln langsam entfernte. Schrievers war und blieb ein Gemütsmensch.

»Du siehst doch nicht wirklich einen Zusammenhang zwischen den beiden Morden? Leenders hat bisher nichts von Holzsplittern gesagt.«

Frank sah seinen Kollegen ernst an. »Dann soll er noch einmal genau nachsehen. Man kann nie wissen. Ich habe da so eine Ahnung.«

»Wir sollten uns fragen, wie viele Baseballspieler es in der Region gibt und wer sonst noch solch ein Sportgerät benutzt.«

»Gibt es hier eigentlich Baseballclubs?«

»Keine Ahnung. Ist der Baseballschläger nicht auch beliebtes Sportgerät bei den *schlagenden Verbindungen* in der Neonazi-Szene?«

Frank runzelte die Stirn.

»Nee, ich meine das ernst. Vielleicht ist der Schläger eine Verbindung zur Neonazi-Szene in Nettetal. Kann doch sein?«

»Kann alles sein. Ich weiß es nicht. Ich weiß nur, daß wir bis jetzt nichts wissen. Zumindest nicht viel.«

»Und woher kommt deine Ahnung, von der du gerade gesprochen hast?«

»Woher kommt diese Ahnung?«, echote Frank. »Woher soll sie schon kommen? Erfahrung? Eingebung? Kombinationsgabe? Sag du's mir.«

»Mann, bist du gereizt, was ist nur mit dir los?«
»Ach, ich weiß auch nicht. Mit Lisa komme ich nicht weiter. Ruth hat sich gemeldet. Mir geht es einfach nicht besonders.«
»Deine übliche Winterdepression hat dich erwischt, wie mir scheint. Das gibt sich schon wieder. Ruth hat sich gemeldet? Was will sie denn von dir?«
»Das weiß ich auch nicht. Sie hat mir einen Brief geschrieben. Aber ich habe ihn noch nicht gelesen.« Frank griff zum Hörer, ließ ihn dann aber wieder fallen. Für Ecki das deutliche Zeichen, daß sein Freund das Thema wechseln wollte.
»Wen willst du denn anrufen?«
»Leenders. Das geht mir auf den Sack, daß wir nicht weiterkommen. Nichts tut sich. Wir müssen endlich eine Spur aufnehmen. Irgendwas muß der Täter übersehen haben. Aber was?«
Ecki hatte eine Idee und lehnte sich vor. Dabei stützte er sich mit seinen Händen auf dem Schreibtisch ab. »Was ist mit den Polen? Hast du mir nicht gesagt, daß diese Tussi bei dem Konzert in Bracht etwas von polnischen Erntehelfern gesagt hat, die sich in der Gegend herumtreiben?«
Frank zog die Augenbrauen hoch und sah seinen Freund skeptisch an. »Fröhlich lebe das Vorurteil. Bloß weil es hier viele polnische Erntehelfer gibt, die anders aussehen als der normale Niederrheiner, heißt das noch lange nicht, daß sie auch in Straftaten verwickelt sind. Du hast wohl zu viele Polenwitze gehört.«
»Ich mache mir nur so meine Gedanken, das wird ja wohl erlaubt sein. Ich habe ja überhaupt nichts gegen Polen. Im Gegenteil, sie sollen ruhig auf unseren Feldern arbeiten. Will ja sonst keiner machen.«
Ecki ließ sich wieder in seinen Schreibtischstuhl zurückfallen. »Bei der Suche nach unserem Täter sollten wir keinen Gedanken vorschnell verwerfen. Wir können uns ja mal vom Arbeitsamt die Liste mit polnischen Erntehelfern für diesen Bereich kommen lassen. Ein Blick darauf kann nicht schaden. Es kann ja durchaus sein, daß wir einen Treffer landen. Solange wir keinen klaren Anhaltspunkt haben, sollten wir jede Möglichkeit nutzen.«
Frank nickte nur.
»Wir sollten uns auch von den niederländischen Kollegen in der Provinz Limburg eine Liste mit ungeklärten Todesfällen schicken lassen. Vielleicht finden sich Gemeinsamkeiten. Ich kümmere mich drum. Und mal sehen, was unser geschätzter Computer in Sachen ungeklärte Frauenmorde sonst noch hergibt.«
Frank mochte es nicht glauben. Sein Kollege Ecki wollte aus freien Stücken Büroarbeit machen. »Was ist denn mit dir los? Du willst freiwillig Aktenberge abarbeiten? Bist du krank?«
»Nee, aber wenn ich dich hier erlebe, bin ich froh, wenn du draußen ermit-

telst. Dann kommst du vielleicht wieder auf andere Gedanken. Um noch einen draufzusetzen: ich werde mir von Schrievers auch die Angaben zu dem Baseballschläger besorgen. Vielleicht gibt es ja nicht so viele Exemplare davon. Und: was sagst du nun? Besser eine Info zuviel als gar keinen Anhaltspunkt in der Sache Heike van den Hövel.«

Frank war platt. Beinahe hätte er Ecki als Dank für seine freiwillige Aktenwühlerei eine zusätzliche Volksmusik-Einheit im Auto versprochen. Aber er konnte das Angebot gerade noch rechtzeitig herunterschlucken. Statt dessen stand er auf und zog seine Jacke über. »Bis nachher.«

»Wo willst du hin?«

Schon in der Tür hob Frank nur kurz die rechte Hand und verschwand. Eckis »Mach's gut, alter Mann«, hatte er nicht mehr gehört.

Mit einem entschlossenen Seufzer langte Ecki zum Stapel mit den Telefonbüchern und zog die Mönchengladbacher Ausgabe zu sich. Dabei fiel der Rest des Stapels um. Ecki fluchte leise und schob sie achtlos beiseite. Er hatte eine wichtige Aufgabe zu erledigen.

XII.

Sie lag vor ihm. Halb auf dem Rücken. Unschuldig wie ein kleines Kind. Wehrlos. Sie schlief. Sie mußte schlafen. Dafür hatte er gesorgt. Er hörte gebannt auf ihr Atmen. Faszinierend, diese fast lautlosen, aber gleichmäßigen Züge. Schön. Ihr Kopf ruhte auf dem hellen Kissen, den linken Arm hatte sie untergeschoben. Diese Ruhe. Sie hatte sich selbst dann nicht bewegt, als er ihr vorsichtig die Jeans und den knappen weißen, mit feinen Spitzen besetzten Slip bis zu den Knöcheln heruntergezogen hatte. Seine Hände waren feucht. Begierig hatte er ihr schließlich das bauchfreie T-Shirt über den Kopf gestreift. Ohne den Blick von ihr wenden, hatte er das Hemd achtlos neben das Bett auf den Boden fallen lassen. Ihre weißen Brüste lagen klein und fest und warm in seinen großen rauhen Händen.

Im Haus war es ruhig. Keine Schritte, kein Wasserrauschen, kein Türenschlagen, nirgendwo Gespräche. Kein Flüstern. Kein Laut. Absolute Stille. Die rechte Zeit für seinen Besuch. Wie schön sie doch war. Er schüttete aus der Bierflasche sein Glas nach. Langsam! Er konzentrierte sich auf jede seiner Bewegungen. Jede Bewegung, jede Handlung war heilig. Das war er sich schuldig. Und ihr. Respekt, Respekt. Vorsichtig. Langsam nahm er einen winzigen, einen fast unbedeutend kleinen Schluck und zog dabei ein wenig Luft mit ein. Nur ganz wenig. Lange behielt er den Hauch herbe Flüssigkeit im Mund, bevor er schluckte. Dann trank er Schluck für Schluck, immer schneller. Den Rhythmus diktierte das Pochen in seinen Ohren. Mit dem Handrükken wischte er den Schaum vom Mund. Und wieder goß er sich nach. Die weißen Bläschen krochen fast über den Rand des Glases. Wie schön. Nur fast, nur fast. Er beobachtete, wie sich Schäumchen für Schäumchen auflöste. Langsam, ganz langsam. Er hob das Glas an sein Ohr und horchte. Ruhe. Jedes noch so leise Knistern gehörte zu einem Bläschen, das sich an der Luft auflösen mußte. Jedes Bläschen eine kleine Frist, die bald zerplatzte. Wie schnell sich doch die Welt verändert. Nichts bleibt. Eben noch war der Schaum eine ordnungslose Ansammlung weiß umränderter Luftbläschen, stabil und kräftig. Cremig und ewig schön. Und in jedem Bläschen steckt ein ganzes Universum. Die Weltkugel als perfektes Schaumgebilde! Schön. Wie schön. Und im nächsten Augenblick schon begann der Zerfall. Kaum merklich. Wie grotesk. Wie schön. Wieder nahm er das Glas in die Hand und drehte es gegen das weiße Licht der Deckenlampe. Wie grotesk, so grotesk. Wie die biologische Zellteilung unter einem großen Mikroskop. Erst war es nur ein Bläschen. Winzig. Und mit jeder Sekunde, mit jedem Anstieg der Flüssigkeit im Glas, wurden es mehr. Gefangen im Glas. Millionen fragiler Luftbläschen wurden zu riesigen Schaumgebirgen. Unbezwingbar und mächtig. Mächtig. Und doch sanken sie mit jeder weiteren Sekunde in sich zusammen. Unweigerlich. Am Ende blieb nur noch der See. Der See aus schalem Bier. Tote Flüssigkeit, die nur noch übel roch. Und wieder erst ein kleiner Schluck. Dann mehr und mehr, schneller, schneller, Rhythmus, Rhythmus, Pochen im Kopf, Pochen im Kopf. Müde stellte er das Glas ab. Wie schön sie war, weiße feste Haut. Wie lieb. Ein unschuldiges Lamm. Wehrlos. Wehrlos. Feuchte Hände. Warum tust du das? Warum tust du das? Das war er sich schuldig. Schuldig.

»Du kannst mich nicht zerstören. Ich laß mich von dir nicht kaputtmachen. Von dir nicht! Nicht von dir!« Mit einem dumpfen Schlag sauste der Baseballschläger auf ihren Kopf. Sie reagierte nicht. Er holte weit aus. Der zweite Schlag traf sie wieder mit voller Kraft. Durch ihren Körper bewegten sich eigenartige Wellen, als könnten ihre Muskeln die Wucht der Schläge ableiten. Er mochte es nicht glauben. Rhythmus? Rhythmus. Rote Bläschen, Schaumgebirge, Zellteilung. Das hatte er noch nicht gesehen. Faszinierend. Um glauben zu können, was er sah, faßte er den Schläger fester zwischen seine Hände und schlug erneut zu. Da! Dieser Rhythmus. Die Welle begann am Kopf, die blonden Haare wehten leicht. Die Welle, die Welle erreichte den Hals, wurde an den schmalen Schultern schwächer und lief schließlich an den Beinen aus, die leicht angewinkelt gegeneinander lagen. Welle, Welle. Immer und immer wieder sauste das Holz mit dumpfen Knall auf den Kopf der Frau. Macht! Er hob den Schläger mit beiden Händen hoch über seinen Kopf. Macht. In der Stille war nur das dumpfe Schlagen zu hören. Immer wieder. Immer wieder. Er hatte die Macht über diese Wellen. Niemand konnte ihn aufhalten. Er, Meister über Leben und Tod. Er. Er. Mit schnellen Griffen hatte er seine Hose aufgemacht und herunter gezogen. Der Schläger lag jetzt lose in seiner linken Hand. Er wollte sie haben, ja, jetzt, jetzt, sofort. Er wollte die Welle spüren, warmes Fleisch, weiße Bläschen. Und Schaum. Mit dem blutverschmierten Holz des Baseballschlägers drängte er ihre Beine auseinander und legte sich auf sie. Heftige Stöße. Das halbleere Bierglas auf dem Schränkchen neben dem Bett wackelte. Der Schläger lag längst auf dem Bett. Niemand konnte ihn aufhalten. Niemand. Er hatte die Macht. Rhythmus, Welle, Rhythmus. Verkrampfen. Der rote Fleck an ihrem Hinterkopf wurde immer größer. Er hatte die Macht. Jeder sollte es wissen. Wissen.

XIII.

Ihre Wohnung war dunkel. Im ganzen Haus war nicht ein einziges Licht zu sehen. Er hatte es geahnt, sie war nicht da. Der schwarze Stamm der kahlen Kastanie vor dem alten Gründerzeithaus verstärkte den Eindruck der Leere. Ein kalter Winterwind fuhr durch die mächtigen Äste. Das große Haus stand auf dem hinteren Teil des Grundstückes und war von der Straße durch einen hohen, rostigen schmiedeeisernen Zaun getrennt, der von verwitterten Backsteinpfeilern gehalten wurde. Das kurze Rasenstück zwischen Mauer und Haus wirkte selbst in der Dunkelheit ungepflegt.

Das Eisentor quietschte leise, als es aufschwang. Der plattierte Zugang konnte in der Dunkelheit eine böse Stolperfalle sein, da sich zahlreiche Platten über die Jahrzehnte hinweg verschoben oder aufgeworfen hatten. Frank kannte aber die gefährlichen Stellen und kam unbeschadet zum Haus. Der schmale Weg führte zur Eingangstreppe, die durch einen Windfang aus verwittertem Holz geschützt wurde, der mit geschnitzten Ornamenten verziert war. Eine Außenbeleuchtung gab es nicht. Um im Dunkeln die richtige Klingel zu finden, war eigentlich ein Feuerzeug nötig. Aber Frank kannte den richtigen Knopf.

Er fror in seiner viel zu dünnen Jeansjacke und schlug den Kragen hoch. Er schellte schon zum zweiten Mal, aber immer noch rührte sich nichts. Frank ging die Stufen hinunter und sah an der Fassade hoch zum Dachgeschoß. Alles blieb dunkel. Lisa war nicht zu Hause. Frank ärgerte sich und wollte gehen. Andererseits, dachte er, schließlich war es schon fast Mitternacht, sie mußte da sein. Schließlich hatte sie am anderen Tag Unterricht. Er versuchte es ein drittes Mal. Dann summte endlich der Türdrücker.

Frank nahm zwei Stufen auf einmal. Er flog förmlich die Treppe hinauf zum Dachgeschoß. Oben klingelte er erneut. Die Tür öffnete sich einen Spalt.

»Spinnst du eigentlich, so spät noch zu klingeln? Was willst du?« Lisa sah ihn unfreundlich an.

Frank zog eine Flasche Rotwein aus seiner halb aufgeknöpften Jacke und versuchte ein zaghaftes Lächeln. »Ich dachte, also ich dachte, wir könnten es uns bei einem Glas gemütlich machen und ein bißchen quatschen.« Als er das wütende Gesicht von Lisa sah, beeilte er sich hinzuzufügen: »Einfach nur so.« Er versuchte noch zärtlicher zu lächeln. »Du siehst süß aus, wenn du deine Haare in einem Handtuch versteckst. Läßt du mich rein?«

Lisa funkelte ihn aus blauen Augen an. »Nenn' mich nicht *süß*. Du weißt, daß ich das nicht leiden kann. Blonde Dummchen sind süß. Nein, du kannst nicht rein. Wie du siehst, ich komme gerade aus der Badewanne und will jetzt ins Bett. Es war ein sehr langer Tag für mich. Ich bin hundemüde. Laß mich allein. Frank, bitte. Ich muß morgen früh raus.« Sie sah ihn auffordernd an, aber Frank reagierte nicht. Lisa verdrehte die Augen. Mit einem »Ich melde mich bei dir«, schloß sie die Tür. Sekunden später ging die Wohnungstür wieder einen Spalt auf. Wortlos griff Lisa mit ihrer schlanken Hand nach der Rotweinflasche. Noch bevor er ihr folgen konnte, schloß sie die Tür vor seiner Nase.

Frank war sprachlos. In einem ersten Impuls wollte er wütend gegen die Tür hämmern, brachte aber nur ein leises Klopfen zustande. Als er keine Antwort bekam, schlich er wie ein geprügelter Hund die Treppe hinunter und schloß leise die Tür hinter sich.

Er stieg in seinen MGB und sah traurig und ratlos die nur schwach beleuchtete Straße entlang. Er konnte jetzt nicht einfach so tun, als sei nichts geschehen, nach Hause fahren und sich ins Bett legen. Warum kam Lisa so spät noch aus dem Bad? Das kannte er gar nicht von ihr. Wo war sie den ganzen Tag über gewesen, daß sie so müde war? Frank wußte keine Antwort, sein Kopf war leer. Verzweifelt stieß er mit beiden Händen gegen das Lenkrad.

Er bemerkte, wie auf dem Bürgersteig eine alte Frau in dünnem Mantel an seinem Auto vorbei ging. Ihr Atem bildete in der Kälte kleine Wölkchen. Sie tat ihm leid, denn sie mußte immer wieder stehen bleiben, weil ihr Dackel ständig anhielt, um ausgiebig und umständlich zu schnuppern. Frank drehte den CD-Player so laut auf, daß die eingebauten Boxen zu scheppern begannen: Topper Price & The Upsetters mit *Worried Bout You Baby*. Der richtige Text zum Mitsingen. Für 3 Minuten und 29 Minuten sang sich Frank seine ganze Enttäuschung über den mißlungenen Besuch bei Lisa von der Seele. Die alte Frau drehte sich an der Straßenecke nach ihrem Hund um. Dann beobachtete sie argwöhnisch Franks Vorstellung. Ein Mann zu dieser späten Stunde, der in seinem Auto saß und zu lauter Musik noch lauter und vor allem schief sang. Kopfschüttelnd nahm sie ihren Dackel wieder an die Leine und verschwand mit ihm in der Seitenstraße.

Zu spät merkte Frank, daß ihn das jammernde Mundharmonikaspiel von Topper Price nur noch trauriger machte. Sein Herz tat weh. Er sah zu Lisas

Wohnung hoch. Vermutlich hatte sie recht und es war wirklich schon zu spät zum Reden. Gewiß hatte sie recht. Aber, wann war die richtige Zeit? Er hatte das Gefühl, in letzter Zeit immer zur falschen Zeit am falschen Ort zu sein. Frank versuchte die wehleidigen Gedanken zu verscheuchen. Wenn Ecki ihn so sehen würde, dachte er mit einem Anflug von Selbstironie. Ich sitze hier wie ein liebeskranker Dackel im Auto.

Die Kälte war längst durch das dünne Stoffdach seines Cabrios gekrochen. Als er losfuhr, trommelte er den Blues-Rhythmus mit klammen Fingern auf dem Lenkrad mit.

»Wir sind sehr verschieden, ich weiß nicht, ob das hilft oder schadet. Aber ich glaube, jede Ehe ist schwierig, vor allem, wenn beide sich weiterentwikkeln. Gleichzeitige Orgasmen sind schön, aber gleichzeitige Evolution ist besser.« – Jamie Lee Curtis.

Frank zupfte das handgeschriebene Zitat von der Kühlschranktür und betrachtete die Zeilen unschlüssig. Der Spruch war typisch für Lisa. Sie hatte den gelben, selbstklebenden Zettel bei ihrem letzten Besuch kommentarlos auf die blaue Tür gepappt. Offenbar hatte sie ihn nur offen aushängen wollen, ohne Diskussionsbedarf. Also hatte er den Spruch auch nur zur Kenntnis genommen. Lisa hatte stets ein kluges Zitat oder einen Spruch parat. Eine regelrechte Marotte von ihr. Sie sammelte mit großer Leidenschaft Lebensweisheiten aller Art, um sie dann an allen möglichen Orten aufzukleben. Sie blieben eine Zeitlang hängen, um dann in einem Zettelkasten zu verschwinden, der längst überquoll. Frank hatte den Eindruck, daß die selbstklebenden Notizzettel nur deshalb erfunden worden waren, um von Lisa in ihrer oder seiner Wohnung verteilt zu werden. Aber sie hingen nicht nur dort. Von Lisas Lehrerkollegen hatte er auf einer gemeinsamen Fete erfahren, daß selbst im Lehrerzimmer diese handgeschriebenen Zettel zu finden waren.

Die Zettel hatten ihn nie gestört. Im Gegenteil. Trotzdem hatte er über den Tick oft gelästert und Lisa damit aufgezogen. Sie hatte dann einfach nur gelacht und mit einem Kissen oder einer Zeitschrift nach ihm geworfen. Er wünschte sich nichts sehnlicher, als daß sie vorbei käme und wieder einen Platz für einen ihrer Zettel suchen würde. Egal, was drauf stand. Hauptsache, sie würde kommen. Er klebte den Zettel mit dem Zitat der amerikanischen Schauspielerin wieder an seine ursprüngliche Stelle. Mit einem kurzen Ruck öffnete Frank die Tür des Kühlschrankes und nahm ein Flasche *Boltens Ur-Alt* aus einem Fach in der Innenseite der Tür. Mit einem satten Plopp ließ er den Bügelverschluß der Bierflasche hochschnellen. Noch bei geöffneter Kühlschranktür nahm er einen tiefen Schluck und hätte sich an dem aufsteigendem Schaum fast verschluckt. Hustend schlug er die Tür zu und ging ins Wohnzimmer. Er ließ sich auf das schwarze Ledersofa fallen und suchte mit einer

Hand auf dem gläsernen Couchtisch im Durcheinander der Zeitungen und Zeitschriften nach der Fernbedienung für den Fernseher. Lustlos zappte er durch die Programme. Schließlich schaltete er den Fernseher ab und warf die Fernbedienung auf den Glastisch zurück.

Mit der Bierflasche in der Hand wanderte er durch seine Wohnung. Ohne Lisa wirkte sie noch leerer und lebloser. Im Schlafzimmer machte er Licht, öffnete den alten aufgearbeiteten Kleiderschrank und betrachtete die wenigen Hosen und T-Shirts, die sie für alle Fälle aus ihrer Wohnung zu Frank gebracht hatte. Er widerstand der Versuchung, eines der Kleidungsstücke in die Hand zu nehmen und daran zu riechen. Ganz zu ihm zu ziehen, dazu hatte sich Lisa bisher nicht entschließen können. Frank hatte das immer bedauert und nach der Scheidung von seiner Frau regelrecht darum gebettelt, daß sie ihre Wohnung am Schmölderpark aufgab und zu ihm zog. Platz war in seiner geräumigen Altbauwohnung in Eicken genug. Aber sie hatte das stets abgelehnt. Wer weiß, wofür das gut war, dachte Frank. Vielleicht wollte sie sich ja in Kürze von ihm trennen.

Im Dunkeln lehnte Frank mit dem Rücken gegen den Kühlschrank und fühlte das lautlose Vibrieren des Kühlaggregats. Durch das Küchenfenster konnte er die Häuser auf der gegenüberliegenden Straßenseite sehen. Nur noch in einem der zahlreichen Fenster brannte Licht. Auf den Dächern gegenüber war es weiß. Die Nacht war sternenklar. Es würde eine sehr kalte Nacht werden. Frank stellte die leere Flasche auf den Tisch, ging ins Bad, zog sich aus und ging unter die Dusche.

Das heiße Wasser schmerzte auf seinen Schultern und tat ihm trotzdem gut. Ganz bewußt wollte er nur noch Schmerzen spüren. Er hoffte, damit seine Gedanken ausschalten zu können. Anders als gewöhnlich duschte er in völliger Stille, denn es war schon weit nach Mitternacht. Morgens lief die kleine Anlage auf dem Badezimmerschrank meist auf voller Lautstärke. Er erinnerte sich daran, daß er am Vortag Joe Louis Walker in den CD-Player eingelegt hatte. Besonders *Bluesifyin'* fand er schön: Ein bißchen Slidegitarre und der Text: *The Blues became my companion.* Und: *The women start to shackin', the men they start to figh«.* Sein ganzer Schmerz, gepreßt auf eine kleine CD. Aber jetzt konnte er keine Musik mehr ertragen, schon gar keinen Blues. Er wollte jetzt nur das Rauschen der Dusche hören. Lisa war nicht da. Sein Leben verlief genau wie in einem dieser schlechten Blues-Songs, dachte Frank bitter: Erst ist der Hund weg, dann die Frau, und dann das Haus. Und dann blieb zum Schluß nur der billige Schnaps, der Suff und die Erinnerung als ständige Begleiter.

Die heiße Dusche half Frank nicht wirklich. Er konnte seinen Gedanken und Gefühlen einfach nicht entkommen. Lisa. Die kurze Episode vorhin an ihrer Wohnungstür war die erste Begegnung seit fast zwei Wochen gewesen. Lisa hatte sich völlig von ihm zurückgezogen, hatte seine Anrufe, seine SMS, seine Nachrichten auf dem Anrufbeantworter unbeantwortet gelassen.

XIV.

Die Frau hatte die Wohnungstür nur widerstrebend einen schmalen Spalt aufgemacht. Sie sah müde aus, als habe sie schon mehrere Nächte nicht mehr durchgeschlafen. Ihre grauen Haare waren strähnig und fettig. Zurückhaltend und mißtrauisch betrachtete sie über die vorgelegte Kette hinweg erst den Dienstausweis und sah dann Beuke lauernd und gleichzeitig angstvoll an. Ohne den Grund für den Besuch der beiden Beamten zu kennen, ging sie in die Offensive. Ihre Stimme klang dabei rauh und ruppig. »Was wollen sie? Mein Sohn ist nicht zu Hause. Ich habe Markus schon ein paar Tage nicht mehr gesehen.«

»Können wir trotzdem einen Moment reinkommen?« Hauptkommissar Peter Beuke hatte den Türknauf schon in der Hand.

»Haben Sie keine Augen im Kopf? Ich bin noch nicht angezogen, und aufgeräumt ist auch noch nicht.« Sie zog den Morgenmantel am Hals fester zusammen und zögerte. »Warten Sie.« Die Frau zog die Tür wieder zu.

Beuke, Ende fünfzig, starrte auf den Türspion, der in Augenhöhe in das ehemals mahagonifarbene und jetzt ziemlich zerkratzte Türblatt eingelassen war. Etwas mißmutig drückte er seine Hände in den senffarbenen Parka, den ihm seine Frau zum Geburtstag geschenkt hatte. »Na, dann bin ich aber mal gespannt.«

Er drehte sich zu seinem Kollegen Rolf Graf um, der hinter ihm wartete. Wenn er wollte, konnte Beuke eine Engelsgeduld haben. In seinem langen Polizistenleben hatte er schon so ziemlich alles erlebt, als daß ihn noch irgend etwas wirklich aus der Fassung bringen konnte. Besonders die Jahre bei der Sitte hatten ihn geprägt. Damals hatten ihn seine festen Vorstellungen von Moral und Ordnung mehr als einmal vor Schwierigkeiten bewahrt. Sein Klientel hatte es förmlich darauf angelegt, den nicht nur an Dienstjahren noch unerfahrenen Beamten mit speziellen »Aufmerksamkeiten« in Versuchung zu bringen. Aber er war standhaft geblieben, was ihm, in der Rückschau betrachtet, zugegebenermaßen nicht immer leicht gefallen war. Aber er hatte seine noch junge Ehe mit Ria nicht aufs Spiel setzen wollen.

Mit den Jahren kannten ihn die »Damen« in den diversen Clubs und Gaststätten in und um Mönchengladbach und im Kreis Viersen. Sie wußten, daß sie sich auf ihn verlassen konnten. Sein Wort galt, so oder so. Auch die Luden wußten das.

Die Planstelle beim Staatsschutz war seine letzte Station vor der Pensionierung. Er hatte sich versetzen lassen, nachdem vor gut zwei Jahren Unbekannte die Tigerbar in Leuth überfallen und ein Blutbad unter den Prostituierten angerichtet hatten. Auch der Geschäftsführer, der »schöne Jupp«, wie er in der Szene hieß, war erschossen worden. Er hatte Josef Stroer seit vielen Jahren gekannt. Obwohl sie von Gesetzes wegen Gegner waren, mochten sie sich, soweit dies unter den Umständen überhaupt möglich war. Zumindest respektierten sie sich. Josef Stroer war ein Zuhälter der »alten Schule«, dem seine Ganovenehre über alles ging. Nach dem Überfall hatte es geheißen, die Russenmafia wolle auch am Niederrhein das Geschäft mit dem bezahlten Sex übernehmen. Außerdem sagte man den Russen beste Kontakte zu niederländischen und kolumbianischen Drogenbossen nach. In Wahrheit waren die Täter von Leuth bis heute nicht gefaßt worden. Für Peter Beuke war der blutige Überfall, bei dem fünf der acht Anwesenden erschossen worden waren, das Zeichen gewesen, sich versetzen zu lassen.

Sein Kollege trat ungeduldig von einem Bein auf das andere. Peter Beuke stupste ihn mit seinem Ellenbogen an. »Nur die Ruhe, Rolf. Sie wird schon noch aufmachen. Hast du eigentlich den Bericht vom LKA über die neuesten Bewegungen in der Szene gelesen?« Er wußte, daß Rolf Graf es mit dem Lesen der Rundläufe nicht so genau nahm. Papierkram war ihm ein Greuel. Deswegen hatte er es im Laufe seiner Dienstzeit auch nicht sonderlich weit in der Polizeihierarchie gebracht. Was ihn aber auch nicht sonderlich zu stören schien. Graf war in dieser Beziehung eher ein Gemütsmensch.

»Nee, weißt du doch, muß ich noch machen. Ist nachher noch Zeit genug.« Der im Gegensatz zu dem eher rundlichen Beuke hoch aufgeschossene und hagere Graf lehnte sich an die Wand des Hausflures. Aus der Manteltasche zog er ein Päckchen Tabak und begann, sich eine Zigarette zu drehen. »Wie lang soll das denn noch dauern? Die muß doch für uns keinen Schönheitswettbewerb gewinnen. Ich hasse dieses ewige Warten.«

Gerade als er sich mit seinem billigen Einwegfeuerzeug die Zigarette anzünden wollte, hörten sie, wie die Tür entriegelt wurde. Viel hatte die Mutter von Markus Jansen nicht an ihrem Äußeren verändert. Sie hatte immer noch ihren fleckigen Morgenmantel an, und ihre Haare sahen immer noch ungekämmt aus. Peter Beuke hätte nur zu gerne gewußt, was die Frau wohl die ganze Zeit über gemacht hatte und warum sie sie so lange hatte warten lassen. Wortlos deutete die Frau mit einer kurzen Handbewegung in Richtung Wohnungsflur. Graf fluchte leise und steckte Zigarette und Feuerzeug in seine Manteltasche. Mit einem Ruck stieß er sich von der Wand ab und folgte den beiden in die Wohnung.

Der kleine schmale Flur wurde von einer Garderobe fast verstopft. Graf und Beuke mußten sich an den Mänteln und Jacken vorbeidrücken, um zu den fünf Türen zu kommen, die von dem schlecht tapezierten Flur abgingen. In der ganzen Wohnung roch es penetrant nach gekochtem Kohl und altem Schweiß oder etwas Ähnlichem. Jedenfalls schien schon länger nicht mehr gelüftet worden zu sein. Die Frau ging voran ins Wohnzimmer. Den kleinen Raum dominierte eine übergroße braune Ledergarnitur, die vielleicht vor 15 Jahren einmal modern gewesen sein mochte. Davor stand ein niedriger, mit braunen Kacheln belegter Couchtisch, der kaum genug Platz ließ, um an der wuchtigen dunklen Eichenschrankwand vorbei zu kommen. Auf dem Fensterbrett standen ein paar dürre Topfpflanzen, die eher wie Gestrüpp aussahen. Der arg lichte Ficus schien schon länger kein Wasser bekommen zu haben. Und der mickrige Gummibaum schien das gleiche Schicksal erleiden zu müssen.

In die groß gemusterten Tapeten war der Rauch von unzähligen Zigaretten eingedrungen. Sie sahen gelb und alt aus. Gegenüber der Schrankwand, deren Oberfläche über die Jahre stumpf geworden war, hing ein billiger Druck an der Wand. Es war eine Szene wie aus einem Reisekatalog von Neckermann: ein weißer Strand unter strahlend blauem Himmel. In das Bild ragte eine mächtige Palme. Die Szene wirkte in der schäbigen Umgebung dieser Kaldenkirchener Sozialwohnung seltsam absurd. Rolf Graf schien das nicht weiter zu stören. Interessiert musterte er das Bild, wobei er geistesabwesend nach seinem Notizblock kramte.

Auf dem Couchtisch lagen mehrere zerlesene Zeitschriften, Krümel und Asche bedeckten die Kacheln, auf denen mehrere Flaschen ihre Ränder hinterlassen hatten. Die beiden Kommissare setzten sich ohne Aufforderung nebeneinander auf die abgewetzte Couch.

»Frau Jansen, wir wollen nicht lange drum herum reden. Wir sind hier, weil wir Hinweise darauf haben, daß Ihr Sohn enge Verbindungen zu der Skinhead- und Neonazi-Szene in Kaldenkirchen hat. Können Sie uns sagen, wo wir Ihren Sohn Markus finden können?« Peter Beuke sah sie freundlich an.

Elisabeth Jansen beugte sich aus dem Sessel und zog den fast vollen Aschenbecher zu sich, der auf dem Tisch stand. Mit schnellen Handbewegungen holte sie eine Marlboro-Schachtel aus dem Morgenmantel und zündete sich eine Zigarette an. »Ich habe Ihnen das doch schon gesagt: ich weiß nicht, wo mein Sohn ist. Markus ist vor mehr als einer Woche verschwunden. Keine Ahnung. Ist mir auch egal.« Sie nahm einen tiefen Zug. »Außerdem ist er kein Nazi.«

Während Graf schweigend seine Zigarette und sein Feuerzeug aus der Manteltasche holte, hakte Beuke nach. »Frau Jansen, das nehme ich Ihnen nicht ab. Das kann Ihnen doch nicht egal sein, wo sich Ihr Junge aufhält. Sie sind doch schließlich seine Mutter.«

Elisabeth Jansen sah ihn aus ihrem Sessel abschätzend an. Sie schien ihre Angst über den überraschenden Besuch der beiden Polizeibeamten überwunden zu haben. »Was denken Sie? Er ist schon über 18. Der läßt sich schon lan-

lange nichts mehr sagen. Markus geht längst seine eigenen Wege. Das hat er schon als Kind getan.« Sie sah Graf an und nickte, als er auf den Aschenbecher deutet. »Markus ist auch nicht anders als sein Vater. Der kommt und geht auch, wann er will.«

Peter Beuke versuchte es noch einmal: »Wo ist denn Ihr Mann?«

Elisabeth Jansen zuckte mit den Schultern und sah angestrengt aus dem Fenster. »Den habe ich auch schon ein paar Tage nicht gesehen. Wahrscheinlich ist er wieder mit irgend so einer Nutte unterwegs. Was weiß ich? Interessiert mich nicht.«

»Sie haben es auch nicht leicht.«

Sie zog ihren Morgenmantel enger um ihren Oberkörper. »Was wollen Sie von mir? Das geht Sie gar nichts an. Wollen Sie mich verarschen? Dann können Sie gleich wieder gehen. Sie wissen ja, wo die Tür ist!« Mit einer heftigen Bewegung drückte sie ihre Zigarette aus. Dabei flogen Reste der Asche über den Rand des vollen Aschenbechers.

»Nein, ich hab Sie nicht kränken wollen. Es tut mir leid, Frau Jansen. Ich meine, ich kann Sie gut verstehen.« Peter Beuke hoffte, daß sich sein Kollege endlich in das Gespräch einschalten und ihm helfen würde. Statt dessen schien Graf mehr an der goldverzierten venezianischen Gondel aus Plastik interessiert zu sein, die in einem offenen Schrankfach stand, als an der Aussage der Frau. Zumindest musterte er das kitschige Boot, seit sie auf der Couch saßen.

»Nichts können Sie. Sie haben keine Ahnung.« Elisabeth Jansen zog den Morgenmantel noch fester.

Beuke wartete ab. Eine kleine Ewigkeit, so schien es Graf, der nur noch einen kleinen Rest seiner Selbstgedrehten zwischen Daumen und Zeigefinger hielt.

Schließlich unterdrückte Elisabeth Jansen ein leises Husten. Sie zündete sich eine neue Zigarette an und warf das Feuerzeug achtlos neben den Aschenbecher. Sie schwieg.

Beuke ließ sie schweigen und wartete. Es schien endlos lange zu dauern.

Sie hatte die Zigarette fast aufgeraucht, als sie endlich weitersprach. »Was denken Sie eigentlich, wie das ist, wenn man das Gefühl nicht los wird, daß das Leben einem ständig eins in die Fresse haut?«

Beuke und Graf sahen sie schweigend an. Sie deutete es als Aufforderung, weiterzusprechen. »Markus war als kleines Kind ein lieber Junge. Mein einziger Halt in diesem beschissenen Leben. Das können sie mir glauben. Mein kleiner Sonnenschein, habe ich ihn genannt. Er hat mir zum Geburtstag immer ein Bild gemalt. Ich habe sie alle aufgehoben.« Ihre Stimme klang zärtlich bei dem Gedanken an früher. Sie fuhr sich mit der Hand über die Augen. »Lassen Sie mich doch einfach in Ruhe und gehen Sie. Ich will mit euch Bullen nichts zu schaffen haben.«

»Das geht leider nicht so einfach, Frau Jansen. Wir müssen mit Ihrem Sohn sprechen. Er soll zu einer Gruppe von jungen Leuten gehören,« Beuke versuchte sich vorsichtig auszudrücken, »die nicht ganz einfach sind. Besonders wenn sie etwas getrunken haben, sind die jungen Leute unberechenbar. Sie sollen schon mehrfach am Asylbewerberheim *Am Luchtberg* gesehen worden sein.«

»Na, und? Das Gesocks gehört nicht hierher. Sollen bloß wieder verschwinden. Wir brauchen die Neger und Fidschis nicht. Die nehmen uns nur die Arbeit weg.«

Beuke kannte diese dummen Argumente zur Genüge. In den vergangenen Monaten waren in Nettetal immer wieder Flugblätter mit denselben dumpfen Texten aufgetaucht. In ihnen wurde ausschweifend das wahre Deutschtum beschworen und die Asylbewerber für die sozialen Mißstände verantwortlich gemacht. Deutschland den Deutschen, hieß es da.

Rolf Graf schien sich endlich an dem Gespräch beteiligen zu wollen. »Das ist nicht so einfach. Viele Menschen sind aus ihren Ländern geflüchtet, weil sie dort um ihr Leben fürchten müssen. Glauben Sie ja nicht, daß es für diese Asylbewerber leicht ist, in einem fremden Land leben zu müssen, ohne die Sprache zu verstehen, ohne die Kultur zu kennen. Allein getrieben von der Hoffnung, eines Tages wieder in ihre Heimat zurückkehren zu können. Stellen Sie sich vor, welche Strapazen und Gefahren sie auf sich nehmen, um ihre Chance und ihren Traum auf ein besseres Leben zu verwirklichen. Wissen Sie, wie viele Menschen ertrinken, wenn ihre überladenen Boote bei schwerer See kentern?« Graf sah von Elisabeth Jansen wieder auf die Gondel.

»Geht mich nichts an. Sollen sie ihre Probleme da lösen, wo sie herkommen.«

Elisabeth Jansen hatte ihren eigenen Standpunkt und war nicht gewillt, den aufzugeben.

Vielleicht brauchte sie ja jemanden, dachte Beuke, der noch tiefer auf der sozialen Leiter stand, um sich selbst nicht eingestehen zu müssen, daß auch sie ziemlich unten auf der Leiter stand. So war es jedenfalls einfacher, die Schuld auf andere zu schieben.

Rolf Graf wurde ungeduldig. »Hören Sie. Ihr lieber Markus wird verdächtigt, einer der Rädelsführer bei den Skinheads zu sein. So sieht das aus. Ihr feiner Junge macht Jagd auf Farbige. Finden Sie das in Ordnung? Finden Sie das in Ordnung, daß er Schwache in Angst und Schrecken versetzt? Kleine Kinder haben Todesangst, wenn die rasierten Glatzen vor dem Wohnheim auftauchen.«

Elisabeth Jansen schwieg stur. Völlig unbeeindruckt fixierte sie einen Punkt außerhalb ihres Wohnzimmerfensters.

»Frau Jansen, wir wollen doch nur Kontakt zu Ihrem Sohn aufnehmen. Vielleicht ist ja alles auch nur ein Irrtum«, versuchte Beuke den Druck aus der verfahrenen Situation zu nehmen. »Bitte sagen Sie uns, wie wir Markus erreichen können.«

Die Frau sah weiter stur aus dem Fenster. Unter ihren Augen saßen tiefe schwarze Ringe.

»Mit wem ist Ihr Sohn am meisten zusammen? Hat er eine Freundin?«

»Markus hat viele Freunde. Soviel ich weiß. Aber ich kenne gerade mal den ein oder anderen Vornamen«, wich sie einer konkreten Antwort aus. »Mein Sohn redet nicht viel mit mir. Ob er eine Freundin hat? Fragen Sie ihn selbst.«

Beukes Stimme wurde ganz leise. »Was ist passiert, daß er nicht mehr *Mamas Liebling* ist?«

»Männer sind so, wenn sie erwachsen sind.« Elisabeth Jansen zog die Luft hörbar durch die Nase ein und stieß sie kurz und knapp wieder aus.

Elisabeth Jansen mußte hart im Nehmen sein. Beuke wußte nicht, was er noch sagen sollte. Woher nahm die Frau diese Sicherheit? Was hatte sie in ihrem Leben durchmachen müssen, um zu so einem Schluß zu kommen? Der Alltag mit ihrem Ehemann und ihrem Sohn schien sie zu quälen, gleichzeitig akzeptierte sie deren Verhalten wie ein Naturgesetz. Sie mußte in der Vergangenheit ihre Ohnmacht schmerzhaft erlebt haben, um so ihr Schicksal akzeptieren zu können. »Hat Ihr Mann Sie je geschlagen?«

Elisabeth Jansen zuckte unter dem plötzlichen Themenwechsel merklich zusammen. Sie zog ihren Morgenmantel mit beiden Händen glatt, als könnte der dünne, abgewetzte Stoff sie vor den direkten Fragen des Kommissars schützen. »Das geht Sie überhaupt nichts an.«

Beuke sah ihr direkt in die Augen. »Das müssen Sie sich nicht gefallen lassen.« Beuke hoffte inständig, daß sie reden würde. War die Frau so stark, oder tat sie nur so? Wie tief hatte sie sich in sich zurückgezogen, daß sie die Gewalt, die ihr Leben zu beherrschen schien, nicht mehr treffen konnte? Beuke war früher bei der Sitte oft solchen Frauen begegnet. Meist waren ihre Wunden so zahlreich, daß sie sich nicht mehr darum scherten, wie viele es waren und ob welche dazu kamen. Beuke hatte dabei oft an waidwunde Tiere denken müssen, die nur noch auf den letzten, tödlichen Stoß warteten.

Die Frau im Sessel blieb stumm.

Rolf Graf wechselte das Thema. Er hatte sich zwischenzeitlich eine weitere Zigarette gedreht. »Können wir uns einmal im Zimmer Ihres Sohnes umsehen? Sie würden uns sehr helfen, wenn wir einen Blick auf seine Sachen werfen könnten. Es wird nicht lange dauern.«

Graf mußte seine Zigarette wieder in die Manteltasche stecken, denn Elisabeth Jansen war wortlos aufgestanden und in den kleinen, halbdunklen Flur vorausgegangen. Der abgestandene Essensgeruch war hier besonders stark. Am Ende des schmalen Flurs blieb sie vor einer geschlossenen Tür stehen.

Das Holz um das Schloß war geflickt. Auch der Türrahmen war notdürftig repariert. Irgend jemand mußte die Tür einmal gewaltsam aufgedrückt haben. Kurz über dem billigen Teppichboden entdeckte Beuke eine gebrochene Stelle im Türblatt. Den oberen Teil der Tür bedeckten halb abgerissene Aufkleber. Niemand hatte sich die Mühe gemacht, die unterschiedlich großen Sticker restlos zu entfernen. Nur einer der Aufkleber war heil geblieben: der runde Sticker der DVU. Deutschland den Deutschen, stand dort. Geschrieben in den Farben Schwarz, Rot, Gold.

Die Mutter von Markus Jansen blieb vor der Schwelle stehen. Sie schob die Tür mit einer kurzen Handbewegung auf und trat dann zur Seite. Ohne weiter auf die Männer zu achten, verschwand sie nebenan in der Küche.

Vor den Beamten tat sich ein Raum auf, der mehr einer braunen Kultstätte glich als einem Kinder- oder Jugendzimmer. Eine Schreckenskammer für jeden Überlebenden des Holocaust, dachte Peter Beuke. Die Rolladen am Fenster waren halb heruntergelassen. Graf suchte den Lichtschalter. Eine schwache Birne tauchte die Szene in ein unwirkliches Licht.

Die Decke war mit Tarnnetzen verhängt, von denen ein unangenehmer Gummigeruch ausging. Rechts von der Tür stand ein Bett, das wohl schon lange nicht mehr gemacht worden war. Das tarnfarbene Oberbett lag zusammengedrückt am Kopfende. Auf dem Nachttisch lagen zwei zerlesene Penthouse-Ausgaben neben einem silbernen Totenschädel, in dem eine halb heruntergebrannte Kerze steckte. Über dem Bett war eine Reichskriegsflagge an der Wand befestigt. Beuke trat einen Schritt näher. Neben der Flagge hingen ein Stahlhelm und ein Ehrendolch der SA. Außerdem klebte ein Foto mit einem feuerspeienden Wehrmachtspanzer auf der Wand. Hinter der Tür lehnte ein Baseballschläger.

»Mein Sohn ist kein Nazi«, äffte Graf die Mutter von Markus Jansen nach.

Unter dem Fenster stand ein alter, billiger Schreibtisch. An den Kanten gab an einigen Stellen das abgebrochene Kiefernholzimitat den Blick auf den Korpus aus Preßspan frei. Auf der Tischoberfläche standen die gerahmten Schwarzweißportraits von Rudolf Hess, Adolf Hitler und Hermann Göring. Vor jedem Bild stand eine rote Kerze. Neben einer Ausgabe von *Mein Kampf* lag ein Brieföffner mit einem Hakenkreuzsymbol am Griffende.

Links von der Tür stand ein Kleiderschrank. Graf öffnete ihn. Unordentlich lagen Unterwäsche und T-Shirts durcheinander. Ein paar Jeans hingen an Haken. Hemden schien Markus Jansen nicht zu besitzen. Bis auf ein hellbraunes, das als einziges Kleidungsstück ordentlich auf einem Bügel hing. Über den Haken des Bügels war eine schwarze Krawatte gestreift. In einer tarnfarbenen Nylontasche entdeckte Graf ein paar teure Turnschuhe und die Hose eines Bundeswehrkampfanzuges. Mit spitzen Fingern stocherte der Oberkommissar anschließend in der Unterwäsche. Aber auch dort war nichts zu finden.

Neben dem Schrank stand eine Anrichte mit mehreren verstaubten Flugzeug-, Panzer- und Kriegsschiffmodellen, dazwischen eine billige Stereoanlage. Über dem durcheinandergewürfelten Arsenal der Spielzeugmodelle hing ein Bücherregal. Dort standen und lagen zahlreiche Bücher. Beuke griff in seine Parkatasche und nahm seine Brille aus dem Etui. Halblaut las er die Titel vor: »Der Feldzug im Osten, Die Judenlüge, Wir sind das Volk, Das Parteiprogramm der DVU, Der Panzergrenadier. Da sage noch einer, Lesen bildet nicht.«

Rolf Graf hatte genug von der Nazi-Gruft. »Was ist in dem Schränkchen?«, meinte er mehr zu sich selbst als zu seinem Kollegen. Er ächzte leise, als er sich bückte, um die Klapptür zu öffnen.

Er blickte auf ein Sammelsurium aus alten Musikcassetten, Batterien, einem leeren Fotoalbum, ein paar CDs, alten Landserheften und Penthouseausgaben. Obenauf lag eine angebrochene Schachtel Kondome und eine dicke silberne Kette, an der ein großer Anhänger mit den Buchstaben HH hing. Graf sah Peter Beuke unschlüssig an. »Ich glaube nicht, daß uns von dem Zeug hier irgendwas weiterbringt, was meinst du?«

Beuke gab ihm recht. »Laß' uns gehen. Wir müssen es bei unseren anderen Kunden versuchen.«

Auf dem Weg nach draußen machten sie an der Küche halt. Elisabeth Jansen schien sie nicht zu bemerken. Sie saß mit dem Rücken zu ihnen an dem winzigen Küchentisch und trank Kaffee aus einem Becher und blätterte in einer Illustrierten. Daneben lag eine aufgerissene Packung mit Kartoffelchips. Auf dem alten Gasherd standen drei leere Töpfe. In einem lehnte ein Holzlöffel.

Peter Beuke wollte etwas sagen. Aber dann überlegte er es sich und machte den Mund wieder zu. Wortlos verließen die Männer die Wohnung.

Unten auf der Straße konnte sich Peter Beuke nicht mehr beherrschen. »Rolf, kannst du mir bitte mal sagen, warum du die ganze Zeit im Wohnzimmer auf diese dämliche Gondel gestarrt hast? Und was sollte das Gefasel über die Gefahren für die Asylbewerber auf hoher See? Das war selten dämlich von dir.«

»Ich hab nur an die Hochzeitsreise mit Angelika denken müssen. Wir haben damals eine Mittelmeerkreuzfahrt gemacht. Auf der Rückfahrt haben wir uns dann noch ein paar Tage Venedig angesehen. Bella Italia. Mann, ist das schon lange her.«

»Mein Gott, Graf.« Beuke wollte weiter schimpfen, besann sich dann aber. »Was sagst du zu dem Zimmer von Markus Jansen? Wie kann ein Mensch sich in solch einer Umgebung wohlfühlen?«

Graf antwortete nicht. Wortlos fuhren die beiden über die A 61 zurück nach Mönchengladbach ins Präsidium.

XV.

Den Tag hätte Frank sich schenken können. Er war mit den Ermittlungen nicht sonderlich weitergekommen. Die meiste Zeit hatte er ungeduldig im Büro gesessen und auf die Berichte seiner Kollegen gewartet. Die Niederländer ließen sich wahrlich viel Zeit. Die Wartezeit hatte er mit dem halbherzigen Versuch verbracht, alte Akten abzuarbeiten. Der Stapel mit den verschiedenen Unterlagen war allerdings nicht wesentlich kleiner geworden. Gegen Abend hatte er vier Flaschen Mineralwasser auf seinem Schreibtisch stehen, obwohl er nicht sonderlich gerne Wasser trank. Er war zwischendurch mehrfach in der Kantine gewesen, in der Hoffnung auf ein bißchen Ablenkung. Aber das ganze Präsidium schien an diesem Tag unterwegs zu sein, jedenfalls hatte sich kaum jemand gefunden, mit dem er mehr als nur ein paar Worte hatte wechseln können. So hatte er aus lauter Frust die Flaschen Mineralwasser gekauft. Der Kantinenwirt hatte ihn zu allem Überfluß und mit einem verständnisvollen Augenzwinkern noch mit ein paar klugen Sprüchen wie »Schön, daß du so auf deinen Flüssigkeitshaushalt achtest. Das sollten mehr Männer in deinem Alter tun« versorgt.

Getroffen hatte er bei seinen Kantinengängen lediglich Horst Laumen, der wie immer seinen hellgelben Pullunder trug. Ausgerechnet Laumen. Anstatt Rücksicht auf sein angeschlagenes Gemüt zu nehmen, hatte Laumen in seiner vertrockneten und sturen Verwaltungsart nichts Besseres im Sinn, als ihn noch einmal eindrücklich aufzufordern, »endlich den illegalen CD-Player« aus dem Dienstwagen ausbauen zu lassen. Ohne Vorwarnung hatte Frank Laumen einfach mitten im Satz mit seinem Becher Pfefferminztee in der Kantine stehen lassen. Das kleinkarierte Geschwätz des langweiligen Bürobeamten war das Letzte, was er gebrauchen konnte.

Sonderlich besser hatte Frank sich nach diesem Abgang aber auch nicht gefühlt. Dieses Kleinklein, dieses Warten auf andere war nicht seine Welt. Selbst Ecki hatte ihn heute genervt, mit seinem überflüssigen Gequatsche über den neuen Freund seiner Schwester. Und Lisa war mal wieder nicht ans Telefon gegangen.

Er war erleichtert, als er gegen Abend endlich aus dem Büro hatte verschwinden können. Bis kurz nach 19 Uhr hatte Frank vergeblich auf einen Anruf aus der KTU gewartet. Erst auf dem Weg zu ihrem Proberaum im schon fast leeren Braunkohlendorf Otzenrath hatte er sich entspannen können. Zumindest ein bißchen.

Viel hatten sie dann aber in ihrem neuen Proberaum, den sie erst vor einigen Wochen bezogen hatten, nicht geschafft. Aber das hatte Frank schon vorher gewußt. Schließlich ging es nur darum, die Sachen für ihren nächsten Auftritt zusammenzupacken.. Am Samstag stand ihr Gig auf der Mönchengladbacher

Blues Party auf dem Programm, im Vorprogramm der amerikanischen Ford Blues Band. Das versprach ein spannender Abend zu werden, darüber waren sie sich einig. Seinen *Marble Roadking* hatte Frank schnell im Case verstaut. Seine Mundharmonikas lagen auch schon gereinigt und verpackt im Koffer. Er hatte in der Band die wenigste Arbeit.

Trotz der Vorfreude machte sich Frank große Sorgen um den Auftritt am Samstag. Gitarrist und Bandleader Claus hatte in den vergangenen Wochen mehr als einmal bei Frank mehr Proben- und Vorbereitungsdisziplin eingefordert. Zunächst freundschaftlich und mit einem zwinkernden Auge. Bei einer Gelegenheit hatte Claus ihm dann ganz deutlich gesagt, daß Frank sich mehr zusammennehmen müsse. Frank hatte ihm ein bißchen von seinen Problemen auf der Dienststelle und mit Lisa erzählt. Das hatte Claus ein bißchen besänftigt. Aber jetzt war noch der Lambertimord dazu gekommen, und Frank mußte seinen Bandkollegen möglichst schonend beibringen, daß er jederzeit zu einer Festnahme und zu Vernehmungen abberufen werden konnte. Gut, daß er Ecki hatte, der ihm viele Dinge abnahm. Aber als Leiter der Mordkommission konnte Frank eben nicht alles delegieren.

Eine gute Stunde brauchten sie, um die Gitarren, die Verstärker, das Schlagzeug, die Mikrofonständer und das Keyboard zusammenzupacken. Frank ärgerte sich still, denn die Raucherfraktion der Band hatte schon nach den ersten Handgriffen nichts Besseres zu tun gehabt, als sich erst mal in das provisorische Wohnzimmer der Band zu setzen und genüßlich eine zu rauchen. Dabei hatten sie mal wieder nur das eine Thema: sollten sie nun T-Shirts mit ihrem Bandnamen bedrucken lassen oder nicht? Oder sollten sie nicht doch besser Kaffeebecher mit dem STIXS-Logo bestellen? Als ihm die Faulenzerei zu bunt wurde, hatte Frank Juppi, Guido und Ernst von ihrem Sofa gejagt.

Am nächsten Morgen war Frank wider Erwarten schon früh im Präsidium. Auf den düsteren Gängen des Altbaus war zu dieser Zeit erst wenig Betrieb. Er war ganz froh, daß er kaum mehr als ein kurzes »Hallo« mit den Kollegen wechseln mußte, die ihm entgegenkamen. In seinem Büro stöberte er mißmutig durch die verschiedenen Schreiben, die schon auf seinem Tisch lagen: Zuviel Papier mit zu wenig Inhalt. Ganz unten lag ein dünner roter Schnellhefter mit dem ersten vorläufigen Bericht aus der Pathologie in Duisburg. Wie dünn der Tod eines Menschen aussehen kann, dachte Frank, als er die wenigen Seiten durchblätterte. Das Ende von Hoffnungen, Wünschen, Sehnsüchten, von Freude, Trauer, Wut und Liebe, zusammengeschrieben auf nicht mal drei Blättern. Dazu noch in klinisch sauberen, pathologischen Fachbegriffen, daß der Mensch dahinter, der Tote, selbst kaum noch zu erkennen war. Aber vielleicht lag darin auch der Sinn solcher Berichte. Es ging schließlich nicht um das Leben eines Menschen, sondern nur um sein gewaltsames Ende. Und für diese Berichte gab es keinen Pulitzerpreis, dafür aber streng wissenschaftliche

Vorgaben, vergleichbare Standards, die das Ermitteln und Urteilen leichter machen sollen. Vergleichbare Werte statt individuelles Leben.

Im Tod sind alle Menschen gleich. Der Satz bekam in diesen pathologischen Berichten eine ganz eigene Bedeutung.

Frank schreckte hoch.

»Na, schon weiter?« Ulrich Lemanski vom KK 12 stand wie aus dem Nichts gewachsen im Türrahmen und nippte an seinem Kaffeebecher. »Scheußliche Sache, nicht? Wie sieht's aus?«

Frank kannte den Leiter der Abteilung für Kinderpornografie und Jugendkriminalität seit der Ausbildung. Er schätzte die geradlinige Art des Mittvierzigers, der erst seit einigen Wochen wieder im Dienst war. Lemanski hatte sich beim Skifahren sämtliche Bänder im linken Knie gerissen und war nur langsam wieder auf die Beine gekommen.

Frank legte den Hefter auf den Tisch zurück. »Die Tote von Breyell ist mit einem stumpfen Gegenstand erschlagen worden. Sie wurde regelrecht zu Tode geprügelt. Der Täter muß eine Mordswut auf sein Opfer gehabt haben. Der Schädel ist gleich an mehreren Stellen mit großer Gewalt gebrochen worden. Außerdem haben sie bei Heike van den Hövel mehrere Rippenbrüche festgestellt. Vermutlich ist ein Baseballschläger die Tatwaffe. Das sind die ersten Fakten. Mehr war wohl auf die Schnelle in der Pathologie nicht zu machen. Ich bin gespannt auf den ausführlichen Bericht. Aber das kann dauern.«

Ulrich Lemanski zuckte mit den Schultern und fuhr sich mit einer Hand durch sein schon leicht angegrautes Haar. »Immer die gleiche Nummer.«

»Was meinst du damit?«

»Naja. Das kennst du doch selbst zu Genüge. Ich tippe auf Eifersucht. Die meisten Verbrechen werden aus Eifersucht begangen. Der oder die muß mit großer Wucht zugeschlagen haben. Ist doch das typische Lagebild. Ist das alles, was du im Moment hast?«

»Leider. Niemand in Breyell hat am Kirchturm etwas gesehen oder will was gesehen haben. Und mein alter Schulfreund Josef ist auch keine Hilfe. Er hat die Tote nur gefunden. Er hat zwar einen Baseballschläger, aber Josef ist sauber. Auch der Schläger ist unbenutzt. Den hat er sich nur zur Abschreckung für den Fall der Fälle zugelegt. Er arbeitet nämlich in einer Spielhalle. Josef kann keiner Fliege etwas zuleide tun. Dafür lege ich meine Hand ins Feuer. Aber den Baseballschläger habe ich trotzdem sicherstellen lassen. Reine Routine.«

Frank hob die Hände. »Das wars eigentlich. Ja, und dann gibt es mehrere ungeklärte Fälle im Kreis Viersen. Mehrere junge Frauen sind spurlos verschwunden. Eine von ihnen ist allerdings wieder aufgetaucht, erschlagen, an der Autobahn bei Eindhoven. Aber die niederländischen Kollegen haben keine Spur.«

»Autobahn Eindhoven. Hm, ist das nicht eine der Strecken, die von uns aus Richtung Nordseeküste führt?«

»Was willst du damit sagen?«

»Naja, vielleicht hat es auf dem Weg in den Urlaub Streit gegeben, und der Täter hat sein Opfer einfach aus dem Auto geworfen. Vielleicht wollte der Mörder aber auch nur eine falsche Spur legen, und der Fall hat gar nichts mit Holland zu tun. Heutzutage kommst du ja völlig unbehelligt über die Grenze.«

»Ich denke, daß das die Kollegen in Viersen schon überprüft haben. Ecki recherchiert das gerade. Nein, Uli, ich denke, daß es eine Verbindung zwischen den Fällen gibt. Das ist kein Zufall. Da bin ich mir ganz sicher. Es muß einen Zusammenhang geben.«

»Naja, dann hau rein. Wir sehen uns.« Ulrich Lemanski drehte sich um und trank im Weggehen den letzten Schluck aus seinem Kaffeebecher.

Auch ein Gemütsmensch, dachte Frank. Aber vielleicht hatte Lemanski in seiner Laufbahn schon zu viel erlebt, um mehr als nur dienstliches Mitgefühl für Fälle zu empfinden, die nicht in seinen unmittelbaren Zuständigkeitsbereich fielen. Wie auch immer, dachte Frank als er zum Telefonhörer griff und die KTU anrief.

»Hallo, hier Borsch. Habt ihr den Bericht aus Düsseldorf schon? Ist das Handy untersucht?«

Frank spielte mit dem Kugelschreiber in seiner Hand und konnte seine Ungeduld kaum unterdrücken. Er hatte es genauso erwartet. Es war wie immer.

»Wie lange soll ich noch warten? Ist mir scheißegal, daß der Körner vom LKA noch in Urlaub ist. Es wird doch einen geben, der das verdammte Ding knacken kann! Ich will wissen, mit wem die van den Hövel auf dem Handy telefoniert hat! Und mit wem sie SMS ausgetauscht hat! Das kann doch nicht so schwer sein.«

Frank knallte den Hörer auf den Apparat. Urlaub. Als ob das bei der Aufklärung eines Mordes eine Rolle spielte! Frank stand auf und nahm die Lederjakke vom Haken. Er stellte das Telefon auf Ecki um und ging hinaus auf den Parkplatz. Dabei hätte er fast Birgit umgerannt. Die kleine attraktive Blondine arbeitete erst seit kurzem in der Presseabteilung. Frank hatte das Gefühl, daß seither die Berichterstattung über die Polizeiarbeit in den Zeitungen besser geworden war. Was ein freundliches Gesicht gepaart mit Kompetenz doch ausmachen kann, hatte er schon nach wenigen Wochen nicht ohne Freude feststellen müssen. Journalisten waren eben auch nur Männer.

Aber heute hatte er nur ein gemurmeltes »'Tschuldigung« und ein flüchtiges Kopfnicken für die hübsche Kollegin übrig. Wenn er sich umgedreht hätte, hätte er sie kopfschüttelnd lächeln sehen. *I had too many girlfriends, that's all the people say*, sang Matt Leddy & The Meat Cutters zum Honky Tonk Piano aus der Ferne.

Kaldenkirchen: Skinheads terrorisieren Asylbewerber – Staatsschutz richtet Sonderkommission ein

von Ludger Peters

NETTETAL. Der rechtsradikalen Szene zugeordnete Skinheads halten seit Tagen Kaldenkirchener Bürger und die Polizei in Atem. Am Montag prügelten fünf Männer in der Fußgängerzone auf zwei Afrikaner ein. Sie wurden ebenso festgenommen wie drei Männer, die kurz vor Mitternacht am Dienstag, mit Eisenstangen und Knüppel bewaffnet, nahe der Asylbewerber-Unterkunft am Luchtberg angetroffen wurden. Die Polizei hatte kurz zuvor zwei anonyme Hinweise erhalten. Die Ermittlungen hat gestern eine Sonderkommission der Abteilung Staatsschutz aus Mönchengladbach übernommen. Beamte der Kreispolizei sichern vor allem nachts die Unterkunft verstärkt ab.

Seit einigen Tagen herrscht in Kaldenkirchen ein Klima aus Angst und Unsicherheit. Schon in der vergangenen Woche haben, dies berichteten gestern Bewohner der Innenstadt, Männer aus der rechtsradikalen Szene die Stadt terrorisiert. Angeblich warfen sie beispielsweise die Scheibe eines Modegeschäfts ein. Ausgangspunkt seien fast immer zwei Kneipen an der Bahnhofstraße und in der Fußgängerzone. Beide Kneipen sind der Polizei bekannt. Sie weiß, daß hier Gäste verkehren, die sie der rechtsradikalen Szene zurechnet. Hier hocken auch häufiger die Männer, die am Montag und Dienstag Schrecken in der Stadt verbreiteten. Gegen 20 Uhr saßen einige im Eiscafé Zalivani, als fünf Männer im Alter von 18 bis 42 Jahren aus der Kneipe nebenan kamen. Sie gingen zielstrebig auf zwei Schwarzafrikaner zu, die gegenüber am Kirchendreieck an einer Bank standen. Einer der Skinheads hatte zuvor bei einem Afrikaner eine Zigarette geschnorrt, nun wollten er und seine Kumpane mehr Zigaretten haben.

Da sie die nicht bekamen, schlugen sie auf die Afrikaner ein. Es entwickelte sich eine blutige Schlägerei, bei der auch die Scheiben des Eiscafés zu Bruch gingen. Bei der Polizei gingen mehrere Anrufe ein. Da sie in der Nähe die Station unterhält, waren die ersten Beamten blitzschnell an Ort und Stelle. Die teilweise stark angetrunkenen Skins widersetzten sich vergeblich der Festnahme, dabei beschimpften sie die Polizisten als »Nazis«. Zeugen berichteten der RP, es habe sich, wahrscheinlich aus einer Gaspistole, ein Schuß gelöst. Dies bestätigte die Polizei jedoch nicht. Ihr war auch nicht bekannt, was ein anderer Zeuge der Rheinischen Post berichtete: Ein dritter Afrikaner sei zeitgleich von anderen durch die Fußgängerzone gehetzt worden – direkt in die Prügelei hinein.

Größere Gruppe unterwegs

Gestern eilten insgesamt sieben Streifenwagen kurz vor Mitternacht erneut nach Kaldenkirchen. Sie suchten jugendliche Skinheads, die mit Knüppeln und Eisenstangen bewaffnet die Asylbewerber-Unterkunft am Luchtberg stürmen wollten. Dort war jedoch alles ruhig, die Bewohner hatten nichts bemerkt. Sicherheitshalber setzten die Beamten ihre Suche fort. Wenig später nahmen sie die drei Männer, die wohl ursprünglich einer größeren Gruppe angehörten, vorsorglich fest. Für die Nacht bezogen Beamte an der Unterkunft Posten.

Die acht Rechtsradikalen kommen alle aus Kaldenkirchen, sie sind beim Staatsschutz einschlägig bekannt. Die am Dienstag festgenommenen Männer

befinden sich noch in Haft, über deren Fortsetzung will heute die Staatsanwaltschaft entscheiden.
Anwohner der Innenstadt berichteten der RP, daß sie mehrfach »Heil Hitler«-Rufe hörten und daß die Männer am Montag auch lauthals auf der Straße angekündigt hatten, sie wollten die Unterkunft am Luchtberg anzünden.
Die Polizei bittet dringend darum, daß sich weitere Zeugen mit der Ermittlungskommission in Verbindung setzen.

XVI.

Dieter Böskes hatte es geahnt. Dieses Miststück hatte ihn doch nur reinlegen wollen. Dabei hatte sie immer von der großen Liebe geredet: Endlich habe sie ihr Glück gefunden, er sei ihr geliebtes Dieterlein, sie wolle ein Kind von ihm. Immer, wenn sie zusammen den Nachmittag in einem der Hotels in Düsseldorf verbrachten, hatte sie ihm ihre gemeinsame Zukunft in den schönsten Farben ausgemalt. Wenn sie in dem zerwühlten Bett lagen und den mitgebrachten Sekt aus Plastikbechern tranken. Er hatte ihr blind geglaubt und sie mit Geschenken überschüttet. Er hatte ihr glauben wollen, weil ihm sein Leben mit Christa trist, abgenutzt und voller Haß erschienen war. Statt Nörgeln und ewiger stummer Anklage, erlebte er mit ihr unbedarfte Spontaneität, bedingungslose Hingabe und schweißtreibenden Sex, wie er ihn nie zuvor erlebt hatte, und romantische Liebesschwüre. Er hatte an diese Liebe glauben wollen, obwohl er im Inneren genau wußte, daß die Beziehung keine Zukunft haben konnte. Eine gemeinsame Zukunft mit Heiraten ganz in Weiß, das war einfach undenkbar. Er, Dieter Böskes, der Schwiegersohn von van den Hövel. van den Hövel, der genaugenommen kaum acht Jahre älter war als Böskes, van den Hövel, der auch im Verein der Freunde und Förderer des Brauchtums war. van den Hövel, das arrogante Arschloch, das mit seinem Gestrüpp Millionen verdient hatte. Nein, undenkbar. Außerdem hatte Heike in der letzten Zeit nur noch Zicken gemacht, hatte keine Lust, ihn zu sehen. Dann waren es angeblich irgendwelche Eilaufträge, die sie in der Firma ihres Vaters abarbeiten mußte. Ihm war das ewige Vertrösten auf »nächste Woche« schließlich nur noch auf die Nerven gegangen. Er hatte am Ende nur noch Wut für sie übrig gehabt. Wut auf ihre Unbekümmertheit, Wut auf ihre Jugend, Wut über ihr Lachen am Telefon, Wut, nur noch Wut. Und Wut über sich selbst, daß er sich so erniedrigt hatte und ihr hinterhergekrochen war. Er kam sich in ihrer Gegenwart nur noch vor wie ein sabbernder alter Mann.

Und nun war auch noch dieser Kerl am Telefon, den er nur aus den Erzählungen und von einigen Fotos kannte, die Heike ihm einmal gezeigt hatte. Ein bißchen hatte sie mit den Fotos angeben wollen. Sie war offenbar stolz darauf, diese kahlrasierten Typen in den fleckigen Tarnhosen zu kennen. Ziemlich besoffen hatten ihn die vier jungen Männer von den Fotos angegrinst, jeder von ihnen im grünen Unterhemd und mit einer Büchse Bier in der Hand. Und immer hatte wenigstens einer von ihnen noch die Hand gehoben, ein Hitlergruß für den Fotografen. Die Fotos waren offenbar auf einer Waldlichtung aufgenommen worden. Wo, das hatte Heike nicht sagen wollen. Das ist geheim, hatte sie vielsagend gesagt und die Bilder dann doch achtlos auf den Nachttisch geworfen, bevor sie sich nackt auf seinen Bauch gesetzt und gelacht hatte.

»Was wollen Sie von mir?«, fragte Böskes zum wiederholten Mal in den Hörer.

»Das wirst du schon noch früh genug erfahren, du Schwein. Ich weiß, was du mit Heike gemacht hast«, hörte er den Unbekannten sagen.

»Hören Sie, ich habe mit dem Tod von Heike nichts zu tun. Wir haben uns geliebt, wir wollten heiraten.« Böskes hörte nur ein Lachen.

»Das glaubst du doch selbst nicht. *Geiler alter Bock* hat sie dich genannt, und daß du zahlen mußt, hat sie gesagt. Für jede verdammte Minute, die du auf ihr gelegen hast. Sie wollte dich ausnehmen wie eine Weihnachtsgans. Hat sie gesagt. Wie eine fette Weihnachtsgans. Du Schwein, was hast du nur mit ihr gemacht?«

Böskes wurde es heiß. Sein Hemdkragen schien ihn zu erwürgen. Er umklammerte den Telefonhörer mit feuchten Fingern. Gut, daß seine Sekretärin nicht mehr im Büro war. »Hören Sie, Mann. Ich habe mit der Sache nichts zu tun.«

»Ich habe Fotos von euch beiden. Heike hat sie machen lassen, wollte sie hübsch im Internet veröffentlichen. Das wäre ein Spaß geworden. Der nackte, fette, weiße Arsch vom angesehenen Bauunternehmer Böskes im World Wide Web. Das hat doch was. Auf diese Backen können Sie bauen.«

Der Unbekannte am anderen Ende der Leitung hörte nicht mehr auf zu lachen.

»Es gibt keine Fotos«, versuchte Böskes souverän zu wirken. Aber es klang wenig selbstbewußt.

»Und was ist mit dem Picknick im Mai im Wald bei Leuth? Na, schon vergessen? Die karierte Decke und der Rotwein?«

Dieter Böskes war plötzlich schweißnaß am ganzen Körper. Seine Krawatte brachte ihn um. Warum mußte es nur so heiß sein im Büro? Er sah sich hilfesuchend um. Er mußte ein Fenster aufmachen. Er konnte jetzt nur noch flüstern. »Sagen Sie, was Sie wollen. Wieviel, Mann. Wieviel?«

»Das gibt's doch nicht. Da hat der clevere Böskes endlich doch noch kapiert, wie das läuft. Mensch, Alter, du bist ja richtig helle im Kopf. Gut, gut, aber immer schön der Reihe nach. Du willst die Fotos?«

»Die Fotos und die Negative!« Böskes hatte sich wieder gefangen und versuchte, wieder Herr der Situation zu werden. Aufrecht saß er nun an seinem Schreibtisch. Er hatte seine Fassung zurück, zumindest für den Augenblick. Er zitterte am ganzen Körper, aber das konnte der andere ja nicht sehen.

»Witzbold. Negative. Wer fotografiert heute noch ohne Digitalkamera? Den Chip kannst du haben. Oder möchtest du eine gebrannte CD? Sind echt schöne Fotos drauf. War ein netter, sonniger Nachmittag, hab mir echt viel Mühe gegeben. War gar nicht so einfach, nah genug ran zu kommen, an euch beide. Dein Arsch könnte wirklich ein bißchen Sonnenbank vertragen. Bin fast blind geworden, so grellweiß wie er war. Und ein bißchen abspecken könntest du auch. Hast die Kleine ja fast erdrückt. Und du solltest nicht so sabbern. Das mögen die Frauen gar nicht.«

»Du Schwein. Wieviel?«

»Langsam, immer schön langsam. Also, der Film, ich mein, der Chip ist voll. Sind ein paar nette Schnappschüsse von deinem kleinen Schniedel drauf. Heike hätte nachher immer kotzen können, wenn du mit ihr fertig warst. 100.000.«

Böskes hatte nicht richtig gehört. »Was hast du gesagt?«

»100.000. Und das ganze Programm: keine Bullen, kleine, nicht fortlaufend numerierte Scheine. Alles schön verpackt in einem Werkzeugkoffer. Du hast doch einen Werkzeugkoffer?«

»Hören Sie. Wie soll ich das machen? Ich kann das Geld nicht besorgen. Soviel habe ich nicht frei. Ich stecke bis über die Ohren in Projekten. Und einige Kunden haben ihre Rechnungen noch nicht bezahlt.«

»Das darf doch nicht wahr sein. Für wie blöd hältst du mich eigentlich? Hast wohl zu viele schlechte Krimis gelesen. Die Nummer zieht nicht. 100.000, und das in drei Tagen, sonst schicke ich dir die Web-Adresse mit deinem Arsch. Und dann bist du fertig. Leih dir doch das Geld. Du hast doch Freunde im Brauchtumsclub. Vielleicht hat sogar van den Hövel die Kohle für dich. Brauchst ja nicht zu verraten, wofür du das Geld brauchst. Wenn ich es genau bedenke – wär nicht ohne, die Sache: der Alte bezahlt für die Fotos seiner Tochter und weiß es nicht. Also, in drei Tagen. Ich melde mich wieder bei dir. Und bau schön am Lambert. Der Turm hat das verdient.« Der Ton wurde schneidender. »Ach ja, vielleicht überleg ich es mir noch, und dann kosten Chip oder CD 300.000.« Die Stimme ging unvermittelt in ein meckerndes Lachen über.

Der Kerl war offensichtlich wahnsinnig, dachte Böskes.

»Die Polizei wird sich über die Fotos freuen. Möchte wissen, wie du sie den Bullen erklären willst. Die werden sicher fragen, wann du das letzte Mal bei ihr warst und sie angesabbert hast. Also, schick die Kohle rüber, oder die Fotos landen bei der Polizei.«

»Hören Sie, ich kann...«, weiter kam Böskes nicht. Er hörte nur noch ein Klicken. Er sank in seinem Bürostuhl zurück. Wo sollte er 100.000 Euro herbekommen, ohne daß Christa etwas merkte? Und was wußte der Typ wirklich? Wer war er? Wie konnte er an die Fotos kommen, ohne an den Typen zahlen zu müssen? Und wer sagte ihm, daß es bei dieser einen Diskette oder CD-Rom bleiben würde? Böskes starrte das Telefon an. Dann griff er wieder zum Hörer.

XVII.

Toni van den Hövel ließ es erst dreimal klingeln, bevor er den Hörer abnahm: »Hallo? van den Hövel hier.« Gedankenverloren horchte er in die Leitung. Er hatte völlig vergessen, sich mit der üblichen Firmenbezeichnung zu melden. War aber auch nicht mehr wichtig. Seit dem Tod seiner Tochter war sowieso alles anders, sein Leben war zerstört. Er hatte alles verloren: erst seine Frau, nun seine Tochter, der Sinn und Inhalt seines Lebens waren mit einem Schlag weg. Weg wie seine Tochter. Ihr Lachen, ihre Schritte auf dem Flur, ihre Art, mit einer kurzen Kopfbewegung die Haare aus dem Gesicht zu fegen, wenn sie konzentriert über ihren Abrechnungen saß. Der feine, leicht herbe Geruch des Parfüms auf ihrer Haut war für immer verweht. Er fror plötzlich. Er meinte, von irgendwoher den traurigen Klang eines Pianos zu hören. Mausi. »Hallo, wer ist da?« van den Hövel mußte erst noch einmal nachfragen, bevor er verstand, daß Frank Borsch am anderen Ende der Leitung auf ihn einsprach. »Selbstverständlich können wir uns an Mausis, ich meine, können wir uns an Heikes Wohnung treffen.« Bei dem Klang ihres Namens zog sich van den Hövels Herz zusammen. Mausi, liebe Mausi, dachte er, warum nur? »Natürlich können Sie herkommen, Herr Kommissar. Ich weiß nur nicht, was Sie hier noch finden wollen. Ihre Kollegen haben doch schon alles abgesucht und nichts gefunden. Es ist gut, daß wir in ihre Wohnung gehen. Denn ihre Pflanzen brauchen dringend Wasser.« Auf dem Hof schlug der Hund an. »Die Palmen und Farne werden sonst eingehen. Wann werde ich Heike beerdigen können? Ich muß sie doch beerdigen.« van den Hövel traute seinen Ohren nicht, er war entsetzt. »Das wollen Sie doch nicht im Ernst machen? Schon der Gedanke, daß Sie sie aufgeschnitten haben, bringt mich fast um. Wie lange soll sie denn noch in der Pathologie bleiben? Geben Sie Heikes Körper endlich frei. Damit ihre Seele zur Ruhe kommt. Ich bitte Sie sehr darum.« Die letzten Worte hatte van den Hövel kaum hörbar in den Hörer gesprochen.

Am anderen Ende der Leitung kritzelte Frank gedankenverloren mit einem Bleistift Buchstaben auf die Schreibtischunterlage. L für Lisa und F für Frank.

Dazwischen ein Pluszeichen. Er zog ein Herz drumherum. Mit energischen Strichen übermalte er das kleine Bild und richtete sich auf.

»Sie müssen das verstehen, Herr van den Hövel. Es sind noch nicht alle Untersuchungen ausgewertet. Solange kann ich die Leiche, äh, Heike nicht freigeben. Sie werden sich wohl noch ein paar Tage gedulden müssen. Ich kann Sie ja verstehen. Die ganze Situation ist bestimmt nicht einfach für Sie, das weiß ich.« Frank überlegte kurz. »Sie können die ersten Vorbereitungen für die Beerdigung meinetwegen schon treffen. Das lenkt Sie wenigstens ein bißchen ab.« Frank malte wieder ein L und ein F auf die Unterlage, diesmal ohne Herz. Hinter dem L machte er ein dickes Fragezeichen. »Sagen Sie, Herr van den Hövel, sind Sie sicher, daß Ihre Tochter kein Tagebuch geführt hat? Frauen tun solche Dinge. Eher als wir Männer. Es wäre also nicht ungewöhnlich.« Frank mußte an Lisas Tagebuch denken. Sie hatte es ihm einmal gezeigt, allerdings ohne ihn darin blättern zu lassen. Du stehst auch drin, hatte sie ihn gelockt, und war quietschend wie ein Teenager durch die Wohnung gerannt, bis sie sich atemlos in seinen Arm hatte fallen lassen.

Lesen durfte er ihre Aufzeichnungen trotzdem nicht. Wie lange war das schon her? Frank meinte, sich kaum noch an Lisas Gesicht erinnern zu können. Dabei hatte er doch erst vor wenigen Tagen vor ihrer Tür gestanden. Aber die Nummer *ich bin der große Junge mit dem gebrochenen Herzen* hatte ja leider nicht gezogen. Frank strich das L durch und zog die Konturen des F nach. Er wartete immer noch auf eine Antwort des Obsthofbesitzers.

»Sind Sie noch da, Herr van den Hövel?«

Er hörte nur ein heftiges Atmen.

»Ja, ja, ich bin noch da. Heike hat, wie alle Kinder, Tagebuch geführt. Und sie hat auch ein Poesiealbum gehabt. Ich hab einmal die bunten Kladden in ihrem Kinderzimmer hinter ihrem Bett gefunden, als wir tapeziert haben. Bevor ich sie aufmachen konnte, hat sie mir die Hefte aus der Hand gerissen und ist dann aus dem Zimmer gerannt. Wie kleine Mädchen so sind.«

Frank konnte hören, wie van den Hövel ein Lachen versuchte. Es war aber nicht mehr als ein kurzes Krächzen. »Ob sie auch später noch Tagebuch geführt hat, weiß ich nicht. Wir haben nie mehr darüber gesprochen.«

Frank hakte noch einmal nach: »Die Kollegen von der Spurensicherung haben mir gesagt, daß die Wohnung Ihrer Tochter sehr aufgeräumt ausgesehen hat. Bis auf die Küche. Alles sehr akkurat, nichts in Unordnung, selbst in ihren Schränken lag alles wie mit dem Lineal gezogen. Unterwäsche, Blusen, Hosen, Handtücher.«

van den Hövel unterbrach ihn: »Das hat sie von ihrer Mutter. Meine Frau hatte ihren Haushalt fest im Griff. Selbst in der Firma konnte sie auf dem Hof eine schief stehende Schubkarre nicht stehen lassen. Und die Töpfe mit den jungen Bäumen standen immer abgezirkelt in Reih und Glied. So war Lene, so hieß meine Frau. Wenn sie gekonnt hätte, wären auch unsere Aufzuchtplantagen mit dem Winkelmesser ausgerichtet worden. Unordnung konnte sie bis zuletzt nicht leiden. Selbst auf ihrem Sterbebett wollte sie alles unter Kontrolle haben. Sogar die Stühle für den Pastor und den Doktor hatten ihren festen Platz.«

Frank nutzte die kurze Atempause. »Im Bad von Heike stand eine ganze Batterie von unterschiedlichen Shampoos und Körperlotionen.«

»Heike ist – war – sehr auf Sauberkeit bedacht. Sie hat mindestens zweimal am Tag geduscht. Ich weiß auch nicht, warum.« Selbst jetzt, nach ihrem gewaltsamen Tod, schwang Unmut in seiner Stimme mit. »Ich habe ihr immer gesagt, daß ihre Wasserrechnung nochmal so hoch ist wie die der ganzen Firma. Aber sie hat noch nicht einmal hingehört. Naja, war ja auch nicht wirklich ein Problem. Außerdem hat ja wohl jeder Mensch seine schwache Stelle und seinen Tick.«

Frank fühlte sich ertappt. Hastig strich er die sauber angeordnete Reihe nahezu identisch aussehender L durch. »Wissen Sie, Herr van den Hövel, das mag ja alles sein. Trotzdem: Wir haben die ganze Wohnung auf den Kopf gestellt. Wir konnten nicht eine persönliche Aufzeichnung finden. Keinen Brief, keine Postkarte, nicht mal einen Einkaufszettel.«

»Dann wird es wohl auch keine Aufzeichnungen geben.«

Oder jemand hat die Wohnung schon vor uns besucht und »aufgeräumt«, dachte Frank. Statt dessen sagte er: »Wir treffen uns trotzdem noch einmal. Dann können Sie die Blumen gießen. Vielleicht fällt uns dann gemeinsam ja noch was ein.«

Frank beendete das Gespräch. Nachdenklich sah er auf die Kritzeleien. Wie mochte es Lisa gehen? Nur mit Mühe konnte er den Impuls unterdrücken, ihre Nummer zu wählen. Was mochte wohl über sie beide in Lisas Tagebuch stehen? Er würde sie zu gerne danach fragen. Ach, Lisa, meine Lisa, dachte Frank verträumt.

XVIII.

Wenig später stand Ecki vor ihm und wedelte mit einem Stück Papier.

»Stell dir vor, ich habe endlich die Buchungsbestätigung für das Konzert von *De Randfichte* nächstes Jahr im April in Grefrath. Ich hab schon nicht mehr dran geglaubt. Schrievers werden sich freuen. Wir gehen zusammen hin.« Listig sah er Frank an. »Willst du nicht mitkommen? Kannst ja Lisa mal fragen. Vielleicht hat sie ja Lust. Ich mach noch einen Aushang, vielleicht wollen ja noch mehr mit. Das ist das einzige Randfichten-Konzert in NRW.«

»Na, Gott sei Dank, und es wird hoffentlich schnell zu Ende sein. Die kennt ja doch keiner. Wie heißt das Stück? *Ja lebt denn der alte Holzmichl noch?* Ich kann nur wünschen, daß das nicht zum Motto unserer Dienststelle wird.« Frank schüttelte sich.

»Mann, du hast aber auch gar keine Ahnung. Beim Holzmichl geht es um einen kränkelnden alten Mann und um dessen spätere plötzliche Genesung, jedem Randfichte-Fan bekannt und einfach Kult. So, damit du's nur weißt.«

»Bitte verschone mich mit weiteren Einzelheiten. Hast du sonst nichts Wichtiges? Dann könntest du endlich mal deinen Schreibtisch aufräumen. Das Chaos ist einfach nicht mehr zu ertragen. Und wenn du schon dabei bist, könntest du die Teilchenreste von der Fensterbank kratzen. Ist ja eklig.«

»Ist ja schon gut, Chef. Nur keine Panik. Könntest ruhig ein bißchen netter zu mir sein. Schließlich ist bald Weihnachten.«

»Genau. Und ich will den Mörder von Heike van den Hövel noch vor Heiligabend haben. Damit ihr Vater wenigstens über die Feiertage ein bißchen zur Ruhe kommt. Der Mann ist ja völlig am Boden. Hast du gesehen, wie blaß und grau er geworden ist? Und abgenommen hat er bestimmt auch schon. Ist ja auch kein Wunder. Erst stirbt die Frau und dann seine geliebte Tochter, sein einziges Kind. Seine Träume von einer glücklichen Zukunft, von einer florierenden Firma in den Händen seiner Tochter: einfach zerplatzt. Zerstört in Sekunden durch eine kranke Seele. Ecki, wir müssen den Mörder von Heike finden. Bevor er möglicherweise wieder tötet. Vielleicht führt er uns auch zu den anderen Frauen. Wer weiß, vielleicht hält er sie irgendwo gefangen.«

»Ich weiß nicht, das klingt mir alles zu vage und zu konstruiert. Laß uns mal auf dem Teppich bleiben und die Fakten sortieren. Was haben wir bis jetzt?«

Ecki zählte die Fakten an den Fingern seiner rechten Hand ab. »Wir haben eine Tote, keine Verdächtigen, uns fehlt das endgültige Ergebnis der Obduktion, ebenso wie die Tatwaffe, wir haben noch keine Aufschlüsselung der Handy-Kontakte, Freunde scheint Heike auch nicht gehabt zu haben. Habe ich etwas vergessen?«

Frank schüttelte nur müde den Kopf.

»Gut, dann haben wir eine Menge vager Vermutungen: mehrere vermißte Frauen, einen Täterkreis, der sich möglicherweise auf die Provinz Limburg und das Ruhrgebiet erstreckt, angeblich Polen, die nicht ganz sauber sind. Und auch das sind nur Gerüchte. Ist nicht wirklich viel.«

»Wem sagst du das.«

Das Telefon klingelte.

»Borsch?« Frank horchte in die Leitung. Mit einer Hand bedeutete er Ecki, sich dazuzuschalten. »Was? Ach so. Ja. Nein, haben wir noch nicht. Ja, werden wir tun. Nein, Sie können sich ganz auf uns verlassen. Natürlich. Wir wissen, daß die Presse ungeduldig ist. Aber das ist nicht unser Problem. Nein, die Journalisten sind mir egal. Ihnen nicht, ja, ich verstehe.« Frank verdrehte die

Augen. »Wir werden alles tun, um den Mörder noch vor Weihnachten dem Haftrichter vorzuführen. Darüber habe ich gerade mit Herrn Eckers gesprochen. Ja, Sie können sich ganz auf uns verlassen. Wie immer. Das wissen Sie doch.«

Sie hörten nur noch ein Klicken, dann war die Leitung tot.

»Möchte mal wissen, was das sollte.« Frank schob sich mit seinem Stuhl ärgerlich vom Schreibtisch ab.

»Der Alte steht doch auch unter Strom. Ich kann mir vorstellen, daß gerade die Boulevard-Zeitungen am Rad drehen und ihn ständig mit ihren Anrufen nerven. Hätte ich auch nicht gerne.«

»Die sind mir scheißegal.«

»Das weiß ich. Reg dich nicht so auf. Laß uns einen Kaffee trinken gehen. Ein bißchen Abwechslung wird uns guttun. Dann kannst du mir ein bißchen von deiner Band erzählen.«

»Seit wann interessierst du dich für meine Musik?«

»Na, es ist nie zu spät, oder?«

Frank konnte es nicht glauben. *Well it's true that we love one another*: die White Stripes hatten wohl doch recht. Andererseits, für Volksmusik würde er sich nie begeistern können. *Schatten überm Rosenhof*, nee danke.

XIX.

Dieter Böskes wählte die Nummer seines Freundes Klaus Vander.

»Hallo, Klaus, ich muß dich dringend sprechen. Nein, es geht nicht um die Lieferung Tuffsteine für den Lambertiturm. Die kann warten. Was los ist? Das sage ich dir später. Sagen wir in einer halben Stunde? Ja, bei Peuten. Wir können dann zusammen etwas essen. Bis nachher.«

Böskes legte auf. Dann drückte er auf die Taste der Gegensprechanlage: »Kerstin, sagen Sie für heute alle Termine ab. Und rufen Sie meine Frau an. Ich werde zum Mittagessen nicht zu Hause sein. Es wird spät werden. Danke, Kerstin.«

Er war froh, daß er sich auf die junge Sekretärin verlassen konnte. Absolut zuverlässig, mit viel Grips und gesundem Menschenverstand schmiß sie den Laden quasi mit links. Dazu hatte sie noch einen knackigen Arsch, hatte Klaus gleich beim ersten Besuch bemerkt. Als wenn er das nicht selbst wußte. Schließlich war er schon länger ihr Chef.

Böskes lenkte seinen Mercedes von Breyell über Lötsch und Boisheim zum Landgasthof Peuten. Bevor er sich mit Klaus treffen konnte, hatte er doch noch einen kurzen Besuch am Lambertiturm machen müssen. Die Arbeiten am Turm würden nach der Winterpause schnell beendet sein. Allerdings, viel würde für ihn am Ende nach Abzug der Kosten nicht übrig bleiben. Aber er hatte sich der Anfrage nicht entziehen können. Schließlich war der Bauauftrag gut fürs Image. Er galt im Dorf als neureicher Emporkömmling. Die Breyeller mochten ihn schon deshalb nicht besonders, weil er nur seine Firma am Dorfrand hatte, er es aber vorzog, in Hinsbeck zu wohnen. Außerdem war er ein gebürtiger Lobbericher. Da konnte er bei Kreuels oder in der Hahnestroat noch so viele Runden schmeißen – letztlich blieben die Breyeller doch lieber unter sich. Ignorantes Volk.

Bei dem Gedanken trat er das Gaspedal noch ein Stück weiter durch. Er hatte sich seinen Wohlstand hart erarbeitet. Was wußten sie im Dorf schon über die harte Arbeit, die Nächte über Berechnungen, Baupläne, Finanzierungsanträge? Maurer hatte er gelernt, wie sein Vater. Das Fachabitur hatte er abends nachgeholt. Das war auch der Grund, warum Christa und er keine Kinder hatten. Der Kinderwunsch war auf dem Weg nach oben einfach auf der Strecke geblieben. Zunächst hatten sie noch regelmäßig »geübt«, wie seine Mutter damals augenzwinkernd meinte. Dann waren die Abstände immer größer geworden. Bis er sich schließlich zwingen mußte, mit seiner Frau zu schlafen.

Christa war im Laufe der Jahre immer breiter geworden, aufgegangen wie ein Hefekuchen, dachte er zynisch. Das machte sie nicht eben attraktiver. Mit der Zeit hatte er seine sexuellen Wünsche mit anderen Frauen befriedigt. Er hatte immer dafür zahlen müssen. Aber das war ihm stets egal gewesen. Gutes Geld für gute Arbeit, so hielt er es auch beim Sex. Außerdem gab es keine Probleme mit den Weibern. Da konnte er einfach aufstehen und weggehen. Die fragten noch nicht einmal, ob er wiederkommen würde.

Bei Heike war das anders gewesen. Er hatte sie vor drei Jahren zufällig in Düsseldorf in der Nähe der Schadow-Arkaden getroffen. Sie hatte hinreißend ausgesehen, wie sie da vor dem Schaufenster von P&C stand. Bis dahin hatte er in ihr nur die Tochter seines »Brauchtumsbruders« van den Hövel gesehen. Unauffällig, vielleicht ein bißchen zu schüchtern für die Alleinerbin eines so großen Betriebs. van den Hövel hatte überall im Kreis Viersen große Grundstücke, die er nur zum Teil für die Aufzucht und Bewirtschaftung seiner Obstbäume nutzte. Über Jahre hatte er kontinuierlich ohne viel Aufhebens Hektar für Hektar gekauft. Hier mal einen ganzen Morgen, da mal einen halben. Angeblich, um seinen Obsthof zu erweitern. In Wirklichkeit, das hatte er ihm bei einer ihrer ausgedehnten Weintouren an die Mosel gestanden, in Wirklichkeit spekulierte er auf lange Sicht auf Bauland.

An jenem heißen Sommertag in Düsseldorf war er gerade von einem Gespräch mit der Commerzbank gekommen, als er Heike vor dem Geschäft hatte stehen sehen. Er wußte es noch wie am ersten Tag, das blonde Haar hatte sie zu einem Zopf gebunden. Das seidig fließende Top mit den schmalen Spaghetti-Trägern hatte den Blick frei gegeben auf ihre schmalen, braungebrannten Schultern. Böskes hatte sehen können, daß sich die Warzen ihrer festen Brüste hart gegen den Stoff abgezeichnet hatten, so als würde Heike frieren. Passend zum weißen Shirt hatte sie einen knappen schwarzen Rock getragen, außerdem hatte sie Sandalen mit schmalen Riemchen an ihren Füßen.

Er beobachtete sie eine Weile. Eine hübsche junge Frau, wie sie da so gedankenverloren und in sich selbst ruhend ins Schaufenster sieht, hatte er gedacht. Daß ich das noch nicht früher gemerkt habe. Böskes hatte sich von diesem Bild unwiderstehlich angezogen gefühlt und die Tochter seines Freundes dann angesprochen. Heike war überrascht gewesen, ihn in Düsseldorf zu treffen. Sie hatten zunächst ein paar Scherze über die Flaniermeile Kö, die hohen Preise und die hochnäsigen Düsseldorfer gemacht. Dann hatte Böskes sie zu einem Cappuccino und einem Glas Sekt eingeladen.

Es war ein netter Nachmittag geworden. Sie hatten viel gelacht. Böskes hatte sich wieder jung gefühlt. Seine Sorgen über die drohenden Finanzierungsprobleme seiner Firma, über die Auftragsflaute in der Baubranche, waren allein durch die Gegenwart von Heike völlig in den Hintergrund gerückt. Er hatte damals völlig die Zeit vergessen. Erst am frühen Abend waren sie, jeder für sich, Richtung Nettetal aufgebrochen. Zum Abschied hatte er ihr die Hand geküßt. Sie hatte ihre Hand lachend weggezogen und gescherzt, er solle ihr lieber ein paar Tipps für die Renovierung ihrer Wohnung geben. Sie wolle die Wand zwischen Küche und Eßecke wegbrechen lassen, um einen größeren Raum zu bekommen. Kein Problem, hatte er damals großzügig gesagt. Zur Not breche ich sie selbst weg. Zwei Tage später hatte er abends vor ihrer Tür gestanden, mit einer Flasche Weißwein in der Hand. So hatte es angefangen, damals vor drei Jahren.

Böskes bog auf den großen Parkplatz des Landgasthofes an der B 7. Die Sonne stand tief hinter den lichten Ästen der kahlen Bäume und blendete ihn. Die wenigen Autos verloren sich auf der weiten trostlosen Fläche. Dieter Böskes war froh, daß es gefroren hatte, auf dem unbefestigten Parkplatz hätte er sich sonst mit Sicherheit seine Schuhe versaut. Er haßte nichts mehr als matschige Bausstellen und Parkplätze.

Vander war schon da; sein schwarzer Volvo stand nahe am Eingang. Klaus Vander handelte mit Natursteinen und war nach all den langen Jahren ihrer Zusammenarbeit längst nicht mehr nur ein enger Geschäftspartner. Vander war der Einzige, mit dem er über sich und sein Leben reden konnte. Sie sprachen beide dieselbe Sprache, das hatten sie sich bei zahlreichen gemeinsamen Sauftouren immer wieder bestätigt. Böskes bewunderte die leichtlebige Art seines Freundes Vander, der bei Frauen offenbar gut ankam. Der Baustoffhändler kam kaum an einem Rock vorbei, ohne druntergucken zu wollen, dachte Böskes beim Einparken schmunzelnd. Das hatte Vander allerdings vor zehn Jahren die Scheidung eingebrockt. Seither, so schien es, hatte er sämtliche Hemmungen verloren. Es gab kaum einen Empfang, auf dem er nicht mit einer neuen Frau als Begleiterin auftauchte. Mit dem einen Unterschied, daß die Frauen immer jünger wurden. Zur Zeit war Vander allerdings solo. Ein Zustand, der sicher nicht lange anhalten würde, wie Böskes seinen Freund kannte.

»Bleib sitzen«, sagte Böskes, als er im Lokal an Vanders Tisch trat.

Der großzügige Gastraum war mit dunklem Holz getäfelt und seit vielen Jahren nicht mehr renoviert worden. Immer, wenn Böskes bei Peuten über die Schwelle trat und seinen Mantel abgelegt hatte, meinte er, in eine längst vergessene Welt einzutauchen. Das Ambiente des alten Gasthofs war vornehm, gediegen, aber etwas angestaubt. An den Wänden hingen Jagdszenen und Geweihe. Ein deutliches Zeichen dafür, daß das Lokal gerne von Jagdgesellschaften aufgesucht wurde.

Durch die Flügeltür konnte Böskes erkennen, daß im Speisesaal auch diesmal für eine Abendveranstaltung eingedeckt war. Im Gastraum selbst hing der unaufdringliche, aber deutlich wahrnehmbare Hauch vom Bratfett zahlloser Essen, gemischt mit dem Geruch nasser Bierdeckel und kaltem Zigarren- und Zigarettenqualm. Trotz der kalten Jahreszeit schien der Gastraum nicht sonderlich geheizt zu sein. Dieter Böskes fror ein bißchen.

Er bestellte ein Bier und sah seinen Freund an. Vander war kleiner als Böskes und wie immer ganz in Schwarz gekleidet. Das sollte ihn wohl intellektuell und weltgewandt aussehen lassen, vor allem aber jünger. Tatsächlich waren seine Haare noch voll und dunkel. Seine schmale goldene Brille hatte er an einer dünnen Kette vor der Brust baumeln. Das paßte so gar nicht zu dem Image, das Vander mit seiner Kleidung zu erzeugen versuchte, dachte Böskes zum wiederholten Mal. Sein Freund sah so einfach nur eitel und spießig aus. Und irgendwie weibisch.

»Wie gehen die Geschäfte?«, fragte Vander und nippte an seinem Mineralwasser, das der Kellner zusammen mit dem Bier gebracht hatte.

»Könnten besser sein. Aber darum geht es nicht.« Böskes wollte schnell zur Sache kommen.

»Ist es Joosten? Rolf nervt schon eine ganze Weile wegen der 15.000 Euro, die wir als Spende an seinen Turmverein geben wollen. Ich habe ihn gestern zufällig im Dorf getroffen. Der will einfach nicht kapieren, daß die Kohle nur fließt, wenn der Auftrag auch an Deussen geht. Der hat einfach noch nicht kapiert, daß das Geschäft nur so läuft. Er hat irgendwas von der Presse gefaselt, die sich über ein paar vertrauliche Informationen sicher freuen würde. Ich würde Joosten am liebsten persönlich das Maul stopfen. Was denkt der, wer er ist? Der kann auf das Geld warten, bis er schwarz wird.«

Vander hatte sich in der kurzen Zeit schon in Rage geredet. Was er nicht leiden konnte, waren Bittsteller, die sein Spiel nicht mitspielen wollten. Eine

Hand wäscht die andere, dieses Prinzip existierte seit Jahrhunderten und galt nach seinem Verständnis auch und erst recht für die Sanierung des »Alten Lambert«. Basta. Nichts im Leben war umsonst. Wenn es nach ihm gegangen wäre, hätte der baufällige Turm ruhig abgerissen werden können. Dann hätte der Marktplatz wenigstens vernünftig bebaut werden können. Er hatte dazu schon vor Jahren mit Deussen manchen Abend über Plänen gebrütet. Auch der Baudezernent und der Stadtdirektor hätten ihn und Deussen bei der Umsetzung ihrer Baupläne unterstützt.

Aber es hatte leider nicht sein sollen. Schließlich stand der Turm unter der Aufsicht des Landesamtes für Denkmalschutz. Und die Experten dort hatten nicht im Traum daran gedacht, den Denkmalschutz für das überflüssige Gemäuer aufzuheben. Und schon damals hatte Joosten keine Gelegenheit ausgelassen, um auf die besondere Bedeutung des Turms für die Kirchenbaugeschichte des ganzen Rheinlands hinzuweisen.

Nun mußte sich Vander gezwungenermaßen mit den Tatsachen abfinden, daß die Bürgerinitiative nicht nur im Dorf immer mehr Unterstützung fand, sondern mittlerweile sogar in der ganzen Stadt. Der Kirchturm wurde immer mehr zum Wahrzeichen von ganz Nettetal. Es sah so aus, als entwickelten die Nettetaler mehr als zwanzig Jahre nach der kommunalen Neugliederung doch noch so etwas wie ein Wir-Gefühl. Was ein paar alte Steine und ein Verein nicht so alles bewegen konnten, hatte ihm Joosten bei einem ihrer Treffen nicht ohne Spott mit auf dem Heimweg gegeben. Vander werde das wohl oder übel anzuerkennen haben.

»Es geht nicht um Joosten. Der ist mir völlig egal. Soll er auf das Geld warten, bis er schwarz wird. Ich habe ganz andere Sorgen. Heike ist tot.«

Vander sah ihn mit ausdruckslosem Blick an. »Mensch, das weiß ich, habe es in den Nachrichten gesehen. Dumme Sache. Mußt dir halt jetzt was anderes zum Ficken suchen. Schade um die hübschen Titten.«

Böskes haßte Vanders vulgären Ton schon immer. Zumindest im Zusammenhang mit Heike mochte er die Sprüche seines Freundes nicht hören. »Hör' auf damit. Die Sache ist ernster als du denkst.«

Vander sah ihn halb aufmerksam, halb spöttisch an.

Böskes beugte sich vor. »Ich werde erpreßt. 100.000, oder die Polizei erfährt von meinem Verhältnis zu Heike.«

»Und?«

»Was und? Bist du eigentlich noch bei Trost? Hast du nicht verstanden? Ich werde erpreßt. Soviel Geld habe ich nicht. Das kann ich nicht regeln, ohne daß Christa etwas merkt.«

»Hast du was mit dem Tod der Kleinen zu tun?« Vander schien interessiert, zumindest war der spöttische Zug aus seinem Gesicht verschwunden.

»Spinnst du? Das glaubst du doch nicht wirklich.«

Vander wirkte geschäftig. »Wer erpreßt dich? Kennst du ihn?«
»Ich weiß nicht. Ich kenne nur ein Foto, auf dem ist Heike mit einem Typ zu sehen. Er heißt Michael oder so ähnlich. Heike hat ihn mal erwähnt. Sie kennt ihn wohl über einen gemeinsamen Bekannten. Er ist einer dieser Skinheads. So einer mit schwarzen Stiefeln und Bomberjacke, und ständig besoffen. Klaus, ich habe Angst.«
Böskes sah gequält aus. Nichts in seiner Haltung erinnerte mehr an den harten Geschäftsmann, der für jeden Auftrag in den Verhandlungen bis an die Grenze des Erträglichen ging, oder der lässig bei Kreuels die Gäste aushielt.
»Nun beruhige dich erst mal. Du hast wirklich nichts mit ihrem Tod zu tun?« Vander trank einen Schluck.
»Natürlich nicht. Ich hab sie, ähm, nur gebumst, mehr nicht. Das mußt du mir glauben!«
Böskes sah sich im Lokal um. Er hatte Angst, daß man ihre Unterhaltung belauschen könnte. Im Hintergrund sah er Alfons Veuskens mit seiner Frau an einem Tisch sitzen. Veuskens hob sein Bierglas und nickte ihm freundlich zu. Böskes lächelte gequält zurück.
»Was hat der Typ sonst noch gesagt? Wann will er das Geld haben? Wie soll das Geld übergeben werden?« Vander hatte sich die Brille aufgesetzt. Er war jetzt ganz Geschäftsmann.
»Das weiß ich nicht. Er hat nur das Geld verlangt und mit den Fotos gedroht. Ich bin fertig, wenn das rauskommt.«
Vander nahm die Brille wieder ab. »Dann wird er sich wieder melden. Du kannst jetzt nur abwarten. Wir werden das Ding schon schaukeln. Laß dich ja nicht verrückt machen. Das kriegen wir schon hin.« Vander betonte das »wir«.
»Wie soll ich an das Geld kommen? Klaus, ich habe noch jede Menge Rechnungen ausstehen. Und ich kann nicht einfach zur Sparkasse gehen und sagen: Guten Tag, ich brauche 100.000 Euro, ich werde erpreßt. Bitte packen sie mir das Geld in kleinen Scheinen in diese Tüte. Mal ganz abgesehen davon, daß Christa auch noch da ist.«
»Laß Christa aus dem Spiel. Ich denke, du bist mit ihr durch?«
Böskes spielte mit der Papierkrause an seinem Bierglas und schwieg.
Vander übernahm jetzt ganz die Initiative. »Du wartest, bis er sich wieder meldet. Dann machst du einen Termin für die Übergabe aus. Sagst ihm, daß du das Geld nur so gerade eben zusammenbekommen hast, und daß du auf keinen Fall mehr bekommen wirst.«
»Aber ich kann das Geld überhaupt nicht zusammenkratzen, verstehst du. Ich bin blank.« Böskes Stimme klang jetzt weinerlich.
»Das muß der Typ nicht wissen. Laß ihn in dem Glauben, daß er mit seiner Erpressung Erfolg hat. Er wird trotzdem kein Geld sehen. Ich werde das schon regeln. Verlaß dich ganz auf mich.«

»Was hast du vor?« fragte Böskes ängstlich und zugleich hoffnungsvoll. Er saß mittlerweile völlig in sich zusammengesunken am Tisch. Dieter Böskes war heilfroh, daß sein Freund ihm helfen wollte. Darauf hatte er gehofft.

»Laß' mich nur machen. Wir werden beide bei der Übergabe sein. Den Tag wird der Skinhead sein Leben lang nicht mehr vergessen«, meinte Vander jovial und vielsagend.

Böskes war viel zu sehr mit sich selbst beschäftigt, um genau nachzufragen, was die Bemerkung bedeutete. Er wollte es auch nicht wissen. Es reichte ihm vorläufig, daß sein Freund ihm helfen wollte.

»Ich bin so froh, daß du mir helfen willst. Alleine würde ich das nicht schaffen. Das werde ich dir nie vergessen, Klaus.« Böskes legte als dankbare Geste die Hand auf Vanders Unterarm.

»Das brauchst du auch nicht«, erwiderte Klaus Vander und schüttelte die Hand seines Freundes ab. »Ach, was ist eigentlich mit den Tuffsteinen, die ihr noch braucht? Der Preis ist in den letzten Wochen mächtig gestiegen. Ich habe mir außerdem den Turm angesehen. Mit den bestellten Steinen werdet ihr nicht auskommen. Wenn du verstehst, was ich meine.«

Böskes hatte verstanden. Eine Hand wäscht die andere. Das galt auch für Vanders Freunde, offenbar sogar besonders für Vanders Freunde.

Vander trank sein Glas leer. »Wollen wir was bestellen? Ich habe Hunger. Der Rehrücken soll prima sein.«

Böskes fühlte sich zu müde und ausgelaugt, um zu widersprechen. Auch wenn er keinen Hunger hatte, ließ er sich ebenfalls eine Portion Rehrücken mit Rotkohl und Kartoffelklößen bringen. Aber er bekam kaum einen Bissen runter. Zum Glück waren Veuskens beim Verlassen des Lokals nicht an ihrem Tisch stehengeblieben, sondern nur mit einem Gruß »an die Frau Gemahlin« vorbeigegangen. Durch die große Fensterfront konnte Böskes sehen, wie die beiden aufgeregt miteinander sprachen.

XX.

»Willst Du nicht 'rangehn?« Ecki sah seinen Freund und Kollegen über den Schreibtisch an. »Wie lange soll das Telefon noch klingeln?«

Frank schreckte aus seinen Gedanken auf und griff zu seinem Handy, das auf dem Schreibtisch lag. »Was? Ach so.« Er meldete sich. »Ja? Borsch.« Frank hätte die Stimme fast nicht erkannt. »Lisa?« Frank war wie elektrisiert und setzte sich blitzartig aufrecht. »Lisa?«, fragte Frank erneut ungläubig nach. Ihm wurde heiß. Wieso rief Lisa an? Jetzt? »Ich mein', schön, daß du anrufst.«

Frank war völlig durcheinander. Damit hatte er am allerwenigsten gerechnet.

Schließlich hatte er seit Ewigkeiten keinen Anruf von ihr bekommen. Warum nur? In den letzten Wochen war etwas passiert. Da war Frank sich sicher. Aber er wußte immer noch nicht, was es denn hätte sein können. Die abstrusesten Gedanken hatte er sich schon gemacht. Zum Beispiel, daß sie sich in einen ihrer Kollegen verliebt haben könnte. Aber das wollte er nicht glauben. Das Kollegium an ihrer Gesamtschule war im Schnitt schon deutlich an der Pensionsgrenze. Und auf solch alte Männer stand Lisa nun dann doch nicht. Das hatte sie ihm schon mehrfach gesagt, wenn er den Altersunterschied zwischen ihnen beiden zur Sprache brachte.

Sie hatte ihn stets damit geneckt, daß sie ihn schon bald werde pflegen müssen. Immerhin bewege er sich ja auch schon stramm auf die fünfzig zu. Jedes Mal war er ihr auf den Leim gegangen. Lisa hatte sich dann fast totgelacht, wenn er besorgt nachfragte, ob er ihr nicht doch zu alt war.

»Naja«, hatte sie dann gesagt, »ein bißchen an deinem Bauch wirst du wohl tun müssen. Außerdem solltest du dir ein Hörgerät anschaffen. Und du solltest schon mal beim Verein *Sport für betagte Bürger* nach einem freien Platz fragen.«

Solche Kabbeleien waren dann meist in einer stürmischen Nacht geendet. Zu alt für Lisa fühlte er sich dann nicht mehr.

Frank konnte sich noch so sehr den Kopf darüber zerbrechen, was es denn sein könnte, was Lisa so abweisend sein ließ. Er konnte sich allerdings überhaupt keinen Reim darauf machen, daß sie auf seine Nachrichten, die er ihr auf dem Anrufbeantworter hinterlassen hatte, nicht reagierte. Dabei hatte er bei einigen Gelegenheiten das ganze Band vollgequatscht. Einmal hatte er mitten in den Nacht angerufen, nachdem er mit einigen Kollegen durch die Mönchengladbacher Altstadt gezogen war. Er war nicht mehr nüchtern gewesen. Um ehrlich zu sein, war er sogar ziemlich betrunken gewesen. Aber er hatte ihr nur einen Gutenachtkuß durch den Hörer schicken wollen. Sie hatte nicht abgehoben. Die ganze Nacht hatte er vergeblich ihre Telefonnummer gewählt.

Schon bei Franks erstem »Lisa« hatte Ecki das Büro verlassen und beim Hinausgehen ermunternd den Daumen gehoben.

»Ja, mir geht es gut.« Franks Hals war trocken, seine Stimmbänder schienen über Schmirgelpapier zu reiben. Lügner, ihm ging es überhaupt nicht gut. Er räusperte sich umständlich. »Ja, der Fall van den Hövel macht uns zu schaffen. Wir kommen nicht richtig voran. Das nervt.« Lisa hatte von dem Mord und dem spektakulären Fundort der Leiche, mitten auf dem Marktplatz in dem Dorf im Kreis Viersen, in der Zeitung gelesen.

»Hör' zu, Frank. Ich muß mit dir reden.«

Frank war plötzlich hellwach. »Klar, jederzeit. Wann soll ich kommen?« Er hängte nach einer winzigen Pause ein vorsichtiges »Schatz« an.

Lisa überhörte das »Schatz«.
»Gut, dann treffen wir uns um Zwei bei mir. Ich habe heute nur vier Stunden Unterricht.«
Frank wurde es wieder heiß. »Lisa, können wir das nicht auf heute abend verschieben? Ich habe gleich noch eine Besprechung.« Komm, sei lieb, Lisa, dachte Frank. Mach jetzt keine Szene. Bitte.
»Dann verschiebe deine Besprechung. Ich muß jetzt mit dir reden und nicht erst heute abend.«
»Lisa, bitte, das geht nicht. Echt nicht. Der Staatsanwalt kommt auch dazu. Die ganze MK ist dabei. Ich kann als Leiter nicht einfach fehlen. Das mußt du doch verstehen. Bitte, Lisa.«
»Keine Sorge, Frank, ich habe schon verstanden. Es ist wie immer. Typisch. Der Herr Kommissar kommt und geht, wie es ihm gefällt. Wenn ich mal etwas von dir möchte, hast du auf einmal keine Zeit. Ich glaube, ich muß erst als Leiche irgendwo liegen, damit du dich um mich kümmerst.« Lisas Humor konnte sehr gallig sein.
»Lisa, das ist unfair.« Frank versuchte den Ansatz einer Erklärung.
»Lisa. Lisa. Nee, mein Lieber, du machst es dir ziemlich einfach. Ich will, daß du gleich kommst. DU bist unfair.«
Frank hörte im Hintergrund Stimmengewirr und einen Gong. Lisa mußte aus dem Sekretariat ihrer Schule anrufen. »Lisa, ich kann nicht, wir müssen die ersten Fahndungsergebnisse auswerten. Wir stehen doch erst am Anfang. Ich kann wirklich nicht.«
»Dann laß' stecken. Ich komme auch ohne dich klar. Und versuche bloß nicht, mich anzurufen. Laß' mich einfach in Ruhe.«
Es klickte in den Leitung.
Das war's dann wohl, dachte Frank resigniert. Ihm wurde schlecht. Hilflos legte Frank die Unterarme auf die Schreibtischunterlage. Sie waren schwer wie Blei. Nur mit Mühe konnte er die Arme heben und die oberste Seite des dicken Blocks abreißen, der als Schreibtischunterlage diente. Das Blatt war vollgekritzelt mit L und F in allen möglichen Größen und Formen. Mit müden Bewegungen zerknüllte er das große Blatt und warf es in den Papierkorb neben seinem Schreibtisch.
Ecki öffnete vorsichtig die Tür und streckte Frank einen der beiden Becher Kaffee entgegen, die er in Händen hielt. »Na, wie ist es gelaufen?«
»Ach, hör auf. Jetzt weiß ich überhaupt nichts mehr. Nach all den Wochen ruft Lisa hier an und will mich sprechen. Am besten sofort. Aber ich kann doch hier nicht alles stehen und liegen lassen. Ich weiß noch nicht einmal, worüber sie mit mir reden will. Ich hatte nicht einmal die Gelegenheit, sie zu fragen. Sie ist stattdessen direkt explodiert, als ich *Nein* sagen mußte.«
Ecki zuckte betont gleichgültig mit den Schultern. »Wenn es so wichtig war,

wird sie sich schon wieder melden. Trink erst mal deinen Kaffee. Das wird dir gut tun. Du wirst sehen.«

Wenn Ecki Probleme hatte, machte er sich erst einmal ganz pragmatisch einen Kaffee. Als wäre die rituelle Handlung schon der erste Schritt zur Lösung aller Fragen dieser Welt. Das kam bestimmt daher, daß er auf einem Bauernhof mit Tieren aufgewachsen ist, hatte Frank oft neidvoll gedacht. Ponys mußten auf den Menschen eine beruhigende Wirkung haben. Und Kaffee.

»Paß auf, bevor wir gleich mit den Kollegen sprechen, laß uns zusammentragen, was wir bisher wissen.« Ecki zog sein Klemmbrett zu sich rüber. Beim Schreiben sprach er laut vor sich hin. »Heike van den Hövel, 28. Tot aufgefunden am 23. November am Fuß des Lambertiturms. Fundort nicht gleich Tatort. Keine Blutspuren im Umfeld der Leiche. Todesursache: Massive Gewalteinwirkung durch einen stumpfen Gegenstand. Möglicherweise ein Hammer, die flache Seite einer Axt, eine Eisenstange, ein Holzbalken, oder ein Baseballschläger. Todeszeitpunkt vermutlich gegen Mitternacht. So genau ist das nicht mehr festzustellen, sagt die Gerichtsmedizin. Dafür hat die Leiche zu lange halbnackt in der Kälte gelegen. Bei der Suche nach der Tatwaffe auf der Baustelle des Lambertiturms wurde nichts Verwertbares entdeckt. Gefunden wurde die Tote gegen 5:00 Uhr von Josef Giskes, 48, Spielhallenaufsicht, keine Vorstrafen. Giskes lebt allein und gilt im Dort als Unikum, aber harmlos. Verbringt viel Zeit auf den Bänken im Dorf. Die Überprüfung seines Alibis ergab keine Anhaltspunkte. Seine letzten Gäste haben ausgesagt, daß Giskes den ganzen Abend in der Spielhalle war, bis nach Mitternacht. Giskes kennt die Familie van den Hövel und damit auch die Tote. Ihr Vater war häufig Gast der Spielhalle auf der Josefstraße.« Ecki sah auf. »He, Frank, hörst du mir eigentlich zu?«

Frank hatte die ganze Zeit über den Kaffeebecher in seiner Hand gedreht und wie geistesabwesend vor sich hingestarrt. »Klar, ich höre schon zu. Mach' nur weiter, Ecki.«

Ecki räusperte sich: »Die Anwohner haben nichts bemerkt. Kein Auto, keine verdächtigen Geräusche. Nichts. Alle haben den Schlaf des Gerechten geschlafen. Behaupten sie jedenfalls. Sie haben sich bei unseren Kollegen nur über den Lärm beschwert, den die Arbeiter von Böskes auf der Baustelle machen. Ganz so, als gäbe es nichts Wichtigeres auf der Welt als ihre Ruhe.«

»Das wird eh' bald ein Ende haben. Dann ist es endgültig zu kalt für die Bauarbeiten. Mach weiter.«

»Bei der Obduktion der Leiche wurden neben den Kopfwunden im Magen die Reste eines leichten Schlafmittels gefunden. Außerdem muß sie kurz vor ihrem Tod noch zu Abend gegessen haben: es wurde halbverdauter Sauerbraten mit Klößen gefunden. Außerdem war Sperma in ihrer Vagina. Der Täter muß mit ihr geschlafen haben. Wohlgemerkt: nach ihrem Tod. Ansonsten wurden keine Täterspuren an ihr gefunden. Unter den Fingernägeln nichts. Ihr Mörder hat sie offenbar tatsächlich wie ein totes Stück Fleisch in oder auf einen Wagen geladen, und sie dann einfach vor dem Turm abgekippt.«

»Und ihre Wohnung sieht nahezu unberührt aus. Heike van den Hövel muß ein wahrer Sauberkeitsfanatiker gewesen sein. Das Bett war frisch bezogen. Im Bad keine Spuren, die auf eine zweite Person deuten, der Abfluß der Dusche jungfräulich sauber. Selbst Putzeimer und Aufnehmer waren neu, der Staubsaugerbeutel ebenfalls. Und auch die Klobürste«, vervollständigte Frank Eckis Liste. »Auffällig ist die große Zahl der verschiedenen Körperlotions und Shampoos, die wir gefunden haben. Das ist selbst für eine Frau schon außergewöhnlich viel. Wenn ich da an Lisas Schrank denke.« Bei dem unwillkürlichen Gedanken an seine Freundin – war sie noch seine Freundin? – tat ihm das Herz weh.

»Wenn wir die Tatwaffe hätten, dann wären wir schon ein ganzes Stück weiter«, meinte Ecki.

»Ach, was du nicht sagst.«

»Was bist du denn so angefressen?« Ecki hob die Hand, als wolle er jemandem winken. »Ich bin's, Ecki, dein Freund und Kollege. Ich bin nicht Lisa. Oder seh ich so aus?« Ecki grinste und hielt sich seine beiden Hände vielsagend vor die Brust. »Na? Nun sag doch was.«

»'Tschuldige. Ich bin ein bißchen durch den Wind. Außerdem waren deine Witze auch schon mal besser.«

Das Telefon klingelte. »Borsch? Ach, du bist es. Nein, ich kann nicht zur Probe kommen. Ja, ich weiß, daß wir in zwei Wochen den nächsten Auftritt haben und noch proben müssen. Tut mir leid, aber der Mord an der Tochter dieses Obstbauheinis aus Kaldenkirchen macht uns Probleme. Ja, die Geschichte, von der ich dir erzählt habe. Da kann ich wirklich nicht weg. Nein, auch nicht für zwei Stunden. Das mußt du verstehen, Claus. Ja, danke. Ich melde mich. Ganz bestimmt. Viel Erfolg bei der Probe. Grüß den Rest.« Frank wollte schon auflegen, schickte aber noch ein *ois is blues* hinterher. Das hörte aber sein Gitarrist schon nicht mehr. Denn der hatte am anderen Ende den Hörer ärgerlich aufgelegt. Was Frank nicht mitbekommen hatte, war das *scheißunzuverlässige Bullen*, das Claus gemurmelt hatte.

»Wo waren wir stehengeblieben?« versuchte Frank, den Faden wieder aufzunehmen. Natürlich würde er lieber Musik machen als hier im Büro zu hokken. Er wünschte sich in den Proberaum zu seinem Verstärker und seinen Bluesharps. Aber was half es?

Ecki faßte zusammen: »Wir haben eine Leiche, keine Tatwaffe, und noch nicht den kleinsten Hinweis auf den Täter, geschweige denn auf das Motiv. Heike van den Hövel verschwindet von dieser Welt, ohne groß Spuren zu hinterlassen. Nur einen Vater, der sich fast umbringt aus Gram über den Tod seines eigenen Kindes. Das ist wahrlich nicht viel bislang. Meinst du nicht auch?«

»Wir drehen uns im Kreis und wiederholen uns. Das haben wir doch schon alles drei Mal durchgekaut. Wir müssen uns noch einmal die Schulfreunde von Heike genauer ansehen. Und auch die Nachbarn in Hinsbeck noch einmal befragen. Vielleicht fällt ihnen doch noch etwas ein. Oder wir haben was vergessen. Wie sieht es eigentlich mit den finanziellen Verhältnissen der Toten aus? Vielleicht gibt es Schließfächer bei der Bank, die ein Geheimnis haben. Irgendeinen Hinweis muß es ja schließlich geben. Niemand wird einfach nur so umgebracht.«

»Das mit der Sparkasse kannst du vergessen. Das haben die Kollegen schon gecheckt. Es gibt zwar ein Schließfach, das ist aber leer, bis auf die Unterlagen für den Kauf der Eigentumswohnung. Die hat ihr Vater übrigens bar bezahlt, damals, vor dreieinhalb Jahren. Bar. Nicht schlecht, was man mit Obstbäumchen und Johannisbeersträuchern verdienen kann.« Ecki verzog anerkennend den Mund.

»Coentges hat seine Routine-Checkliste schon abgearbeitet und mit seiner Abteilung van den Hövels komplette Finanzen durchleuchtet. Soweit ist van den Hövel wirtschaftlich gesund. Keine Schulden und Verbindlichkeiten, die über das normale Maß hinausgehen. van den Hövel ist absolut sauber. Ein echter Vorzeige-Unternehmer. Er kann einem wirklich leid tun. Wie Coentges meint, stand van den Hövel kurz vor dem Abschluß mehrerer Verträge. Darunter auch eine Kooperation mit mehreren Obstbauern aus Jork. Deren Sprecher heißt Wolfgang Meyer, oder so ähnlich.«

»Jork?«

»Im Alten Land bei Hamburg. Noch nie gehört? Dort sitzen Deutschlands dickste Obstbauern. Der Vorstand der Volksbank Nettetal hat erzählt, daß van den Hövel mit seiner Tochter und einer Delegation aus Jork kommende Woche zu Verhandlungen zu ihnen kommen wollte. Offenbar stand ein hohes Darlehen an. Ich warte noch auf eine E-Mail von Coentges. Er wollte mir eigentlich noch heute seinen Abschlußbericht schicken.«

Ecki räusperte sich. »Jork, Obstbauern. Was hat das mit dem Tod von van den Hövels Tochter zu tun?«

»Weiß man's ?«

»Schon gut.« Ecki warf seinen Bleistift auf die Unterlage.

»Dann müssen wir auch noch mal an die Polen ran. Was sagt eigentlich das Arbeitsamt? Hast du die Liste schon? Vielleicht haben die ja eine Beobachtung gemacht. Vielleicht war es ja wirklich einer von denen. Kann ich mir gut vorstellen: monatelang weit weg von der Heimat, nur arbeiten und keine Frau in der Nähe. Könnte ich verstehen, wenn sich einer von denen in die hübsche Tochter des Chefs verguckt haben sollte.«

Ecki sah ihn schief an: »Nun übertreib mal nicht. Nur weil du in den vergangenen Wochen nicht bei Lisa landen konntest, heißt das noch lange nicht, daß die Saisonarbeiter vom alten van den Hövel sämtlich unter Hormonstau leiden. Auch wenn sie ständig mit geilen Trieben zu tun haben.«

Frank sah ihn fragend an.

»Naja, geile Triebe: das meinen Gärtner, wenn die Triebe unkontrolliert sprießen. Wie sinnig. Keine schlechte Bezeichnung, oder? Nomen est omen. Oder wie heißt das auf Latein?«

Frank reagierte nicht auf die Frage. »Du Landei. Geile Triebe. Überprüf' die Polen trotzdem. Am besten heute noch.«

»Wird gemacht, Chef«, meinte Ecki militärisch zackig. Er mochte es gar nicht, wenn Frank so förmlich und dienstlich wurde. Schließlich hatten beide den gleichen Dienstgrad und arbeiteten schon seit Jahren zusammen.

Frank hatte den ironischen Unterton in Eckis Antwort nicht gehört. »Ich kann mir nicht vorstellen, daß ein Unbekannter Heike irgendwo aufgelauert hat, um sie dann umzubringen. Vielleicht war es auch Rache.«

»Wer sollte sich an Heike rächen wollen? Bisher gibt es auch dafür keinen Anhaltspunkt. Nicht den geringsten. Alle haben die junge Frau bisher als freundlich, hilfsbereit und überaus reizend beschrieben. Wüßte wirklich nicht, wer bei der van den Hövel an Rache denken könnte.«

»War auch nur so eine Vermutung. Reizend, vielleicht doch im wahrsten Sinne. Wir müssen schließlich im Moment noch an alles denken. Wenn wir nur wüßten, was Heike am Abend ihres Todes gemacht hat, und vor allem, mit wem sie zusammen war. Daß sie ohne Mantel gefunden wurde, könnte bedeuten, daß sie mit ihrem Mörder in einem Auto oder in einer Wohnung war. Zumindest in einer Umgebung, in der sie keinen Mantel brauchte. Vielleicht war sie ja auch in einer der Kneipen und Diskotheken im Umland. Wir werden ihr Bild wohl noch vielen Leuten zeigen müssen.«

»Oder der Mörder hat ihren Mantel verschwinden lassen. Vielleicht war er voller Blut?« gab Ecki zu bedenken. »Das könnte doch sein, oder? Was hältst du von Eifersucht? Wer sagt uns denn, daß der Mörder nicht eine Frau ist? Oder vielleicht ist Heike ihrem Mörder auch nur zufällig begegnet. Es laufen ja genug Psychos durch die Gegend.«

Frank pochte gedankenverloren mit dem Bleistift auf die Unterlage. Auf der standen schon wieder mehrere L und F. Frank stand auf und kippte den kalten Rest aus seinem Kaffeebecher an die Cannabispflanzen auf dem Fensterbrett. Die Kollegen von der Rauschgiftfahndung hatten besonders witzig sein wollen und als Einstimmung auf Weihnachten mehrere kleine Blumentöpfe mit den verbotenen Pflanzen verschenkt. Die Cannabistriebe schienen sehr widerstandsfähig zu sein, denn bislang hielten sie den unregelmäßigen Kaffeeduschen hartnäckig stand.

Neben dem Topf mit der Drogenpflanze standen eine Anturie und ein Ficus. Das merkwürdige botanische Sammelsurium und die fast kahlen Äste des Ficus spiegelten Franks unausgeglichene Gemütsverfassung wider. Er ging zu Eckis Schreibtisch und zog seinen Freund am Pullover. »Laß uns gehen, die Kollegen warten schon auf uns.«

Flucht aus Forensik: Einer ist wieder da

BEDBURG-HAU. Einer der Ausbrecher aus der Forensik der Rheinischen Kliniken in Viersen-Süchteln hat sich der Polizei gestellt. »Der 26jährige tauchte einfach mit gepackter Reisetasche auf einer Aachener Polizeiwache auf und ließ sich festnehmen«, teilte ein Sprecher der Polizei in Viersen gestern mit. Offenbar sei dem Mann der Fahndungsdruck zu groß geworden. Der Straftäter war am 11. September zusammen mit einem 24jährigen aus der Forensik geflohen. Die beiden hatten einen Pfleger mit einem Messer bedroht und mit einem Nudelholz niedergeschlagen. Mit Hilfe der Chipkarte des Pflegers konnten die Gewaltverbrecher dann die einzelnen Türen und Tore der Rheinischen Kliniken öffnen.

Damit sind noch vier weitere Straftäter auf der Flucht, die seit Ende Juli aus den Kliniken ausbrechen konnten. Die Männer wurden wegen schweren Raubes und gefährlicher Körperverletzung verurteilt.

Noch keine Spur vom Täter

Auch eine Woche nach dem Mord an einer 28jährigen aus Nettetal-Kaldenkirchen hat die Polizei immer noch keine Spur von dem Unbekannten, der für den Tod der jungen Frau verantwortlich ist. Nach Auskunft der Mordkommission in Mönchengladbach werden derzeit zahlreiche Hinweise ausgewertet, ohne daß sich daraus bisher ein konkreter Tatverdacht ergeben hätte. Die Tote war am Montagfrüh von einem Zeugen mitten auf dem Marktplatz im Nettetaler Ortsteil Breyell gefunden worden.

XXI.

Es war acht Uhr früh. Die drei grünen Transporter kamen dicht hintereinander auf dem Hof zum Stehen. Auch Ecki hielt dicht neben ihnen. Aus den Schiebetüren der Mannschaftswagen sprangen zwei Dutzend Polizeibeamte in Kampfanzügen. Sie sammelten sich um ihren Einheitsführer. Ecki und Frank überquerten den geteerten Hof und ließen sich von der Sekretärin zu Toni van den Hövel bringen.

Der Firmenchef stand schon am Fenster und beobachtete, wie der Leiter der Einsatzgruppe seinen Leuten Anweisungen gab. Die uniformierten Beamten begannen damit, sich in kleinen Gruppen über dem weitläufigen Gelände zu verteilen. Ein paar Frauen waren dabei. Ihre langen Haare hatten sie in Zöpfen unter ihren grünen Baretts gesteckt.

»Was soll das?« van den Hövel wartete erst gar nicht die Begrüßung ab. »Was machen Ihre Leute auf meinem Gelände?«

»Das ist nur eine Routinemaßnahme. Wir haben in der Wohnung Ihrer Tochter nicht eine verwertbare Spur gefunden. Vielleicht hat der Täter Ihre Tochter über einen längeren Zeitraum beobachtet. Vielleicht wollte er ihre Gewohnheiten herausfinden, und hat sich deshalb möglicherweise hier auf dem Firmengelände, in den Hallen oder in den Schonungen aufgehalten. Möglicherweise finden wir ja etwas, was uns weiterbringt. Man kann ja nie wissen.«

van den Hövel gab sich mit der Antwort nicht zufrieden: »Das glauben Sie doch nicht wirklich, oder?«

»Wir glauben erst mal gar nichts«, mischte sich Ecki ein. »Wir wollen nur nichts unversucht lassen, um den Mörder Ihrer Tochter zu finden. Das kann doch nur in Ihrem Interesse sein, daß wir den oder die Täter möglichst schnell dingfest machen. Glauben Sie mir, Herr van den Hövel, mit jedem Tag der verstreicht, sinken unsere Chancen.«

»Sie glauben also, es könnten auch mehrere Täter gewesen sein. Soso. Ich meine, Sie gehen von mehreren Tätern aus«, verbesserte sich van den Hövel.

»Wie gesagt«, meinte Frank, »wir können zur Zeit nichts ausschließen und müssen in alle Richtungen ermitteln.«

»Brauchen Sie nicht einen Durchsuchungsbefehl für so eine Aktion?« van den Hövel schien seine Fassung wieder gefunden zu haben.

»Natürlich haben wir einen Durchsuchungsbeschluß mitgebracht. Aber, warum fragen Sie danach? Es gibt doch keine Probleme, oder?« Ecki nahm das gefaltete weiße DIN-A4-Blatt aus seiner Jackentasche und gab es van den Hövel, der die kurze Begründung des Ermittlungsrichters aufmerksam las, ohne auf Eckis Frage in irgendeiner Form zu reagieren.

van den Hövel legte das Dokument auf seinen Schreibtisch. »Sie haben ja recht, entschuldigen Sie bitte. Ich bin etwas durcheinander. Dann lassen Sie sich nicht aufhalten. Aber ich bin mir sicher, daß Sie nichts finden werden. Wenn Sie Hilfe brauchen...?«

Ecki schüttelte den Kopf und sah Toni van den Hövel aufmerksam an. »Wir kommen schon zurecht. Aber Sie wissen ja selbst, daß Ihr Gelände sehr groß und verwinkelt ist, und damit auch ziemlich unübersichtlich. Wir werden schon eine Zeit brauchen. Warten wir das Ergebnis ab.«

»Wie lange werden Ihre Männer auf meinem Gelände sein?«

»Das hängt davon ab, wie sie vorankommen. Ich denke, daß sie bestimmt bis Mittag zu tun haben.«

»Muß das sein? Ich bekomme um elf Uhr Besuch aus Frankreich. Was soll der Kunde denken, wenn er hier überall Polizei sieht?«

Frank wurde ungeduldig. »Sagen Sie ihm einfach, daß wir den Mörder von Ihrer Tochter Heike suchen.«

van den Hövel schluckte schwer. »Wann kann ich mein Kind beerdigen?«
»Die Untersuchungen sind fast abgeschlossen. Ich denke, daß Sie in ein, zwei Tagen Bescheid bekommen.« Frank versuchte einen beruhigenden Ton.
van den Hövel setzte sich an seinen Schreibtisch und stützte seinen Kopf auf seine Hände. Seufzend schloß er die Augen. Woran mochte er denken, fragte sich Frank. Woran denkt ein Vater, wenn er das Bild seiner toten Tochter vor Augen hatte? Das muß grausam für ihn sein, dachte Frank. van den Hövel sah in seiner Erinnerung sicher auch Bilder aus Heikes Kindheit. Er muß sicher das lachende Gesicht der Tochter vor Augen haben, sie seinen Namen rufen hören, ihre kleinen Arme um seinen Hals spüren. Ihre Wärme. Bei diesen Gedanken mußte auch Frank schlucken.
Ecki hatte van den Hövel die ganze Zeit beobachtet. Ein gebrochener Mann. Wie ein hilfloses Bündel hockte der Firmenchef hinter seinem Schreibtisch. Dessen wuchtige Ausmaße ließen van den Hövel noch kleiner und hilfloser wirken. Ein alter hilfloser Mann.
»Wie steht es eigentlich mit Ihren polnischen Saisonarbeitern?«
»Wie meinen Sie das?« Nur langsam hob Toni van den Hövel seinen Kopf, so als käme er nur mit Mühe aus einer anderen Welt zurück. »Ich weiß nicht, was Sie mit Ihrer Frage wollen? Was ist denn mit meinen Arbeitern?« van den Hövel sah Ecki fragend an.
Ecki sah scheinbar gelangweilt aus dem Fenster: »Ich will nur die Frage beantwortet haben: wie steht es eigentlich mit Ihren Saisonkräften?«
van den Hövel suchte nach Worten: »Ich weiß nicht. Ich meine, sie kommen schon seit Jahren, regelmäßig. Was sollen sie mit dem Tod von Heike zu tun haben? Viele von ihnen haben Heike schon als junges Mädchen gekannt. Nein, das kann nicht sein. Die Polen haben Heike gemocht.«
»Eben.« Ecki sah weiter stur aus dem Fenster.
van den Hövel wurde immer nervöser. »Was meinen Sie damit? Wir haben im Schnitt ein Dutzend Männer beschäftigt. Sie haben alle gültige Papiere. Sie brauchen das Geld. Sie wissen doch, in Polen gibt es für sie nicht genug zu verdienen. Sie sind fleißig und wissen, was sie hier zu tun haben. Sie machen immer die gleiche Arbeit. Auf die Männer kann ich mich verlassen. Absolut. Nein, nein. Ich habe alle angemeldet und sie sind gute Menschen. Sie gehören fast zur Familie.«
Ecki sah Frank an. Auch Frank hatte van den Hövel beobachtet. Der Mann war ihm ein Rätsel. Warum stellte er sich so schützend vor seine Saisonarbeiter? Wenn meine Tochter tot wäre, würde ich alles daran setzen, den Täter zu finden. Mir wäre kein Gedanke zu abwegig, keine Möglichkeit zu abstrus, dachte Frank. Andererseits: van den Hövel war offenbar der Unternehmer alter Schule, der immer auch an seine soziale Verantwortung dachte. Er wollte gerade van den Hövel danach fragen, als die Bürotür aufging.

»Frank, kommst du mal?«, fragte Hauptkommissar Jürgen Hofmann, der den Einsatz leitete und den Kopf zur Tür hereingesteckt hatte.

Frank folgte ihm. Auch Toni van den Hövel war mit fragendem Blick aufgestanden, um sich den beiden anzuschließen.

»Sie bleiben hier.« Ecki hielt den Besitzer des Obsthofs zurück. »Lassen Sie die beiden. Sie kommen ohne Sie aus. Setzen Sie sich wieder. Sie können mir derweil mal Ihre Firmenunterlagen zeigen. Wie geht denn das Geschäft? Außerdem wollte ich schon immer mal wissen, was man gegen die ganzen Würmer in meinem Kirschbaum machen kann. Jedes Jahr habe ich sie in den Süßkirschen. Auch im Pflaumenbaum werde ich diese Viecher einfach nicht los.«

Draußen auf dem Hof schlug Frank den Kragen seiner Lederjacke hoch. Es war immer noch nicht heller geworden, ein trüber, kalter Tag. In nicht ganz drei Wochen war Weihnachten auch schon wieder vorbei, dachte er. Keine schönen Aussichten. Zumal er nicht wußte, ob er dienstfrei haben würde und mit wem er die Feiertage verbringen würde. Lisa. Ach, Lisa, dachte Frank mit einem Blick in den grauen Niederrheinhimmel, was soll nur aus uns werden?

Jürgen Hofmann ging schweigend mit ihm quer über den Hof in Richtung der rückwärtigen Hallen. Dort warteten bereits mehrere Polizeibeamte vor einer Hallentür. In ihrer Mitte sah Frank einen schmächtigen jungen Mann, der mit hängenden Schultern ängstlich zwischen den Einsatzkräften hin und her sah. Seine Arme hatte er schützend vor seinen Körper gezogen. Er trug eine dicke wattierte Jacke, dazu schmutzige Jeans und Gummistiefel. Auf dem Kopf hatte er eine dunkelblaue Schlägerkappe, die auch schon bessere Zeiten gesehen hatte. Seine Haare waren ungekämmt. Und eine Dusche konnte er wohl auch gebrauchen. Er wirkte nicht älter als Anfang bis Mitte zwanzig.

»Wir haben ihn weiter hinten in einem kleinen Verschlag in der Halle mit den Anhängern gefunden. Er hatte sich dort im Dunkeln hinter ein paar alten Matratzen versteckt.«

Hofmanns Stimme klang nüchtern und dienstlich. Dabei konnte der große kräftige Blonde mit den kurzen Haaren wirklich witzig sein. Frank wußte, daß Hofmann gerne und viel lachte und immer zu Späßen aufgelegt war. Besonders wenn es darum ging, seinen Kollegen einen Streich zu spielen. Aber im Moment war er einfach der Hauptkommissar, der den unspektakulären Einsatz auf dem Gelände des Obsthofs in Nettetal-Kaldenkirchen leitete, und dessen Leute gerade eine männliche Person entdeckt hatten.

Als sie die Wartenden erreicht hatten, deutete Hofmann auf den Unbekannten. »Er spricht offenbar kein Deutsch. Das wirre Zeug kann ich nicht verstehen. Klingt nach Russisch oder Polnisch.«

Bei dem letzten Wort horchte der Mann vor ihm auf. »Polak, Polak.« Er hob erklärend die Hände und sah Frank an. Offenbar hielt er Frank für den Chef der Gruppe. Der junge Mann wiederholte »Polak, Polak.«

Frank sah ihn prüfend an. »Bringen wir ihn erst mal ins Warme.«
Frank ging voraus. Jürgen Hofmann bedeutete dem Unbekannten, der immerzu das Wort »Polak« wiederholte und dabei auf sich zeigte, Frank zu folgen. Zu seinen Kollegen gewandt, deutete der Hauptkommissar mit einer ausladenden Handbewegung auf das große Firmengelände: »Was steht ihr hier herum? Sucht weiter. Vielleicht finden wir ja noch mehr Polen. Sichert den Verschlag. Ich denke, daß die Spusi sich das Ganze ansehen sollte.«
van den Hövel war von seinem Schreibtisch aufgestanden. Seine dunkelgrüne Trachtenjacke stand offen. Sie schien ihm nicht mehr so recht zu passen. Offenbar hatte er in den vergangenen Tagen an Gewicht verloren. Sein unrasiertes Gesicht wirkte blaß und eingefallen. Er schien körperliche Schmerzen zu haben. Sein Atem ging schwer. Irritiert sah er zwischen den beiden Polizeibeamten und dem jungen Polen hin und her. »Wer ist dieser Mann?«
»Heißt das, Sie kennen ihn nicht? Unsere Kollegen haben ihn weiter hinten in einem Verschlag gefunden. Ich denke, Ihre Arbeiter kommen schon seit Jahren regelmäßig zu Ihnen auf den Hof.«
Frank zog einen Stuhl herbei und bedeutete dem verängstigten Polen, sich zu setzen. Der junge Mann folgte der Aufforderung nur zögernd. Seine wollene Schlägerkappe hatte er abgenommen und drehte sie nervös in den Händen.
»Nein, ich sehe ihn jetzt zum ersten Mal.« Toni van den Hövel herrschte den nun am ganzen Leib zitternden Mann an: »Was machen Sie auf meinem Gelände? Wer hat Ihnen erlaubt, mein Firmengelände zu betreten? Antworten Sie! Wer sind Sie?«
Ecki schaltete sich ein: »So geht das nicht, Herr van den Hövel. Beruhigen Sie sich. Die Fragen stellen wir.«
»Er wird dich nicht verstehen«, antwortete Frank. »Offenbar ist er Pole und versteht kein Deutsch.« Frank sah van den Hövel an. »Holen sie Ihren Vorarbeiter, wenn Sie einen haben. Der soll übersetzen.«
Wie auf ein Stichwort erschien in der Bürotür ein Mann in Arbeitskleidung.
»Entschuldigen Sie, Herr van den Hövel. Entschuldigen Sie vielmals. Ich muß Ihnen etwas erklären.« Der Mann sprach langsam und mit polnischem Akzent. »Das ist mein Neffe Stanisław. Ich weiß, daß das nicht richtig ist. Aber ich habe ihn mitgebracht, aus Dobra. Wir haben ihn im Bus versteckt, an der Grenze, als wir das letzte Mal aus der Heimat kamen. Er sollte nur ein paar Tage hier bleiben. Er wollte nach Amsterdam und dort Arbeit suchen.«
Der Mann schwieg, als hätten ihn die wenigen Sätze viel Kraft gekostet.
van den Hövel sah seinen Vorarbeiter wütend an. »Lech, wie konntest du mir das antun? Wie lange kennen wir uns schon? Zehn Jahre, zwölf? Du weißt, was das bedeutet. Du kannst deine Sachen packen. Ich will dich hier nicht mehr sehen.«
»Ist das ihr Vorarbeiter?« Frank stand noch immer neben Ecki.

»Ja«, zischte van den Hövel mit wütendem Blick auf Lech. »Nein, er war mein Vorarbeiter.« van den Hövel lachte höhnisch in Richtung des älteren Polen, der mit gesenktem Kopf im Raum stand. »Ich werde mir jemand anderen suchen, der mich nicht so hintergeht. Was habe ich nicht alles für ihn getan?« van der Hövel sah wieder Frank und Ecki an. »Ich habe ihm Kleider für seine ganze Familie besorgt. Meine Frau hat für ihn Pullover gestrickt. Wir haben ihm einen Kühlschrank, ein ganzes Schlafzimmer geschenkt. Und dazu den LKW geliehen, um die Sachen nach Polen schaffen zu können. Und jetzt hintergeht er mich. Man sollte sich nicht mit Polaken einlassen.« van den Hövel deutete mit dem Finger auf den jungen Polen. »Was hast du dreckiger Polak mit meiner Tochter gemacht?« van den Hövel war außer sich und kam hinter dem Schreibtisch hervor. Obwohl der junge Pole kein Wort verstanden hatte, war er bei van den Hövels Wutausbruch zusammengezuckt. Er sprang auf, um vor van den Hövel zurückzuweichen. Dabei stieß er gegen den Stuhl, der krachend zu Boden ging. Verwirrt sah er sich um. Sein Onkel, der hinter ihm stand, legte ihm beruhigend die Hände auf die Schultern. Der junge Mann zitterte.

Frank hielt van den Hövel mit einer Handbewegung zurück und sprach beruhigend den Vorarbeiter an. »Wir müssen Sie mitnehmen. Und Ihren Neffen. Das wissen Sie. Wir bringen Sie alle auf das Präsidium, dort werden wir uns weiter unterhalten. Sagen Sie Ihren Männern, daß sie sich bereithalten müssen. Warten Sie mit dem Jungen auf dem Hof.«

Frank berührte Jürgen Hofmann am Arm. »Bitte sorge dafür, daß niemand den Verschlag betritt. Die Spurensicherung muß sich dort dringend umsehen.«

»Hab ich mir schon gedacht. Bis nachher.«

Als die beiden Polen zusammen mit Jürgen Hofmann den Raum verlassen hatten, wurde Frank zu van den Hövel gewandt deutlich lauter. »Bei aller Verzweiflung über den Tod Ihrer Tochter: Sie sollten sich zusammenreißen. Was fällt Ihnen ein, so mit dem Mann zu reden? Noch geht es hier offenbar allein um einen möglichen illegalen Aufenthalt. Das werden meine Kollegen zusammen mit dem Ausländeramt klären. Niemand steht hier unter Mordverdacht. Niemand. Haben Sie mich verstanden? Noch nicht!«

Auf dem Weg nach draußen schüttelte Frank den Kopf. »Diese Scheinheiligkeit geht mir langsam auf den Geist. Der van den Hövel hat seine Polen bestimmt ausgebeutet. Da wird er die paar abgetragenen Klamotten und die Möbel schon verschmerzt haben, die er ihnen großzügigerweise überlassen hat. Wahrscheinlich wären die Sachen sowieso in der Kleidersammlung oder auf dem Sperrmüll gelandet. Und der Kerl spielt sich als Samariter auf. Den Kühlschrank hätte ich gerne mal gesehen. War bestimmt auch schon mehr als zwanzig Jahre alt.«

»Du magst van den Hövel wohl nicht?« Ecki zog den Reißverschluß seiner

Cordjacke hoch. Gleichzeitig zog er Luft durch die Nase ein. »Ich glaube, ich werde noch krank.«

»Es geht nicht um Sympathie oder Antipathie. Nein, ich mag diese Doppelmoral nicht. Ausbeuten und dann noch Dankbarkeit erwarten.«

»Reg dich mal wieder ab. Sonst machst du am Ende van den Hövel noch für den Tod seiner Tochter verantwortlich.«

»Laß deine dummen Witze. Kümmere dich lieber um das Ausländeramt. Vielleicht kennen sie den jungen Polen. Und sieh zu, daß die Spurensicherung zu Potte kommt. Und Hofmann soll sich mit seinem Bericht beeilen.«

»Und was macht der große Kommissar? Arbeitet er noch selbst, oder hat er für den Rest der Ermittlungen auch seine Neger?« Ecki war stehengeblieben. »Wahrscheinlich. Da ist es ja geradezu ein Wunder, daß der große Meister noch selbst seine Negermusik spielt«, schob Ecki sauer hinterher.

Frank seufzte. »Wie witzig. Außerdem, Blues ist keine Negermusik. Das ist schwarze Musik. Musik, richtige Musik, verstehst du. Da steckt die ganze urwüchsige Kraft der Natur drin.«

»Genau. Wie in meinem Müsli.«

Frank konnte sich den Zusatz nicht verkneifen: »Und das ist was anderes als dein Schlagerschmalz? Hitparade der Volksmusik, oder wie der Scheiß heißt. Wo hat der Bohlen noch gesungen? Bei den Wildecker Herzbuben? Oder wars beim Naabtal Duo?«

Ecki mußte grinsen. »Schön, daß du Dieter Bohlen überhaupt kennst. Und die Wildecker Herzbuben. So langsam trägt meine Entwicklungshilfe Früchte. Aber ich erklär's dir gerne noch einmal: Dieter Bohlen war ein Teil von Modern Talking. Die haben Millionen Platten verkauft. Außerdem hat er ein wirklich interessantes Buch geschrieben. Einen Bestseller. Vielleicht erinnerst du dich. Wer von deinen Jammer-Musikern kann da schon mithalten!«

Frank war längst am Auto und schloß die Tür auf. Im Sitzen rief er Ecki zu: »Nerv mich nicht. Komm endlich. Wir haben noch lange nicht Feierabend.«

Ecki kletterte auf den Beifahrersitz. »Wenigstens willst du heute fahren. Könntest du ruhig öfter machen.« Beim Anschnallen wechselte er das Thema. »Was denkst du? Hat der junge Pole etwas mit dem Tod von Heike van den Hövel zu tun?«

»Wir werden es herausfinden.«

»Meine Güte, das ist wirklich schlimm mit dir. Was bist du denn so kratzbürstig?« Ecki konnte sich die nächste Frage nicht verkneifen. »Hast du was von Lisa gehört? Außerdem, was soll die Spurensicherung hier? Meinst du, Heike ist hier umgebracht worden? Irgendwo auf dem Gelände ihres Alten?« Ecki hielt eine imaginäre Zeitung hoch. »*Junge reiche Erbin auf dem Obsthof ihres Vaters brutal ermordet. Täter hatte sich im Torf versteckt*. Ich kann die Schlagzeile förmlich sehen.«

»Ach, laß' mich in Ruhe.« Etwas versöhnlicher fuhr Frank fort: »Nein. Ich habe von Lisa noch nichts gehört. Ich traue mich auch nicht mehr zu ihr hin. Ich weiß nicht, was ich noch tun soll.«

Frank wurde wieder dienstlich. »Ich weiß auch nicht, ob das Sinn macht mit der Spurensicherung. Aber ich will nichts unversucht lassen. Wir haben doch noch nichts Konkretes in der Hand. Wir wissen ja noch nicht einmal, wo sie umgebracht wurde. Vielleicht bringt uns die Durchsuchung des Geländes ja weiter. Böllmann wird langsam ungeduldig.« Frank sah Ecki von der Seite an. »Ich weiß einfach nicht mehr weiter. Im Moment hab ich einfach zuviel am Hals. Der Mord, Lisa. In der Band gibt es Knatsch, und der Proberaum ist auch noch nicht fertig umgebaut. Ich hab echt die Schnauze voll.«

»Man, du hast ja wirklich den Blues.« Ecki zog eine CD aus der Tasche auf dem Rücksitz. »Wie heißt der? Popa Chubby? One million broken guitars?« Er runzelte beim Lesen die Stirn. »*Nobody knows you when you are down and out*. Hm, das ist jetzt genau das Richtige.«

Ecki schob die CD ein und drehte den Lautsprecher voll auf. Das war nun wirklich nicht seine Musik, aber einen anderen Rat wußte er im Moment auch nicht, um die Stimmung seines Freundes aufzubessern. Trotzdem war er erleichtert, als sie wieder in die gepflasterte Einfahrt des Präsidiums in Mönchengladbach einbogen. Er würde sich nie an die endlos scheinenden Gitarrensoli gewöhnen, die in seinen Ohren sowieso alle gleich klangen.

XXII.

Frank hielt dem jungen Polen einen Kaffeebecher hin. »Stanisław, ich darf doch Stanisław sagen?«

Stanisław nickte unmerklich und umfaßte mit beiden Händen den Porzellanbecher. Vorsichtig nahm er einen Schluck. Er zuckte zurück, als seine Lippen den heißen Kaffee berührten. Langsam setzte er den Becher auf dem Schreibtisch ab.

»Stanisław, verstehst du mich, oder sollen wir einen Dolmetscher holen?«

»Nur ein wenig.«

Frank sah Ecki an, als er weitersprach. »Wie lange warst du schon in dem Verschlag?«

Stanisław zuckte mit den Schultern und sah Frank stumm an.

»Wie lange? Einen Tag, zwei Tage, eine Woche, ein Monat?«

Der junge Pole rutschte auf seinem Stuhl unruhig hin und her. Schweigend sah er ängstlich zwischen Ecki und Frank hin und her.

Ecki versuchte es anders: »Wie lange warst du auf dem Hof? Du brauchst keine Angst zu haben. Wir tun dir nichts. Wir brauchen deine Hilfe.«

Zögernd öffnete Stanisław seinen Mund und hob vier Finger. »Woche.«
»Vier Wochen, aha. Und was hast du die ganze Zeit gemacht?«
»Immer nur Zimmer, immer nur Zimmer.«
Ecki sah seinen Freund an. »Offenbar hat er die ganze Zeit in dem Verschlag verbracht. Möchte mal wissen, was sich seine saubere Verwandtschaft dabei gedacht hat.«
Stanisław schien kein Wort zu verstehen.
Frank schob ihm ein Foto von Heike van den Hövel hin. »Kennst du die Frau auf dem Foto?«
Der Pole zuckte zurück, als habe er etwas Verbotenes gesehen. Stumm sah er vor sich auf den Boden.
»Was ist, kennst du die Frau?« Ecki wurde laut.
Frank machte eine beruhigende Handbewegung. »Ist schon gut, Ecki.« Er drehte sich wieder zu dem jungen Mann, der zusammengesunken auf einem Stuhl in ihrem Büro saß. »Das ist die Tochter von Herrn van den Hövel.«
Bei dem Namen van den Hövel hob Stanisław langsam den Kopf und sah das Foto an. Langsam streckte er seine Hand aus und strich vorsichtig über die Aufnahme, auf der Heike van den Hövel lachend einen Ball in der Hand hielt. Das Foto war offenbar schon vor einiger Zeit aufgenommen worden, denn die junge Frau hatte auf dem Bild längere Haare.
Ecki sah Frank an. »Sieh dir das an. Das sieht ja fast zärtlich aus.«
»Hast du Heike gemocht?«
»Eike?«
»Ja, Heike, die Tochter von Toni van den Hövel.«
»Sie ist tot«, fügte Ecki hinzu.
»Tot, tot?« Stanisław schob das Foto mit einem kräftigen Stoß weit von sich. »Nix, tot, nix tot.«
»Doch, Heike van den Hövel wurde erschlagen.«
Der Pole sah die beiden fragend an.
Frank machte eine Bewegung, als wollte er seinem Kollegen mit einem imaginären Gegenstand den Schädel einschlagen.
Stanisław griff nach seiner Wollmütze, die er auf seinem Schoß liegen hatte, und begann, kräftig den billigen Stoff zu kneten.
»Der weiß doch was«, meinte Ecki und beugte sich vor.
»Was hast du gemacht, Stanisław?«
»Nix tot, nix tot.«
»Hast du der Tochter von Toni van den Hövel nachgestellt? Sie war eine schöne Frau, oder? Hast du sie beobachtet, von deinem Verschlag aus? Hat sie dich verrückt gemacht? Hast du ihr aufgelauert? Hat sich Heike gewehrt, als du sie küssen wollest? Hast du sie erschlagen, Stanisław? Hast du Heike van den Hövel erschlagen? Rede endlich.«

Stanisław war nach jedem Satz wie unter Peitschenhieben immer weiter in sich zusammengesunken.

»Hör auf, Ecki, das bringt doch nichts. Wir brauchen einen Dolmetscher. Und guck dir den Mann an, der ist doch völlig fertig. Der braucht erst mal Ruhe.« Frank öffnete die Türe und winkte den Beamten zu sich, der draußen gewartet hatte. »Bring ihn runter, Schuster. Und besorg' ihm was zu essen. So nützt er uns überhaupt nichts. Wir brauchen einen Dolmetscher. Kannst du bitte gleich dafür sorgen, Schuster?«

Der Uniformierte nickte und zog Stanisław von seinem Stuhl hoch. Widerstandslos ließ sich der unglückliche Pole wegbringen.

»Was meinst du, ist er unser Mann?« Ecki lehnte sich zurück.

»Ich weiß nicht. Kann sein. Nein, ich kann mir das schon gut vorstellen. So ein junger Kerl. Über Wochen im Versteck gehalten. Und die Männer um ihn herum werden auch nicht gerade nur über den Papst gesprochen haben. Das weckt Sehnsüchte und Begehrlichkeiten. Möglich ist da alles. Wer weiß, was er in Polen schon alles erlebt hat. Hast du die Zeitungsfotos in dem Verschlag gesehen? Lauter nackte Frauen aus den einschlägigen Zeitschriften. Und ein Foto von Sharon Stone. Das habe ich schon einmal irgendwo gesehen. Diese fast sphärische Stimmung in dem Foto. Irgendwo habe ich das schon einmal gesehen.«

»Wie auch immer, wir sollten uns auf jeden Fall noch einmal den Verschlag und die Schuppen auf dem Gelände von van den Hövel ansehen. Auch wenn die Spurensicherung bisher nicht viel gefunden hat.«

»Du hast recht.«

XXIII.

Klaus Vander zog an seiner Zigarette. Seit einer Stunde saß er nun schon in Böskes' Mercedes. Trotz Böskes Bedenken und Jammern war er schließlich doch in dem Wagen seines Freundes zum verabredeten Treffpunkt gefahren. Was für ein Jammerlappen Böskes doch war, dachte Vander. Böskes tat zwar immer so abgekocht, aber in Wirklichkeit war er ein Weichei. Seine Kunden mochte Böskes mit seinem selbstbewußten Auftreten und seiner harten Verhandlungsführung ja noch beeindrucken, aber Vander hatte ihn längst durchschaut. War alles nur Masche. Dahinter verbarg sich nicht mehr als ein unsicheres und im Grunde bedauernswertes, armseliges kleines Würstchen, das sich nur dann stark fühlte, wenn er seine Frau unterdrücken konnte.

Wie oft hatte sich Christa schon bei ihm ausgeweint. Wenn Vander gewollt hätte, wäre Christa schon längst in seinem Bett gelandet. Er hätte nur den kleinen Finger heben brauchen. Aber er hatte kein Interesse an ihr. Nicht, weil sie die Frau seines Freundes war. Nein, sie war ihm einfach zu alt, verwelkt. Abgelebt. Wenn er sich Christa nackt vorstellte, sah er nur schlaffe Haut, grau und fleckig. Bei dem Gedanken mußte Vander sich schütteln.

Er drückte die Zigarette im Aschenbecher aus und steckte sich eine neue an. Dabei leuchtete sein Gesicht kurz im Rückspiegel auf. Vander beobachtete das gelbe Flackern auf seinen Wangen. Nein, dachte Vander. In Wahrheit war Böskes auch nicht sein Freund. Er war für ihn wichtig, um möglichst schnell und problemlos viel Geld zu verdienen und reich zu werden. Eine reine Geschäftsbeziehung. Aber das hatte er in all den Jahren geschickt kaschieren können. Böskes hatte seine Vertraulichkeit auf den gemeinsamen Touren immer für Freundschaft gehalten. Wie ein Hund war er ihm hinterhergelaufen. Selbst bei den Nutten im Puff hatte Böskes ihm zeigen wollen, daß er Vanders Freundschaft wollte und so manche Rechnung großzügig übernommen.

Vander hatte dabei immer gewußt, daß er eines Tages Böskes ganz in der Hand haben würde. Irgendwann würde sich Dieter einmal so in seine Abhängigkeit begeben, daß er ewig auf ihn angewiesen sein würde. Dann bräuchte er sich um seine Firma keine Sorgen mehr zu machen, das wußte Vander. Und auch im Club würde er mit Böskes Hilfe seine Ziele künftig durchsetzen können. Vander war fest entschlossen, sich diese Gelegenheit nicht entgehen zu lassen. Der heutige Tag würde seinem weiteren Leben guttun. Die Aussicht darauf hatte ihn dazu verleitet, eine Flasche Champagner kaltzustellen. Außerdem hatte er sein ganz spezielles Telefonbüchlein durchforstet. Er wollte diese Nacht nicht alleine zu Ende bringen. Nach drei vergeblichen Anläufen hatte schließlich Ellen zugesagt. Sie war zwar überrascht gewesen, daß sich Vander nach so langer Zeit bei ihr gemeldet hatte, wollte aber gerne zu ihm kommen. Die dunkelhaarige Ellen war Anfang Vierzig und längst nicht seine erste Wahl, aber immerhin würde sie ohne viel Federlesen die Beine breit machen, da war er sich sicher.

Vander trommelte ungeduldig mit den Fingern auf dem Lenkrad. Er hatte mit Böskes ausgemacht, daß er zuerst den Umschlag mit den Fotos entgegennehmen und dann das Geld übergeben würde. Der Erpresser würde erst später merken, daß er nicht die gesamte Summe bekommen hatte. Mehrfach hatte Böskes noch mit dem Unbekannten telefoniert, hatte versucht, ihm klarzumachen, daß er die 100.000 Euro nicht so schnell würde besorgen können. Erst als der Anrufer erneut mit einem ersten Foto im Internet gedroht hatte, hatte Böskes schließlich eingelenkt und die Übergabe vereinbart. Natürlich nur zum Schein, wie er Vander in seinem Büro erzählt hatte.

Böskes war ziemlich aufgeregt gewesen. Er hatte sogar schon daran gedacht, die Polizei zu informieren und Christa alles zu beichten. Schlimmer hätte es für Vander nicht kommen können. Deshalb war er erleichtert gewesen, als er Böskes beruhigt und auf seinen Kurs gebracht hatte. Schließlich hatte er ihm klarmachen können, daß nichts würde schiefgehen können. Eine leichte Sache: hinfahren, Umschlag gegen Werkzeugkoffer tauschen, zurückfahren. Fast so einfach wie bei Pit-Stop: rein, rauf, runter, raus, hatte er mit einem Anflug von Sarkasmus gesagt. Sie hatten am Ende doch noch gelacht.

50.000 Euro hatte Böskes zusammenkratzen können. Es sei nicht leicht gewesen, an das Geld zu kommen, ohne daß Christa davon erfahren würde, hatte er lamentiert. Aber er habe es dann doch noch hinbekommen. Naja, ist mir egal, dachte Vander. Hauptsache, das Geld lag nun im Kofferraum. Immerhin hatte Vander auch noch seinen eigenen Plan.

Vander versuchte, durch die Windschutzscheibe in der Dunkelheit etwas zu erkennen. So ganz geheuer war ihm die Umgebung aber dann doch nicht. Er kannte die Gegend zwar, aber er war immer nur tagsüber hier gewesen. Immer im Dezember, auf Einladung der Mönchengladbacher Brauerei Hannen, die in dem Waldstück bei Leuth jedes Jahr Kunden, Prominenz aus Politik und Verwaltung und andere wichtige bzw. weniger wichtige Zeitgenossen zum »Bäumchenschlagen« versammelte. Die Weihnachtsbäume waren dabei an diesen Tagen eher Nebensache. Der Termin war eher eine günstige Gelegenheit, um vor allem politische Geschäfte zu machen.

Jetzt aber brannte kein Lagerfeuer, hingen keine Lichterketten in den Bäumen, waren keine Familien mit Sägen oder kleinen Beilen in den Schonungen rund um die große Lichtung unterwegs. Schon der Zufahrtsweg durch den Wald war stockdunkel gewesen. Nur das fahle Abblendlicht hatte sich an den Tannen vorbei getastet, die eng am Weg standen. Schatten waren beim Vorbeifahren plötzlich zurückgesprungen, die dann doch bloß schlanke Bäume gewesen waren, deren Stämme im Scheinwerferlicht stumm, nackt und kalt dastanden.

Nicht, daß Vander Angst gehabt hätte. Dieses Gefühl hatte er nie gekannt, selbst als Kind nicht. Aber trotzdem beschlich ihn langsam eine Ahnung, daß er möglicherweise in der Falle sitzen könnte. So ganz allein, in einem fremden Auto, an einem Ort, der jetzt in diesen kalten Dezembernächten noch unwirtlicher wirkte als ohnehin schon. Klaus Vander rutschte unruhig auf dem Fahrersitz hin und her. Wo mochte dieser Typ stecken? Ob er schon beobachtet wurde? Er sah in den Rückspiegel und drehte sich im Sitz vorsichtig zu beiden Seiten um. Erkennen konnte er nichts, oder fast nichts.

Als er sich wieder nach vorne drehte, sah er ein Licht aufblitzen. Kurz, lang, kurz. Das verabredete Zeichen. Vanders Puls raste. Er umklammerte das Lenkrad mit beiden Händen. Sein Atem ging schnell. Jetzt nur nicht verrückt werden, ganz locker bleiben, dachte er angestrengt. Vander betätigte die Lichthupe, kurz, lang, kurz. In rund 20 Metern Entfernung gingen die Scheinwerfer eines Autos an. Vander hob eine Hand über die Augen. Das Licht blendete ihn. Aus der Dunkelheit trat eine Gestalt in den Lichtkegel.

Vander konnte das Gesicht nicht erkennen. Von der Figur her mußte es ein Mann sein. Seine Verabredung war da.

Klaus Vander öffnete die Fahrertür und stieg langsam aus. Er blieb stehen. Sein Gegenüber hob kurz seinen rechten Arm und winkte Vander heran. Aber Vander blieb stehen.

»Wo ist Böskes?« schallte es herüber.

Klaus Vander hob die Hände über den Kopf.

»Mach dich nicht lächerlich. Hier steht kein Erschießungskommando.« Die Stimme feixte, wechselte aber sofort in einen bedrohlichen Unterton. »Wo ist Böskes und wo ist die Kohle?«

»Die ist auf dem Beifahrersitz.« Vander wollte selbstbewußt auftreten, aber seine Stimme klang brüchig, als habe er tagelang kein Wort gesprochen. »Ich bin ein Freund von Dieter Böskes. Er hat mich geschickt.«

»Ich wußte doch, daß er ein feiges Schwein ist. Egal. Nimm die Kohle und komm her. Langsam. Und nimm, verdammt noch mal, die Arme runter. Du siehst wirklich zu komisch aus.« Es klang, als müsse der Mann grinsen.

Vander ging um den Wagen herum und nahm die Werkzeugkiste aus schwarzem Kunststoff heraus. Seine Hände zitterten. Er hatte nun doch Angst. Das Gefühl machte ihn wütend.

Wie ihm befohlen, ging er langsam auf sein Gegenüber zu. Dabei versuchte er, ruhig zu atmen. Aber er hatte das Gefühl, die Luft verließ seine Lungen mit einem lauten Rasseln, das meterweit zu hören sein mußte. Kurz vor dem Unbekannten blieb Klaus Vander abwartend stehen.

»Was keuchst du so, hast du Angst?« Vander hörte ein abfälliges Lachen. »Du hast wohl die Hosen voll?« Das Lachen wurde zum Meckern.

Vander blieb dicht vor dem Mann stehen. Der Unbekannte trug schwarze Springerstiefel und eine tarnfarbene Uniformhose. Trotz der Dezemberkälte spannte sich nur ein olivgrünes, kurzärmeliges T-Shirt über seinem mächtigen Bauch. Sein Schädel war kurzrasiert. Auf dem rechten Oberarm war das Wort »Hass« eintätowiert. Statt der beiden S konnte Vander SS-Runen erkennen.

Der Mann mochte so um die 30 sein, vielleicht auch jünger, und bestimmt über 100 Kilogramm schwer. Vander konnte das bei dem grellen Scheinwerferlicht nicht genau erkennen. Es mußte einer jener Skinheads sein, die schon seit einigen Monaten in den Zeitungen Schlagzeilen machten und angeblich in den Wäldern um Nettetal ihre dubiosen Treffen abhielten.

»Was starrst du mich so an? Hä? Hast du noch nie einen Deutschen gesehen?«

Vander sah ihn nur stumm an. Beim Sprechen verzog sein Gegenüber verächtlich den Mund. Er streckte die rechte Hand aus. In der linken Hand hielt er einen Baseballschläger, den er, als folge er einem lautlosen Rhythmus, im Takt locker gegen sein Hosenbein schwingen ließ. »Los, her mit der Kohle.«

Vander hielt den Werkzeugkoffer fest. »Erst will ich die Fotos sehen.«
»Ach nee, jetzt will er auch noch den Helden spielen. Paß mal auf, mein Freund«, der Unbekannte faßte den Baseballschläger fester, »du hast hier gar nichts zu melden. Wenn einer Befehle gibt, dann bin ich das. Sag *Jawohl, Sturmbannführer*. Los, sag *Jawohl, Sturmbannführer*.«
Vander umklammerte stumm den Werkzeugkoffer.
Der selbsternannte Sturmbannführer stieß Vander die Spitze des Baseballschlägers gegen die Brust. Trotz des dicken Wollmantels konnte Vander das harte Holz spüren. Es drückte unangenehm gegen seine Rippen.
»Na, wird's bald? Was sollst du sagen, du Schwuchtel?« Die Stimme wurde härter, auch der Druck des Schlägers.
Vander begann zu stottern: »Was soll das?«
»Erzähl jetzt keinen.«
Der Stoß des Baseballschlägers raubte ihm fast den Atem. Nur mit Anstrengung und widerwillig brachte er ein mühsames *Jawohl, Herr Sturmbannführer* über die Lippen.
»Na, geht doch.« Das Gesicht des Unbekannten war jetzt ganz nah an seinem. Vander konnte seinen Atem riechen. Der Mann stank nach Bier und Zigaretten. Seine Augen funkelten ihn an.
»Immer schön brav sein, dann passiert dir auch nichts. Nun laß mal sehen, was du mir Schönes mitgebracht hast. Gib mir endlich den Koffer!« Jeden Satz begleitete er mit einem Stoß des Baseballschlägers. Er hatte offenbar Spaß gefunden an seinem erniedrigenden Spielchen mit dem hilflosen Boten Böskes'. »Und zieh den Mantel aus! Den brauchst du nicht mehr.«
Der Unbekannte entriß Vander den Werkzeugkoffer und stieß den völlig verängstigten Geschäftsmann von sich. »Los, ausziehen und hinknien!« brüllte ihn der Skinhead jetzt an.
Vander gehorchte wie in Trance. Nie hätte er sich vorstellen können, daß jemand ihn würde so erniedrigen können. Dafür mußte Böskes bluten. Das würde er sich teuer bezahlen lassen, das schwor sich Vander.
»Hast du nicht gehört, du Sau! Schneller! Ausziehen! Runter mit dem Mantel!« Die Befehle kamen bellend.
Vander hatte den Mantel noch nicht ganz ausgezogen, als ihn der Baseballschläger hart an der Schulter traf. »Habe ich nicht gesagt, schneller?«
Vander schrie auf und fiel auf die Knie. Die feuchte Kälte drang sofort durch den dünnen Hosenstoff. Vander zitterte vor Wut und Kälte.
Der Unbekannte schwang sich den schwarzen Mantel um die Schultern. Er sah aus wie einer der SS-Schergen, die als Todesengel an den Rampen der Vernichtungslager gestanden hatten. Der Mann drehte sich um und stellte den Koffer auf die Motorhaube seines alten Fords. Über die Schulter blaffte er in Richtung Vander: »Und du bleibst schön, wo du bist! Sonst küßt dich mein

harter Freund nochmal.« Mit fahrigen Händen öffnete der Unbekannte den Koffer. »Sehr schön, aber nicht genug. Wo ist der Rest?«

Mit wutverzerrtem Gesicht drehte er sich um und schwang den Schläger in Richtung des am Boden kauernden Vander, der den Kopf tief zwischen die Schultern gezogen hatte.

»Böskes konnte auf die Schnelle nicht alles besorgen.« Der Baseballschläger kreiste über seinem Kopf, jede Sekunde würde ihn der Schlag treffen. Vander duckte sich noch tiefer. »Ich werde auch den Rest bringen.«

»Keine Kohle, keine Fotos. So einfach ist das.« Der Unbekannte zog Vander zu sich hoch. Wieder spürte er den schlechten Atem des Schergen.

»Hast du gehört? Keine Kohle, keine Fotos. Sag das deinem Freund. Ich laß mich nicht verarschen. Ein deutscher Mann läßt sich nicht verarschen. Nicht von so einem Arschloch. Ich will den Rest der Kohle spätestens in zwei Tagen. Sag ihm das. Sonst hat er schlechte Karten. Ganz schlechte Karten.«

Vander hatte seine verschmutzten und nassen Hände schützend vor seinen Kopf gehoben.

»Das nützt dir auch nichts, du kleiner Scheißer. Hast du mich verstanden?«

Vander nickte nur.

»Hat es dir die Sprache verschlagen? Hä? Wohl taub geworden vor Angst. Hast du mich verstanden?«

»Ja.«

»Wie heißt das?«

Vander spürte den Baseballschläger in seinem Magen. Er mußte fast kotzen.

»Jawohl, Herr Sturmbannführer.«

»Nur *Sturmbannführer*. Ich werde dich noch in die Spur bringen. Also?«

»Jawohl, Sturmbannführer.« Vander wand sich unter dem Griff des Mannes, der ihm nun den stinkenden Atem ganz ins Gesicht blies.

Der Mann ließ ihn los. Fast wäre Vander wieder auf den Boden gesunken. Der Unbekannte wischte sich seine Hand am Hosenbein ab und trat einen Schritt zurück. Seine Stimme änderte sich so plötzlich, als habe jemand einen Hebel umgelegt. »Ich bin ja kein Unmensch. Damit dein Freund sieht, daß sein Geld gut angelegt ist, habe ich auch eine kleine Aufmerksamkeit für ihn.« Er säuselte fast. Er ließ Vander einfach stehen und ging zum Wagen. Bevor er die Beifahrertür öffnete und sich hineinbeugte, lehnte er den Baseballschläger an den Kotflügel des stahlblauen Autos.

Er war auf den Angriff nicht vorbereitet. Es klang dumpf, als der Schläger schwer auf seinen Rücken schlug. Vor Schmerz brüllte er auf und zog den Kopf aus der offenen Tür. Als er sich umdrehte, traf ihn der Baseballschläger mit voller Wucht an der linken Schläfe. Seine Arme wollten den Kopf schützen. Im Gesicht des Angegriffenen war so etwas wie eine Mischung aus ungläubigem Staunen und Haß, als ihn der nächste Hieb traf, der ihn umwarf.

Vander riß es dabei fast die Arme aus, so hart hatte er den Schläger herumgerissen und zugeschlagen. Er zielte nun auf den ganzen massigen Körper vor ihm. Immer wieder schlug er auf den Skinhead ein, der nun in Vanders schwarzem Mantel gehüllt regungslos und gekrümmt neben der offenen Autotür lag.

Vander wußte nicht, wie lange und wie oft er zugeschlagen hatte. Er ließ ebenso plötzlich den Schläger sinken, wie er ihn mit einem Satz an sich gerissen hatte. Vor seinen Füßen war nur aufgewühlter Boden und Blut. Offenbar war der Schädel des unbekannten Skinheads aufgebrochen. Mit einem Fuß schob er ein Bein des Mannes zur Seite, damit er an die offene Autotür gelangen konnte. Er beugte sich hinein, aber der Beifahrersitz war leer. Klaus Vander keuchte. Das durfte doch nicht wahr sein. In diesem Scheißauto mußten doch die Fotos sein. Vander durchwühlte das Handschuhfach. Außer ein paar Tankquittungen und einem Werbeflyer der Diskothek E-dry in Geldern war das Fach leer. In der Mittelkonsole lagen eine offene Tüte Kaugummi und ein paar Münzen. Vander winselte, ihm wurde fast schwarz vor Augen. Wo waren diese Scheißfotos? Er riß die hintere Tür auf, aber auch der Rücksitz war bis auf ein paar zerfledderte Autozeitungen leer.

Er lehnte sich an den Ford. Ruhig, ganz ruhig, sagte Vander zu sich selbst und versuchte, wieder Herr seiner Sinne zu werden. Die Fotos werden schon irgendwo sein. Oder das Schwein hatte ihn ebenso linken wollen, wie auch Böskes seinen Erpresser hatte betrügen wollen. Vander versuchte, seinen Atem zu beruhigen. Er starrte ausdruckslos auf den regungslosen Körper vor ihm. Er fühlte kein Mitleid. Er fühlte überhaupt nichts. Das Schwein hatte ihn erniedrigt, das machte niemand mit einem Klaus Vander. Niemand. Er stand mehr als fünf Minuten regungslos da und versuchte, sich nur auf sein Atmen zu konzentrieren. Jetzt nur nicht die Nerven noch mehr verlieren, wiederholte er mit innerer Stimme gebetsmühlenartig diesen Satz immer wieder.

Um ihn herum war der Wald genauso schwarz und undurchdringlich wie noch vor ein paar Minuten. Von irgendwo hörte er Flügelschlagen. Dünne Nebelschleier zogen um die Scheinwerfer. Vander fror. Abrupt drehte er sich um und durchsuchte noch einmal den Wagen, diesmal gründlicher und mit Erfolg. Unter dem Beifahrersitz ertasteten seine Finger einen Umschlag. Er zog ihn hervor, es war ein dünner brauner DIN-A5-Umschlag. Mit klammen Fingern riß er die Klebestelle auf und zog einen Farbabzug heraus. Er schüttelte den Umschlag, aber er war leer. Keine Diskette, keine Negative, keine weiteren Fotos. Das Schwein hatte sie wirklich reinlegen wollen.

Vander hielt das Foto in das Licht der Autoscheinwerfer. Es war eine Aufnahme, die auf einer Waldlichtung gemacht worden sein mußte. Mitten auf dem Bild sah er ein Pärchen in eindeutiger Stellung. Von der Frau konnte er nur die gespreizten Beine sehen, die fast senkrecht in die Höhe standen. Von dem Mann war auf den ersten Blick nur das blasse, etwas unförmige Hinterteil zu erkennen. Erst bei näherem Betrachten konnte er das Gesicht des Mannes sehen, das zur Seite gewandt war, so als habe er im letzten Augenblick gemerkt, daß jemand auf den Auslöser einer Kamera gedrückt hatte. Kein Zweifel, es war Böskes. Und die blonden Haare der schlanken Frau konnten durchaus Heike gehören.

Vander war seltsam erregt. Hastig steckte er das Foto in seine Jackentasche. Das Bild würde ihm sicher noch manchen Dienst erweisen. Er drehte sich um und suchte den Baseballschläger, den er bei der Suche nach den Fotos achtlos neben das Fahrzeug geworfen hatte. Er hob ihn auf und warf ihn auf den Rücksitz des Ford.

Hastig zog er den Schlüssel vom Zündschloß und schloß den Kofferraum auf. Zwischen leeren Bierdosen, einer alten leeren Sporttasche, einer Decke, Werkzeug und einem Abschleppseil, fand er, was er suchte. Er hob den Benzinkanister hoch. Dem Gewicht nach mußte er voll sein. Vander fühlte Genugtuung.

Mit weit von sich gestreckten Armen goß er den Inhalt des Kanisters über die Motorhaube und die Polster der Sitze. Den leeren Behälter warf er in den Fußraum des Ford. Seine Rippen schmerzten, als er den massigen Körper des Skinheads hochwuchtete und zum Auto zog. Er mußte mehrfach ansetzen und kam doch immer nur wenige Zentimeter voran. Der Mann war schwerer als vermutet.

Naßgeschwitzt schob er schließlich die leblosen Beine des Mannes auf den Rücksitz. Sie verklemmten sich zwischen Bank und Beifahrersitz. Als Vander die Beine wegdrückte, meinte er, ein leichtes Stöhnen gehört zu haben. Mit beiden Händen faßte er den Türgriff und schlug die Wagentür zu.

Er suchte in seinen Taschen nach einem Feuerzeug, bis ihm einfiel, daß er es bei Böskes liegengelassen haben mußte. Mist. Er rannte zurück zum Wagen von Böskes und suchte dort. Nichts. Schwer atmend lehnte er an dem Mercedes. Tränen schossen ihm in die Augen. Was nun? Wütend biß er sich auf die Unterlippe. Er hastete zurück und öffnete die Fahrertür. Wo war der Zündschlüssel? Er mußte nur die Zündung einschalten und den Zigarettenanzünder heiß werden lassen. Das müßte ausreichen, damit sich die Benzindämpfe entzündeten. Er fingerte am Schloß. Ihm fiel ein, daß er die Schlüssel in den Kofferraum geworfen hatte.

Er zog am Kofferraumdeckel, aber der ließ sich nicht öffnen. Das Schloß war eingeschnappt und der Schlüssel lag im Wagen. Vander trat mit Wut gegen die Stoßstange. Ruhig, ganz ruhig. Was konnte er noch tun? Irgendwie mußte er die Karre doch zum Brennen kriegen.

Mit leichtem Stöhnen öffnete er die hintere Tür. Als er sich über den leblosen Körper beugte, roch er außer dem Alkohol und den Zigaretten noch etwas anderes. Blut. Der frische Geruch trieb ihm einen metallischen Geschmack auf die Zunge. Vander mußte würgen. Angewidert suchte er in den Hosentaschen nach einem Feuerzeug. Der Körper war noch warm. Wieder hörte er ein leises Atmen. Oder war es ein Wimmern? Mit einem unterdrückten Angstschrei schreckte er zurück und stieß dabei gegen den Türholm. Der Schmerz bohrte sich tief in seinen Kopf. In seiner Hand hielt er ein grünes Einwegfeuerzeug, in dem noch ein kleiner Rest zu sein schien.

Er schloß alle Türen und sah sich um. Hatte er auch nichts vergessen? Abseits der noch immer eingeschalteten Scheinwerfer war es stockfinster. Nein, eigentlich konnte er nichts vergessen haben. Er lief noch einmal gebückt um den ganzen Wagen und tastete dabei den Boden ab. Nein, nichts Auffälliges.

Vander schätzte die Entfernung zu seinem Wagen ab. Das müßte er schaffen. Er versuchte das Feuerzeug zu zünden. Mit dem Daumen bewegte er das Zündrädchen. Es ratschte, aber es bildete sich keine Flamme. Er schüttelte das Feuerzeug und wiederholte die Prozedur ein paar Mal.

Schließlich klappte es doch noch. Eine dünne Flamme stand über dem Feuerzeug. Vander hielt das Feuerzeug an die Motorhaube. Sofort züngelten die Flammen blaugelb über das Blech. Wie bei einer Feuerzangenbowle, dachte Vander zynisch. Gleich würde es sehr heiß werden.

Vander ließ das Feuerzeug fallen, griff nach dem Werkzeugkoffer mit dem Geld und rannte zu Böskes Wagen. Sofort ließ er den Motor an, der aufheulte, als er das Gaspedal zu tief durchdrückte. Das Licht ließ Vander ausgeschaltet. Er wendete auf dem schmalen Waldweg und rumpelte dabei über Äste und einen kleinen Erdhügel, der am Wegrand aufgeschüttet war. Nur weg.

Im Rückspiegel sah Vander, wie der Ford sich in eine dunkle Rauchwolke hüllte. Nach gut 100 Metern fuhr er etwas langsamer und hielt schließlich im Leerlauf. Er mußte wissen, ob der Ford tatsächlich explodieren würde.

Es schien eine Ewigkeit zu dauern, bis Vander erst einen kleinen Feuerblitz sah. Die Hitze mußte das Benzin oder die Dämpfe in den Polstern entzündet haben. Gleich darauf flog der Wagen auseinander. In dem blutroten Feuerball konnte er die Türen erkennen, die aus der Verankerung flogen. Außerdem sprangen der Kofferraumdeckel und die Motorhaube auf.

Vander schaltete den ersten Gang ein und rollte langsam bis an das Ende des Waldwegs. Erst an der Abbiegung auf die Landstraße nach Kaldenkirchen schaltete er die Scheinwerfer ein. Auf der Straße meinte er einen Feuerschein zwischen den Bäumen erkennen zu können. Er sah in den Rückspiegel. Sein Haar klebte an der Stirn. Seine Gesichtshaut glänzte schweißnaß. Seine Brille hing an ihrer Halteschnur schief am Hals. Er schob die rechte Hand in seine Jackentasche. Das Foto war noch da. Die Oberfläche fühlte sich kühl an. Vander hatte einen Schatz gefunden, seinen Schatz. Er fingerte nach seinem Handy, das in der Innentasche seines Jacketts steckte und wählte Ellens Nummer.

»Hallo, Ellen, Schatz. Ich komme Dich gleich abholen. Muß nur noch schnell unter die Dusche. In einer halben Stunde bin ich bei dir. Ja, ich freu mich auch. Zieh dir schon mal was Geiles an.«
Noch mehr freute er sich über den Werkzeugkoffer auf seinem Rücksitz.

XXIV.

Der Himmel war grau. Der Polizeihubschrauber kreiste in engen Runden über den Baumkronen, die sich im Wind bogen. Von oben wirkte die Szene wie aus dem Lehrbuch. Der Tatort war mit Flatterband abgesperrt. Um den ausgebrannten Ford standen neben dem Rettungswagen, dem Einsatzwagen des Erkennungsdienstes und einem Streifenwagen auch zwei Privatwagen. Mehrere Gestalten in weißen Einmal-Overalls mit Kapuze standen oder hockten neben dem Autowrack. Sie wirkten wie dicke Seidenraupen. Eine dieser Raupen hockte abseits der Szenerie auf dem Waldweg. Offenbar sicherte der Beamte oder die Beamtin Reifenspuren. Jedenfalls standen neben der gebeugten Gestalt mehrere Gefäße. Der Hubschrauber flog eine weite Schleife und verschwand hinter dem Tannenwald.
»Was gibt es?« Frank und Ecki waren gerade erst angekommen.
Manfred Kuhlen zuckte nur mit den Schultern. »Siehste doch. Ist dem Guten ein bißchen warm geworden.«
»Was heißt das?« Frank wurde wie immer unruhig, wenn er mit dem Leiter der Spurensicherung zu tun hatte. Kuhlen hatte auch diesmal die Ruhe weg.
»Also, eine offenbar männliche Person. Oder besser gesagt: was von ihr übrig geblieben ist, in dem Backofen. Fundort: Rücksitz. Genaueres gibt's erst vom Pathologen.«
»Wie immer.«
»Wie immer.«
Ecki spürte die unterschwellige Spannung zwischen den beiden und schaltete sich in das tiefgründige Fachgespräch der beiden Streithähne ein. »Und sonst? Irgendwelche Spuren? Fingerabdrücke?«
»Mensch, Ecki, wir fangen doch gerade erst an. Wir haben jede Menge Reifenspuren. Frische und alte. Der Boden da vorne ist aufgewühlt. Könnte einen Kampf gegeben haben. Vermutlich wurde ein Brandbeschleuniger benutzt, um die Karre in die Luft zu jagen.«
Mit einem schiefen Blick auf Frank fügte er erklärend hinzu: »Also, mit Brandbeschleuniger meine ich Benzin. Vermutlich hat das Opfer sein Heizmaterial, ohne es zu wissen, selbst mitgebracht. Zumindest könnte der Benzinkanister vom Toten stammen. Die Reste des Kanisters werden wir selbstverständlich noch genau auf Fingerabdrücke untersuchen.«

Frank seufzte.

»Und dann sind da in der unmittelbaren Umgebung des Fahrzeugs noch jede Menge Fußspuren zu sehen. Und im weiteren Umkreis scheint in den vergangenen Tagen ein Großaufgebot an Spaziergängern unterwegs gewesen zu sein. Und Rehwild.«

Manfred Kuhlen zog ein letztes Mal an seiner Zigarette und drückte sie an dem Stamm einer Fichte aus. Den Stummel steckte er in seine Weste. »Ich liebe solche Tatorte. Ich weiß gar nicht, was wir zuerst machen sollen.«

»Mach einfach deine Arbeit, Kuhlen. Den Rest überlaß uns.«

Das saß offenbar. Kuhlen zog knurrend ab. Im Weggehen hob er die Hand und zeigte Frank den erhobenen Mittelfinger. Frank grinste.

»Kannst du mir mal sagen, warum du jedes Mal Krach anfangen mußt mit Kuhlen? Was hat er dir getan?«

»Keine Ahnung, das hat sich einfach so entwickelt im Laufe der Zeit. Der ist einfach ein Arschloch. Ich könnte dir jetzt ein paar Sachen über Kuhlen erzählen. Aber laß man lieber, sonst rege ich mich noch mehr auf. Ist ja auch egal. Wer hat eigentlich den Toten gefunden?«

»Ein Jogger. Seine Aussage ist schon aufgenommen. Er war wohl auf seiner täglichen Runde durch den Busch heute etwas früher dran als sonst. Ich hätte eher auf den Förster getippt. Normalerweise sind die immer zuerst in ihrem Revier unterwegs. Ich werde nachher mal hinfahren. Vielleicht hat er ja was gehört.«

»Mal sehen, ob die Kollegen schon was gefunden haben, was uns die Identität unseres Kunden verrät. Wer jagt wohl mitten in der Nacht im Wald einen Wagen in die Luft? Und warum? Zumal, wenn da noch jemand drin ist?«

»Ein Anschlag aus Rache? Eifersucht, Mafia, was weiß ich.« Ecki räusperte sich. »Vielleicht wollte jemand Spuren verwischen.«

»Davon können wir, glaube ich, ausgehen. Nach einem Unfall sieht das jedenfalls nicht aus. Vielleicht wars aber auch nur Selbstmord.« Frank ging auf einen Beamten in Uniform zu. »Guten Morgen, Kollege. Hast du schon die Halterfeststellung gemacht?«

»Schon passiert. Der Wagen gehört einem Kurt Masuhr. Er ist in Hinsbeck gemeldet. 29 Jahre alt, zur Zeit ohne Arbeit.«

Frank sah den jungen Polizeiwachtmeister erstaunt an. »Das ging aber schnell. Alle Achtung, Kollege.«

»Das war nicht allzu schwer zu ermitteln. Masuhr ist ein alter Bekannter. Er ist kein unbeschriebenes Blatt in Nettetal. Masuhr hat sich in den vergangenen Jahren eine ganze Reihe von Anzeigen wegen Körperverletzung eingehandelt. Um ehrlich zu sein, ein ganz übler Bursche. Er soll regen Kontakt zur rechtsradikalen Szene gehabt haben.«

Ecki sah ihn an. »Dann bin ich mal gespannt, was der Pathologe aus unserem Toten herauskitzelt. Ich hab da so eine Ahnung. Vielleicht sind Masuhr und das Grillhähnchen ja identisch.«

Frank schüttelte sich. »Ecki, Ecki, du und deine Vorahnungen. Außerdem wird dein Humor auch immer schlechter. Aber das sagte ich in den vergangenen Tagen ja schon mehrfach, glaube ich. Du brauchst wohl auch mal Urlaub.«

Ecki sagte nichts dazu, sondern sah seinen Freund nur mißmutig an. Frank nickte dem Streifenbeamten zu und zog Ecki zum Auto.

»Los, laß uns zum Bürgermeister fahren. Wenn es denn stimmt, dann haben wir zwei Morde in Nettetal innerhalb von nicht mal zwei Wochen. Und beide Opfer kommen aus Hinsbeck. Das ist kein Zufall. Spätestens jetzt brauchen wir vor Ort Arbeitsmöglichkeiten für die Sonderkommission.«

Frank sah an Ecki vorbei. »Ah, da ist ja auch der Staatsanwalt. Guten Tag, Herr Böllmann. Wie geht es Ihnen?«

Ralf Böllmann hatte schon eine ganze Zeit abseits der Absperrung gestanden und mit seinem Handy telefoniert. Jetzt kam er auf die beiden zu und schüttelte ihnen die Hand.

»Unappetitliche Sache, was?«

»Kann man wohl sagen«, meinte Frank. »Die Reste des Toten sehen wenig attraktiv aus. Die Spurensicherung ist aber noch nicht fertig. Wird wohl noch eine Weile dauern, bis der Bestatter die Leiche nach Duisburg bringen kann.«

Der Staatsanwalt schlug den Kragen seines langen dunklen Wintermantels hoch und sah zum Himmel. »Der erste Schnee wird sicher nicht lange auf sich warten lassen. Wo sind wir hier eigentlich genau? Bis zur holländischen Grenze kann es doch nicht mehr allzu weit sein, oder?«

Ecki holte eine Umgebungskarte aus dem Auto und faltete sie vor Böllmann auf. Er bat Frank, eine Ecke der Karte festzuhalten und deutete mit dem Finger auf einen Punkt. »Wir sind genau hier. Und hier oben war früher die Grenze. Ich kenne die Gegend ganz gut. Ich war mit meinen Eltern früher öfter an den Krickenbecker Seen. Wenn ich es genau bedenke, ist das auch schon 25 Jahre her.«

Ecki sah seinen Freund an und seufzte.

Ralf Böllmann zeigte auf einen dunklen Punkt auf der Karte. »Das ist Schloß Krickenbeck. Das ist doch heute ein Tagungshotel. Dort war im vergangenen Jahr noch eine Fortbildungsveranstaltung des Justizministers. Jetzt erinnere ich mich. Wirklich eine sehr nette Umgebung. Was die Restauratoren aus dem verfallenen Gemäuer wieder gemacht haben, alle Achtung. Apropos Gemäuer. Ich habe gerade mit dem Bürgermeister von Nettetal gesprochen. Sie können in das alte Rathaus am Lambertimarkt. Das steht sowieso leer. Strom und Wasser funktionieren aber noch. Sie brauchen doch ein Lagezentrum?«

Frank nickte.

Ecki zog sein Handy aus der Innentasche seiner Jacke und wählte eine Nummer. »Na, dann werde ich mal die geschätzten Kollegen über den Umzug informieren.« Er ging ein Stück zur Seite und wartete auf die Verbindung. Dabei sah er eine junge Polizeibeamtin grinsend an, die mit mehreren Gipsabdrücken an ihm vorbei zu ihrem Wagen ging.

»Können Sie schon etwas sagen?« Ralf Böllmann sah Frank an.

»Nicht mehr, als Sie auch schon gesehen haben. Das Fahrzeug gehört einem gewissen Kurt Masuhr. Ich werde nachher mal zu seiner Adresse fahren. Eine Tatwaffe oder Spuren davon gibt es offenbar nicht. Aber vielleicht war ja auch der Ford die Tatwaffe.«

»Haben Sie eine Vermutung?«

»Dazu ist es noch zu früh. Aber es scheint offenbar Verbindungen zur rechtsradikalen Szene zu geben. Wie Sie vielleicht wissen, sind die Neonazis hier in der Gegend recht aktiv. Kollege Beuke hat mir schon öfter von der braunen Truppe hier im Grenzwald erzählt. Die Neonazi-Szene hier reicht in den Niederlanden bis weit in die Provinz Limburg hinein. Hitlers braune Nachfolgerbrut kennt offenbar keine Grenzen mehr. Auf holländischer Seite soll es mittlerweile zahlreiche militante Skins geben, die mit Baseballschlägern gut umzugehen wissen. Beuke meint, daß offenbar auch einige Motorradclubs in der Szene mitmischen. Eine explosive Gemengelage, wenn Sie mich fragen. Vielleicht müssen wir den oder die Täter dort suchen.«

»Gut, dann werde ich Sie jetzt alleine lassen. Ich habe im Amt noch einen Berg Akten liegen. Wenn was ist, wissen Sie ja, wie Sie mich erreichen können. Außerdem bin ich spätestens zur Lagebesprechung wieder da.«

Ralf Böllmann wollte sich schon von Frank verabschieden, als Manfred Kuhlen vor den beiden auftauchte. Er hielt einen größeren Plastikbeutel mit einem angekohlten Holzstück hoch.

»Hier, lag unter der Leiche. Könnten die Reste eines Holzstiels sein. Eine Axt war das nicht. Sieht eher wie der Griff eines Baseballschlägers aus.«

Frank zog den Beutel zu sich und betrachtete das Fundstück. »Könnte der Tote damit erschlagen worden sein?«

»Mit einem Baseballschläger? Klar. Du kannst einen Menschen aber auch mit einer zusammengerollten Zeitung umbringen.«

»Danke für deine Hilfe.« Frank verdrehte die Augen.

»Mensch Borsch, was erwartest du eigentlich? Ich kann doch auch nicht zaubern. Laß mich das gute Stück erst mal ein paar Tageim Labor untersuchen, dann weiß ich mehr. Im Moment ist das nur ein Fundstück unter einer ziemlich verkohlten Leiche. Außerdem müssen wir den Bericht des Pathologen abwarten. Vielleicht ergibt sich daraus ein Hinweis auf die Todesursache.« Kuhlen zog den Plastikbeutel wieder an sich und ging zum Wagen des Erkennungsdienstes.

Ralf Böllmann hatte dem Ganzen schweigend zugehört. »Wie auch immer. Ich muß jetzt los. Ist ja doch eine Ecke zu fahren. Bis später.«

Zwei Stunden später hielt Ecki vor einem unscheinbaren, grau verputzten Haus am Ortsrand von Hinsbeck. Im Hintergrund, am Ende der schmalen Landstraße, zwischen den Bäumen eines Buchenwäldchens, waren die Flügelspitzen einer Windmühle zu sehen.

Ecki beugte sich vor und sah durch die Windschutzscheibe. »Das muß es sein. Wir sind da.«

Ecki und Frank stiegen aus und gingen die wenigen Schritte durch den schmalen Vorgarten zu der Haustür aus dunklem Holz. Das Haus wirkte nicht ungepflegt, hatte aber schon bessere Zeiten gesehen. Neben dem Eingang stand ein leerer Blumentopf aus Terracotta. Auf dem Klingelschild stand kein Name. Ecki drückte zweimal kurz. Als nicht sofort geöffnet wurde, klingelte er erneut. Auch diesmal wurde nicht geöffnet. »Scheinbar keiner da, oder es will niemand aufmachen.«

Ecki trat einen Schritt zurück. Hinter den Fenstern war nichts zu erkennen. Frank drehte sich um. Im Nachbarhaus hatte sich eine Gardine im Erdgeschoß neben der Eingangstür bewegt.

»Komm, fragen wir die Nachbarn.« Frank klingelte. Wie auf Kommando wurde die Tür aufgerissen.

»Nebenan ist niemand zu Hause. Ich habe den Kerl schon seit zwei Tagen nicht mehr gesehen.«

Frank hatte sich noch nicht einmal vorstellen können. »Mein Name ist Frank Borsch, Kriminalpolizei Mönchengladbach. Und das ist mein Kollege Eckers.« Frank sah auf das Klingelschild. »Guten Tag, Herr Klose. Lebt Ihr Nachbar, Herr Masuhr, alleine, oder hat er Familie?«

»Der hat schon seit Monaten keine Frau mehr da gehabt. Hält wohl keine bei ihm aus. Sind aber immer irgendwelche Männer da. Entweder im feinen Anzug, oder in so Militärsachen. Und laut ist es dann. Wenn die besoffen sind, drehen die dermaßen die Musik auf, daß man sein eigenes Wort nicht mehr versteht. Und nachts lassen sie vor dem Haus oft die Motoren ihrer Autos und Mopeds aufheulen. Pack, sage ich.« Der alte Mann in seinen ausgebeulten Hosen und der fleckigen Wollweste wollte schon wieder die Tür schließen.

»Warten Sie, bitte. Können Sie mir bitte sagen, wo Herr Masuhr arbeitet? Hat er Verwandte im Ort?«

»Fragen Sie lieber mal im Sozialamt. Der weiß doch nicht mal, wie man Arbeit schreibt.« Die Tür flog zu.

Frank hatte die Hand schon wieder an der Klingel, zuckte dann aber doch nur mit den Schultern und drehte sich um. »Also, dann eben die Tour durch die Ämter. Los komm, Ecki, die Arbeit ruft.«

Ecki zockelte mißmutig hinter ihm her zum Auto. »Langsam verliere ich die Lust an meinem Job. Wünschte mir, es wäre schon Weihnachten.«

»Los, du Weihnachtsmann, darfst zur Beruhigung auch ein bißchen Volksmusik hören. Vielleicht muntert dich das auf.«

Frank boxte seinem Freund in die Seite. »Na, was haben wir im Angebot? Vielleicht *Alle Jahre wieder* von Stefan Mross und Stefanie Hertel?«

Ecki blieb stumm. Er hatte beschlossen, einfach nicht mehr auf diese dummen Sprüche zu reagieren. »Du hast ja überhaupt keine Ahnung.« Er begann leise zu summen.

»Was summst du da?«

»Na, *Lalelu, nur der Mond schaut zu.*« Ecki bemerkte, daß ihn sein Kollege fragend ansah. »Na, Lalelu, das Stück von Heinz Rühmann. Aus dem Film *Wenn der Vater mit dem Sohne.*«

Frank schüttelte nur den Kopf.

Im alten Ratssaal in Breyell waren an der Längsseite des Raumes, unter dem alten dunklen Ölgemälde mit der Ansicht der Lambertikirche und dem weißgestrichenen Rathaus, Tische aufgestellt, auf denen eine Reihe roter Körbchen standen. An einem gesonderten Tisch saß der Aktenführer und sortierte Zettel. Neben ihm stand ein Telefon. Mehrere Tische mit heller Kunststoffoberfläche waren zu einer großen Konferenzrunde zusammengeschoben. Dort saßen nur Frank und Ecki. Beide hatten ein Telefon an ihrem Platz und jeder einen halbleeren Kaffeebecher vor sich stehen. Außerdem lagen einige Aktendeckel aufgeschlagen vor ihnen. Erst vor gut einer Stunde waren die Möbel aufgestellt und die Telefone angeschlossen worden. Der Raum sah nicht sonderlich sauber aus. Er war staubig, die große Fensterfront, die auf den Markt hinausging, war schon lange nicht mehr geputzt worden.

Im breiten Treppenhaus stand Gerümpel. Irgendjemand hatte einen Bürostuhl stehen lassen, dessen blauer Bezug an vielen Stellen dünn und fast durchgescheuert war. Die Toiletten rochen muffig, genauso die ehemalige Teeküche neben dem Ratssaal. In den Schränken hatten Frank und Ecki vergeblich nach Tassen oder Bechern gesucht. Zum Glück funktionierte die Wasserversorgung noch, sodaß sie sich Kaffee hatten kochen können, nachdem die Kollegen mit der Ausstattung für die Sonderkommission angerückt waren. Sie hatten natürlich die Kaffeemaschine als erstes aufgestellt. Das wohl wichtigste Hilfsmittel bei der Aufklärung von Straftaten, wie der Polizeipräsident bei jeder Gelegenheit gerne leutselig seinen Gästen erzählte.

Der große Raum im ersten Stock des leeren Breyeller Rathauses wirkte auf Frank nicht sonderlich anheimelnd. Nicht, daß er etwas anderes erwartet hätte, die Provisorien vor Ort für die Mordkommissionen waren nie sonderlich gastlich. Aber diesmal war es anders. Er kam sich in dem weiten Raum verlassen vor. In den vergangenen Tagen hatte er wenig an Lisa gedacht, dafür war ihm bei den Ermittlungen in Sachen Heike van den Hövel und Masuhr auch wenig Zeit geblieben. Außerdem war er wieder bei den Proben gewesen, die ihn wenigstens abgelenkt hatten. Das war auch ganz gut so. Denn Lisas Verhalten tat ihm immer noch sehr weh.

Frank sah sich im ehemaligen Ratssaal um und fand dennoch keinen Halt. Er hatte solche Sehnsucht nach ihrer Nähe, nach ihrem Lachen und dem Geruch ihrer Haut. Er konnte sich einfach nicht auf seine Ermittlungsarbeit konzentrieren. Das war nicht gut, denn nun hatte er zwei Morde am Hals. Und noch nie hatte er das Gefühl gehabt, daß ihm seine Arbeit so gleichgültig war wie dieses Mal. Ein gefährliches Gefühl, von dem er sich unbedingt freimachen mußte. Ansonsten würde er die beiden Fälle nie lösen. Seine Sehnsucht nach Lisa machte ihn nachlässig.

»Komm, Ecki, laß uns drüben bei Schluhn einen Kaffee trinken. Hier werde ich noch trübsinnig. Ich weiß gar nicht, wie die Politiker hier in diesem Mief früher überhaupt diskutieren und zu Beschlüssen kommen konnten. Ich jedenfalls kann hier nicht nachdenken.«

»Wer sagt dir denn, daß Politiker denken?«

»Auch wieder wahr.«

Die beiden wollten gerade ihre Becher in der Spüle der Teeküche abstellen, als ihnen ein Kollege in Uniform, den sie nicht kannten, einen Schnellhefter in die Hand drückte. »Das soll ich Ihnen geben. Ist von der Gerichtsmedizin.« Er verabschiedete sich mit einem kurzen Nicken.

»Danke.« Frank nahm den Hefter mit, als sie die breite Treppe hinunter zum Ausgang gingen. Draußen waren alle Parkplätze vor dem Einkaufsmarkt besetzt. Im Wartehäuschen an der Bushaltestelle hockten ein paar Jugendliche auf der schmalen Bank und hatten Skateboards vor sich liegen. Interessiert beobachten sie die beiden Männer auf dem kurzen Weg vom Rathaus bis zum Café.

Frank ging rechts die kleinen Stufen hinauf, die vom Eingang in den in blau und schwarz dekorierten Raum führten, und suchte sich einen Platz am Fenster. Trotz Kaffeezeit waren nur zwei weitere Tische besetzt. Gegenüber Frank und Ecki saßen drei Frauen und bekamen gerade jeweils ein großes Stück Sahnekuchen und ein Kännchen Kaffee. Alle drei waren schon weit jenseits der fünfzig und hatten ihre Haare sorgsam toupiert. Ein Besuch im Café war in Breyell offenbar noch so etwas wie ein gesellschaftliches Ereignis. Zumindest für das gediegen wirkende Damenkränzchen, dachte Frank.

Das Trio trug Rock und Wollpullover in aufeinander abgestimmten, gedeckten Farben, dazu lange Gold- oder Perlenketten und Seidentücher, die sie lokker um die Schultern gelegt hatten. Die Wortführerin der drei war etwas jünger als ihre beiden Zuhörerinnen. Frank konnte sehen, daß sie an jeder Hand drei dicke Ringe trug. Er konnte nur in Bruchstücken hören, daß es auf Platt um eine »Billa« ging, die »sich beim letzten Kegeln unmöglich Hans gegenüber verhalten hat. Das hättet ihr erleben sollen...« Dabei stach sie mit ihrer Gabel Löcher in die Luft.

Frank bemühte sich, nicht hinzuhören. Ecki bestellte zwei Milchkaffee. Frank sah sich um. Die Einrichtung des Cafés schwankte zwischen Kitsch und freundlichem Kunsthandwerk. Die großen Fenster ließen an hellen Tagen sicher viel Licht in das Café. Aber an diesem Wintertag brannte längst die Innenbeleuchtung. Die fleckig gelb gestrichenen Wände waren ein wohltuender Kontrast zu der ansonsten dunklen Einrichtung.

Die Einrichtung wirkt irgendwie leblos, dachte Frank. Daran konnten auch die kitschigen Kunststoffiguren nichts ändern, die wie aus Holz geschnitzt aussehen sollten und hinter einer Eckbank als Musikkapelle aufgestellt waren. Die schwarzen Plastikmusiker hatten den verstaubten Charme von *Onkel Toms Hütte* und sollten wohl eine Jazzband aus New Orleans darstellen. Was mochte sich der Caféhausbesitzer bei dieser Dekoration nur gedacht haben?

Am Nebentisch saß eine junge Frau und unterhielt sich angeregt mit ihrer Freundin. Ein offener Kinderwagen stand zwischen ihnen am Tisch. Darin saß ein kleines Mädchen und kaute offenbar an einer Gebäckstange. Eine hübsche Mutter hast du, dachte Frank, und sah die schlanke Frau an. Sie mochte Anfang dreißig sein, trug Stiefeletten, darüber eine enge schwarze Hose. Über eine weiße Bluse hatte sie eine enge hellbraune Strickjacke gezogen. Ihre brünetten Haare trug sie halblang. Ihr sorgfältig geschminktes Gesicht wirkte offen und freundlich. Ihr helles Lachen war ansteckend. Die junge Mutter beugte sich hin und wieder zu ihrem Kind hinunter und wischte ihrer Tochter mit einem Tempo den Mund ab.

Frank mußte sich von dem Anblick losreißen. Warum hab' ich eigentlich noch keine Kinder. Seine Frau hatte nie welche gewollt. Zumindest hatten sie nie wirklich ernsthaft über diese Frage nachgedacht. Vielleicht hatten sie in den vergangenen Jahren einfach den richtigen Zeitpunkt verpaßt.

Mit Lisa hatte er im Grunde auch nicht wirklich über die gemeinsame Zukunft gesprochen. Eigentlich war klar, daß sie zusammen bleiben wollten. Zusammen alt werden: wie oft hatten sie über diese Formulierung Witze gemacht. Ich werde dich dann im Rollstuhl zur Pensionärsfeier schieben, hatte Lisa gewitzelt. Und dann wirst du mich dort abgeben und dich anschließend mit deinem Lover treffen, hatte er geantwortet. Zum Dank dafür hatte sie ihn mit Kissen beworfen und sich auf ihn gestürzt. Aber Kinder waren nie ein Thema gewesen zwischen ihnen beiden. Warum eigentlich nicht? Frank wußte auch darauf keine Antwort.

»Hey, träumst du?« Ecki stupste Frank an. »Hallo? Dein Freund ist da. Wir sitzen in einem Café und wollen uns unterhalten. Hallo.«

»Schon gut, Ecki, 'tschuldige, habe nur nachgedacht.«
»Kann mir schon denken, worüber. Vergiß Lisa.«
»Spinnst du? Lisa ist nicht eines von deinen Mädchen, die du in Himmerich oder im E-dry triffst. Lisa ist keine Frau nur für ein Wochenende. Lisa ist etwas ganz Besonderes.«
»Schon klar, und du bist Ben Affleck, dem sie zu Füßen liegt. Mensch Frank, wach endlich auf! Es ist aus! Das mußt du wohl akzeptieren. Sonst hätte sie dich längst wieder in ihr Bett gelassen.«
»Du kannst auch an nichts anderes denken als Sex, was?« Frank begann, sich zu ärgern. Aber nur, weil er sich mittlerweile eingestehen mußte, daß Ekki mit seinen Prognosen recht haben könnte. »Laß man, ich bringe das mit Lisa schon noch wieder in die Reihe.«
»Worum geht es denn überhaupt?«
»Wenn ich das nur wüßte. Sie sagt ja nichts, läßt mich nicht mehr in die Wohnung, und beantwortet meine Anrufe nicht. Ich weiß wirklich nicht mehr, was ich denken soll.«
»Daß sie einen neuen Freund hat, das solltest du denken.«
Frank nahm einen Schluck von dem heißen Kaffee und verbrannte sich dabei den Mund. »Verdammt, ist der heiß.«
Die junge Mutter sah zu ihnen rüber und lächelte Frank an.
»Und du solltest dich langsam nach einer anderen umsehen.« Ecki ließ nicht locker. »Es muß ja nicht gleich eine Mutter mit Kind sein.« Ecki hob dabei leicht die Hand und lächelte hinüber zu dem Tisch mit den beiden jungen Frauen. Die beiden taten ganz so, als hätten sie es nicht bemerkt, und steckten statt dessen ihre Köpfe zusammen.
»Komm, laß gut sein, Ecki. Meine Frauen suche ich mir noch selbst aus. Außerdem brauche ich keine. Immerhin habe ich noch Lisa.« Frank rührte eine ganze Zeit schweigend in seinem Kaffee.
»Es hat sich schon mal jemand totgerührt«, feixte Ecki.
Die junge Frau am Nebentisch lächelte wieder in Richtung Frank. Nun tat er so, als habe er nichts bemerkt. »Ich weiß nicht. Ich glaube, hier kann ich mich auch nicht konzentrieren. Halt doch einfach mal deine Klappe.«
Frank nahm den Schnellhefter zur Hand und blätterte durch die wenigen Seiten.
»Das ist der Obduktionsbericht. Der Tote im Auto hat noch gelebt, bevor er verbrannt ist. Er hatte Rauchgase in der Lunge.«
Ecki hatte die Frauen am Nebentisch mit einem Mal vergessen. »Also ist der arme Kerl erstickt? Was steht sonst noch in dem Bericht?«
Frank las einen Absatz. »Das Blut, das auf dem Boden neben dem Auto gefunden wurde, stimmt mit der Blutgruppe des Opfers überein. Der Mann muß also Verletzungen gehabt haben. Außerdem hat der Pathologe eine Schädel-

fraktur festgestellt und eine frische Armfraktur.«

Ecki spekulierte. »Möglicherweise hat er sich die Fraktur zugezogen, als er seinen Arm schützend vor den Kopf gehalten hat.«

»Möglich. Offenbar muß es sich bei der Tatwaffe um einen stumpfen Gegenstand gehandelt haben. Die Art des Bruches lasse den Schluß zu, steht hier.«

»Ein stumpfer Gegenstand?« Ecki überlegte. »Was kann das sein? Hat Kuhlen eigentlich schon das Holzstück identifizieren können, das unter der Leiche gefunden wurde?«

Frank schüttelte den Kopf. »Er hat sich noch nicht gemeldet.«

Eckis Aufmerksamkeit galt wieder den beiden Frauen. Er nickte ihnen aufmunternd zu. Dann nahm er einen Schluck Milchkaffee. »Warum liegt jemand auf dem Rücksitz eines Autos, das in Flammen aufgeht?«

»Vielleicht wollte jemand Spuren verwischen.« Frank nahm wieder einen Schluck von dem Kaffee, diesmal allerdings vorsichtiger.

»Also, dann doch kein Selbstmord. Es hat erst einen Kampf gegeben, und dann hat der Täter den Ford angezündet.« Ecki sprach mehr zu sich selbst. »Und der Tote hat noch gelebt, als es *Wumm* machte.« Mit seinen Händen unterstrich Ecki die Wirkung der Explosion. Dabei hätte er fast den Zuckerstreuer umgerissen. Sein plötzliches, lautes *Wumm* erschreckte das Mädchen im Kinderwagen so sehr, daß es laut zu weinen anfing.

»Antonia, du braucht doch nicht zu weinen. Die Mama ist doch da. Antonia, hier, nimm mal dein Dinkelstängchen. Das ist doch so lecker.« Die junge Mutter versuchte, ihre Tochter zu beruhigen, und drückte ihr das heruntergefallene Gebäck wieder in die winzige Hand. Dabei warf sie Ecki einen nicht gerade freundlichen Blick zu.

Ecki hob entschuldigend die Schultern und sah Frank an. »Ich mein', wer tut so etwas?«

»Vielleicht war es Rache?«

»Aber wofür? Wer bringt einen anderen Menschen aus Rache um? Eine Beziehungstat? Der Täter käme dann aus dem Umfeld des Opfers. Mord aus Haß? Aber Haß worauf? Vielleicht ist er von einem Nebenbuhler aus dem Weg geräumt worden. Die meisten Morde sind Beziehungstaten, reine Eifersuchtsdramen. Der Tote als unliebsamer Liebhaber.« Ecki warf Frank einen schrägen Blick zu.

Frank verstand die Anspielung nicht, oder wollte sie nicht verstehen. »Du meinst, es war eine Frau im Spiel?«

»Kann doch sein. Wie das so geht: Der eine erwischt den anderen mit seiner Frau im Bett. Es gibt einen Streit. Der eine haut ab, der andere hinterher. Showdown dann im Wald bei Leuth, und dann *Wumm*.« Ecki markierte mit Blick auf das Kind diesmal mit seinen Händen nur eine kleine Explosion. Das

Mädchen nuckelte Gott sei Dank weiter unbeeindruckt an seinem Dinkelstängchen.

»Da gehört dann doch eine ziemlich kriminelle Energie dazu, um seinem Nebenbuhler in den Wald zu folgen und ihn auf diese Weise umzubringen. Die Frage ist doch auch, warum ist der Tote ausgerechnet in dieses Waldstück gefahren? Warum ist er nicht, was weiß ich, über die Autobahn abgehauen?«

Ecki spielte mit dem gläsernen Zuckerspender. »Vielleicht kannte er sich dort am besten aus und wollte so seinen Verfolger abhängen.«

Frank konnte Ecki ansehen, daß seine Phantasie heftig arbeitete. Ecki zog in diesen Fällen seine Stirn in tiefe Falten. Außerdem starrte er dann meist geistesabwesend an die Decke. Vor seinem inneren Auge mußte sich gerade die dramatischste Verfolgungsjagd in der Kriminalgeschichte abspielen, so zerfurcht von steilen Falten war Eckis Stirn. Frank versuchte, seinen Freund in die Wirklichkeit des Cafés Schluhn zurückzuholen. »Vielleicht war es aber auch nur ein Streit unter kleinen Ganoven mit leider tödlichem Ausgang. Es muß nicht immer um eine Frau gehen. Aber wie auch immer, alles Spekulation, so lange wir nicht die Identität des Toten kennen.« Franks Handy klingelte. »Ja? Was? Ach so. Keine Verwandten in Nettetal. Hm.«

Frank hörte weiter schweigend zu. Ecki machte dem Cafébesitzer ein Zeichen, deutete auf die leeren Kaffeetassen, hob zwei Finger und nickte. Der schlanke Gastronom mit leichtem Bauchansatz hatte in seiner langen weißen Schürze die meiste Zeit am Aufgang zum Gastraum gestanden und das Geschehen im Café aufmerksam verfolgt. Nun verschwand er. Das Damenkränzchen schien mittlerweile beim Likör angekommen zu sein. Die Teller waren bereits abgeräumt, und die Bedienung hatte kleine feinstielige Gläser gebracht, in denen eine goldgelbe Flüssigkeit schimmerte.

Frank verabschiedete sich von seinem Gesprächspartner und steckte das Handy wieder in seine Jackentasche. »Es gibt Neuigkeiten. Kurt Masuhr lebt wirklich die meiste Zeit von der Sozialhilfe. Außerdem hat er nur noch eine Tante, die in Frechen wohnt. Masuhr hat wohl noch nie richtig gearbeitet. Von der Sonderschule direkt in das Netz der Staates. Muß für die Sozialarbeiter ein hoffnungsloser Fall gewesen sein. Nicht zu vermitteln. Auch bei der Bundeswehr nach sechs Wochen als untauglich entlassen worden. Ein Kleinkrimineller. Ein bißchen Sachbeschädigung hier, ein bißchen Körperverletzung dort. Im neuen Jahr sollte noch einmal der Versuch einer Resozialisierung versucht werden. Wenn man das Wort in diesem Zusammenhang überhaupt gebrauchen kann. Wie Masuhr sein Auto finanziert hat, ist dem Sozialamt auch nicht so recht klar. Es hat darüber ständig Streit gegeben.«

»Nun wissen wir, daß das Auto am Tatort wirklich zu Masuhr gehört. Aber ist der Tote auch Kurt Masuhr?«

Der Cafébesitzer brachte den beiden den Kaffee an den Tisch. Die beiden

Frauen am Nebentisch nutzten die Gelegenheit und sprachen fast gleichzeitig. »Wir möchten bitte zahlen.« Frank hatte indessen keinen Blick für den Aufbruch am Nebentisch. »Schreiber hat mir gerade gesagt, daß Masuhr vom Sozialamt zum Zahnarzt geschickt worden ist. Das ist offenbar auch Teil der Maßnahme: nur mit einem frischen Lächeln gibt es auch eine frische Stelle. Und wir müssen von unseren Steuergeldern auch noch dafür zahlen. Wir brauchen also nur das Gebiß des Toten mit den Unterlagen des behandelnden Zahnarztes zu vergleichen.«

»Und wenn das Ergebnis negativ ist?« Ecki sah den beiden jungen Frauen nach, statt ernsthaft auf Franks Antwort zu warten.

»Dann stehen wir halt immer noch am Anfang.«

»Was ist mit dem Gerücht, daß Masuhr Kontakte zur rechtsradikalen Szene haben soll? Oder muß man schon sagen, gehabt haben soll? Vielleicht hat es in der Skinhead-Szene Streit gegeben. Ist dir eigentlich schon aufgefallen: überall begegnet uns ein Baseballschläger. Das kann kein Zufall sein!«

»Nun mal langsam. Wir werden auf jeden Fall unsere Staatsschützer befragen. Mal sehen, was Beuke so alles zu erzählen hat.«

Ecki sah auf seine Armbanduhr. »Laß uns mal 'rüber gehen. Der Staatsanwalt müßte zur Lagebesprechung auch bald da sein.« An den Fenstern des Cafés sah er die beiden Frauen mit dem Kinderwagen Richtung Supermarkt vorbeigehen. Er sah ihnen nach. »Ich bin mal gespannt, was die Kollegen beim Förster erfahren haben. Und was es in Sachen Heike van den Hövel Neues gibt. Der Fall gefällt mir überhaupt nicht. Was wir bisher an Hinweisen haben, ist so gut wie nichts. Und letztlich hat die Vernehmung der Polen uns auch nicht wirklich weiter gebracht. Außer, daß wir jetzt wissen, daß der Hof von van den Hövel den Polen offenbar über Jahre als Transitbahnhof für die Niederlande gedient hat. Die Spurenlage bei Heike van den Hövel und die Durchsuchung bei den Polen hat nichts Verwertbares für die Aufklärung des Mordes gebracht.«

»Warum erzählst du mir das? Ich habe die Berichte schließlich auch gelesen. So ganz aus der Welt bin ich nun doch nicht. Trotz Lisa. Und trotz Musik. Musik, da fällt mir ein, daß ich noch zu Tommy in Viersen muß. Da steht ein alter Vox AC 30. Ein geiles Teil.«

»'ne geile Blondine wär mir lieber.« Ecki hatte die beiden Frauen aus dem Café schon wieder vergessen.

»Du wirst den Blues nie verstehen.«

»Gott sei Dank. Zahlen bitte.«

Jugendliche warfen Fackel – Sollte Asylheim brennen?

NETTETAL. War es jugendlicher Leichtsinn oder der Versuch, das Asylbewerberheim an der Werner-Jaeger-Straße in Lobberich anzuzünden? Fest steht bisher nur, daß sechs bis dato unbescholtene Jugendliche im Alter von 15 bis

18 Jahren am Freitagabend kurz vor 23 Uhr vor der Unterkunft mit einer brennenden Pechfackel hantierten. Der älteste der Gruppe, ein 18jähriger, warf die Fackel in die Luft, worauf diese auf dem Dach des Gebäudes landete und in die Dachrinne rutschte. Glück für die Bewohner des Asylheims und die Täter: Nach dem heftigen Regen am Freitag stand in der Rinne noch reichlich Wasser, und die Fackel erlosch. Ein Polizeibeamter, der sich zufällig in der Nähe befand, alarmierte seine Kollegen. Die stellten das Sextett wenig später. Die sechs Jugendlichen dürften nicht ohne Strafe davonkommen: Gegen sie wurde Anzeige erstattet. Daß es nicht zu einem möglicherweise folgenschweren Brand kam, ist nicht ihr Verdienst. hs

XXV.

Die Besprechung mit Böllmann hatte wenig Neues gebracht. Er hatte nur mehrfach zu verstehen gegeben, »daß wir in zwei unabhängigen Mordfällen ermitteln. Denken Sie bitte daran, meine Damen und Herren. Das bedeutet, daß wir zweigleisig fahren müssen. Auch bei der dünnen Personaldecke, fürchte ich.«

Aber an dem Ergebnis der Lagebesprechung hatte auch der Staatsanwalt nichts ändern können. Es wurde mit den Kollegen abgesprochen, daß am nächsten Tag noch einmal mit dem Polen gesprochen werden sollte, der mittlerweile unter Mordverdacht stand. Außerdem sollten noch einmal die übrigen Arbeiter vernommen werden. Vielleicht hatten sie doch etwas im Umfeld der Firma bemerkt oder beobachtet, das die Ermittlungen weiterbringen könnte. Und es sollte eine Mitteilung an die Presse gehen, in der noch einmal die Bevölkerung um Mithilfe gebeten wurde. Böllmann hatte dabei darauf hingewiesen, daß er die wichtigen Sender selbst anrufen wollte, um die Ermittler aus dem Schußfeld der Kritik zu halten. Er wollte vermeiden, daß der Sonderkommission mangelnder Erfolg vorgeworfen wurde. Gleichzeitig wolle er verhindern, daß die Presse anfing, auf eigene Rechnung zu recherchieren. Das konnten sie in der jetzigen Situation am wenigsten brauchen: Journalisten, die aufgeregt ihre eigenen »hochbrisanten« Rechercheergebnisse zur Lösung des Falls beisteuern wollten. Die Journalisten würden ihre eigene Arbeit nur behindern. Das hatten ähnliche Fälle in den vergangenen Jahren nur zu oft deutlich gemacht.

Besonders mit der Landesredaktion von RTL wollte der Staatsanwalt reden. Die Redaktion hatte schon für die Sendung *Explosiv* einen von den Fakten her eher dünnen Beitrag abgeliefert, der allerdings mit dubiosen Spekulationen aufgemotzt war. Das »Breyeller Mordmonster« sollte demnach Heike van den Hövel über Monate beobachtet und dann überfallen, mißbraucht und brutal erschlagen haben.

In dem Bericht hatte die Journalistin Bezüge zu »Jack the Ripper« hergestellt: Der unheimliche Mörder, der ruhelos des Nachts durch Nettetal streift. Der mögliche Beginn einer ganzen Mordserie. Das Ganze garniert mit eher belanglosen Interviewfetzen eines Breyeller Gemüsehändlers und einer Rentnerin. Diese Art von Berichterstattung war nur schädlich. »Quotenmacherei der billigsten Sorte«, wie Böllmann am Ende der Lagebesprechung gemeint hatte.

In der provisorischen Pressekonferenz in einem Raum im Untergeschoß des alten Rathauses hatte sich Böllmann anschließend dann jedoch zurückgehalten. Er hatte nur die wenigen Fakten mitgeteilt und um Geduld gebeten. Die wenigen anwesenden schreibenden Journalisten und die Handvoll Hörfunk- und Fernsehreporter waren dann auch nach knapp zwanzig Minuten wieder draußen und auf dem Weg in die Redaktionsstuben an ihre Computer. Zumindest für einen ersten kurzen Bericht hatten sie genug Material an die Hand bekommen.

Ein Toter im Wald, verbrannt in einem Auto. Das war in Nettetal an sich schon eine Sensation. Und dann der immer noch ungeklärte Mord an der Tochter des Obsthofbesitzers. Endlich war auf dem Land mal richtig was los, endlich mal was anderes als immer nur die Kleinkriege im Stadtrat zwischen CDU und SPD, endlich mehr als nur Schützenfest und Karneval.

Nun lag Frank zu Hause auf seinem Bett. Aus dem CD-Player klang der fette Bläsersatz der Texas Horns, die W.C. Clarks *Cold Blooded Lover* auf seiner neuen CD *Deep in the heart* unterstützten. Er wippte den Takt mit seinen nackten Zehen mit. Bei *You left the water running* sprang Frank auf und rannte ins Badezimmer. Aber zum Glück war seine Wanne noch nicht vollgelaufen. Er drehte den Hahn zu. Im Hintergrund jammerte die Hammond. Langsam schlenderte Frank zurück und nahm im Vorbeigehen ein Bier aus dem Kühlschrank.

Unruhig drehte er sich auf dem großen Bett von einer Seite auf die andere. Mit der Fernbedienung schaltete er den CD-Player aus. Obwohl er noch in die Wanne wollte, fiel er in einen Halbschlaf, in dem sich die Bilder von Lisa und der toten Heike van den Hövel vermischten. Er sah Frauen mit Kinderwagen, den ausgebrannten Ford, Ecki, der mit dem Leiter der Spurensicherung Manfred Kuhlen bei einem Volksmusik-Konzert in der Grefrather Eissporthalle war. Frank meinte, den Jubel von einem Fußballspiel zu hören, sah Spielfetzen, hörte die Trommel von Manolo, angefeuert von dem Hinsbecker Rentner in den schmuddeligen und ausgebeulten Hosen. Und immer wieder hörte er Staatsanwalt Ralf Böllmann, wie er in die übergroßen Mikrofone von RTL und Sat.1 sprach: »Denken Sie daran, wir ermitteln in zwei Mordfällen, denken Sie daran, in zwei, in zwei, in zwei.«

Sein Schulfreund Josef drängte schließlich die Kamerateams weg. »Kommen Sie in meine Spielhalle. Da finden Sie die Beweise. Ich habe alles in meinen Automaten gespeichert. Das Spiel kostet nur einen Euro.« Dabei sah Josef traurig aus. Traurig, weil sich niemand für ihn interessierte. Die Mikrofone platzten wie Luftballons. Frank rannte der Journalistin von RTL hinterher. »Bitte bleiben Sie stehen. Ich kann Ihnen Freikarten besorgen, Peter Green spielt in Breyell vor dem Lambertiturm.« Er wußte, daß sie nicht bleiben würde, denn es war Dezember und zu kalt für ein Open-Air-Konzert. Trotzdem rief er ihr nach. »So bleiben Sie doch stehen.« Sie drehte sich um und sah ihn an. Es war Lisa, die nun mit einer Kamera auf ihn zielte. »Was haben Sie zu sagen? Machen Sie schnell!«
Schweißgebadet wachte Frank am anderen Morgen auf. Nach einer langen Dusche fuhr er ohne Frühstück nach Breyell.

Ecki riß schwungvoll die Tür zum Ratssaal auf und wedelte aufgeräumt mit mehreren dünnen Aktendeckeln. Außer Frank saßen der Aktenführer Klaus Schneider im Raum und zwei Kollegen, die vom Raubdezernat zur Mordkommission gestoßen waren und telefonierten bzw. am Computer arbeiteten. Der Rest der Kommission war entweder noch nicht zum Dienst erschienen oder unterwegs.
»Neuigkeiten.« Als Ecki Franks Gesicht sah, hielt er mitten im Raum inne. »Was ist denn mit dir los? Was ist dir denn über die Leber gelaufen? Offenbar eine ganze Elefantenherde.«
»Ich bin einfach nur spät ins Bett gekommen und habe schlecht geschlafen. Das ist alles.« Frank winkte ab und hoffte, jetzt bloß kein überflüssiges Gespräch über Lisa anfangen zu müssen.
»Na, das sieht aber eher nach Liebeskummer aus.« Ecki war an den Schreibtisch gekommen und ließ sich auf den Stuhl fallen. Gleichzeitig warf er Frank die Aktendeckel auf die Schreibtischunterlage. »Da, friß.«
»Mensch, laß das. Was ist das?«
»Das hat mir die Spurensicherung in die Hand gedrückt, bevor ich aus dem Präsidium abhauen konnte. Und das andere ist der ausführliche Bericht aus der Pathologie. Stell dir vor, Heike van den Hövel war schwanger.«
»Was? Warum erfahren wir das erst jetzt?« Frank blätterte in den Unterlagen der Duisburger Gerichtsmedizin. Da stand es tatsächlich Schwarz auf Weiß: Ende dritter Monat. Hatte Heike van den Hövel deshalb sterben müssen? Wußte sie von der Schwangerschaft? Wußte überhaupt jemand von der Schwangerschaft? Und wer war der Vater?
Ohne weiter auf Ecki zu achten, griff er zum Telefon und wählte die Nummer von van den Hövels Firma. »Guten Morgen Frau Stevens. Ist Herr van den Hövel im Büro? Danke, ich warte.« Frank sah Ecki wütend an. »Warum

kommt der verdammte Bericht erst jetzt? Wie soll man denn so vernünftig arbeiten?«

»Hey, ich bin's, dein Freund und Kollege Ecki. Ich kann nichts dazu. Professor Gunter hat sich bei mir entschuldigt. Sie hätten so wahnsinnig viel zu tun. Außerdem muß ein Oberarzt den Bericht schlicht und einfach vergessen haben. Soll nicht mehr vorkommen, soll ich dir ausrichten.«

»Dafür kann ich mir nichts kaufen.« Frank lauschte in den Hörer. »Ja, Guten Tag, Herr van den Hövel. Wußten Sie, daß Ihre Tochter schwanger war? Hallo, sind Sie noch da?«

Offenbar war am anderen Ende der Leitung Stille.

»Herr van den Hövel, hören sie mich? Ja, sie war schwanger, Ende dritter Monat. Nein, kein Zweifel. Der Pathologe irrt sich nicht. Ganz bestimmt.« Frank hielt die Hand über den Hörer und sah Ecki an. »Der ist fix und fertig.«

Ecki nickte teilnahmsvoll und stand auf, um sich einen Kaffee zu holen. Er deutete auf Frank und den Becher. Frank schüttelte den Kopf.

»Nun beruhigen Sie sich doch, Herr van den Hövel. Sie können übrigens Ihre Tochter jetzt beerdigen. Ja, der Leichnam ist freigegeben. Ja. Nein, da gibt es keine Probleme mehr. Da können Sie ganz beruhigt sein. Und Sie haben wirklich keine Vermutung, wer der Vater des Kindes sein könnte? Denken Sie nach, vielleicht fällt Ihnen ja doch noch jemand ein, mit dem Ihre Tochter zusammen war. Ja, gut, Sie können mich jederzeit anrufen. Guten Tag.« Frank legte auf.

van den Hövel war völlig aus der Fassung geraten, durch sein heftiges Atmen und das unterdrückte Weinen war er kaum zu verstehen gewesen. Sicher noch ein zusätzlicher harter Schicksalsschlag für den Unternehmer, der nun völlig vor den Scherben seiner Existenz stand. Seine Tochter tot, die zudem noch den möglichen Erben in sich getragen hatte.

Frank rieb sich mit beiden Händen durchs Gesicht. Von seinem Platz aus konnte er auf den Marktplatz sehen. Die Welt draußen vor dem Fenster sah friedlich aus. Der strahlend blaue Himmel war an seinen Rändern hellgrau. Die Sonne schien, trotzdem war es winterlich kalt. An der Bushaltestelle stand eine alte Frau in einem dicken Mantel, eine Hand stützte sie auf einen Trolley, der neben ihr stand. Zwei Fahrradfahrer begegneten sich und grüßten. Die Tür zum Café Schluhn stand offen. Die Parkplätze vor dem Supermarkt waren voll. Eine Mutter mit Kinderwagen ging quer über den Platz, auf dem mit unterschiedlichem Pflaster die Achse der ehemaligen Lambertuskirche nachgebildet war, die vor hundert Jahren dem »Neubau« hatte weichen müssen, der direkt nebenan gebaut worden war.

Breyell, durch und durch katholisch – und trotz der kommunalen Neugliederung vor weit mehr als zwanzig Jahren – immer noch ein Dorf. Ein Dorf, in dem jeder jeden kannte und in dem nichts geschehen konnte, ohne daß es von den Alteingesessenen aufmerksam und akribisch registriert und bewertet wurde. Die festen Strukturen waren immer noch in das Wechselspiel von Kirche und Gemeinderat eingebunden, und daran wollte niemand wirklich etwas ändern.

Jeder hatte seine ihm durch Geburt zugewiesene Stellung. Schützenfest, Pfarrfest und Karneval, das waren die Höhepunkte im Dorfleben, das auf Frank nach den vielen Jahren außerhalb seiner Heimat eng und doch beschützend wirkte. Andererseits, so schlecht war eine festgefügte Ordnung nun auch wieder nicht. So hatte man wenigstens Orientierungspunkte in einem gesellschaftlichen Leben, das doch immer unüberschaubarer wurde.

»Na, träumst du wieder?« Ecki hatte sich einen Kaffee geholt und riß Frank aus seinen Gedanken.

»Ich frage mich gerade, ob ich wieder in Breyell leben könnte.«

»Und, könntest du?«

»Ich weiß nicht. Ich bin wohl schon zu lange weg aus dem Dorf. Ich kenne ja kaum mehr jemanden. Hin und wieder, wenn ich nach dem Besuch auf dem Friedhof durchs Dorf gehe, dann kommen mir die Gesichter der Älteren bekannt vor, und ich kann mich an Szenen von früher erinnern, in denen diese Gesichter eine Rolle spielten. Aber ich weiß heute nicht mal mehr ihre Namen.«

»Also, ich find's schön in Breyell. Sieht doch gemütlich aus. Und das ganze Grün drumherum. Ist fast wie im Hardter Wald bei meinen Eltern.«

»Trotzdem, vielleicht ist es ganz gut so, daß ich nicht mehr hier lebe. Vielleicht wäre ich, tja, was wäre ich dann? Ich weiß auch nicht. Vielleicht, vielleicht, ist ja auch egal. Sag mir lieber, was es sonst noch gibt.«

»Also«, Ecki nahm einen Schluck aus seinem Becher, »also, die KTU, besser gesagt das LKA, hat das Handy von Heike van den Hövel knacken können. Ich habe hier die Liste mit den Anrufen in den vergangenen Monaten. Die Telefongesellschaften sind auch nicht mehr das, was sie mal waren. Hat auch ziemlich lange gedauert, bis die Unterlagen da waren. Die Kollegen vom LKA haben die Liste nach ihren Suchkriterien schon durchgecheckt. Für die Kollegen ist sie sauber.«

»Und für uns? Mach's nicht so spannend.«

Ecki verzog das Gesicht. »Ich bin noch nicht so weit. Ich hab auch noch was anderes zu tun. Ich habe mich mit den Nummern noch nicht so recht beschäftigen können. Ich bin jedenfalls dran.«

Frank fiel ihm ins Wort. »Hör auf zu nörgeln und mach dich an die Arbeit.«

»Nur keine Hetze, wir werden den Fall schon lösen.«

»Aber nicht erst nächstes Jahr. Uns wird die Zeit knapp. Noch was?«

»Du solltest mal einen Blick auf den Ausdruck mit den SMS-Nachrichten werfen. Heike van den Hövel scheint doch einen Lover gehabt zu haben. Die

Texte sind eindeutig. Auf ihrem Handy sind in den Tagen vor ihrem Tod eine ganze Reihe von SMS angekommen. Liest sich zum Teil wie eine kitschige Liebesschnulze. Muß Liebe schön sein. Vielleicht ist der Unbekannte der Vater.« Ecki grinste Frank schon wieder eindeutig an.

Der ignorierte die Anspielung einfach. »Na, dann laß mich mal lesen. Hast du nichts zu tun?«

Ecki nahm sich seinen Kaffeebecher und verschwand Richtung Schneider. Der Aktenführer war gerade dabei, einige Zettel in die verschiedenen Kästen zu sortieren und sah nicht gerade erfreut aus, weil Ecki ihm offenbar ein Gespräch aufdrängen wollte. Er drückte ihm einen Zettel in die Hand, mit dem Ecki zu Franks Schreibtisch zurück kam.

»Wir sollen die Pathologie anrufen.«

»Warum?«

»Diesmal haben die Metzger ganze Arbeit geleistet. Sie haben den Schädel des Toten mit den Unterlagen vom Vertragszahnarzt verglichen. Wir brauchen Klaus Masuhr nicht lange zu suchen, der liegt nämlich im Kühlschrank in Duisburg. Die Zahnbilder stimmen überein. Ansonsten gab es im ausgebrannten Ford und auch im Umfeld keine verwertbaren DNA-Spuren.«

»Also, dann kümmerst du dich jetzt um die SMS-Meldungen. Find raus, wer der Absender ist. Und ich fahre jetzt zu den Kollegen vom Staatsschutz. Außerdem brauchen wir noch eine richterliche Anordnung, um uns die Wohnung von diesem Masuhr ansehen zu können. Los, an die Arbeit.«

»Jaja, ist ja schon gut – Chef.« Ecki nahm sich die Telefonlisten und die Zusammenstellung der SMS-Mitteilungen. »Dann brauche ich aber auch noch einen Kaffee. Sonst geht hier gar nichts.«

Frank war schon zur Tür hinaus. Eine gute halbe Stunde brauchte er vom Breyeller Rathaus ins Präsidium nach Mönchengladbach.

Von der Abfahrt Mönchengladbach-Nord ging es die Kaldenkirchener Straße hinunter Richtung Innenstadt. Vorbei an der aufgegebenen Bundeswehrkaserne, für die es offenbar immer noch keine neue Nutzung gab. Könnte man eigentlich als Polizeipräsidium nutzen, dachte Frank. Das alte Gebäude an der Theodor-Heuss-Straße war so marode, daß jeder Euro, der für die Renovierung ausgegeben wurde, eigentlich rausgeworfenes Geld war. Eigentlich konnte er es sich nicht erklären, daß er es schon so lange in diesen trostlosen Gebäuden aushielt. Die tristen Büros förderten nicht gerade die Arbeitsmoral.

Kurz hinter dem Hauptfriedhof begann das »bessere« Wohnviertel der Stadt mit den Villen rund um den Bunten Garten. Von der Straße aus konnte Frank die Flutlichtmasten des Bökelbergstadions sehen. An der Kreuzung zur Hohenzollernstraße mußte er warten. Die Stadt lag ihm sozusagen zu Füßen. Weit unten am Fuß des von der Kaiser-Friedrich-Halle aus sanft abfallenden Hügels querte die Eisenbahn die Bismarckstraße. Die Stadt war zu dieser Tageszeit voll wie immer. Mönchengladbach. Auch in dieser Stadt fühlte er sich nicht richtig heimisch. Obwohl er dort auch schon rund 15 Jahre lebte. Zuvor hatte er mehrere Jahre in anderen Städten gewohnt und gearbeitet, je nachdem, wohin ihn seine Laufbahn gerade verschlagen hatte.

Auf seine ganz eigene Weise war das große Mönchengladbach genauso konservativ und provinziell wie das kleine Breyell. Oft hatte er das Gefühl, daß ihm die Stadt zu eng war, sie ihm den Platz zum Atmen nahm. Im Grunde eine spießige Stadt, die sich stets bemühte, dieses Image abzulegen – und doch nur ewiger Zweiter im Wettbewerb mit Düsseldorf blieb. Frank hatte nicht das Gefühl, daß in dieser Stadt wirklich etwas bewegt wurde. Alle wirklich ehrgeizigen Projekte wie Borussen-Stadion, Skihalle oder die Erweiterung des Museums Abteiberg wurden so lange zerredet, bis es zu spät war, die Investoren abwanderten oder das Geld für die Projekte nicht mehr da war.

Vom Bismarckplatz aus bog er rechts ab, um ein Stück der Eisenbahnlinie Richtung Rheydt zu folgen. Ein Stück hinter der Unterführung bog er hinter dem Möbelhaus links ab auf das Gelände der alten Polizeikaserne. Der langgestreckte Klinkerbau aus den dreißiger Jahren hatten sein nüchternes Erscheinungsbild über die Jahrzehnte behalten. Kalt und abweisend wirkten auch die Nebengebäude. Zweckbauten, die innen mit ihren langen, leeren, gelblich gestrichenen Fluren ebenfalls kalt und unfreundlich wirkten. Und immer roch es dort nach kaltem Rauch.

Frank fuhr über das Kopfsteinpflaster an der Leitstelle vorbei und parkte vor dem Hochhausbau, der in den siebziger Jahren hochgezogen worden war. Ein häßlicher, funktionaler, sechsgeschossiger Betonturm, der in der ersten Etage durch einen Brückenbau mit der alten Kaserne verbunden war.

Auf dem Weg zu Beukes Büro traf er auf dem Flur Ulrich Lemanski.

»Na, machen die Ermittlungen Fortschritte?«

»Fortschritte? Von Fortschritten kann keine Rede sein. Wir treten auf der Stelle. Wir haben keinen richtigen Packan. Vor allem in der Sache van den Hövel tappen wir noch völlig im Dunkeln. Ich weiß nicht, warum, aber wir drehen uns nur auf der Stelle. Egal, wo wir hinpacken, nur Watte. Nichts Greifbares. Was uns besonders zu schaffen macht: in der Wohnung von Heike van den Hövel haben wir nicht ein persönliches Schriftstück gefunden, kein Brief, kein Tagebuch, nichts.«

»Na, so ungewöhnlich ist das heute auch nicht mehr. Im Zeitalter von Handy und Computer.«

»Selbst auf dem PC haben wir nichts Verwertbares gefunden. Nur Geschäftspost und der ganze Bürokram ihres Vaters.«

»Naja, vielleicht weiß der Vater, ob sie Tagebuch geführt hat. Alle Mädchen führen Tagebuch. Manchmal auch noch, wenn sie Frauen sind. Wir haben da einen interessanten Fall.«

Frank unterbrach seinen Kollegen und sah auf seine Uhr. »Wir haben nichts gefunden. Und ihr Vater weiß angeblich auch nicht, ob seine Tochter noch Tagebuch geführt hat. Als Kind wohl schon. Tut mir leid, Uli, ich muß los, Peter wartet auf mich. Ich bin spät dran.«

Ulrich Lemanski sah ihm kopfschüttelnd nach. »Viel Glück.«

Aber da war Frank schon fast die halbe Treppe hoch ins Obergeschoß.

Peter Beuke saß mit dem Rücken zur Tür, hatte die Füße auf einen Aktenbock gelegt, und sah aus dem Fenster. Das Büro war selbst für die ohnehin schon nüchternen Amtsstuben der Polizei erstaunlich unpersönlich eingerichtet. Nicht mal das obligatorische Familienfoto stand auf dem Schreibtisch, der penibel aufgeräumt war. An den Wänden nur ein Dienstplan und ein Wappenteller der Polizei von Dresden. Frank wußte, daß Beuke nach der Wende dort einige Monate beim Aufbau der Polizeibehörde mitgeholfen hatte.

In anderen Büros hingen wenigstens noch unbeholfen gemalte Kinderbilder oder bunte Kalenderblätter, aber Beukes Büro war regelrecht leer. Nicht mal eine vertrocknete Zimmerpflanze auf dem Fensterbrett. Links an der Wand stand ein großes Aktenregal. Neben dem Spind auf der rechten Seite stand eine schmale Anrichte mit einer Kaffeemaschine. Sie gab den einzigen Hinweis auf das Seelenleben ihres Benutzers, denn sie war sichtbar im Dauergebrauch und schon länger nicht sauber gemacht worden. Der weiße Kunststoff war übersät mit braunen Flecken. Im Glasballon stand eine tiefschwarze Flüssigkeit.

»Hallo, Peter.«

»Möchtest du einen Kaffee?« Beuke hatte sich aufgesetzt und mit dem Stuhl herumgedreht, als die Tür mit dem Milchglaseinsatz aufging.

»Wenn er noch heiß ist.«

»Bitte, bedien dich. Ein sauberer Becher steht hinter der Schiebetür, auch Milch und Zucker.« Beuke deutete auf die Anrichte.

Als Frank sich einen Kaffee einschenkte, konnte er sehen, daß auch die Oberfläche des Schränkchens schon länger nicht mehr abgewischt worden war; viele Kreise, Kaffeekrümel und Milchflecken hatten ein abstraktes Muster auf die braune Kunststoffoberfläche gezeichnet.

»Wie kannst du dich hier nur wohlfühlen?« Frank setzte sich vor den Schreibtisch.

»Was meinst du damit?«

»Naja, so ohne Bild oder Foto. Sieht bei dir fast aus wie in einer Vorführzelle. Ich könnte so nicht arbeiten.«

»Ist das nicht in gewissem Maße auch so? Unsere Büros sind schließlich die Zwischenwelt, die Schwelle zwischen Draußen und Drinnen«, philosophierte Peter Beuke mit Blick auf den Dienstplan. »Außerdem habe ich mich in den ganzen Jahren daran gewöhnt. Gemütlich habe ich es in meinem Wohnzimmer zu Hause. Ich brauche den Unterschied, sonst werde ich verrückt.«

Frank sah auf seinen Becher. »Vermutlich hast du recht.«

»Was willst du wissen?«

»Was habt ihr über Kurt Masuhr in euren Unterlagen?«

Peter Beuke war bei dem Namen keineswegs überrascht. »Kurt Masuhr, das ist einer, den wir schon länger beobachten. Von ihm habe ich dir doch schon mehrfach erzählt. Ein kleiner Ganove, ein bißchen Diebstahl, ein bißchen Körperverletzung, Fahren ohne Führerschein, das Übliche halt. Hat vor fünf Jahren die braune Szene für sich entdeckt. Bei Kameradschaftstreffen immer vorneweg. Ein Schläger, kein Denker. Soll mit seinen braunen Kameraden schon vor der ein oder anderen Asylunterkunft gesehen worden sein. Klare Beweise haben wir nicht. In der Führungsstruktur, wenn man bei unseren Neonazis hier in der Gegend überhaupt von Führungsstruktur reden kann, ist er eher zum Fußvolk zu rechnen. Seine Kameraden haben einen Heidenrespekt vor ihm. Besonders wenn er betrunken ist, sollte man ihm besser aus dem Weg gehen. Hält sich mit Gelegenheitsjobs über Wasser. Hat Kontakte zur Szene im Raum Limburg.«

Beuke stand auf und zog einen Ordner aus dem Regal und begann aufmerksam zu blättern. Er setzte sich hin. »Er lebt in Hinsbeck im Haus seiner Eltern. Sie sind früh gestorben und haben ihm nicht viel mehr als das kleine Häuschen vermacht. Sie waren einfache, aber ehrbare Leute, wie man so sagt. Eigentlich schade, daß ihr einziger Sohn diese Karriere gemacht hat. Wie seine Nachbarn erzählen, war Kurt Masuhr als Kind eigentlich ein ganz netter Junge. Daß er so enden mußte, das hat selbst er nicht verdient.«

»Hast du eine Ahnung, wie er in die Szene geraten ist?«

»Wie das so geht. Man lernt sich in der Kneipe kennen, wird zu Kameradschaftsabenden eingeladen. Jede Menge Bier, jede Menge Ideologien: wir aufrechten Deutschen. Die *Scheißpolen* nehmen uns die Arbeit weg, genauso wie die Fidschis. Das sind die Sprüche, die irgendwann ziehen. Und dann stecken sie drin, und denken nicht mehr nach. Dann zählt nur noch diese Psychokacke von wegen *unser Blut ist unsere Religion* und so weiter...« Beuke schlug den Aktendeckel zu und legte die Hand auf den Ordner.

»Das ist alles? Ich meine, so einfach geht das?«

»Wenn du einen schwachen Charakter hast, keine Freunde, keine familiären Bindungen, dann bist du froh, wenn sich die Gemeinschaft um dich kümmert – und wenn sie dabei auch Tarnhosen trägt. Die Politik ist dabei egal. Das Rudel gibt Geborgenheit. So einfach ist das im Leben.«

»Klingt nach Resignation.«

»Nein, das ist die Realität und die Erfahrung von – ich weiß nicht mehr, wie vielen Dienstjahren. Ich habe aufgehört zu zählen.«

»Du hast gesagt, Masuhr stand unter Beobachtung. Was meinst du damit?«

»Er gehörte einer Gruppe an, die sich *Kämpfer 20. Juli '44* nannten. In Anlehnung an das Attentat auf Hitler.«

»Wieso ausgerechnet *20. Juli*?«

»Wir haben mal bei einer Wohnungsdurchsuchung ein paar Flugblätter gefunden. Die Gruppe macht sich zusammen mit niederländischen *Kameraden* mit sogenannten Wehrsportübungen für den Ernstfall fit. Sie wollen mögliche Attentäter schon im Vorfeld erkennen und unschädlich machen. Ziemlich wirres Zeug.«

»Wehrsportübungen?« Frank verstand nun gar nichts mehr.

»Ja, die Gruppe, zu der Masuhr gehörte, hat sich, soviel wir wissen, in den vergangenen Monaten regelmäßig an den Wochenenden im Wald bei Leuth getroffen. Das waren dann immer so rund ein Dutzend Kameraden und Kameradinnen. Auch schon mal zwei Dutzend.«

Frank zog erstaunt die Augenbrauen hoch.

»Ja, du hast richtig verstanden, zwei, drei Frauen waren immer auch dabei. Auch in Tarnhosen und -hemden. Die sind dann einen halben Tag mit durchs Unterholz gerobbt, haben Zelte aufgebaut und Löcher ausgehoben. Die restliche Zeit wurde dann nur noch gesoffen. Wenn man es nicht besser gewußt hätte, die hätten glatt als etwas zu alt geratene Pfadfindergruppe durchgehen können.«

»Ihr habt diese Treffen beobachtet?«

»Natürlich, wir sind im Sommer ein paar Mal an den Wochenenden draußen gewesen, ohne daß sie uns bemerkt haben. Aber wir haben nie eingreifen müssen. Wie gesagt, in Tarnhosen durch den Wald robben und dabei Bier trinken bis zur Bewußtlosigkeit, ist schließlich nicht wirklich verboten.«

»Und das war alles?« Frank machte sich so seine Gedanken.

»Natürlich standen sie nachts um ein großes Lagerfeuer herum und haben ihre Mutproben gemacht. Dabei wurde dann auch kräftig nationalsozialistisches Gedankengut, so will ich das mal nennen, zum Besten gegeben. Wir sind aber nicht eingeschritten, weil wir die Gruppe durch unsere Beobachtungen eher im Griff haben, als wenn wir sie hochgenommen hätten. Waren jedenfalls lange Nächte. Alle Namen kennen wir übrigens nicht. Uns fehlen bestimmt noch vier oder fünf. Auch von den Frauen haben wir bisher nicht alle identifizieren können.« Beuke stellte den Ordner ins Regal zurück.

Frank mochte der Logik Beukes nicht ganz folgen und hatte seine eigene Ansicht über das Auftreten von Neonazis in der Öffentlichkeit und die Verbreitung ihrer kranken Theorien, wollte sich mit Beuke aber nicht auf eine Diskussion einlassen.

»Was waren das für Mutproben?«

»Das willst du nicht wirklich wissen, Frank. Lauter Sauereien, vor allem wenn die Frauen dabei waren. Es war so, als hätte ihre Anwesenheit sie nur noch mehr angestachelt. Um so schmieriger waren die Mutproben. Auf Kekse wichsen. Wer als letzter kommt, muß die Kekse dann essen. Willst du noch mehr hören?«

»Nein, danke. Das ist ja ekelhaft.« Frank machte ein angewidertes Gesicht.

»Willst du Fotos sehen?«

Frank hob abwehrend die Hände. »Nein. Das reicht vorerst. Warum waren die Treffen nur auf die Sommermonate beschränkt?«

Beuke mußte grinsen. »Weil die harten Kerle die Kälte nicht abkönnen. Die echten deutschen Männer robben lieber, wenn es warm ist. Jedenfalls hörten die *Ausflüge* im Oktober schlagartig auf.«

»Ist die Gruppe konstant?«

»Hin und wieder kam mal jemand von außerhalb dazu. Den haben wir dann meist über die Halterfeststellung ermittelt.«

»Kann ich eine Liste mit den Namen haben?«

»Natürlich. Nur, wie gesagt, sie wird wohl nicht vollständig sein.« Beuke meinte, sich entschuldigen zu müssen. »Wir waren nicht immer bei den Treffen dabei. Wir können uns auch nicht teilen. Mit unseren paar Männekes haben wir es eh' schwer genug, zumindest einen groben Überblick zu behalten. Wenigstens, wenn nichts Akutes ansteht.« Er deutete auf die Wand. »Sieh dir nur mal den vollen Dienstplan an. Meine Frau zeigt mir schon den Vogel. Sie wird sich nie daran gewöhnen, daß ich bei der Polizei bin.«

Frank mußte an Ruth denken, wischte den Gedanken aber sofort beiseite. »Das heißt mit anderen Worten: ihr kennt die Gruppe, aber ihr wißt nicht, ob ihr alle Mitglieder dieses Kampfbundes, wie heißt der noch, kennt?«

»Richtig, Herr Kommissar.« Beukes Anflug von Witz erstarb noch im Ansatz. »Wir können das wirklich nicht leisten, auch noch das Umfeld bis ins Kleinste zu kennen. Das geht nicht. Was meinst du, wie oft wir schon beim Alten um mehr Personal für unsere Abteilung regelrecht gebettelt haben?«

»Brauchst mir nix zu erklären, und hör auf, dich ständig zu entschuldigen. Ist bei uns auch nicht viel anders.« Frank fiel noch etwas ein. »Wenn wir das Haus von Masuhr öffnen, willst du dabei sein?«

»Nee, ich denke nicht, daß ich dort auf eine Überraschung stoßen würde. Dafür war ich nun doch zu oft bei ihm.«

»Na, dann werde ich Ecki mal einfangen und nach Hinsbeck fahren. Danke für deine Informationen.« Frank wollte aufstehen.

»Bist du sicher, daß das eine heiße Spur ist?«

»Na, zumindest ist es ein Anhaltspunkt. Wir haben im Moment nicht mehr. Es gibt noch die Theorie, daß Heike van den Hövel einem Serienmörder über den Weg gelaufen sein könnte. Wir prüfen gerade die ungeklärten Fälle der vergangenen Jahre. Dabei konzentrieren wir uns auf den Raum hier und das

Ruhrgebiet. Aber wir warten auch noch auf die Antwort der Kollegen aus der Provinz Limburg. Es gibt sicher auch dort noch ungeklärte Fälle.« Frank erhob sich. »Auf jeden Fall, erst mal danke. Ich muß los.«

»Keine Ursache. Frag mich, wenn du noch was wissen willst.« Beuke räusperte sich. »Sag mal, stimmt das, daß Lisa von dir weg ist?«

Frank wurde erst rot und dann wütend. »Bin ich hier schon Flurgespräch? Hat Ecki gequatscht? Ist auch egal, geht keinen was an. Ist meine Sache.«

»Ist ja schon gut, ich wollte doch nur mein Mitgefühl zum Ausdruck bringen. Entschuldige bitte.«

»Nett von dir, aber ich brauche kein Mitleid. Ich komm schon so zurecht.«

»Reg dich nicht gleich auf. Übrigens, von Ecki habe ich das mit Lisa nicht. Irgend jemand aus der Personalabteilung soll was erzählt haben, sagt man.« Peter Beuke hob entschuldigend die Hände.

»Aus der Personalabteilung?«

Beuke zuckte bloß mit den Schultern.

Frank stand auf, stellte den noch halbvollen Becher auf die Anrichte und ging zur Tür.

Beuke folgte ihm und gab ihm die Hand. »Kopf hoch, alter Junge.«

Frank nickte schweigend und verließ das Büro. Vielleicht hatte sich Lisa mit ihrer Bekannten aus der Verwaltung getroffen oder mit ihr telefoniert. Die beiden kannten sich von gemeinsamen Feiern mit Kollegen. Aus der zunächst nur lockeren Bekanntschaft hatte sich im Laufe der Zeit eine engere Freundschaft zwischen den beiden Frauen entwickelt. Frank hatte das zunächst prima gefunden, schließlich sollte sich Lisa nicht ausgeschlossen fühlen, mußte sie doch oft genug auf ihn verzichten.

Gerade als er den Altbau über den halbdunklen Treppenaufgang neben der Leitstelle verlassen wollte, drückte Bert Becks die schwergängige Glastür auf. Als er Frank sah, stutzte er kurz, dann leuchtete auf seinem runden Gesicht ein breites Grinsen auf. »Hallo, Frank.«

Der hat mir gerade noch gefehlt, dachte Frank, und wollte mit einem kurzen Nicken an dem kugeligen und schon etwas angegrauten Polizeireporter der Rheinischen Post vorbei. Aber Bert stellte sich ihm in den Weg.

»Na, was macht der Blues?«

Bert Becks sang selbst in einer Rockband in Düsseldorf. Über die Musik waren sich die beiden über die Jahre nähergekommen. Das hatte manchmal den Vorteil, daß das Dienstliche nicht ganz so dienstlich wurde. Es hatte aber auch den Nachteil, daß Becks ihn bei jeder größeren Sache anrief und um Hilfe bat. Das war soweit in Ordnung, so lange Becks keine Insiderinformationen wollte. Es war dann nicht immer leicht, dem Reporter Becks klarzumachen, daß Frank an Vorschriften gebunden war, und nicht einfach drauflos plaudern konnte. Trotzdem bekam Becks sicher mehr Informationen als andere. Allein schon, weil er absolut zuverlässig war. Was nicht nach außen sollte, blieb auch bei Becks. Zumindest so lange er das journalistisch verantworten konnte.

Böse Zungen hätten von Filz zwischen Polizei und Presse gesprochen. Frank sah das aber leidenschaftsloser: je mehr ein Journalist wußte und Informationen bewerten konnte, um so eher war die Berichterstattung objektiver und damit auch richtiger. Dabei konnte Frank längst nicht mit allen Journalisten so vertraulich umgehen, vor allem bei den Vertretern der Boulevardblätter paßte Frank höllisch auf. Denn auf diese Journalisten konnte er sich überhaupt nicht verlassen. Er hatte das in den Anfängen seiner Arbeit bei der Mordkommission versucht, war aber mit seiner offenen Art ein paar Mal regelrecht auf die Schnauze gefallen. Seither bekamen diese Blätter von ihm nie mehr, als er zuvor mit der Pressestelle abgesprochen hatte.

»Oh, der Blues beschäftigt mich jeden Tag ein Stück mehr.«

Frank versuchte, unverfänglich zu antworten. »Wenn du zum Wirtz willst, dann bist du im falschen Gebäude. Der ist sicher in seinem Büro.«

»Nee, heute will ich euren Pressesprecher ausnahmsweise mal nicht quälen. Ich war in der Nähe und wollte eigentlich nur mal schnell zum Beuke. Ich brauche noch ein paar Hintergrundinformationen.«

»Du weißt, daß wir dafür extra eine Presseabteilung haben. Hast du dich angemeldet?«

»Wie gesagt, ich bin mehr oder weniger nur zufällig hier. Und ich dachte, vielleicht kann ich ein bißchen den Dienstweg abkürzen.«

»Ich war gerade bei Beuke. Der ist beschäftigt.«

»Ach, nee. Was macht der Leiter der Mordkommission beim Staatsschutz?« Becks wurde hellhörig und kramte betont gelangweilt in der Brusttasche seines Flanellhemdes nach Zigaretten.

Obwohl es draußen ziemlich kalt war, lief Becks selbst jetzt nur im Hemd mit aufgekrempelten Ärmeln durch die Gegend. Frank hatte ihn noch nie in einer Winterjacke gesehen. Ein Sweatshirt war schon ein arges Zugeständnis an die Kälte. Becks mußte ewig unter Dampf stehen, oder sein Körperumfang ließ ihn nicht frieren. Frank ärgerte sich. Mit seiner unbedachten Äußerung hatte er den Spürsinn des RP-Redakteurs geweckt.

Frank biß sich auf die Lippen; hätte er doch den Mund gehalten. Er hatte jetzt überhaupt weder Zeit noch Lust, mit Becks über seine Arbeit zu sprechen.

Er seufzte. »Also gut, was willst du wissen? Du gibst ja doch keine Ruhe. Aber ich habe nicht viel Zeit, mein Tag ist noch lang.«

Frank trat von einem Bein auf das andere und wäre am liebsten an Becks vorbei von dannen gestürmt.

Becks bemerkte Franks Unruhe und versuchte, Gelassenheit auszustrahlen. »Komm, laß uns auf einen Kaffee in eure Kantine gehen. Ich könnte jetzt gut einen gebrauchen.« Becks war bekannt für seine nahezu unstillbare Zigaretten- und Kaffeesucht. Eigentlich hätte er mit seinen 52 Jahren längst in der Herzinfarkt-Reha sein müssen. Aber Becks schien eine Pferdenatur zu haben.

»Das paßt mir eigentlich nicht. Ich muß noch zur Staatsanwaltschaft. Aber wenn du willst, kannst du mir hinterherfahren, und ich gebe dir in der Landgerichtskantine einen Kaffee aus.«

Keine 20 Minuten später saßen Frank und Bert Becks in der zu dieser Tageszeit fast leeren Gerichtskantine. Immerhin war es kurz vor Feierabend. Zwei Richter in weißen Oberhemden und mit weißen Krawatten saßen an einem Tisch am unteren Ende der Kantine. Sie wirkten in dem großen Raum, der im Stil der frühen 60er Jahre mit hellem Holz vertäfelt war, merkwürdig verloren. Wie aus einem Bild von Edward Hopper.

Die Holzvertäfelung war vom damaligen Architekten wegen der verbesserten Akustik zum Teil in Lamellenform gestaltet worden. Das machte die Kantine dankenswerterweise selbst bei Hochbetrieb zu einem Ort gedämpfter Gespräche, an dem die Besucher sich wenigstens halbwegs streßfrei von ihren Gerichtsterminen erholen konnten. Heute war neben den beiden Juristen nur noch der beleibte Kantinenwirt anwesend, der in seiner Kochmontur hingebungsvoll die schon leer geräumte Kühltheke wienerte.

Bert Becks war zielstrebig auf einen Platz an der Fensterseite zugesteuert, obwohl an der Stirnwand des langgestreckten Raumes rechts neben dem Eingang deutlich der Hinweis *Die Tischreihe am Fenster ist für Justizbedienstete reserviert* zu lesen war. Geräuschvoll hatte Becks einen Stuhl vorgezogen und vom Nebentisch einen Aschenbecher zu sich geholt. Während er auf Frank wartete, hatte er sich schon die nächste Zigarette angezündet.

Vorsichtig, damit nichts überschwappte, kam Frank mit zwei weißen Bechern Kaffee an den Tisch und setzte sich.

»Ich will mich nicht lange mit Höflichkeitsfloskeln aufhalten«, meinte Becks und zog dabei kraftvoll an seiner Marlboro. »Die Kollegen aus der Viersener Lokalredaktion haben mich gebeten, für sie zu recherchieren. Die Spatzen pfeifen es dort von den Dächern, daß ihr in der Mordsache van den Hövel nicht vorankommt. Außerdem scheint der zweite Mord mysteriöser zu sein als zunächst angenommen.«

»Bevor ich was dazu sage, solltest du mir sagen, was du weißt. Sonst gibt's von mir keine Antwort.«

Becks rückte sich auf seinem Stuhl zurecht. Seine kurzen Arme hatte er aufgestützt und wie zum Gebet dicht vor sein Gesicht gehoben. Diese Bedingung paßte ihm nicht, das konnte Frank merken. »Na schön. Fangen wir ganz klein an.« Becks zog einen gefalteten Zettel aus der Gesäßtasche seiner Jeans. »Das ist eine ganz normale Polizeimeldung aus diesen Tagen. Lies.«

Er schob Frank den zerknitterten DIN-A4-Zettel über den Tisch.

POL-VIE: Hakenkreuz in den Lack gekratzt
NETTETAL (ots) - Gestern, 26. November, gegen 21.10 Uhr, beschädigten ca. 6 bisher unbekannte Personen im Bereich der Jahnstraße 5 geparkte Fahrzeuge. Die Täter wurden von einem Zeugen beobachtet. Sie zerkratzten mit einem spitzen Gegenstand die Pkws mit Hakenkreuzen und anderen Zeichen verfassungswidriger Organisationen. Dabei entstand ein Sachschaden von ca. 6.000 Euro. Der Staatsschutz hat die Ermittlungen aufgenommen und bittet um Hinweise. *ots-Originaltext: Pressestelle der Polizei Viersen*

Frank faltete den Zettel zusammen und gab ihn Becks zurück. »Na, und?«
Becks zerdrückte die Zigarette im Aschenbecher. »Die Meldung ist nicht weiter interessant. Das ist nur Kinderkram, da magst du recht haben. Spannender ist vielmehr die Tatsache, daß dieser Masuhr zumindest Kontakte zur Neonazi-Szene haben soll. Es gibt Informationen, daß Masuhr zu einem Schlägertrupp gehört. Ein übler Bursche. Könnte es sich bei dem Mord um einen Racheakt unter Skinheads handeln?«
»Woher weißt du, daß der Tote Masuhr ist?«
Becks schob sein berüchtigtes Honigkuchengrinsen über sein rundes Gesicht und zuckte mit gespielt unschuldiger Miene mit den Schultern. »Laß mir doch auch meine kleinen Geheimnisse. Und – ist es Masuhr?«
»Ja.«
»Und weiter?«
»Nichts weiter. Wir stehen noch am Anfang unserer Ermittlungen. Außerdem bist du ja dran mit Erzählen. Aber vielleicht sollten wir einfach nur den Kaffee in Ruhe trinken und ein bißchen über Musik reden.«
Becks schüttelte den Kopf. »Dafür bin ich nicht hergekommen. Also, es gibt in Nettetal offenbar ziemlich rege Neonazi-Aktivitäten. Die selbsternannten Retter des Deutschtums sollen sich regelmäßig in einem Waldstück bei Leuth treffen und dort Krieg spielen. Es gibt angeblich auch Verbindungen dieser Gruppe zu honorigen Kreisen in der Stadt. Die Rede ist auch von einer finanziellen Unterstützung dieser Spinner durch Geschäftsleute, die nach außen selbstverständlich jede Verbindung zu der braunen Brut leugnen. Ich will nicht sagen, daß es so etwas wie einen geheimen Zirkel gibt, aber so ähnlich stelle ich mir das schon vor. Mehr rücken unsere Informanten allerdings nicht heraus, aus Angst vor einem nächtlichen Besuch ungebetener Gäste mit Baseballschlägern. Ich kann das sogar verstehen. Da gibt es ja durchaus warnende Beispiele aus anderen Teilen der Republik.« Becks sah Frank erwartungsvoll an, fischte dabei die nächste Zigarette aus der Schachtel und suchte in seiner Hemdtasche nach dem Feuerzeug.
»Zu diesem *geheimen Zirkel*, oder wie immer du ihn nennen magst, kann ich nichts sagen. Das klärst du besser mit Beuke.«

»War ja meine Absicht.« Becks deutete mit der Zigarette auf Frank. »Könnte es denn nicht sein, daß Masuhr – ich sag mal ganz vorsichtig – nach einer Strafaktion der Gruppe sterben mußte? Vielleicht war er jemandem im Weg? Sein Mörder hat ihn angerufen, ist mit ihm in den Wald gefahren und hat ihn dann erledigt. Und um Spuren zu verwischen, hat er den Wagen angezündet. Muß einen schönen Knall gegeben haben. Nur komisch, daß niemand etwas bemerkt hat. Oder bemerkt haben will. Habt ihr denn keine Spuren gefunden, die euch weiterbringen?«

Frank ging die Neugierde seines Bekannten allmählich zu weit. Er war auf der Hut. Bloß kein unbedachtes Wort jetzt. »Es gibt eine ganze Reihe von Reifenspuren. Die haben wir natürlich gesichert. Aber die Auswertung läuft noch. Wir werden die Abdrücke natürlich mit den Reifen von Verdächtigen abgleichen. Das ist eine Mordsarbeit, denn die Gegend um Leuth wird viel von Jagdgesellschaften genutzt. Das dauert. Das kannst du dir sicher vorstellen.« Frank nahm den letzten Schluck aus seinem Becher. Der starke Kaffee bereitete ihm Magenschmerzen. Er hätte es wissen sollen. Der Kaffee der Gerichtskantine war berüchtigt für seine Wirkung. Frank schwor sich, dringend seinen Kaffeekonsum einzuschränken. Schon lange machte ihm sein Magen Probleme. Vielleicht sollte er es für eine Zeit lieber mit gesundem Kamillentee versuchen.

»Habt ihr denn schon das Umfeld von Masuhr untersucht?«

»Mensch, Becks, wie lange machst du den Job schon? Du müßtest eigentlich wissen, daß die Kollegen schon längst dabei sind. Aber so schnell, wie ihr euch das immer vorstellt, geht das nun mal nicht. Im übrigen hat sich bisher nicht eine einzige heiße Spur ergeben. Zumindest die, die wir bisher ausgewertet haben, haben uns nicht weitergebracht. Es kann ja auch durchaus sein, daß Masuhr mehr zufällig Opfer geworden ist. Daß er seinen Mörder erst kurz vor der Tat getroffen hat. Wer weiß das schon? Aber sei ganz beruhigt, wir werden das herauskriegen – und du wirst es natürlich als erster erfahren.«

»Jaja, die Rheinische Post lesen Sie in der ersten Reihe. Laß die Sprüche. Verarschen kann ich mich selbst.«

»Sei doch nicht so angefressen! Du hast doch sonst Humor.« Frank tat, als sei er völlig verwundert. In Wirklichkeit tat es ihm gut, Bert Becks einmal hochnehmen zu können.

»Ich bin an der Geschichte dran, und ich will sie schreiben. Ob du mir dabei hilfst oder nicht.« Becks zerdrückte dabei heftig den winzigen Rest seiner Zigarette im Aschenbecher.

»Ist schon gut.« Frank zögerte kurz. Dann hatte er sich entschieden: was soll's, dachte er, ein paar Info-Häppchen könnte er schon an Becks verfüttern. Damit würde er schon keinen großen Schaden anrichten. »Vielleicht kann ich dir aber doch noch ein paar Informationen geben, die ganz frisch sind. Du darfst sie aber noch nicht verwerten. Ich werde mir gleich beim Staatsanwalt noch die Genehmigung holen, um die Wohnung von Masuhr aufmachen zu können. Vielleicht bringt uns das weiter. Außerdem gibt es endlich eine Entwicklung in Sachen Heike van den Hövel.«

Frank machte eine Kunstpause. Frank konnte sehen, daß Becks die Spur aufgenommen hatte. Der Journalist rutschte auf dem Stuhl aufgeregt hin und her. Die nächste Zigarette klebte filmreif im linken Mundwinkel. Er kniff ein Auge zu, weil ihm der Zigarettenqualm in den Augen brannte, während er seinen Kugelschreiber und einen in der Mitte geknickten Block zückte. Was der Mann nicht alles in seinen Taschen mitschleppte. Frank mußte grinsen.

»Laß dir doch nicht jedes Wort aus der Nase ziehen.« Becks wartete.

»Steck deinen Block ruhig wieder weg. Ich habe doch gesagt, das darfst du nicht schreiben. Die Kollegen vom LKA haben das Handy, das wir bei der Toten gefunden haben, geknackt. Das war gar nicht so einfach, denn das Ding war kaputt. Die Spezialisten haben es sogar geschafft, die aufgelaufenen SMS wieder sichtbar zu machen. Ich kann dir zwar nicht alles sagen, aber es scheint so zu sein, daß Heike van den Hövel eine Liebesbeziehung gehabt hat. Zumindest läßt der Text der SMS darauf schließen.«

»Und was soll nun daran so sensationell sein?«

»Zumindest wissen wir jetzt, daß es da noch jemanden gibt. Bislang hatte es immer nur geheißen, Heike van den Hövel habe keinen Freund, auch keinen Freundeskreis. Nicht mal ihre alten Schulfreundinnen konnten sich daran erinnern, daß Heike mit Freunden zusammen war.«

»Und was steht in den SMS?«

»Das, lieber Bert, kann ich dir leider nicht sagen.«

»Ach, komm, jetzt hör nicht mittendrin auf. Du wirst mir doch ein paar von den SMS erzählen können.«

»Nein. Das liegt daran, daß ich selbst sie bisher auch nur überflogen habe und noch nicht genau kenne. Ecki ist gerade dabei, den Absender festzustellen. Jedenfalls muß der SMS-Partner sehr verliebt in Heike gewesen sein, sonst hätte er ihr nicht diese Art Meldungen schicken können.« »Ein kleines Beispiel, nur ein kleines?« Becks hatte den Block längst wieder weggesteckt.

»Du bedeutest mir sehr viel. Ich bin froh, daß du mir alles erzählt hast. Ich werde mit dir schweigen.«

Becks traute seinen Ohren nicht. »Eh, hör mal, ist bei dir jetzt 'ne Sicherung durchgebrannt, oder warum erzählst du mir das jetzt? Willst du mich anbaggern, oder was?«

»Das ist der Text einer SMS, du wolltest ihn doch hören.« Frank grinste sein Gegenüber an und lehnte sich zurück.

»Mas soll ich denn damit machen? Mit dem Gesülze kann ich nichts anfangen.«

»Siehst du, so ist Polizeiarbeit. Wir nämlich auch nicht. Und deshalb müssen wir erst den Absender befragen. Dann wissen wir mehr.«

»Ob er der Mörder ist?« Becks hatte sich wieder gefangen.

»Keine Ahnung, woher soll ich das wissen?«

»Vielleicht der große Unbekannte. Jack the Ripper vom Niederrhein. Der unheimliche Messermörder.«

»Du guckst zuviel RTL Explosiv. Heike van den Hövel wurde erschlagen, nicht erstochen. Jetzt geht deine Phantasie mit dir durch. Du guckst wirklich zuviel von diesen volksverdummenden Magazinen.« Frank machte es Spaß, Becks dabei zu beobachten, wie er versuchte, Polizeiarbeit zu machen.

»Schon gut, schon gut. Klar, erschlagen. Womit eigentlich?«

»Das wissen wir nicht mit letzter Sicherheit. Es läuft alles auf einen Baseballschläger hinaus. Paßt vom Spurenbild am ehesten.«

»Skinheads benutzen Baseballschläger.«

Frank fiel ihm ins Wort. »Klar, und sie tragen Bomberjacken und Springerstiefel. Das macht sie aber noch lange nicht zu Mördern.«

»Wer weiß.«

»Was willst du damit sagen? Heike van den Hövel als Opfer eines Skinhead-Überfalls? Andererseits, auszuschließen ist nichts. Wir haben dafür aber keine Anhaltspunkte. Noch nicht, jedenfalls.«

»Vielleicht war es die Schlägertruppe von Masuhr?« Bert Becks durchsuchte mit einem schnellen Griff die Zigarettenschachtel, aber sie war leer.

Frank lehnte sich vor. »Jetzt geht die Phantasie aber endgültig mit dir durch. Auch dafür gibt es keine Anhaltspunkte. Es gibt nicht den geringsten Anlaß zu denken, daß die beiden Fälle irgendetwas miteinander zu tun haben. Komm jetzt bloß nicht auf die Idee, bei deinen Kollegen solche Gerüchte in die Welt zu setzen. Damit machst du dir nur selbst Ärger.«

Bert Becks hob entschuldigend die Hände. »Man wird doch mal ein bißchen nachdenken dürfen. Oft hilft es, wenn man um die Ecke denkt. Ich hab' damit schon erstaunliche Erfolge gehabt.«

»Komm, darüber reden wir ein anderes Mal bei einem Bier. Ich muß jetzt los, sonst erwisch' ich niemanden mehr bei der Staatsanwaltschaft. Außerdem ist hier gleich Feierabend.« Frank sah sich um, sie waren mittlerweile alleine in der Kantine. Er räumte die beiden Becher zusammen, um sie beim Hinausgehen im Vorraum der Kantine auf den bereitstehenden Küchenwagen zu stellen.

»Eine Frage habe ich noch. Kannst du mir sagen, warum die Leiche von Heike van den Hövel ausgerechnet mitten auf dem Markt in Breyell gelegen hat? Ich meine, wer schafft eine Leiche vor den Lambertiturm? Was hat das zu bedeuten?«

»Diese Frage haben wir uns auch schon mehrfach gestellt. Ich kann sie nicht beantworten. Wirklich nicht. Sicher ist soweit nur, daß die Tote auf jeden Fall gefunden werden sollte.«

»Das ist ja filmreif,« dachte *Enthüllungsreporter* Bert Becks laut.

»Kirchplatz, Kirchturm, alter Friedhof – vielleicht ein Opfer? Ein Menschenopfer? Sieht fast so aus. Was hat der Turm damit zu tun?« Frank schüttelte demonstrativ die Gedanken ab. »Schluß damit, jetzt fange ich auch schon an, so wie du zu spekulieren. Vielleicht ist die Geschichte ganz anders. Das Schlimme ist nur, daß wir sie nicht kennen. Noch nicht.« Frank stand auf und nahm das Geschirr mit.

Toter lag im Garten – Mord nahe der Grenze: Polizei hält sich bedeckt
GRENZLAND (lg). 23 Morde zählte die Grenzprovinz Limburg im vergangenen Jahr. Diese Serie scheint so weiterzugehen: Am Montag fanden Nachbarn in Geelen die Leiche eines 33jährigen. Er lag ermordet im Garten seines Hauses. Aus ermittlungstaktischen Überlegungen macht die Polizei derzeit noch keine Angaben darüber, wie der 33jährige ums Leben kam. Auch ist noch nicht bekannt, wie lange der Ermordete schon tot war. Er bewohnte das Haus mit seiner Lebensgefährtin. Gerüchte, wonach es bei dem Mord um eine Abrechnung innerhalb der kriminellen Szene des Grenzlandes ging, will die Polizei weder bestätigen noch verneinen. Auch macht die Polizei bisher noch keine Angaben darüber, ob der Ermordete der Polizei bekannt war.

XXVI.

Vander sah Böskes durchdringend und lange an, bevor er sprach. »Das solltest du dir noch einmal überlegen.«

Böskes schwitzte, obwohl er im Hemd in seinem Büro saß und die Heizung nicht höher stand als üblich. Die Schweißperlen hinterließen auf seinen grauen, schlecht rasierten Wangen schmale unregelmäßige Spuren. Er fühlte sich von einer unsichtbaren Faust tief in seinen Bürostuhl gepreßt. Er war unfähig, sich zu bewegen. Das hatte er nicht erwartet. Nicht von seinem besten Freund. Zumindest hatte er bis eben gedacht, daß Vander sein bester Freund war.

»Wie konntest du das tun? Von Mord war nie die Rede. Du solltest ihn nur etwas hinhalten, mehr nicht. Sicher, Masuhr war ein Schwein, aber wir wären auch so mit ihm fertiggeworden. Es gibt immer einen Ausweg. Mord ist nie ein Ausweg. Nie. Das kannst du mir glauben.«

»Hör auf zu jammern. Es ist, wie es ist. So oder so wirst du zahlen müssen. Laß Masuhr nur meine Sache sein. Niemand wird auf mich kommen.« Vander lachte leise. »Schließlich bin ich mit deinem Wagen gefahren, vergiß das nicht. Sie werden deinen Wagen suchen, nicht meinen.«

Dieter Böskes hatte das Gefühl, keine Luft mehr zu bekommen. Er hörte nicht mehr zu. Im Zeitraffer liefen die letzten gemeinsamen Jahre mit Vander vor ihm ab. Die gemeinsamen Jagdausflüge, die Kegeltouren, die Treffen mit den Freunden und Förderern des Brauchtums, Vander, van den Hövel und die anderen. Lachen, Zuprosten, verschwitzte Männerfreundschaft auf Sauftouren, Schwüre, das Gefühl, zusammen unschlagbar zu sein. Gegenseitig gebeichtete Frauengeschichten. Und immer wieder das Gefühl, einen Freund zu haben, der zu einem steht. Betrogen hatte Vander ihn, ausgenutzt. Vander hatte ihn ganz klein gemacht, er hatte ihn jetzt in der Hand. Er konnte nur noch willenlos gehorchen, wie ein Hund. Er war tot. Er mußte bezahlen, so oder so, das hatte Vander gesagt.

»Hörst du mir überhaupt noch zu? Willst du das Foto noch einmal sehen?« Vander hielt ihm das Foto entgegen. »Na? Bist gut getroffen, mein Lieber.«

Böskes drehte mit einem gequälten Laut seinen Kopf zur Seite.

»Sieh es dir doch an, wird mächtig Spaß gemacht haben, an dem Tag. Hast du gestöhnt, vor Lust, als du die kleine van den Hövel gevögelt hast? Hast du dabei an ihren Alten gedacht? Was dein Freund van den Hövel wohl sagen würde, wenn er das Foto zu sehen bekäme. Eigentlich keine schlechte Idee.«

»Was willst du? Sag' endlich, was du willst.«

Klaus Vander rückte seine Brille zurecht. Wie immer war er ganz in Schwarz gekleidet. Der Teufel in Person saß in Böskes Büro. »Das habe ich dir eben schon gesagt, lieber Dieter. Ich will, daß du mir den Rest der 100.000 gibst. Außerdem will ich fünf Prozent von jedem deiner Aufträge. Und ich bin der Alleinlieferant für deine Baustellen. Das muß dir mein Schweigen und mein Freundschaftsdienst doch wert sein, oder?«

Böskes sprach jetzt mit der gequälten Stimme eines Kindes, das sich vor seinem Vater fürchtet. »Wie soll ich das machen? Das ist mein Ruin. Du ruinierst mich. Ich komme eh' nur so gerade über die Runden. Außerdem bist du zu teuer. Das geht nicht. Überleg' dir was anderes. Bitte hab Mitleid mit mir. Wir sind doch Freunde, Klaus, bitte.«

»Ich glaub', ich höre nicht richtig? Ich muß mir nichts überlegen, du mußt deinen Grips anstrengen! Du hast dich selbst in den Ruin getrieben. Was mußt du auch mit der van den Hövel rummachen? Laß' dir was einfallen, mein Freund, du bist doch sonst nicht auf den Kopf gefallen. Wirst schon eine Lösung finden. Da bin ich mir ganz sicher.«

»Klaus...« Böskes versuchte sich zu wehren.

»Klaus, Klaus, hör auf zu wimmern! Du Memme. Statt hier vor mir rumzukriechen, solltest du lieber endlich deine Bank bemühen oder in deinen Sparstrümpfen kramen.« Vander schien diese Vorstellung zu gefallen. »Ja, such' dir deine Sparstrümpfe zusammen, oder guck unter deine Matratze.«

»Klaus.« Dieter Böskes versuchte es noch einmal. »Ich kann dir so schnell kein Geld geben, Christa...«

»Hör auf mit Christa. Das zieht nicht. Sieh zu, wie du mit ihr klar kommst.«

Böskes hob hilflos seine Hände und ließ sie schwer auf die Armlehne seines Sessels fallen. »Wie soll das gehen?«

»Mensch, stell' dich doch jetzt nicht ganz blöd an.« Vander klang jetzt regelrecht aufgekratzt, fast fröhlich. »Erhöh' doch einfach deine Preise. Verkauf dein Auto, was weiß ich? Verkauf' dein Wochenendhaus im Allgäu. Ja, genau, verkauf' die Wohnung in Moosbach. Ruf' den Kreutz-Wirt an, der Martin soll dir einen Käufer suchen.«

Böskes konnte nichts mehr sagen. Schwer atmend saß er in sich zusammengesunken in seinem Ledersessel und starrte erschöpft vor sich hin. Er war erledigt. Tot. Er wollte nicht mehr leben.

Vander stand auf. »Paß auf, Dieter, ich hab noch zu tun. Sieh zu, daß du das Geld bis Anfang nächster Woche hast. Hier hast du das Foto, es soll dich an die Frist erinnern.« Er warf ihm nachlässig das Foto hin, Böskes wischte es voller Ekel vom Schreibtisch. Das Foto landete neben der Tür und blieb mit der weißen Seite nach oben liegen. An der Tür drehte sich Vander noch einmal um und nahm seine Brille ab. »Weglaufen nützt nichts. Denk' ja nicht, du wärst mit dem Foto alle Sorgen los. Ich habe noch genug davon. Das kannst du dir bestimmt denken. Sie sind eine sichere Bank. Gut angelegt. Besser noch, sie sind meine Altersversorgung, eine krisensichere dazu.« Ihm fiel noch etwas ein. »Denk' nicht mal daran, zur Polizei zu gehen. Dort wirst du keine Hilfe bekommen. Im Gegenteil, wenn sie von deinem Verhältnis mit ihr erfahren, werden sie dir mit Vergnügen auch noch den Mord an Heike anhängen. Der große Böskes zu lebenslanger Haft verurteilt, wegen Doppelmordes. Ich kann die Schlagzeile förmlich vor mir sehen.« Mit einer weit ausholenden Bewegung zeichnete Vander die imaginäre Schlagzeile in die Luft. Ohne weiteren Gruß verließ er das Büro.

Zurück blieb Dieter Böskes, der noch lange auf die Stelle starrte, wo das unsichtbare Urteil in der Luft hängen zu bleiben schien. Christa, was konnte er tun, damit Christa nichts merkte? Was hatte er mit seinem Leben gemacht? An der Tür lag das Foto. Der weiße Fleck würde ihn noch umbringen.

Frank hatte den Hefter mit den abgeschriebenen SMS-Botschaften aufgeschlagen vor sich liegen. Er war allein im Raum. Die Kollegen hatten längst Feierabend gemacht. Auch Ecki war schon bei seiner Familie. Er hatte ihm an den Schnellhefter einen gelben Merkzettel geklebt: »Na, altes Frettchen? Erfolg gehabt? Viel Spaß beim Lesen.«

Frank zählte die SMS durch. Insgesamt waren es 19 Stück, verteilt auf zwei Tage. Meist waren die Botschaften nur drei oder vier Zeilen lang. Der Text war nicht sonderlich auffällig. Nur das Übliche: »Ich freue mich auf dich! Wann bist du endlich da?« »Die Nacht mit dir war schön!« »Laß uns immer zusammensein.« »Ich möchte dir ein Kind schenken.«

Frank mußte an Lisa denken. Sie hatten sich zu Beginn ihrer Beziehung auch jede Menge SMS geschickt. Manchmal war er den ganzen Tag nicht richtig zum Arbeiten gekommen, so sehr war er mit dem Handy beschäftigt.

Frank sah sich den Absender der SMS an. In allen Fällen war es ein Markus Jansen aus Kaldenkirchen, Mitte 20. Frank notierte sich die Adresse. Er kannte die Wohngegend. Sie gehörte nicht eben zu den bevorzugten Quartieren Nettetals. Frank sah auf die Uhr. Er war noch nicht zu spät für einen Besuch.

Eine gute Viertelstunde später stand er vor dem Wohnblock im Kaldenkirchener Westen. Frank sah an der Fassade hoch. Nur in wenigen Fenstern war Licht. Eine Wohnung schien gar nicht belegt zu sein. Er suchte auf dem mit Graffiti und Spuren eingebrannter Zigarettenkippen übersäten Klingelschild aus Plastik nach dem Namen und klingelte. Die Haustür wurde fast unmittelbar darauf aufgedrückt. In der zweiten Etage klingelte er erneut. Eine Frau in einem verblichenen rosafarbenen Jogginganzug öffnete die Türe einen Spalt.

»Ja?«

Frank zeigte seinen Dienstausweis. »Guten Abend, mein Name ist Borsch. Sind Sie Frau Jansen? Elisabeth Jansen?«

»Na, und?«

Kann ich bitte Ihren Sohn sprechen? Es ist wichtig.«

»Der ist nicht da. Das habe ich doch schon gesagt.«

»Was meinen Sie? Darf ich einen Moment reinkommen?«

Die Frau reagierte nicht. Sie hielt die Türe weiterhin gerade nur soweit auf, daß Frank nicht in den Flur hinter ihr sehen konnte. »Na, die beiden waren dieser Tage hier und haben mich eine Menge blödes Zeug gefragt. Wissen Sie eigentlich nicht, wie spät es ist? Habt ihr Bullen nichts Besseres zu tun, als anderen Leuten hinterher zu spionieren? Lassen Sie mich in Ruhe. Markus ist nicht hier.«

»Mit wem haben Sie darüber gesprochen? Wer war bei Ihnen?«

»Na, Polizisten. So wie Sie. So ein Dicker mit einem gelben Anorak und so'n Dürrer. Mehr weiß ich nicht. Ist mir auch egal. Ich will meine Ruhe.«

Frank versuchte es noch einmal. »Ich möchte nur Ihren Sohn sprechen. Wissen Sie wo er ist?«

»Sind Sie taub? Ich weiß nicht, wo er ist. Ist mir auch egal. Der Junge ist schließlich alt genug. Alt genug.« Den letzten Teil hatte sie mehr zu sich selbst gesagt.

»Darf ich nicht reinkommen? Nur einen Moment?«

Elisabeth Jansen blieb hart. »Nein, habe ich gesagt. Sonst noch was?«

Frank gab auf. Er nahm seine Brieftasche aus der Innentasche seiner Jacke und gab Elisabeth Jansen eine seiner Visitenkarten. »Wenn er kommt, sagen Sie Ihrem Sohn, er möchte mich anrufen. Er kann auch nachts anrufen. Eine

Frage habe ich noch: hat Ihr Sohn eine Bekannte oder eine Freundin? Bitte denken Sie nach, das ist wichtig für mich.«

»Lassen Sie mich doch endlich in Ruhe. Die Weibergeschichten von meinem Sohn gehen mich nichts an.« Elisabeth Jansen schloß die Tür und ließ Frank einfach stehen.

Frank blieb im Auto sitzen und mußte die Begegnung mit der Mutter von Markus Jansen erst einmal verdauen. Wenn der Sohn auf die Mutter kommt, dann konnte er nicht verstehen, was Heike van den Hövel bloß an Markus Jansen hatte finden können. Die Unternehmerstochter und der Sohn aus armen Verhältnissen, nicht gerade die ideale Partnerschaft für eine glückliche Zukunft. Aber wer weiß, was die beiden verbunden haben mochte.

Gelber Parka: Das konnte nur Beuke gewesen sein. Er würde ihn direkt am nächsten Morgen aufsuchen, oder anrufen. Frank startete den Motor und fuhr über die B 7 nach Breyell und von dort Richtung Autobahn. Auf seinem Weg mußte er hinter dem Ortsschild von Lötsch stark abbremsen. Fast hätte er einen der langsam fahrenden Rübentransporter übersehen und wäre ungebremst hinten auf den Hänger gerast. Frank atmete auf, das war knapp. Nur mit Mühe hatte er das Ausbrechen seines Wagens verhindern können. Die Trecker mit ihren hochbeladenen Anhängern waren in der Dunkelheit schlecht zu sehen. Aber er war auch zu schnell gefahren, das mußte er sich eingestehen. Außerdem war Frank in Gedanken bei Markus Jansen und Heike van den Hövel gewesen. Daß der Alte nichts gemerkt hatte! Frank mochte es kaum glauben. Er würde van den Hövel noch einmal fragen.

Im CD-Player lief *Passing by Blues* von R.J. Mischo von der CD *Meet me on the Coast.* Aber selbst Mischos Harp-Künste konnten ihn nicht auf andere Gedanken bringen. An der Autobahnausfahrt Mönchengladbach-Wickrath machte er bei *Kentucky Fried Chicken* halt. Ihm war aufgefallen, daß er seit dem Morgen nichts mehr gegessen hatte. Mit einer Tüte *Chicken Wings* machte er sich auf in seine Wohnung. Als er endlich schlief, war es schon nach Zwei.

Am anderen Morgen holte er Ecki im Präsidium ab. Er fuhr diesmal mit seinem Privatwagen. Der Dienst-Mondeo war zur Inspektion. Sein Partner wartete schon am Eingang zum Hochhaus auf ihn und kaute an einem belegten Brötchen. In einer Hand hielt er einen weißen Pappbecher.

»Komm', steig ein, aber versau' mir nicht das Auto.«

»Guten Morgen, lieber Frank. Sagst du jetzt noch nicht mal mehr die Tageszeit? Ich paß' schon auf, daß ich nichts verschütte. Fahr' du nur nicht wie eine gesengte Sau. Nee, das ist falsch. Du siehst eher aus wie ein besicktes Pony. Traurig und mit großen Ohren.« Ecki hätte sich vor Lachen fast verschluckt. Er mußte husten und hielt sich die Hand, in der er den Becher balancierte, vor den Mund. Dabei schwappte der Kaffee verdächtig heftig hin und her. Ecki sah die Blicke. »Keine Angst, passiert schon nix. Fahr' du lieber los.« Ecki grinste noch immer. Er wußte, daß Frank den Ausdruck »besicktes Pony« nun so gar nicht mochte. »Bißchen eng in deinem MGB. Wo geht es eigentlich hin?«

»Wir sehen uns die Wohnung von Masuhr an.«

Ecki blieb unbeeindruckt. »Aha. Na, was sagst du zu den SMS? Ziemlich verliebt der Gute, oder? Hach, ist das nicht schön, glücklich verliebt zu sein?«

Frank bremste so abrupt, daß Ecki der Becher fast aus der Hand gerissen wurde. »Wenn du nicht aufhörst mit diesen dämlichen Anspielungen, kannst du zu Fuß nach Hinsbeck latschen. Ich jedenfalls habe keinen Bock, mir das Gequatsche jeden Tag anzuhören. Such' dir einen anderen, aber verschone mich mit diesen neumalklugen Kalendersprüchen!«

»Ach, der Herr haben schlechte Laune? Kann ja heiter werden.« Ecki nippte beleidigt an seinem Kaffee. Er hatte Frank nun wirklich nicht ernsthaft hochnehmen wollen. An Lisa und Franks Seelenschmerzen hatte er überhaupt nicht gedacht. Er hatte wirklich nur die Unbekümmertheit gemeint, mit der offenbar die SMS hin und her gegangen waren. Statt Briefchen zu schreiben wie in seiner Jugend, diente heute die mobile Telekommunikation als Amors Bote.

»Tut mir leid.« Frank hatte sich schon wieder beruhigt.

»Ich finde, daß wir endlich eine heiße Spur im Mordfall van den Hövel haben. Aber erst mal werden wir die Wohnung von Masuhr auf den Kopf stellen. Ich habe auf der Fahrt zum Präsidium schon einen Schlüsseldienst bestellt. Bin gespannt, was wir da so alles finden. Erinnere mich daran, Beuke nachher anzurufen. Ich habe Jansen gestern Abend nicht mehr angetroffen. Angeblich weiß seine Mutter nicht, wo ihr Sohn steckt.«

In Hinsbeck wartete schon ein Handwerker im grauen Kittel und mit Werkzeugkasten auf die beiden. Es dauerte keine dreißig Sekunden, und sie waren im Haus. Beim Unterschreiben des Auftrags, den ihm der ältere, leicht gebeugte Angestellte des Schlüsseldienstes wortlos auf einem Klemmbrett hinhielt, konnte Frank aus den Augenwinkeln sehen, daß sich im Nebenhaus die Gardinen bewegten. Blockwartmentalität, dachte Frank verächtlich und ging ins Haus. Für einen Moment sah es so aus, als wollte ihm der Mann mit dem Werkzeugkasten folgen, dann aber drehte sich der Handwerker um und ging kopfschüttelnd zu seinem Wagen. Frank fragte sich, was er wohl dachte.

Ecki knipste das Licht im Flur an und ging voraus. Die Räume im Untergeschoß machten einen heruntergekommenen Eindruck. Dem Tapetenmuster nach zu urteilen, war bestimmt schon zehn, fünfzehn Jahre nicht mehr renoviert worden. Die Möbel im Wohnzimmer und im Schlafzimmer waren ebenfalls längst aus der Mode. Überall roch es muffig, nach kaltem Rauch und altem Schweiß. In der Küche herrschte das absolute Chaos. Die Spüle stand voll mit schmutzigem Geschirr, die Oberfläche des einst weißen Herdes war über und über mit braun und schwarz eingebrannten Essensresten bedeckt. Die drei Töpfe waren dreckig.

Als Frank den Kühlschrank öffnete, wich er unvermittelt zurück. Ihm kam der stechende Geruch verschimmelter Lebensmittel entgegen, obwohl die beiden Polizeibeamten nur eine verschlossene ovale Fischkonserve fanden und zwei verschweißte Wurstpackungen. Die etwas windschiefe Küchenzeile mußte aus den 70er Jahren sein. Der Abfalleimer quoll über von leeren Fastfood-Schachteln, Kippen und leeren Dosen einer billigen Biersorte.

Ecki zog die Rolläden hoch und kippte das Küchenfenster. »Das ist ja nicht auszuhalten. Wie kann man sich in so einer Umgebung wohlfühlen? Das stinkt ja wie in einem Russenpuff. Fürchterlich.«

»Woher weißt du, wie es in einem Russenpuff riecht?« Frank öffnete mit routinierten Bewegungen die Oberschränke der Küchenzeile, fand aber außer ein paar Tassen und Tellern nicht viel mehr als nur Tütensuppen, Salz und Pfeffer. Masuhr hatte nach dem Tod seiner Eltern das Haus regelrecht verkommen lassen. Irgendwann hatte Masuhr vermutlich gegen den Schmutz und die Notwendigkeit, zu putzen, kapituliert, oder er hatte von Anfang an keinen Wert auf Sauberkeit gelegt. Vielleicht aus einer unbewußten inneren Auflehnung gegen die erlebte Allmacht der Eltern, dachte Frank, und kam sich dabei vor wie ein Psychoanalytiker für Arme.

Ecki hatte die Nachfrage nach seinen Erfahrungen mit einem Russenpuff überhört. Während er die Tischschublade aufzog und gleich wieder zumachte, mußte er weiter an den toten Masuhr denken und rief Frank hinterher, der schon auf der Treppe mit der abgelaufenen und fleckigen Auslegeware auf dem kurzen Weg ins Obergeschoß war. »Möchte wissen, ob der auch mal sauber gemacht hat. Wohin du auch packst, alles klebt. Ich spür' das sogar durch die Gummihandschuhe. Echt ekelhaft. Hier scheint nichts zu sein. Außer Dreck und Abfall. Die Bude ist auf jeden Fall eine echte Herausforderung für die Müllabfuhr.«

Im Obergeschoß waren zwei Zimmer leer, ihre Türen hatten sich in den vergangenen Jahren verzogen und ließen sich nur mit Mühe und ruckweise öffnen. Als Frank das dritte und größte Zimmer neben dem schmuddeligen Badezimmer öffnete und das Licht einschaltete, pfiff er durch die Zähne. Der Raum war als einziger im ganzen Haus penibel aufgeräumt. Als er den Raum betrat, verschlug es ihm der Atem. Es roch penetrant nach Gummi. Über seinem Kopf hing eines dieser gefleckten Tarnnetze von der Decke. Mit drei langen Schritten war er am Fenster, zog die Rolläden hoch und öffnete das Fenster. Obwohl sie sich noch nicht lange in dem alten, miefenden Haus aufhielten, war die einströmende Kälte eine Wohltat nach der übelriechenden Luft, die in den Räumen wie Blei zu stehen schien.

»Ecki, komm' mal hoch.«

Ecki war schon auf dem Weg und blieb auf der Türschwelle stehen. »Alle Achtung. Das nenne ich Ordnung.«

Neben dem Fenster stand ein hochmoderner Flachbildschirm auf einem Schreibtisch, der bis auf die schnurlose Tastatur und die schnurlose Maus leergeräumt war. Der Rechner stand rechts neben dem Schreibtisch auf dem Boden. An den Wänden hingen, fein säuberlich aufgereiht, große gerahmte Poster mit Nachdrucken von Nazipropaganda. Es waren mehrere Bilder, die immer das gleiche Thema hatten: hochgewachsene Soldaten, die in Kampfmontur, den Karabiner oder die Maschinenpistole in der Hand, stolz in die imaginäre Ferne sahen.

An einer Wand hing die Reichskriegsflagge. Auf einem hohen Sockel war eine Hitlerbüste montiert. Neben der Tür standen in einem Regal dicht gedrängt zahlreiche Bücher mit einschlägigen Titeln. Ecki sah an den Reihen entlang, die exakt an einer imaginären Linie entlang ausgerichtet waren, und zog eines der zum Teil alten, zum Teil neuen Bücher willkürlich heraus. Ecki hielt das Buch schräg, um den Titel lesen zu können: »Die Judenlüge.« Ecki blätterte kurz in dem dicken Buch, um es dann kopfschüttelnd wieder zurückzustellen. Dabei rückte er den Buchrücken so lange zurecht, bis er wieder genau in der Flucht stand. »So ein Quatsch. Wie kann man ernsthaft bezweifeln, daß sechs Millionen Juden umgebracht wurden? Daß in Auschwitz und anderswo die Öfen brannten?«

Frank sah ihn kurz an. »Ich bin davon überzeugt, daß es von diesen Spinnern mehr gibt, als wir beide ahnen. Ich fürchte, daß es genug Dumpfe gibt, die nichts kapiert haben oder verstehen wollen.«

Ecki öffnete einen schmalen Schrank, der neben der Tür stand. Im oberen Teil fand er mehrere sauber beschriftete Aktenordner. In den Fächern darunter standen Karteikästen, und auf dem untersten Regal drängte sich noch eine Reihe mit Aktenordnern. »Scheint ein Büro zu sein.« Ecki zog die Kästen auf. Er fand Karteikarten, die mit Namen und Zahlenkombinationen beschrieben waren. Nicht ein Name, an dem er beim ersten schnellen Durchblättern hängen blieb. »Bin gespannt, was die Kollegen damit anfangen können.«

»Ich habe das unbestimmte Gefühl, daß Masuhr mehr war als nur ein einfältiger Schläger, der für andere die Drecksarbeit macht. Und ich glaube nicht, daß Beuke das alles hier schon gesehen hat. Und so aufgeräumt, wie das hier aussieht, könnte es glatt so etwas wie das Gehirn oder die Schaltzentrale einer Organisation sein. Vielleicht wurden hier bei den Treffen, die der Nachbar erwähnt hat, nicht nur Bierdosen und Pizzakartons leergemacht. Vielleicht liefen hier Fäden zusammen, von denen wir noch nichts wissen. Auf jeden Fall sollten wir Staatsanwalt Böllmann informieren und die Sachen schnellstens ins Präsidium bringen lassen. Verstehe gar nicht, daß Beuke nicht schon längst den Laden hier dichtgemacht hat.«

»Vielleicht ist ja gar nichts da, was man dichtmachen könnte. Ist vielleicht alles halb so wild.«

Frank setzte sich an den Schreibtisch und startete den PC. »Trotzdem werden wir Böllmann informieren.«

»Du glaubst doch nicht, daß du das Ding knacken kannst? Masuhr wird nicht so blöd sein und jeden an seine Daten lassen. Ohne Paßwort wirst du da nicht reinkommen.«

Frank starrte auf die Startseite. Natürlich war der PC mit einem Paßwort geschützt. »Du hast recht. Sag' mal was, irgendwas mit Nazi, Goebbels, Hitler, oder so.«

»Versuch's mal mit SS.«

»Geht nicht.«

»Dann: Wehrmacht, Eva Braun, Sturmbannführer, Heydrich, Gestapo, Großdeutsches Reich, Endlösung.«

»Nicht so schnell.« Frank probierte die Namen und Begriffe durch. »Nee, nichts paßt. Das Paßwort muß anders heißen.«

»Aber vielleicht geht hier was.« Ecki kam mit einem aufgeschlagenen Ordner an den Schreibtisch. »Hier sind Fotos. Vielleicht ein Familienalbum, lauter besoffene Typen mit dicken Bäuchen und Tarnhosen.«

Frank nahm Ecki den Ordner aus der Hand. »Laß' mal sehen.«

»Mann, als wenn ich nicht selbst gucken könnte.«

»Reg' dich ab, da hinten sind noch mehr Ordner.« Frank blätterte durch die Fotoseiten. Die Aufnahmen waren sauber aufgeklebt, mit Datumsangaben beschriftet, und ähnelten sich. Sie zeigten Männer, die in Gruppen auf einer Lichtung um ein großes Lagerfeuer standen und dabei Bier tranken. Den Gesten nach zu urteilen, waren sie zum Zeitpunkt der Aufnahmen schon ziemlich betrunken. Auf anderen Fotos waren kleine Grüppchen zu sehen, die Gefechtsübungen abzuhalten schienen. Zumindest lagen sie entweder in irgendwelchen Erdlöchern und beobachteten einen imaginären Feind, robbten unter Stacheldraht, oder sie waren beim Marschieren abgelichtet worden. Die Qualität der Aufnahmen war alles andere als gut. Vermutlich war der Fotograf selbst nicht mehr ganz nüchtern gewesen. Viele Einstellungen waren unscharf oder verwackelt. Frank schlug den Ordner zu und drehte sich zu Ecki um. »Hast du noch mehr Ordner mit Fotos gefunden?«

Ecki hatte zwei Ordner auf den Boden gelegt und blätterte hastig im dritten. »Du glaubst es nicht!«

»Watt is, haste wieder nackte Frauen entdeckt?«

Ecki sah Frank mit offenem Mund baff an. »Woher weißt du das?«

Frank stand auf und sah Ecki über die Schulter. »Na, dann laß' mal sehen, welche braunen Schönheiten Masuhr in seinem Ordner hat.«

Die Fotos waren genauso unscharf und falsch belichtet wie die Fotos, die

Frank gerade durchgesehen hatte. Nur mit dem Unterschied, daß diesmal Frauen zu sehen waren. Meist jüngere Frauen mit nacktem Oberkörper, die stehend in Tarnhosen posierten, oder unbeholfen versuchten, sich lasziv auf dem Boden vor einem Zelt zu räkeln. Ihre langen Haare hatten sie brav zu dicken Zöpfen geflochten.

Frank griff Ecki über die Schultern und wollte den Ordner zuschlagen. »Wie BDM-Mädchen, nur nicht so züchtig. Müssen ja nette Treffen im Wald gewesen sein. Nimm die Ordner mit, und laß' sie von Beuke auswerten. Er wird bestimmt etwas damit anfangen können.«

»Das wird nicht nötig sein.« Ecki hielt Franks Hand fest und deutete auf eines der Fotos.

Frank mochte nicht glauben, was er sah: Heike van den Hövel, halbnackt, eine Tarnhose tief auf die Hüften geschoben, das weiße T-Shirt über die Brüste gezogen, lachend im Arm eines jungen Mannes, der dem Fotograf mit einer Bierdose zuprostete. Kein Zweifel, die junge Frau war die tote Heike van den Hövel. Die blonden Haare, das Lachen, halb hinter einer Hand versteckt, das alles kannte Frank von Fotos, die er bei dem alten van den Hövel im Büro gesehen hatte. Die lebende Heike hatte so gar nichts von der Toten, die er vom Tatort kannte, und von den Fotos, die der Obduzent gemacht hatte.

»Jetzt bin ich platt.« Frank nahm den Ordner mit zum Schreibtisch und setzte sich. Er sah auf das Datum unter dem Foto: 18. Juli. Heike van den Hövel hatte da noch knapp vier Monate zu leben. »Ecki, sieh' die anderen Ordner durch, vielleicht gibt es noch mehr Aufnahmen. Ich faß' es immer noch nicht. Heike van den Hövel bei Nazi-Spielchen im Wald.«

»Vielleicht ist der Typ neben ihr Markus Jansen.«

»Vielleicht, vielleicht auch nicht. Das muß Beuke uns sagen können. Komm, pack' die Ordner zusammen, wir nehmen sie mit zum Präsidium.« Frank stand auf und nahm den Ordner mit den Fotos von Heike in die Hand. An der Tür blieb er stehen und wartete ungeduldig auf Ecki, der dabei war, die restlichen Ordner nach Fotos abzusuchen, auf der Heike zu sehen sein könnte.

»Nee, ist nur dieser eine Ordner mit Fotos. In den anderen ist nur Schriftkram oder Prospektmaterial von Computern, Waffen oder Adressen von Militariahändlern in der Schweiz.«

Frank wurde noch unruhiger. Sie schienen endlich eine Spur gefunden zu haben, und Ecki trödelte noch herum. »Komm', das kann sich der Erkennungsdienst ansehen. Mach' den PC aus und laß' uns fahren.«

Auf dem Weg nach Mönchengladbach saßen die beiden Ermittler im Auto zunächst schweigend nebeneinander. Frank fuhr vergleichsweise langsam. Das tat er immer, wenn er in Gedanken versunken war und sich konzentrierte.

Angenommen, dachte Frank, angenommen, der Mann neben Heike war Markus Jansen: Was hatte der mit den Neonazis zu tun? Jedenfalls schien er dazuzugehören, wenn man von der Tatsache ausging, daß er auf dem Foto Tarnhosen, Springerstiefel und ein dunkelgrünes T-Shirt trug. Wenn sich sein Verdacht bestätigte, konnte das Foto, das sie vor wenigen Minuten im Schrank von Masuhr gefunden hatten, ihre bisherige Arbeit total auf den Kopf stellen und sämtliche Gedankengebäude zu den verschiedenen Tattheorien über den Haufen werfen.

Frank wurde zunehmend unruhiger. Dann gab es vielleicht einen Zusammenhang zwischen den beiden Morden? Womöglich hatte die Presse bei ihren Vermutungen und wilden Spekulationen der vergangenen Tage und Wochen, ohne es zu wissen, in die richtige Richtung gezielt. Hatten die blinden Hühner ein Korn gefunden, und sie waren die ganze Zeit von falschen Annahmen ausgegangen? Waren sie am Ende die Blinden?

»Was denkst du?« Ecki sah Frank fragend an.

»Ich muß mich erst noch sortieren. Das macht alles noch keinen Sinn.«

»Für mich schon. Ich habe so meine Vermutungen.« Ecki sah angespannt aus. Wie immer war er ganz versessen darauf, seine Version loszuwerden. Er war in diesen Fällen wie ein kleines Kind. Er konnte es einfach nicht abwarten.

»Dann laß' mal hören. Du läßt mir ja doch keine Ruhe.«

Ecki setzte sich im Sitz des MGB aufrecht, soweit das in dem niedrigen Sportwagen überhaupt möglich war, und sah beim Sprechen auf die Autobahn, als würden ihm seine Gedanken über den Asphalt entgegenfliegen. »Ich denke, daß Jansen und Masuhr in der gleichen Gruppe aktiv waren.«

»Kampfgruppe 20. Juli '44.«

Ecki sah Frank fragend an.

»Nicht so wichtig. So heißt die Truppe biersaufender Machos, wenn sie es denn sind. Ich erzähl' dir nachher, was Beuke mir über diese Vereinigung erzählt hat. Wenn die beiden miteinander zu tun hatten. Ich betone: wenn. Aber laß' dich nicht stören, mach' einfach weiter mit deinen Überlegungen. Ich bin ganz Ohr.«

»Also, ich denke, daß die beiden befreundet waren. Irgendwann ist Heike dazugestoßen. Vielleicht sind die Morde an Heike und an Masuhr tatsächlich Beziehungstaten. Masuhr hat Heike dem Jansen ausgespannt. Und Markus Jansen hat sich fürchterlich gerächt. Er hat zuerst Heike erschlagen und dann Masuhr. Beide Male hat er mit einem Baseballschläger zugelangt. Um Spuren zu verwischen, hat er dann noch das Auto von Masuhr angezündet.« Ecki sah Frank erwartungsvoll an.

»Angenommen, du hast recht. Warum legt er dann die tote Heike vor dem Lambertiturm ab? Und warum nimmt er nicht das Handy mit? Er muß doch damit rechnen, daß man es bei der Toten findet?« Frank war noch nicht so ganz von Eckis Theorie überzeugt.

Ecki ließ nicht locker. »Vermutlich hat er, besser gesagt, hat der Mörder es übersehen. Vielleicht war das Ablegen vor dem Turm eine Panikreaktion, oder er wollte bewußt eine falsche Spur legen?« Ecki zog die Stirn noch mehr in Falten. »Vielleicht hat er...«

Frank unterbrach ihn. »Und warum bringt er erst Heike um und dann viel später Masuhr?«

»Ich vermute, daß Masuhr nicht geahnt hat, wer Heike umgebracht hat. In den Zeitungen hat jedenfalls nichts über einen möglichen Täter gestanden, nur Spekulationen und halbgare Theorien der Journalisten. Und gibt es nicht einen Ehrenkodex in solchen Neonazi-Zirkeln? Daß er, Masuhr, gar nicht auf die Idee gekommen ist, daß er seinen Mörder kennt?«

»Da ist was dran.« Frank wollte diese Möglichkeit nicht ausschließen. »Je mehr ich darüber nachdenke, um so einleuchtender wird mir deine Theorie. Wir sollten nachher schleunigst Böllmann aufsuchen. Und wir müssen die Fahndung nach Markus Jansen rausgeben. Außerdem müssen wir auf jeden Fall van den Hövel nach Jansen fragen. Vielleicht kennt er ihn doch.«

»Mensch, paß' auf!«

Frank bremste so stark, daß Ecki sich am Armaturenbrett abstützen mußte. Er war mit einem Mal kreidebleich.

»Du hättest glatt die Abfahrt verpaßt.«

»'Tschuldige. Soll nicht mehr vorkommen.« Frank versuchte ein Lächeln, das aber eher zu einem verunglückten schiefen Grinsen wurde. Die Gedanken an Heike, Jansen und Masuhr ließen ihn nicht los. So könnte es gewesen sein: eine Dreiecksgeschichte mit tödlichem Ausgang. Wenn sie Markus Jansen fänden, hätten sie den Schlüssel zu den Taten. Zum ersten Mal seit langem fühlte sich Frank zufrieden und zuversichtlich. Fast hätte er angefangen zu pfeifen. Kein Mord bleibt auf die Dauer ungesühnt. Die Sonne bringt die Wahrheit an den Tag. Frank mußte an die Binsenweisheit denken und klappte gleichzeitig die Sonnenblende herunter. Die kalte Sonne stand tief und blendete ihn.

Im Präsidium trafen sie Ralf Böllmann. Er kam gerade von einem Gespräch mit dem Polizeipräsidenten, wie er erzählte. Ein wirklich zugänglicher Mensch, wie Böllmann hinzufügte. Er, der Präsident, gehe davon aus, daß die Zusammenarbeit zwischen den beiden Behörden Staatsanwaltschaft und Polizei mit dem Einsatz der neuen Kommunikationsmittel und der veränderten Behördenstruktur weiter vorankommen werde.

Frank und Ecki hatten allerdings diesmal nicht die Geduld, sich Böllmanns Theorie über die Fortschreibung von Kommmunikations- und Fahndungsstrukturen bei den Strafverfolgern anzuhören, und nickten mehr oder weniger geistesabwesend. Böllmann wunderte sich über ihr Verhalten, denn sonst waren die beiden Ermittler immer darauf aus, die neuesten Entwicklungen in der

Justiz kennenzulernen. In ihrem Büro informierten Frank und Ecki den Staatsanwalt über die neue Lage.

»Dann sehen Sie zu, daß Sie Jansen so schnell wie möglich festnehmen können. Ich bin nach ihren Ausführungen davon überzeugt, daß Jansen als Täter für die beiden Morde in Frage kommt. Gute Arbeit, meine Herren, wirklich gute Arbeit, freut mich – für uns und für Sie.« Böllmann schlug mit der flachen Hand auf seine schwarze Aktenmappe, die er wie ein Primaner auf seinem Schoß liegen hatte. »Seien Sie mir nicht böse, aber ich habe in einer halben Stunde noch eine Sitzung im Landgericht. Wir sehen uns dann später bei der Lagebesprechung.« Der Staatsanwalt verabschiedete sich und bekräftigte erneut, daß er sehr froh sei über die überraschende Entwicklung. »Denn die Presse steht mir fast täglich auf den Füßen. Vielleicht können wir ja bald den Erfolg feiern. Ich lade Sie schon jetzt auf ein Glas Roten ein. Ach ja, bevor ich das vergesse, Beuke soll Sie unterstützen. Ich denke, der Schlüssel zu den Morden liegt in dem Neonazi-Milieu. Bleiben Sie dran.«

Als Böllmann zur Tür hinaus war, seufzte Frank. »Wenn das so einfach wäre. Ich weiß noch nicht einmal, wo wir Jansen suchen sollen.«

Ecki hatte schon den internen Ablaufplan in der Hand. »Das ganze Programm: wir lassen das Haus von seiner Mutter beobachten, am besten auch das Haus von Masuhr. Außerdem soll uns Beuke alle Querverbindungen in dieser merkwürdigen Kampftruppe aufdröseln. Und wir sollten tatsächlich van den Hövel noch mal besuchen.«

»Ey, du bist ja ganz heiß auf diesen Jansen.«

»Ich bin jetzt davon überzeugt, daß er unser Mann ist.«

»Bevor wir van den Hövel besuchen, sollten wir aber erst etwas essen. Beuke kann uns nachher bei der Lagebesprechung aufklären. Ich weiß auch schon, wo wir was zu Essen bekommen.«

»Du willst ins *Capere*. Stimmt's?«

»Nee, heute steh' ich nicht auf italienische Küche. So gut sie im *Capere* auch ist. Ich will Fritten. Ganz einfache Fritten.«

»Und wo sollen wir diese Fritten zu uns nehmen? Hast du einen neuen Geheimtip aufgetan?«

»Wart's einfach ab. Allerdings ist es noch ein kleines Stück Weg.«

Lalelu, nur der Mann im Mond schaut zu, wenn die kleinen Babys schlafen, drum schlaf auch du.
Lalelu, vor dem Bettchen stehn zwei Schuh' und die sind genauso müde, geh'n jetzt zur Ruh'.
hmhmhmhm.

XXVII.

Er erinnerte sich wieder. Der ganz typische Geruch von heißem Fett und Mayonnaise brachte ihn auf eine kleine Zeitreise zurück in seine Jugend. Frank und Ecki standen in der Frittenbude direkt gegenüber dem Lambertiturm. Das kleine Ladenlokal mit der kurzen Glas- und Kunststofftheke, den wenigen Tischen und einfachen Stühlen mit dünnem Stahlrohrrahmen war in seiner Jugend der Treffpunkt der Breyeller Dorfjugend gewesen. Genauso wie die Bänke und der aus kleinen blauen und gelben Mosaiksteinchen gebaute Springbrunnen gegenüber vor dem Turm. Den Springbrunnen gab es längst nicht mehr, auch die beiden Bänke davor waren weg.

Frank war damals oft in der Frittenbude gewesen, die so ziemlich mitten zwischen der Bäckerei an der Ecke und der Stadtbücherei lag. Es waren nicht nur die Fritten gewesen, die er so gerne aß und die ihn angelockt hatten. In der Tür und im Fenster hingen damals die aktuellen Kinoplakate, von denen er sich magisch angezogen fühlte: *Dr. Schiwago*, *Wiegenlied vom Totschlag*, *Die Lümmel von der ersten Bank*.

Ecki hatte sich, wie immer, wenn es schnell gehen mußte, sein »Röhrensteak« bestellt. Er hatte jedes Mal seinen Spaß, wenn die Bedienungen in den Imbißbuden in und um Mönchengladbach die Bestellung nicht verstanden, und er erklären konnte, daß mit »Röhrensteak« eine ganz einfache Currywurst gemeint war. Manchmal bestellte er auch einen »Schutzmannteller«, weil er Currywurst mit Fritten, Mayo und Ketchup wollte.

Frank hatte in Erinnerung an früher eine »große Pommes mit Mayo und Senf und eine Frikadelle« geordert. Dazu hatten beide Cola bestellt und sich in eine Ecke an einen der Stehtische verzogen.

»Laß' uns überlegen, wie wir weiter vorgehen.«

Über den Plastikteller gebeugt, spießte Ecki ein Wurststück auf und schob es sich mit einem langgezogenen »hmmmm« in den Mund. »Der Weg bis hier hat sich schon gelohnt. Auch wenn eine Fahrt in einem MGB bei dieser Witterung schon eine arge Zumutung ist. Das dünne Stoffdach hält ja so gut wie gar nichts ab von der Kälte. Ich hoffe, daß wir den Mondeo bald zurück haben. Und dann hoffentlich noch mit unserer Anlage. Wehe, Laumen hat es gewagt, den Ausbau anzuordnen.«

Frank kaute grinsend auf einem Stück Frikadelle. Ecki war doch ein Weichei. Aus dem würde nie ein echter Cabriofahrer. Außerdem war Frank sicher, daß sich Laumen nicht erdreisten würde, den CD-Player ausbauen zu lassen. »Ach, Laumen, der Spinner, das traut der sich doch nie. Laß' uns lieber überlegen, was wir gleich als nächstes tun wollen. Ich denke, wir werden als erstes van den Hövel befragen. Danach werden wir, so hoffe ich, gerade rechtzeitig zur Lagebesprechung zurück sein. Dann sehen wir ja, was die Kollegen an

Ergebnissen zusammengetragen haben. Der Tag heute ist noch lange nicht vorüber.«

»Das fürchte ich auch. Du scheinst ja wirklich mal gute Laune zu haben. Ich kann nur hoffen, daß wir den Fall bzw. die Fälle bald abschließen können. Marion nervt mich schon seit Tagen, daß ich mit ihr nach Düsseldorf fahre, Geschenke kaufen. Babyborn für Enrika und Halla für den kleinen Nils.«

»Halla?« Frank konnte mit dem Namen überhaupt nichts anfangen.

»Ein Holzpferd zum Schaukeln. Zu Weihnachten.«

Frank stocherte irritiert in seinen Fritten. Klar, Weihnachten, das hatte er völlig vergessen. Frank sah durch die breite Fensterfront nach draußen. Erst jetzt nahm er die Ketten aus dicken Glühbirnen wahr, die über die Straße gespannt waren. Die Weihnachtsbeleuchtung hing schon. Bis Heiligabend waren es keine 14 Tage mehr. Weihnachten: im Moment konnte er mit dem Fest gar nichts anfangen. Dafür hatte er in den vergangenen Wochen zuviel um die Ohren gehabt. Aber: Mord oder nicht Mord, war halt keine Frage der Jahreszeit. »Und, seid ihr Heiligabend alleine oder bei deinen Schwiegereltern?« Frank wußte, daß Ecki jedes Weihnachten eine Tour durch die Verwandtschaft bevorstand. Wenn nicht gerade in einem Mordfall zu ermitteln war.

»Wir sind alleine. Ist auch mal schön. Marion macht Fondue.«

Eine kleine Weile aßen die beiden schweigend. Durch das große Ladenfenster hatte Frank einen freien Blick auf den mit grauen und blauen Planen eingerüsteten Turm. Wenn die Zeitungsberichte stimmten, sollten die Bauarbeiten in der Tat im Frühjahr fertig sein. Danach sah es jetzt allerdings noch nicht aus. Am Fuß des alten Backsteinturms lag noch jede Menge Bauschutt. Er hatte gelesen, daß die Restauratoren mehr Steine als angenommen austauschen mußten. Viele waren durch die Wurzeln des Efeus beschädigt worden, das sich jahrzehntelang ungehindert wie eine grüne Wand um den Glockenturm gelegt und das Bauwerk förmlich zu erdrücken gedroht hatte.

Außerdem hatten offenbar Wind und Wetter die Turmöffnungen marode werden lassen, zumindest mußte ein Großteil der aus Sandstein gehauenen Fensterfassungen ausgetauscht werden. Frank konnte die Bruchstücke neben dem Baucontainer liegen sehen. Auf dem Gerüst waren trotz der Witterung Arbeiter beschäftigt.

»Alter Breyeller Einzelhandelsadel.«

Ecki sah Frank verdutzt an. »Was hast du gesagt?«

»Alter Breyeller Einzelhandelsadel. Da hinten.«

Ecki sah in die Richtung, in die Frank mit seiner Plastikgabel zeigte. »Wen meinst du? Das ist doch dieser Bauunternehmer. Wie hieß er doch gleich? – Böskes. Ja, Böskes.«

»Nein, ich meine den Mann neben ihm.« Frank hatte Rolf Joosten entdeckt. Aus der Zeitung wußte er, daß Joosten der Vorsitzende des Förderkreises war, der sich seit zwei Jahren um die Rettung des Nettetaler Wahrzeichens bemühte. Joosten war einige Jahre älter als Frank. Wenn er an seine Jugend in Breyell dachte, konnte er sich allerdings nicht an Joosten erinnern, und auch an den Tante-Emma-Laden hatte er nur ganz schwache Erinnerungen. Vermutlich, weil er damals nur selten weiter als bis zum Anfang der Dohrstraße gekommen war. In einem Interview der Grenzland-Nachrichten hatte er gelesen, daß Joosten den Vorsitz des Vereins vor allem auch deshalb übernommen hatte, weil er an der Universität in Bochum als Experte für Baustoffe arbeitete. Für die Arbeit des Vereins war das sicher von Vorteil, dachte Frank. Der Vorsitzende des Förderkreises schien sich angeregt mit Böskes zu unterhalten. Joosten war untersetzt und sicher einen guten halben Kopf kleiner als der Bauunternehmer. Mit seinem Kurzhaarschnitt und dem runden Gesicht hatte er nach Franks Einschätzung durchaus etwas von der Statur Napoleons.

Interessiert beobachtete Frank die Szene und hätte darüber fast sein Essen vergessen. Gemeinsam gingen die beiden Männer auf dem Platz vor dem Turm auf und ab. Dabei gestikulierte Joosten aufgeregt mit den Händen, während Böskes seine Hände tief in seinen Manteltaschen vergraben hatte. »Möchte mal wissen, warum Joosten so sauer ist. Guck' dir das mal an.« Frank stupste Ecki mit dem Ellenbogen an, der seinerseits die Speisekarte über der Theke eingehend betrachtete.

Ecki ließ sich nicht stören. »Dann geh' doch rüber. Ich glaube, ich werde mir in der Zeit noch eine Frikadelle bestellen.«

»Na, gut, dann bezahl' für mich mit.« Frank sah Ecki beschwichtigend an, der protestieren wollte. »Keine Sorge, ich bin das nächste Mal dran.« Frank trank seine Coladose leer und ließ den verdutzten Ecki einfach stehen.

Obwohl der Himmel blau war und die Sonne schien, war es nicht sonderlich warm. Frank wechselte aus dem Schatten der Häuserzeile auf die andere Straßenseite und ging am Baucontainer die wenigen Stufen zum Marktplatz hinauf. Irgendwo oben auf dem Baugerüst ratterte ein Preßlufthammer. Das harte Geräusch wurde vom Lambertiturm wie von einem riesigen Resonanzkörper dumpf auf den Platz zurückgeworfen. Wenn es noch kälter wird, dachte Frank, wird das aber nichts mit der Fertigstellung im nächsten Frühjahr.

Als er sich Joosten und Böskes näherte, die aus dem Durchgang zwischen Turm und Café um die Ecke bogen, hielt der Vorsitzende für einen Moment mit offenem Mund wie eingefroren in seinen gestikulierenden Bewegungen inne. Auch Böskes blieb wie angewurzelt stehen.

»Na, meine Herren, wackelt der Turm?« Frank hielt den beiden die Hand hin, die die beiden nur zögerlich annahmen. »Gibt es Probleme?«

Böskes runzelte die Stirn. Er schien verwirrt. »Probleme? Welche Probleme? Seit wann interessiert sich die Polizei für die Bauarbeiten am Turm?«

»Keine Angst, Herr Böskes«, Frank lächelte ihn an, »ich will Ihre Fähigkeiten als Bauunternehmer nicht in Frage stellen. Ich interessiere mich rein privat für das alte Gemäuer. Schließlich bin ich im Schatten vom alten Lambert groß geworden. Ich bin Breyeller von Geburt, Ur-Breyeller, sozusagen. Da interessiert mich natürlich alles, was in meinem Dorf so passiert.«

Böskes schien immer noch verwirrt.

»Zumal hier ja auch zwei Morde passiert sind.« Frank versuchte einen Scherz. »Vielleicht haben die Morde ja direkt was mit dem ollen Kirchturm zu tun. Ein alter Fluch vielleicht?«

Böskes wurde blaß und stotterte. »Wieso zwei Menschen? Was hat der Mord in Leuth mit Heike van den Hövel zu tun?«

Frank biß sich auf die Lippen. Er versuchte Böskes zu beruhigen. Außerdem hatte er das Gefühl, zu viel erzählt zu haben. »Okay, war ein schlechter Scherz. Solche Witze sollte man in dieser Situation nun wirklich nicht machen. Schließlich mußten zwei Menschen ihr Leben lassen.«

»Sind wir klar?« Völlig unbeeindruckt von Franks verbalem Ausrutscher sah Joosten Dieter Böskes an. Der sah fragend zurück.

»Das werde ich mit meinen Kollegen im Vorstand erst noch besprechen. Du hörst dann von mir. Ich werde dich bald zurückrufen.«

Joosten fragte nach. »Wann?«

»Bald. Mehr kann ich dazu im Moment nicht sagen.«

»Dann kann ich nur hoffen, daß wir nicht noch länger warten müssen.« Joosten machte einen sehr ungehaltenen Eindruck.

Böskes ging zu seinem Kombi, der vor dem Baucontainer stand. Typischer Benz eines Bauunternehmers, dachte Frank, und viel zu schade, um ihn auf matschigen Baustellen zu versauen.

»Ihren Wagen möchte ich auch nicht immer waschen müssen«, rief er Böskes aufmunternd nach. Der aber winkte nur stumm ab und stieg ein.

Frank war durch das Ende der Unterhaltung zwischen Böskes und Joosten neugierig geworden. »Darf ich fragen, worum es bei Ihrem Treffen ging? Ich habe Sie vorhin von der Frittenbude aus beobachtet. Das sah mir ganz nach einem Streit aus? Gibt es Probleme?«

Joosten zog aus seiner Manteltasche eine Schachtel mit Zigarillos und zündete sich eins an. »Ach, weißt du, das hat mit Zusagen zu tun, die Böskes Verein gemacht hat. Wir sollten schon vor Monaten eine große Spende bekommen. Die ist aber bisher nicht angekommen.«

Joosten hatte Frank einfach geduzt, obwohl sie sich viele Jahre nicht gesehen hatten. Das störte ihn zwar nicht, wunderte Frank aber trotzdem. »Um welche Summe geht es?«

»Ist das jetzt eine dienstliche oder eine private Frage?«

»Auch wenn ich die Mordkommission im alten Rathaus untergebracht habe, und wir noch ermitteln – das ist wirklich rein privat.«

»Mordkommission im alten Rathaus, auch nicht schlecht.« Joosten schien sich zu amüsieren.

»Was ist daran so witzig?«

»Na, da drin sind in den vergangenen Jahren von den Parteien schon so manche Leichen der politischen Gegner ausgegraben worden. Oder auch schon Rufmorde begangen worden.« Joosten grinste über den eigenen Kalauer. »Nach den langen Jahren im Rat kann ich das aus eigener Anschauung bestätigen. Das kannst du mir glauben.« Joosten wechselte das Thema und wurde unvermittelt ernst. »Es geht um mehr als 10.000 Euro.«

»Ein stolzes Sümmchen. Da kann man schon einiges bewegen.«

»Wäre in der Tat nicht schlecht. Stimmt. Aber die Überweisung ist an bestimmte Bedingungen geknüpft, die uns nicht gefallen.«

»Nämlich?«

»Wir sollen einen Architekten für die weitere Planung nehmen, der dem Brauchtumsverein nahesteht. So macht man heutzutage Geschäfte, fein nicht?« Joosten zog heftig an seinem Zigarillo und sah Frank hinter den grauen Wölkchen herausfordernd an.

»Das grenzt ja an...«

Joosten hob abwehrend die Hände und unterbrach ihn. »Ich habe nichts gesagt. Und ich werde das auch nie sagen.«

»Schon gut, ist sowieso nicht mein Thema. Für Moral und Ethik bin ich in diesem Fall nicht zuständig. Das müßt ihr schon unter euch ausmachen. Aber nett ist das nun wirklich nicht.« Frank verfiel nun auch ins Du.

»Was meinst du, was in der Baubranche hinter verschlossenen Türen so alles passiert? Ich habe in meinem Berufsleben schon manches Mal derbe schlukken müssen. Die schwarzen Schafe treten in dem Gewerbe nicht selten herdenweise auf. Das kann ich dir sagen.« Die grauen Wölkchen wurden dichter.

»Und warum wehrt ihr euch nicht?«

»Wir sind dabei. Ich habe Böskes zu verstehen gegeben, daß die Presse sich sicher über ein paar entsprechende Informationen freut. Hoffentlich hat Böskes die Botschaft verstanden. Wir als Förderkreis lassen uns nicht so einfach über den Tisch ziehen. Schließlich haben wir einen Ruf zu verlieren. Unser Erfolg hängt vor allem damit zusammen, daß wir überparteilich arbeiten. Wenn das anders wäre, könnten wir direkt einpacken. Negativbeispiele gibt es auch in dieser Stadt mehr als genug. Da glaub' mal dran.« Joosten sah nachdenklich auf einen imaginären Punkt jenseits des Marktplatzes.

Frank begann zu frieren. »Willst du nicht auf einen Kaffee mit ins Rathaus kommen? Hier draußen ist es einfach zu kalt.«

»Nee, mein Lieber, laß' mal gut sein. Das sieht dann nachher noch so aus, als ob ich etwas mit den Morden zu tun habe. Nee, nee, lieber ein andermal und dann an neutraler Stelle.«

»Was reden die Leute denn eigentlich so über den Mord?«

»Du weißt doch, Breyell ist ein Dorf. Da quatscht jeder über jeden, und meist stimmt noch nicht mal die Hälfte. Die Aufregung im Dorf ist schon ganz schön groß. Das schon. Ein Mord in Breyell. Soviel Aufregung hat es seit dem Fall Stölzel nicht mehr gegeben. Du erinnerst dich?«

Und ob, Frank war damals zwar noch jung gewesen, von dem mysteriösen Tod der Haushälterin der Fabrikbesitzer hatte er aber trotzdem gehört. Soweit er sich erinnern konnte, hatte es bei der Aufklärung des Falls mächtig Aufregung im Dorf gegeben. Die Stölzels gehörten damals zu den angesehensten Familien in Breyell. Aber die Blütezeit der Textilfabrik war längst vorbei. Hin und wieder hatte er im Radio von Entlassungen und Absatzproblemen des Unternehmens gehört. Früher hatte er als Kind oft durch das offene Fabriktor gelauert und die großen Maschinen bestaunt, an denen immer viele Arbeiter beschäftigt waren. »Ja, ich kann mich noch gut erinnern.« Frank seufzte.

»Ja, und so eine Aufregung geht jetzt auch wieder durchs Dorf. Stell' dich mal bei Kreuels an die Theke. Was meinst du, was die Leute so alles an Mordtheorien parat haben. Die könnten bei ihrer Phantasie glatt Krimis schreiben.«

»Und, was denkt du?«

Joosten warf den Stummel des Zigarillos auf den Boden und trat ihn aus.

»Ich habe keine Ahnung. Ich kannte Heike eigentlich nur vom Sehen. Den Alten kenn' ich natürlich. Wer kennt den nicht? Der war ja auch öfter hier in Breyell zum Zocken. Hinten in der Spielhalle.« Er deutete mit dem Daumen hinter sich Richtung Fußgängerzone.

»Das wissen wir. Du scheinst dich doch ganz gut auszukennen. Hat van den Hövel viel gespielt?«

»Was soll das denn heißen? Die einen sagen ja, er hat viel gezockt, die anderen sagen nein. Wie das so ist. Ist aber auch egal, schließlich läuft sein Laden ja. Da kann er mit seinem Geld machen, was er will.«

»Und, welche Mordtheorie findest du plausibel?« Frank setzte nach.

»Angeblich soll Heike von einem Frauenmörder umgebracht worden sein, der in ganz NRW oder bei Venlo sein Unwesen treibt. Über die Autobahn ist man ja schnell im Dorf und wieder weg. Ich kann mir nicht vorstellen, daß jemand aus dem Dorf der Täter ist. So brutal sind die Breyeller nun auch wieder nicht.«

Frank sah Ecki aus der Frittenbude herüberkommen. »War auch nur so eine Frage. Aber vertu' dich man nicht. Wir müssen jetzt los. Wir haben noch eine Menge zu tun. War nett, mit dir zu plaudern. Eins noch – wann ist die Sanierung beendet?«

»Beim nächsten Turmfest wird der Lambertiturm wieder ohne Gerüst sein.«

»Und wofür braucht ihr dann noch die Spenden?«

»Man merkt, daß du von unserer Arbeit nicht soviel Ahnung hast und nicht mehr in Breyell wohnst. Wir brauchen noch jede Menge Spenden für den Innenausbau des Turms. Wenn die Außentreppe fertig ist, dann wird der alte Lambert zum schönsten Aussichtsturm in ganz NRW. Darauf kannst du dich verlassen. Außerdem...«

Bevor Joosten zu einem ausschweifenden Bericht über die Arbeit des Förderkreises ausholen konnte, verabschiedete sich Frank von Joosten, der versonnen am Turm emporblickte und sich schon wieder ein neues Zigarillo anzündete. Frank ging mit Ecki Richtung Rathaus.

»Und, bist du nun schlauer?« Ecki schloß den Wagen auf, der vor dem Gebäude parkte.

»Vereinsklüngel, Böskes und Joosten haben Streit um eine Spende für den Turm. Das Geld gibt es nur bei einer Gegenleistung, an der einer aus dem Freundeskreis um Böskes verdienen soll. Außerdem haben wir ein bißchen in der Vergangenheit gekramt. War ganz nett. Zumindest weiß ich jetzt, wie der Mord wirklich passiert sein könnte.«

»Mach's nicht so spannend. Spuck's aus.«

»Der Frauenmörder, der nach Breyell kommt und Unschuldige abschlachtet. Und die Leiche dann für alle sichtbar ablegt. Wie eine Jagdbeute, was?«

»Wer sagt das? Joosten? Klingt doch gar nicht mal so abwegig.« Ecki bog an der Dorfkreuzung Richtung Kaldenkirchen ab.

»Und, wie willst du das beweisen? Wer soll denn der Täter sein? Der große Unbekannte, der wahllos im Land umherfährt und Frauen sucht? Da können wir gleich die Nadel in den Heuhaufen werfen, oder wie das heißt. Aber du kannst gerne mit dem LKA die Dateien abgleichen.«

»Bist ein bißchen durch den Wind, kann das sein?« Ecki war wie immer gut gelaunt, wenn er gegessen hatte. »Meine Frikadelle war übrigens prima. Und mit dem LKA werde ich schon noch telefonieren, keine Bange.«

»Wenigstens etwas«, brummte Frank und sah angestrengt aus dem Fenster.

»Vielleicht war es doch jemand aus dem Dorf und wollte die tote Heike auf geweihter Erde ablegen. Hast du mir nicht erzählt, daß früher am Lambertiturm ein Friedhof war?«

»Das ist mindestens genauso abwegig wie die Theorie vom Frauenmörder. Erstens ist die Erde am Turm schon längst entweiht, und zweitens weiß von dem Friedhof mit Sicherheit kaum noch jemand. Zumindest niemand von den jüngeren Breyellern.« Frank schüttelte entschieden den Kopf.

»Na, dann eben nicht.« Frank schob eine CD ein.

»Nein, bitte nicht. Ich bin jetzt nicht in der richtigen Stimmung für Negermusik. Folklore habe ich eben zur Genüge gehabt. Außerdem passen Blues und Pommes nicht wirklich zusammen.«

Frank verzog nur unmerklich das Gesicht und schaltete den CD-Player kommentarlos wieder aus. Er wollte sich nicht ärgern.

Auf dem Hof von van den Hövel war niemand zu sehen. Auch kein Auto. Offenbar waren die polnischen Saisonarbeiter in den verschiedenen Plantagen des Obsthofs unterwegs oder sogar schon abgereist.

Die Außentür zum Büro war zwar offen, aber die Sekretärin war nicht da. Ihr Büro war ebenso leer wie das Firmengelände. Ecki klopfte an van den Hövels Bürotür und öffnete sie vorsichtig, als er nichts hörte.

»Kommen sie herein. Setzen sie sich.« van den Hövel winkte die beiden Ermittler zu sich an den Schreibtisch und sprach dann wieder in den Hörer. »Ja, nur eine ganz schlichte Dekoration in der Kapelle. Und nur weiße Blumen.« van den Hövel bereitete offenbar das Begräbnis vor. »Das ist mir egal, daß die jetzt schwer zu bekommen sind. Ich will weiße Blumen, also sehen Sie zu, daß Sie die herbeischaffen.« Er legte auf, ohne sich zu verabschieden. »Setzen Sie sich doch. Was wollen Sie? Ich habe nicht so viel Zeit. Sie haben ja gehört, ich muß mich noch um die Beerdigung kümmern. Weiße Blumen und ein weißer Sarg, für meine unschuldige Heike. Wie finden Sie das?« van den Hövels Wangen glühten. Er hatte eine Aufgabe und sah etwas besser aus als in den Tagen zuvor.

Ecki ließ sich auf einem der beiden Stühle vor dem Schreibtisch nieder. »Ich weiß nicht, ist das nicht ein bißchen kitschig? Weiß ist doch eher die Farbe der Hochzeit, finde ich.«

van den Hövel ließ den Einwand nicht gelten. Ohnehin war seine Frage nach dem Geschmack der Kommissare sowieso eher rhetorisch gemeint gewesen. Er hatte sich längst festgelegt. Weiß war die Farbe der Unschuld. Und seine Tochter war unschuldig. Unschuldig gestorben. Seine Tochter war ihr ganzes Leben lang unschuldig gewesen. »Ich habe auch die alte schwarze Beerdigungskutsche bestellt. Sie ist für diesen Zweck deutlich angemessener als ein Leichenwagen. Jeder soll sehen, daß eine Prinzessin zu Grabe getragen wird.«

Irgendwie abstrus, dachte Frank. Aber einen Trauernden und seinen Schmerz sollte man respektieren. Wenn van den Hövel diese Inszenierung half, dann sollte er sie auch haben. Bevor Frank zum Grund ihres Besuchs kommen konnte, klingelte das Handy in seiner Jackentasche. »'Tschuldigung.« Er suchte umständlich die richtige Taste und meldete sich. »Lisa? Lisa, das ist aber eine Überraschung. Ja? Ich, hm, ich freue mich.« Wie dämlich, dachte er, gerade jetzt mußte Lisa anrufen. Er fing an zu stottern. »Ich, wir sind gerade unterwegs. Ich kann jetzt nicht reden. Nein.« Frank nahm das Handy ans andere Ohr. »Nein, hör' zu, ich, ich melde mich gleich. Bestimmt. Was?« Frank sah Ecki an und steckte das Handy mit einem Räuspern in seine Jackentasche zurück. Er sah entschuldigend van den Hövel an. »Tut mir leid.«

»Keine Ursache.« van den Hövel machte eine großzügige Geste und legte dann beide Hände flach auf den Schreibtisch. Er sah entschlossen aus. »Was kann ich für Sie tun?«

»Sagt Ihnen der Name Jansen etwas? Markus Jansen?« Ecki beobachtete bei der Frage das Gesicht von van den Hövel.

»Jansen? Jansen? Nein, sagt mir nichts. Ich meine, der Name ist nicht gerade selten in dieser Gegend. Alter rheinischer Adel. Nein, im Ernst, wer soll das sein?« van den Hövel sah neugierig von einem zum anderen.

Da Frank noch über das Telefonat nachzudenken schien und zögerte, übernahm Ecki das Antworten. »Es gibt Hinweise darauf, daß Markus Jansen mit Ihrer Tochter befreundet war. Seit wann und wie lange, das wissen wir noch nicht. Können Sie uns vielleicht weiterhelfen?«

»Ach, deeer Jansen.« van den Hövel dehnte nachdenklich den Namen und beugte sich vor. »Den habe ich vom Hof geworfen, als er sich an Heike heranmachen wollte. Hatte den Kerl für eine paar Wochen in meinem Betrieb beschäftigt. Das Arbeitsamt hatte ihn mir geschickt. War kein großer Verlust. Der hatte zwei linke Hände. Jansen hat mehr versaut, als er uns geholfen hat. Wir hatten nur Ärger mit ihm. Und als ich mitbekommen habe, daß er meiner Tochter schöne Augen gemacht hat, war es sowieso aus.«

»Wie haben Sie das *mitbekommen*?«

»Na, er ist immer um sie 'rumgestrichen, wenn sie auf dem Hof zu tun hatte. Stand dann dämlich bei ihr rum, anstatt seine Arbeit zu machen.«

»Wo ist er jetzt?«

»Was fragen Sie mich das? Woher soll ich das wissen? Der ist doch schon seit vier oder fünf Wochen weg. Keine Ahnung. Fragen Sie doch mal beim Arbeitsamt. Oder bei seiner Mutter. Ich glaube, die wohnt hier in Kaldenkirchen.« van den Hövel lehnte sich zurück.

Frank hatte sich wieder gefangen. »Meinen Sie nicht, daß Ihre Tochter alt genug war, um sich ihre Freunde selbst auszusuchen?«

van den Hövel lief rot an. Nur mit Mühe konnte er sich beherrschen. »Glauben Sie nicht, daß Sie das nichts angeht? Außerdem will ich mein Erbe nicht an irgend so einen hergelaufenen Trottel verlieren. Dafür habe ich zu lange und zu hart gearbeitet.« Er hielt Frank seine großen Hände hin. Sie hatten sicher früher hart zupacken können. Das konnte Frank sehen.

»Hören Sie zu, ob mich das etwas angeht oder nicht, das lassen Sie ruhig meine und unsere Sorge sein. Schließlich geht es hier um Mord.« Auch Frank konnte sich nur mit Mühe beherrschen.

»Schon gut. Sie haben ja recht.« van den Hövel hatte plötzlich Tränen in den Augen, die er mit dem rechten Zeigefinger wegwischte. »Sie müssen schon entschuldigen. Wissen Sie, wie schwer das alles für mich ist? Ich habe meine einzige Tochter verloren, und ich weiß nicht mehr, was aus meinem Betrieb wird. Ich habe alles verloren. Das Leben macht keinen Sinn mehr. Ich habe keine Lust mehr. Was meinen Sie, was hier los ist? Ich kann meine Sauerkirschen nicht mehr verkaufen, weil die Billigimporte aus dem Ausland die Preise drücken. Für den Preis, für den die liefern, kann ich meine Ernte nicht mal kostendeckend verkaufen. Wenn ich nicht mein Kern- oder Beerenobst hätte, könnte ich sowieso einpacken, das können Sie mir glauben. Das gleiche gilt mittlerweile auch für die Erdbeeren. Die Supermärkte kaufen lieber die billigen aus Übersee, statt sich auf die Qualität vor ihrer Haustür zu besinnen. Scheiß-EU. Am besten, ich schieß' mir eine Kugel in den Kopf.«

Ecki schien von den Existenzängsten van den Hövels unbeeindruckt und ließ nicht locker. »Jansen soll Kontakte zur rechtsradikalen Szene gehabt haben. Was wissen Sie darüber?«

»Davon weiß ich nichts. Er hat jedenfalls nicht so ausgesehen wie die.«

»Was meinen Sie damit?«

»Naja, rasierter Schädel, oder Stiefel. Obwohl, er hatte wohl immer eine tarnfarbene Hose an. Aber das ist in unserem Beruf ja nicht ungewöhnlich. Schließlich gehört Grün zu unserem Alltag. Und praktisch sind die Militärhosen sowieso. Die Bekleidung muß in unserem Gewerbe viel aushalten, wissen Sie.«

»Warum haben Sie uns nicht früher von Jansen erzählt, spätestens als wir nach dem Bekanntenkreis von Heike gefragt haben?«

»Warum sollte ich das? Für mich war das Thema erledigt. Außerdem war Jansen noch nicht mal ein Bekannter von Heike.«

»Wenn ich mir die SMS ansehe, die die beiden ausgetauscht haben, dann habe ich aber einen ganz anderen Eindruck.« Ecki hatte sich selbstvergessen den schmalen Brieföffner genommen, der vor ihm auf van den Hövels Schreibtisch lag, und wog ihn in seiner Hand.

»SMS?«

»Ja, diese Kurzmitteilungen, die man mit dem Handy verschickt.«

»Heike hatte kein Handy. Sie brauchte keins.«

»Wir haben aber ein Mobiltelefon bei der Leiche gefunden. Ihre Tochter hat es als Kartentelefon genutzt. Vielleicht wissen Sie es deshalb nicht.«

»Was steht in diesen Meldungen?« van den Hövel hatte sich wieder vorgebeugt und sah Ecki mit zusammengekniffenen Augen an. »Ich möchte sie sehen.«

»Das wird nicht möglich sein, wir stecken noch mitten in den Ermittlungen. Wir können ihnen die Unterlagen nicht aushändigen. Vielleicht später.« Ecki versuchte, beruhigend zu wirken.

»Aber ich habe ein Recht, zu erfahren, was meine Tochter vor ihrem Tod erlebt hat und mit wem sie zu tun hatte!«

Frank wurde ungehalten. »Das wissen Sie ja jetzt. Den Rest müssen Sie sich denken, oder Sie müssen warten. Sagen Sie, spielen Sie?«

van den Hövel wurde von dem plötzlichen Richtungswechsel des Gesprächs völlig überrascht. »Wie? Wer sagt das?«

»Spielen Sie, oder spielen Sie nicht?«
van den Hövel hatte sich wieder gefangen. »Was hat das mit dem Mord an Heike zu tun?«
»Beantworten Sie einfach meine Frage. Ich möchte von Ihnen nur wissen, ob das Gerücht stimmt. Also?«
»Ja, ich fahre hin und wieder nach Breyell. Dort gibt es in der Fußgängerzone eine kleine Spielhalle. Aber ich spiele nur um wenig Geld.« van den Hövel wirkte angespannt. »Was soll die Frage?«
»Wie gesagt, reines Interesse.«
van den Hövel wurde mit einem Mal ungeduldig. »Haben Sie sonst noch Fragen? Ich bin sehr beschäftigt. Meine Sekretärin ist krank geworden, und ich muß den ganzen Schreibkram für die Beerdingung noch erledigen. Außerdem muß ich noch das Lokal für den Beerdigungskaffee festmachen.«
»Wo werden Sie hingehen?«, wollte Frank wissen.
»Vielleicht Kreuels, weiß noch nicht. Ja, Kreuels. Da gehen wir oft hin.« van den Hövel unterbrach und verbesserte sich. »Dort sind wir immer hingegangenen. Schon als meine Frau noch lebte. Dort trifft sich auch der Freundeskreis. Und mit meinen Jägern bin ich auch oft dort.«
Frank bemerkte erst jetzt die doppelläufige Schrotflinte, die mit offenem Schloß hinter van den Hövel am Fenster lehnte. »Sie sollten die Waffe nicht so einfach in Ihrem Büro stehen lassen. Gelegenheit macht Diebe. Sie gehört in einen verschlossenen Waffenschrank.«
»Das weiß ich. Ich habe sie nur zum Reinigen hier. Ich komme im Moment nur mal zwischendurch zum Putzen. Sie kommt nachher wieder in den Schrank, versprochen, Herr Kommissar. Ich komme vorerst ja doch nicht mehr in den Wald zum Jagen.«
Frank verabschiedete sich von van den Hövel. »Schade, daß Sie uns nicht weiterhelfen konnten. Wir wissen im Moment nämlich nicht, wo wir Markus Jansen suchen sollen.«
»Hat er...?« van den Hövel wollte es nicht aussprechen und sah Frank mit bangem Blick abwartend an.
»Im Moment ist noch jeder verdächtig. Machen Sie es gut. Wenn es die Zeit erlaubt, dann werden wir zur Beerdigung kommen. Wann ist sie?«
»In drei Tagen.«
Frank und Ecki verabschiedeten sich erneut und gingen schweigend zu ihrem Auto.
»Und?« Ecki wollte Franks Meinung hören.
»Der Alte verscheucht den unliebsamen Freund seiner Tochter und muß jetzt feststellen, daß es nichts genutzt hat. Auch nicht einfach.«
»Willst du zur Beerdigung?«
»Klar, vielleicht erfahren wir ja was.«

»Ob van den Hövel ein Alibi für die Tatzeit hat?«

»Warum?«

»Weil du gesagt hast, daß jeder verdächtig ist.«

»Aber ich habe damit nicht van den Hövel gemeint. Wir müssen Jansen finden, und zwar schnell.«

Als sie wieder im Rathaus ankamen, waren Beuke und Böllmann noch nicht da. Frank nutzte die Gelegenheit und sah sich die Körbchen an, die auf der Tischreihe standen. Sie waren leer. Die Kollegen hatten ihre Arbeit anscheinend schon erledigt. Frank sah auf die wenigen Akten, die der Aktenführer angelegt hatte. Schreiber machte gute Arbeit. Aber daran, daß sie nicht vorankamen, oder sich die wenigen Hinweise letztlich alle als kalte Spuren herausgestellt hatten, änderte das auch nicht viel.

Frank nahm gerade von Ecki den Becher Kaffee entgegen, als sein Handy klingelte. Frank ärgert sich über die Störung. »Wer ist da? Claus? Warum ich gestern nicht bei der Probe war? Tut mir leid, aber ich habe den Arsch voll Arbeit. Ich hab' euch völlig vergessen.« Frank fühlte sich schuldig. »Jaja, die Bullen. Du hast ja recht. Wann sollen wir uns treffen? Freitag? Du weißt, daß ich zwei Morde aufzuklären habe. Da kann ich nicht einfach Feierabend machen wie du in deinem Archiv.« Obwohl Claus es nicht sehen konnte, hob Frank beschwichtigend die Hand. »Da hab' ich ja Verständnis für. Aber ich muß Schluß machen. Unsere Lagebesprechung fängt gleich an. Grüß' Kristin von mir.« Frank verabschiedete sich und legte auf.

»Dein Gitarrist?« Ecki hatte sich während des Telefongesprächs zu Frank gesetzt, der die Füße auf den Tisch gelegt hatte.

Frank nickte. »Hab' die Probe verpaßt.«

»Und, gibt's jetzt Ärger?« Ecki hoffte auf ein wenig Schadenfreude.

»Nee, aber die Zeit bis zum nächsten Konzert ist wirklich eng. Wie stellen die sich das denn auch vor? Ich kann doch hier nicht einfach abhauen und nur noch Musik machen. Ich habe schließlich eine Arbeit zu tun, bei der niemand nach einem Acht-Stunden-Tag fragt. Schon gar kein Mörder.«

»Wer hat keinen Acht-Stunden-Tag?« Staatsanwalt Ralf Böllmann war zur täglichen Lagebesprechung eingetroffen und hatte nur noch den Schluß der Unterhaltung zwischen Frank und Ecki mitbekommen. »Na, alles im Griff?«

Frank winkte ab. »Wir kommen nicht wirklich weiter. Wenn man davon absieht, daß wir nun doch einen Fahndungsansatz haben. Aber mehr auch nicht, bedauerlicherweise. Leider.« Er nahm die Füße vom Tisch. »Ich warte noch auf Beuke. Vielleicht kann der uns sagen, wo sich dieser Jansen aufhält. Im Moment jedenfalls ist er wie vom Erdboden verschluckt.«

»Wer? Beuke?« Böllmann kalauerte.

Frank mußte lachen. »Nein, Jansen natürlich.« Obwohl sie sich nun doch schon einige Jahre kannten, soviel Humor hatte er dem Juristen nicht zugetraut. Zumal Juristen schon qua Studium keinen Hang zum Humor entwickelten, wie Frank immer behauptete. Die meisten Juristen jedenfalls nicht.

»Ich habe eben vor meiner Abfahrt lange mit Beuke gesprochen. Er hat schon mit mehreren Verbindungsleuten Kontakt aufgenommen. Offenbar hat niemand aus der rechten Szene Jansen in den vergangenen Tagen gesehen. Oder zumindest will ihn niemand gesehen haben. Kann ich gut verstehen, daß einigen Herren die Sache zu heiß ist. Zwei Morde, und dann noch in ihrem Umfeld, das wirft kein gutes Licht auf die Bewegung.« Böllmann hatte seinen Mantel ausgezogen und sich zu den beiden an den Tisch gesetzt.

»Wollen Sie auch einen Kaffee? Schön schwarz und stark?« Ecki war schon aufgestanden und unterwegs, bevor Böllmann etwas sagen konnte.

Böllmann sah Frank direkt ins Gesicht. »Ich habe läuten gehört, daß Sie Probleme mit Ihrer Freundin haben?«

»So, das wissen Sie auch schon?«

»Der Flurfunk funktioniert bei Polizei und Staatsanwaltschaft bestens. Das wissen Sie doch. Einige behaupten sogar, daß er die einzige Form moderner Kommunikation ist, die in unseren Behörden funktioniert.«

»Vergessen Sie das Landgericht nicht. Dort soll es nicht anders sein.« Frank kannte die Klagen der verschiedenen Geschäftsstellen, daß moderne Techniken wie Fax und Computer nur langsam, zu langsam Einzug hielten.

»Ja, okay. Es gibt da ein paar Probleme, von denen ich im Moment auch noch nicht so recht weiß, wie ich sie einsortieren soll. Ist mir im Moment auch einigermaßen egal bzw. muß mir egal sein.« »Ein anderer Mann?« Böllmann war für seine direkte Art bekannt.

»Nein, das will ich doch nicht hoffen. Der Fehler liegt wohl auch bei mir.«

»Der Beruf.« Böllmann nickte verständnisvoll.

»Vielleicht.« Frank wollte weg von dem Thema. »Was machen wir nun? Wir haben zwei Morde, die zusammengehören könnten, so scheint es jedenfalls. Aber wir haben noch keinen Täter oder keine Täter, und unser derzeitiger Hauptverdächtiger ist spurlos verschwunden. Wenigstens kann Heike van den Hövel endlich beerdigt werden. Ihr Vater ist völlig am Ende. Er bringt sich vor lauter Gram noch selbst ins Grab.«

»Die Presse sitzt mir im Nacken.« Staatsanwalt Ralf Böllmann hatte im Moment so gar keinen Sinn für die Nöte von Angehörigen. »Besonders diese, wie heißt sie noch gleich, Sabine, Sabine; ich kann mir ihren Nachnamen nicht merken, von RTL Explosiv, nervt.«

»Die Presse ist mir, mit Verlaub, scheißegal. Wenn wir nix vorzuweisen haben, haben wir eben nix zu berichten. Sollen sie ihre Zeitungen und Sendungen doch mit anderen Sachen füllen. Passiert doch genug in der Welt.« Frank trank an seinem Kaffee und blätterte dabei achtlos in einem der Schnellhefter, die in einem kleinen Stapel auf seinem Schreibtisch lagen.

Böllmann nickte dankbar, als Ecki ihm den Becher mit dampfendem Kaffee anbot. »Sie haben gerade von möglichen mehreren Tätern gesprochen. Wie meinen Sie das?«

Frank schob seinen Kaffeebecher auf der Tischplatte mit einem schabenden Geräusch zwischen seinen Händen hin und her. »Es ist doch überhaupt nicht gesagt, daß es mehrere Täter sind. Es kann auch ein und derselbe Täter sein. Auszuschließen ist das nicht.« Er schob mit einer heftigen Bewegung den Becher weit von sich. »Ach, ich weiß einfach nicht weiter. Niemand redet, keine verwertbaren Spuren. Dieses Kaff macht mich noch fertig, Scheiße.«

Böllmann wunderte sich. »Ich denke, Sie sind hier geboren? Sie müssen doch einen viel direkteren Zugang zu der Mentalität der Menschen hier haben?«

»Das habe ich auch gedacht. Aber ich habe eher das Gefühl, daß sie mich hier als Fremdkörper sehen. Ich denke, das hat nichts mit meinem Beruf zu tun. Das hat vielmehr mit meinem Weggang aus Breyell zu tun. Für die Breyeller gehöre ich nicht mehr dazu, Breyeller von Geburt an hin oder her. Ich trage diesen Makel vor mir her, ich spüre das. Etwas steht zwischen mir und den Leuten da draußen.« Frank zeigte zum Fenster. Dort draußen war es dunkel geworden.

»Vielleicht sollten wir das Waldstück um den Tatort in Leuth noch mal absuchen?« Ecki versuchte, pragmatisch zu sein.

»Was soll das bringen?« Frank schüttelte den Kopf und zog den Becher wieder zu sich.

»Vielleicht haben wir irgend etwas übersehen? Ich weiß es doch auch nicht. Auf jeden Fall, wenn wir gar nichts tun, werden wir auch nichts finden. Das ist mal klar.« Ecki sah Böllmann an.

»Wenn es denn hilft? Ich meine, Sie sollten vielleicht all Ihre Theorien noch einmal durchgehen und mit den anderen diskutieren. Überprüfen Sie noch einmal alle Spuren. Übrigens, sind auf dem Handy noch andere Anrufe oder SMS gespeichert worden? Was sagt die KTU?«

Ecki schüttelte den Kopf. »Niente. Nix. Denada. Nur die Nummer von Jansen und seine Liebesschwüre.«

»Sie hören wohl auch zuviel Radiowerbung, was?« Böllmann stand auf. »Wie auch immer, lassen Sie sich was einfallen. Irgendwo muß Jansen doch stecken. Der kann sich doch nicht in Luft aufgelöst haben. Ich denke, daß die Überwachung seiner Mutter fortgesetzt werden sollte. Wenn er noch in der Nähe ist, wird er früher oder später bei ihr auftauchen, und dann haben wir ihn. Meine Herren, ich wünsche Ihnen noch einen angenehmen Abend.« Ralf Böllmann schüttelte den beiden die Hand und verschwand mit seiner Aktenmappe im Treppenhaus.

»Was war das denn jetzt? Unsere Lagebesprechung? Nur wir beide? Böllmann hätte wenigstens auf die Kollegen warten können. Na, da sitzen wir nun, und sind so klug wie vorher.« Ecki sah demonstrativ auf seine Uhr.

»Na, los, mach' schon und verschwinde. Ich weiß, die Kinder warten.«

Ecki war das sichtlich unangenehm. »Wir können doch eh' jetzt nichts mehr regeln. Laß' uns morgen weitermachen. Ich glaube, wir können jetzt beide eine Pause ganz gut brauchen. Vielleicht solltest du zu deinem Gitarristen fahren und mit ihm die Friedenspfeife rauchen.« Ecki fiel etwas ein – wie sollte er ohne Frank heimkommen?

»Wenn es nicht allzu lange dauert, können wir noch schnell auf ein Bier in eine der Kneipen hier gehen.«

»Laß' man, ich brauche jetzt keine psychologische Betreuung. Du kannst ruhig fahren. Schneider müßte noch irgendwo hier stecken. Oder die Kleine, wie heißt die denn noch? Die erst vor kurzem aus der Einsatzhundertschaft rübergekommen ist. Die Blonde.«

»Du meinst Katja. Was ist mit der?«

»Du bist also schon per du mit ihr. Aha.« Frank tat tadelnd. »Schneider und deine Katja müssen doch auch noch nach Gladbach. Die nehmen dich bestimmt gerne mit. Ich bleibe noch ein bißchen und gehe noch mal eine Runde durchs Dorf. Ich brauche dringend frische Luft.«

Klaus Schneider steckte den Kopf durch die Tür. »Ich bin dann jetzt weg. Tschüß bis morgen.«

Ecki lief hinter ihm her. »Hey, kannst du mich mitnehmen?« An der Tür drehte er sich noch einmal kurz um und winkte Frank kurz zu. »Ciao.«

Frank mußte lachen. Jetzt mußte sich wohl Schneider auf der ganzen Fahrt die neuesten Geschichten aus dem Musikantenstadl anhören.

XXVIII.

Am nächsten Morgen geschah etwas, mit dem Frank nie gerechnet hätte. Es war so gegen halb Elf, als er mit Ecki im Café Schluhn frühstücken wollte. Kurz bevor sie den abgeschrägten Zugang zum Marktplatz erreichten, kam ihnen ein alter Mann entgegen, der ein Fahrrad schob. Er schien schon eine längere Strecke unterwegs gewesen zu sein, jedenfalls machte ihm das Atmen Mühe. Er hatte gegen die Kälte einen dicken Wollmantel angezogen, außerdem trug er Fäustlinge an den Händen, und auf dem Kopf saß eine braune Mütze. Die Ohrenklappen der Mütze hatte der Mann unter dem Kinn fest zusammengebunden. Seine faltigen Wangen waren rot vor Kälte. Vor Frank und Ecki blieb er schnaufend stehen.

»Sie sind doch die beiden Polizisten, die dieser Tage zweimal bei meinem Nachbarn waren?«

Erst jetzt erkannte Frank den Mann. Es war der Alte, der in Hinsbeck neben Masuhr wohnte. »Ja, und, was kann ich für sie tun, Herr...?«

»Krüger, Helmut Krüger.« Der Mann nickte eilfertig. »Sie ermitteln doch gegen den Masuhr?«

Frank wurde neugierig. »Wollen 'ie nicht mit ins Büro kommen? Dort ist es auf jeden Fall wärmer.«

»Nein, nein.« Der Alte winkte ab. »Ich will gleich wieder zurück. Ich habe nur in der Zeitung gelesen, daß Sie noch immer keine heiße Spur haben.«

»Und, Sie haben eine?« Frank mochte die Art des alten Mannes nicht, der für seinen Geschmack viel von einem Denunzianten hatte.

»Ich tue nur meine Pflicht.« Krüger war beleidigt. Er hatte den leicht bissigen Unterton in Franks Stimme wohl bemerkt.

»Na, dann schießen Sie mal los.« Ecki hatte seinen kleinen Notizblock aus der Innentasche seiner Jacke gezogen. Das tat er immer, wenn er sein Gegenüber beeindrucken wollte.

Krüger sah auf den Lenker seines alten Hollandrads. »Also, Masuhr und die anderen haben sich oft im Haus getroffen und gesoffen. Dabei haben sie manchmal ihren ganzen Dreck über den Zaun in meinen Garten geworfen oder einfach auf die Straße.«

Frank wurde ungeduldig, er fror. Das durfte doch nicht wahr sein! Was hatte er mit dem Abfall von Masuhr zu tun? »Was Sie uns erzählen, ist eher ein Fall für die Müllabfuhr und das Ordnungsamt, Herr Krüger. Aber was hat das mit dem Tod von Ihrem Nachbarn zu tun? Sie sind doch nicht den ganzen Weg von Hinsbeck gekommen, um uns vom Müll Ihres Nachbarn zu erzählen.«

Krüger war immer noch beleidigt. »Ich bin ja noch nicht fertig. Lassen Sie mich doch einfach ausreden.« Er starrte wieder vor sich auf den Lenker seines Fahrrads, das er immer noch mit beiden Händen festhielt, wohl auch, um sich ein bißchen abzustützen.

»Bitte.« Frank machte eine einladende Handbewegung.

»Also, wie gesagt, Masuhr und die anderen Säufer haben eine Menge Dreck gemacht und mich immer ausgelacht, wenn ich geschimpft habe. Dabei ist Sauberkeit sehr wichtig für mich, wissen Sie.«

Frank mußte an die ausgebeulten Hosen und die fleckige Weste denken, die er beim ersten Mal an Krüger bemerkt hatte. Aber er schwieg.

»Diese heruntergekommene Bande macht aber nicht nur in Hinsbeck Dreck. Fahren Sie mal nach Leuth in den Wald. Die haben dort so was wie ein Feldlager, oder wie die das nennen. Ich bin da mal im Sommer vorbeigefahren. Da lag genausoviel an Bierdosen, Papier und Plastikmüll herum. Eine Schande ist das, sage ich Ihnen. Die sollte man dafür festnehmen.«

»Ist das alles?« Ecki hatte noch keine Zeile notiert.

»Reicht das nicht? Vielleicht finden Sie da noch ein paar Spuren von Masuhr oder dem Mörder. Was weiß ich denn? Ich muß jetzt los. Ich fange langsam an zu frieren. Wenn Sie noch was wissen wollen, Sie kennen meine Adresse.«

Verdutzt sahen die beiden Krüger hinterher, der mühsam auf sein Damenrad aufgestiegen war und wackelig davonradelte.

»Der hat ja nicht alle Tassen im Schrank.« Ecki steckte kopfschüttelnd seinen Block wieder weg.

»Ich sage ja, Blockwart-Mentalität. Ich kann solche Typen nicht ab.«

»Und wenn er recht hat? Ich habe ja gestern schon überlegt, noch mal nach Leuth zu fahren. Vielleicht finden wir doch was? Der Vorschlag von Krüger war doch nicht so ganz doof, denke ich.«

»Schaden kann's nicht. Wenn wir rausfahren, dann nehmen wir eine Hundertschaft mit. Nein, besser zwei. Ruf die Bereitschaft an, sie sollen in spätestens anderthalb Stunden in Leuth sein. Außerdem brauchen wir Hunde. In der Zwischenzeit haben wir Zeit für Brötchen und Kaffee. Komm.« Frank schlug Ecki auf den Rücken, der schon sein Handy gezückt hatte. »Und ruf' Beuke an, er soll uns sagen, wo dieses verdammte Feldlager ist. Außerdem will ich ihn sprechen. Wenn er auf Zack gewesen wäre, dann hätte er uns eher auf den Trichter bringen können.«

Keine zwei Stunden später stand eine komplette Hundertschaft, gegen die Kälte in dicke Winterparkas gehüllt, neben ihren Fahrzeugen auf der Lichtung, dort, wo Masuhr in seinem Auto gestorben war. An der Stelle, wo das Wrack gestanden hatte, war der Boden tiefdunkel. Der ein oder andere Polizeibeamte versuchte, sich mit Trampeln oder Händeklatschen warm zu halten. Trotzdem schien die Stimmung unter den jungen Beamten nicht schlecht zu sein. Lachen war zu hören. Zwei Hunde wuselten um ihre Führer und bellten aufgeregt. Wie eine Jagdgesellschaft, dachte Frank. Nur mit dem Unterschied, daß es diesmal nicht auf Hasen oder Fasanen ging, sondern ein Mensch auf der Liste stand, der in dem abgeriegelten Waldgebiet mit Sicherheit nicht mehr entkommen konnte. Frank hoffte, daß die Hundertschaft zumindest verwertbare menschliche Spuren zutage fördern würde.

Frank und Ecki beobachteten aus ihrem Auto heraus die Arbeit der Hundertschaft. Auf das Kommando der Einsatzleiter hin setzte sich die Kette aus grünen Uniformen langsam in Bewegung. Das Gebiet war in Planquadrate unterteilt worden, die nun systematisch abgesucht werden sollten. Eine Arbeit, die mit Sicherheit Stunden dauern würde. Über Sprechfunk waren Frank und Ecki mit der Einsatzleitung verbunden. Aus dem Funkgerät waren hin und wieder knappe Kommandos zu hören. Es begann zu regnen.

»Auch das noch.« Ecki verschränkte die Arme vor der Brust. »Das kann ja noch heiter werden. Hoffentlich sind wir hier bald fertig. Wenigstens müssen wir nicht in deinem MGB frieren.«

»Stell' dich nicht so an. Immerhin mußt du nicht raus in die Kälte.«

Ecki antwortete nicht und sah der Menschenkette nach, die langsam im Wald verschwand. »Es wird Zeit, daß sich endlich was tut. Ich kann mich gar nicht daran erinnern, daß wir mal einen Fall hatten, der uns derart lange beschäftigt hat. Irgendwie ist der Wurm drin.«

Frank trommelte mit seinen Fingern einen Bluesrhythmus auf dem Lenkrad ihres Mondeos. Laumen war nur knapp einem Mordanschlag entkommen, ihre Anlage war nicht ausgebaut worden.

Ecki beugte sich vor und kramte in der Ablage zwischen den Sitzen. »Hatten wir letztens nicht noch eine volle Tüte Salinos im Auto?«

»Die hast du schon längst alle gemacht. Erinner' dich.«

»Ich habe Hunger. Wir hätten uns doch noch ein paar Teilchen mitnehmen sollen, findest du nicht?«

Frank überhörte die Frage einfach und schloß die Augen.

Nach anderthalb Stunden war immer noch nichts passiert. Außer den Kommandos, die regelmäßig über die Funkanlage kamen, und dem Summen der Standheizung, war es still im Auto gewesen. Beide waren sie in ihren Gedanken versunken. Ab und zu war einer von ihnen im Sitz herumgerutscht, um eine bequemere Sitzhaltung zu finden. Es war eine schläfrige Atmosphäre, die noch durch das stetige, dumpfe Prasseln der Regentropfen auf das Autodach verstärkt wurde.

Frank hatte versucht, ein bißchen zu schlafen. Es war ihm nicht gelungen. Zuviel ging ihm durch den Kopf. Was, wenn sie heute wieder keinen Erfolg hätten? Er wußte sich wirklich keinen Rat mehr. Er hatte sich schon bei dem Gedanken ertappt, den Fall abzugeben. Markus Jansen war einfach wie vom Erdboden verschluckt.

Sie hatten alle Möglichkeiten in Betracht gezogen. An der Grenze war niemand aufgefallen, auf den seine Beschreibung gepaßt hätte. Auch die Kontrollen an den Flughäfen waren ohne Erfolg gewesen. Vermutlich war Jansen schon längst im Ausland. Vielleicht war er schon in Brasilien. Frank mußte an einen Kollegen von der Autobahnpolizei denken, der nebenbei für eine Geldtransportfirma gearbeitet und dabei seinen eigenen Beifahrer überfallen hatte. Mit mehreren Millionen war er seit Mitte der 90er Jahre über Jahre spurlos verschwunden gewesen. Erst vor kurzem hatten ihn Zielfahnder in einem Nest in Brasilien entdeckt. Warum sollte nicht auch Jansen untergetaucht sein? Andererseits hatte Markus Jansen vermutlich weder das Geld noch die Intelligenz, um sich so abzusetzen. Nur, wo um alles in der Welt war er?

Frank hatte vor Tagen lange mit den niederländischen Kollegen telefoniert, um sie um Amtshilfe zu bitten. Nicht auszuschließen, daß der Gesuchte sich über die nahe Grenze abgesetzt hatte, und nun warm und trocken irgendwo an der Küste in einem beheizten Wohnwagen hockte. Zunächst hatte Frank noch gedacht, daß das doch auffallen mußte. Ecki war da ganz anderer Meinung gewesen. Denn er kannte eine ganze Reihe von Leuten, die selbst bei diesen Temperaturen Urlaub an der holländischen Küste machten. Auch im Herbst und im Winter war die Provinz Zeeland offenbar fest in niederrheinischer Hand. Vielleicht war es ja ein gutes Zeichen, daß sich bis jetzt die holländischen Kollegen noch nicht wieder gemeldet hatten. Andererseits hatten sie ihm aber wenig Hoffnung gemacht.

Über Beuke hatte Frank sich geärgert. Warum hatte der sich nicht schon früher gemeldet? Er mußte doch gewußt haben, in welche Richtung sich die Ermittlungen in den Mordfällen entwickelten. Unabhängig davon hätte Beuke nach der Überprüfung der Mutter eine Vermißtenmeldung in Sachen Markus Jansen rausgeben müssen. Frank konnte Beuke nicht verstehen. Die Argumente seines Kollegen vom Staatsschutz waren ziemlich schwach gewesen. Schließlich hatte jeder zuviel zu tun, jeder Kollege schob einen Berg von Überstunden vor sich her, jeder Kollege hatte private Probleme.

Frank hatte eher den Eindruck, daß Beuke sich schon innerlich vom Polizeidienst verabschiedet hatte. Schließlich hatte er bis zu seiner Pensionierung nicht mehr lange. Da konnte sein Gespür schon mal nachlassen. Frank konnte es ihm im Grunde noch nicht einmal richtig verdenken. Beuke war einfach schon zu lange bei der Polizei. Irgendwann wird jeder Ermittler einmal dienstmüde. Und vielleicht auch ein bißchen nachlässig.

Ecki schreckte auf und stieß Frank an. Die Kommandos draußen wurden mehr.

»Sie scheinen etwas entdeckt zu haben.« Er meldete sich über Sprechfunk und fragte die Position der Einsatzführer ab. »Komm.« Er hatte bereits die Autotür geöffnet und war schon halb draußen.

»Haben Sie Jansen?«

»Nein, aber sie haben so was wie einen verlassenen Sammelplatz gefunden. Auf jeden Fall jede Menge Dosen. Im Sektor C.«

Die beiden Beamten hasteten mit hoch geschlagenem Kragen zunächst durch ein Waldstück und bogen dann auf einen Waldweg ab. Zwischendurch fluchte Ecki, weil er in eine Pfütze getreten war. Nach knapp einem Kilometer wurden sie an einer Biegung von einer Beamtin mit Funkgerät in Empfang genommen und eingewiesen. Keine hundert Meter weiter stießen sie auf eine ganze Gruppe uniformierter Einsatzkräfte. Sie standen am Rand einer Lichtung. Überall lagen leere Bierdosen. In der Mitte des Platzes waren die Reste eines Lagerfeuers zu sehen.

Frank wandte sich an den Einsatzleiter. »Das ist aber nicht der Platz, den Beuke uns beschrieben hat, oder?«

»Nein, der liegt weiter westlich in Sektor D. Hier.« Der Beamte im Einsatzanzug hielt Frank die Karte hin und umkreiste das Gebiet mit einem Kugelschreiber.

»Hm. Und, was meinen Sie? Wie lange ist hier auf der Lichtung schon niemand mehr gewesen?« Frank sah sich um und versuchte, sich aus den spärlichen Spuren ein Bild zu machen.

»Schwer zu sagen, Kollege. Ich denke mal, daß hier schon seit mehreren Wochen niemand mehr war. Zumindest den Resten nach zu urteilen, die man hier noch immer sehen kann. Aber ich kann mich auch täuschen. Durch die Jahreszeit, durch den Regen, verändert sich eine Umgebung doch sehr schnell.«

Frank nickte. »Dann werden wir besser mal die Kollegen der Spurensicherung herbeizitieren. Die werden uns sicher mehr sagen können. Mist, und ich dachte, daß wir Markus Jansen endlich zu fassen kriegen. Irgendwie habe ich das unbestimmte Gefühl, daß er hier irgendwo steckt.«

Aus dem Funkgerät des Einsatzleiters war eine Stimme zu hören. Er meldete sich und hörte kurz schweigend zu. »Wo?« Er sah auf der Karte nach. »Unternehmen Sie nichts.« Er sah Frank und Ecki an. »Kommen sie. Ich glaube, Ihr Gefühl hat Sie nicht getrogen.«

Diesmal ging es tief ins Unterholz. Obwohl sie beim Laufen schützend ihre Hände erhoben hatten, schlugen Frank und Ecki Tannenzweige ins Gesicht. Sie waren mittlerweile bis auf die Haut naß. Nur langsam gewöhnten sich ihre Augen an die dunkle Umgebung. Nach rund 200 Metern blieben sie stehen. Ein halbes Dutzend Beamte erwartete sie schweigend. Keine 20 Schritte von ihnen entfernt war ein niedriges Zwei-Mann-Zelt zwischen zwei Tannen gebaut. Durch den tarnfarbenen Zeltstoff hob es sich kaum gegen die dunkelgrüne Umgebung ab. Außerdem waren rund um das Zelt jede Menge abgestorbene Äste zu einer Art Schutzwall geschichtet, der fast bis zur Zeltspitze reichte. Obwohl ohnehin schon tief im Dunkel des Dickichts versteckt, hatte der unbekannte Waldbewohner viel Arbeit investiert, um seine Behausung vor den neugierigen Blicken zufällig vorbeikommender Jäger oder Spaziergänger zu verbergen und sich so vor einer unliebsamen Entdeckung zu schützen. Frank konnte einen schwachen Schein erkennen, im Inneren des Zelts schien eine Taschenlampe zu brennen.

Der Einsatzleiter unterhielt sich flüsternd mit seinen Kollegen und beugte sich dann zu Frank. »Offenbar handelt es sich nur um eine Person. Sie hat uns noch nicht bemerkt. Zugriff?«

»Warten Sie. Ich werde zunächst mit meinem Kollegen vorgehen.«

Langsam bewegten sich die beiden Fahnder Richtung Lichtschein. Sie hatten beide ihre Waffe gezogen. Als sie kaum noch fünf Schritte von der zugezogenen Zeltöffnung entfernt waren, hörten sie leise Musik. Im Zelt lief offenbar ein Kofferradio oder ein CD-Player. Nichts bewegte sich. Frank drehte sich um und winkte die Gruppe zu sich. Sekunden später tauchten die Beamten kaum hörbar neben ihnen auf.

»Wir brauchen ein Messer.« Lautlos wurde Frank ein Messer mit einer langen Klinge gereicht. Er gab den Männern mit gedämpfter Stimme Anweisungen. »Umstellen Sie das Zelt. Einer von Ihnen wird auf mein Kommando das Zelt von der Seite aufschneiden. Wir werden den Eingang aufschlitzen. Ich denke, daß dabei das Überraschungsmoment auf unserer Seite ist.«

Der Einsatzleiter nickte und verteilte seine Gruppe. Es dauerte einige Sekunden, bis jeder seine Position eingenommen hatte.

»Zugriff!« Frank hatte mit einer Handbewegung sein lautes Kommando unterstützt. Es dauerte kaum mehr als fünf Sekunden, und die Zeltbahn war auf beiden Seiten von oben bis unten aufgeschlitzt.

Lalelu, nur der Mann im Mond schaut zu, wenn die kleinen Babys schlafen, drum schlaf auch du.

Starr vor Schreck hockte der Mann in der hintersten Ecke des Zelts. Seinen dünnen Schlafsack hatte er wie zum Schutz hochgezogen und an seine Brust gepreßt. Mit weit aufgerissenen Augen starrte er die Beamten an. Bei dem ruckartigen Rückzug in die Zeltecke hatte er das Radio umgestoßen. Außerdem schaukelte eine Windlampe an der Firststange des niedrigen Zeltes. Der ganze Boden war mit einer dicken Schicht Moos ausgepolstert. Frank hatte den Eindruck, daß das Zelt schon seit Wochen bewohnt war und sich der Unbekannte auf einen längeren Aufenthalt eingestellt hatte.

»Sind Sie Markus Jansen?«

Der Mann blieb stumm, so als habe er Frank nicht verstanden.

Ecki wiederholte die Frage und hielt ihm dabei seinen Ausweis vor das verwirrte Gesicht. »Sind Sie Markus Jansen?«

Der Mann nickte kaum merklich.

»Kriminalpolizei Mönchengladbach. Mein Name ist Frank Borsch. Wir verhaften Sie wegen des dringenden Verdachts, für den Tod von Heike van den Hövel verantwortlich zu sein. Wir bringen Sie jetzt ins Präsidium nach Mönchengladbach. Haben Sie das verstanden?«

Markus Jansen sah die Männer nur an. Er zog den Schlafsack noch enger um seinen Oberkörper. Frank konnte sehen, daß Jansens Tarnanzug völlig verschmutzt war. Auch im Gesicht hatte er dunkle Streifen. Er mußte mit den Händen im Waldboden gewühlt haben. Immer noch brachte Markus keinen Ton heraus. Seine Augen füllten sich mit Tränen.

»Können Sie aufstehen? Herr Jansen, können Sie aufstehen?« Frank fragte eindringlicher und griff nach dem Arm von Jansen, der sich aber nicht aus der Ecke ziehen ließ, sondern versuchte, noch weiter zurückzuweichen.

Mutige Frau wird Opfer von Skinheads
(lnw). Fünf Tage nach der Vergewaltigung einer 40jährigen Frau, die zuvor einem Jugendlichen in Bedrängnis geholfen hatte, hat die Polizei noch keine heiße Spur. »Wir müssen abwarten, es sieht eher spärlich aus«, so Oberstaatsanwalt Ralf Böllmann. Die Frau war auf dem Parkplatz eines Supermarkts in Viersen eingeschritten, als fünf Männer aus der Skinhead-Szene einen Jugendlichen belästigten. Einen Tag später wurde sie vermutlich von derselben Bande entführt und vergewaltigt.

»Seit wann kannten Sie Heike?«
Frank stand am Tisch vor Markus Jansen. Bevor sie den jungen Mann in den kahlen und fensterlosen Vernehmungsraum gebracht hatten, war Jansen erkennungsdienstlich behandelt worden. Anschließend hatte er sich kurz waschen können. Nun saß er angespannt an einem Tisch, auf dem neben einem Aschenbecher noch ein Tonband und ein Mikrofon standen. Wie auch das wenige Mobiliar waren die technischen Geräte schon älteren Datums. Das klobige Spulengerät war über Kabel mit dem kantigen Mikrofon verbunden, das auf drei dünnen Beinen stand.
»Das habe ich Ihnen doch schon gesagt.« Markus Jansen sah den Kommissar trotzig an. »Ich kannte Heike aus dem E-Dry in Geldern und dem BaCa in Kaldenkirchen. Außerdem habe ich sie später in der Firma ihres Vaters gesehen.«
»Sie haben ein Verhältnis gehabt?«
Markus Jansen sah bei der direkten Frage auf seine Hände, die immer noch nicht ganz sauber waren. Er holte tief Luft. »Ja, auch das habe ich Ihnen doch schon auf dem Weg hierher gesagt. Ja, wir hatten ein Verhältnis.« Das letzte Wort betonte er so, als ob er es beim Sprechen gedanklich in Anführungszeichen gesetzt hätte. »Ich war mit ihr befreundet. Wir haben uns geliebt.« Er nahm einen kleinen Schluck Kaffee aus dem Pappbecher, den Frank ihm hingestellt hatte.
»Das hat Heikes Vater aber überhaupt nicht gefallen, nicht wahr?« Ecki schaltete sich in die Vernehmung ein.
»Ihr Vater.« Markus Jansen schnaubte verächtlich. »Der hatte doch keine Ahnung. Nein. Nichts hat er gewußt.«
»Uns hat er erzählt, daß er Sie vom Hof gejagt hat. Er muß doch Bescheid gewußt haben.« Ecki sah Jansen an.
»Er hat überhaupt nichts gewußt. Er kann nichts gewußt haben. Heike hat ihm bestimmt nichts erzählt. Er kann nur einen Verdacht gehabt haben.« Der Gedanke an seine Freundin trieb ihm wieder die Tränen in die Augen. Schon auf der Fahrt ins Präsidium hatte Markus Jansen wie ein Häufchen Elend im Polizeitransporter gesessen und während der ganzen Fahrt geweint und gewimmert.

»Sagen Sie mir, wer hat Heike umgebracht? Wer hat das getan?«

Markus Jansen begann leise zu schluchzen, seine Schultern hoben und senkten sich.

»Das möchten wir gerne von Ihnen wissen, Herr Jansen.« Frank lehnte sich scheinbar ungerührt an die Wand, sodaß er jetzt seitlich zu Jansen stand.

»Ich war es nicht, ich war es nicht.« Es klang wie ein Winseln. Jansens Hände begannen zu zittern. »Oh, nein. Ich war es nicht.« Er starrte auf die gegenüberliegende Wand, als könne er sie mit seinem Blick durchbrechen, um dahinter seinen Frieden zu finden.

»Beruhigen Sie sich, Jansen. Also noch einmal von vorne. Erzählen Sie uns, warum Sie bei van den Hövel gearbeitet haben.«

Ecki hatte sich Frank gegenüber ebenfalls an die Wand gelehnt. Der Verdächtige in der Mitte, so hatten sie es bei ihren Vernehmungen bisher immer gehalten.

Auch räumlich ein echtes Kreuzverhör.

Jansen holte wieder tief Luft. »Das Sozialamt hat mir den Job besorgt. Ich wäre alleine nie zu van den Hövel gegangen. Ich mag keine Gartenarbeit. Ich habe in den Hallen gearbeitet. Anhänger beladen. Kisten sortiert und so. Es war eine echte Drecksarbeit. Aber was sollte ich machen? Hätte ich abgelehnt, hätte es wieder Ärger gegeben.«

»Mit wem?« Ecki hatte die Arme lässig verschränkt.

»Na, mit dem Amt. Und mit meiner Mutter. Alle haben immer nur auf mir herumgehackt. Mein Alter hätte mich durchgeprügelt, wenn ich nicht dorthin gegangen wäre. Er hat immer nur geprügelt. Und gesoffen.«

»Obwohl Sie schon längst volljährig sind? Das glauben Sie doch selbst nicht.«

Markus Jansen sah ihn und Ecki nur schweigend an.

»Was hat van den Hövel gesagt, als er Sie entlassen hat?« Frank versuchte, sachlich zu bleiben.

»Nicht viel. Nur, daß ich meine Finger von seiner Tochter lassen soll. Sie sei zu schade für so einen Versager wie mich. Aber ich habe ihr doch nichts getan! Ich habe doch in der Firma nur meine Arbeit getan.«

»Warum haben Sie van den Hövel nichts davon erzählt, daß Sie seiner Tochter nicht *nachsteigen*, wie er gesagt hat, sondern schon länger mit ihr fest zusammen waren? Schließlich sind Sie beide doch keine Kinder mehr.« Ecki hatte sich erwartungsvoll an der Wand abgestoßen und stand jetzt dicht vor Jansen.

»Sie haben keine Ahnung, was der Alte für ein Theater veranstaltet hat. Und noch veranstaltet hätte. Ich wollte nicht, daß Heike Ärger bekommt und dann aus Angst mit mir Schluß macht. Ich habe sie so sehr geliebt. Ich habe sie nicht getötet.«

»Haben Sie einen Baseballschläger?« Eckis Frage kam unvermittelt.
»Nein. Wieso?«
»Was haben Sie gemacht, als van den Hövel Sie hinausgeworfen hat?«
Jansen zögerte mit der Antwort. »Ich bin erst durch die Stadt gelaufen. Ich habe mich nicht nach Hause getraut. Ich wußte erst nicht, wohin.«
»Und dann?« Frank stieß sich ebenfalls von der Wand ab und sah auf das Zählwerk des Tonbandes; es war noch Platz genug für eine längere Vernehmung.
»Dann bin ich nach Hinsbeck gefahren. Zum Masuhr. Der hat mir das Zelt geliehen, und dann sind wir nach Leuth in den Wald gefahren.«
»Sie haben die ganzen letzten Wochen im Zelt gehaust? Wer hat Sie versorgt?« Ecki sah auf Markus Jansen hinab.
»Klaus Masuhr ist gekommen und hat mir Dosen gebracht, Einsatzverpflegung von der Bundeswehr meist. Auch Heike ist noch dagewesen und hat mir Decken und was zu Essen gebracht. Heike ist dann immer ein paar Stunden geblieben.«
»Wann war sie da und wie oft?« Ecki ging um den Tisch herum und sah dem jungen Mann vor sich direkt ins Gesicht.
Markus Jansen zuckte förmlich unter Eckis hartem Tonfall zusammen. »Ich, ich weiß nicht. Am Anfang halt, die ersten Tage. Ich weiß es nicht mehr. Vielleicht war sie dreimal da, oder viermal.«
»Komm Freundchen, du kannst mir nicht erzählen, daß du keine Ahnung hast, wie oft deine Freundin dich im Wald besucht hat.« Ecki war unversehens ins Du verfallen. Ein deutliches Zeichen dafür, daß er ziemlich ungeduldig wurde.
»Ehrlich, ich weiß es nicht mehr. Ich kann mich nicht erinnern.«
»Hör auf, uns Märchen zu erzählen.« Ecki baute sich jetzt vor Markus Jansen auf. »Ich will dir mal erzählen, wie es wirklich war. Ihr habt euch im Wald getroffen. Dann hat es Streit gegeben, weil Heike dich verlassen wollte. Und dann hast du zugeschlagen, mit einem Baseballschläger.«
Jansen sprang auf und schlug dabei so heftig mit der Faust auf den Tisch, daß das Mikrofon umkippte. In seiner Wut wirkte er größer, als er in Wirklichkeit war. Ecki wich vor Schreck einen Schritt zurück.
»Ich habe Heike nicht umgebracht. Wann kapiert ihr das endlich!? Scheiße! Ich habe sie geliebt, wir haben uns geliebt! Wir wollten heiraten und Kinder haben. Ich werde doch nicht umbringen, was ich liebe!« Mit einer hilflosen Geste strich er sein Haar zurück, das ihm ins Gesicht gefallen war.
Frank drückte Jansen mit festem Griff wieder auf den Stuhl und stellte dabei das Mikrofon gerade. Jansen schlug die Hände vor das Gesicht. Seine Schultern zuckten. Er winselte leise vor sich hin.
»Das wäre nicht das erste Mal, daß Liebe ein Mordmotiv ist. Nach allem

was wir wissen, könnte es so gewesen sein, wie mein Kollege es gerade geschildert hat. Sie haben Heike van den Hövel umgebracht, weil Sie eine Trennung nicht verwunden hätten. Die Indizien sprechen gegen Sie. Legen Sie ein Geständnis ab, Jansen, das wird Ihr Gewissen erleichtern.« Franks Ton wurde fast versöhnlich.

Markus Jansen hörte auf zu weinen. Mit leiser Stimme wiederholte er immer wieder: »Ich habe sie nicht umgebracht. Ich habe sie nicht umgebracht.« Plötzlich verstummte er und sah Frank an. Ihm schien etwas eingefallen zu sein. »Ich, wenn ich es wirklich gewesen wäre, wie hätte ich die Leiche wegschaffen sollen? Ich habe doch gar kein Auto.« Er sah sie verzweifelt und doch zugleich hoffnungsvoll an. Das mußte die Polizeibeamten von seiner Unschuld überzeugen.

»So einfach ist das nun auch wieder nicht.« Frank lehnte sich wieder an die Wand und sah auf Jansen herunter. »Es gibt verschiedene Möglichkeiten. Wahrscheinlich hat ihnen ein Komplize geholfen. Vielleicht Masuhr? Aber vielleicht haben Sie Heike van den Hövel auch gar nicht im Wald umgebracht. Gut möglich, daß Sie ihr in Hinsbeck aufgelauert und dort umgebracht haben. Wir werden auf jeden Fall das Waldgelände mit Leichenspürhunden absuchen lassen. Spätestens dann werden wir wissen, wo Heike umgebracht wurde.«

Ecki konnte sehen, daß Frank alle Hoffnungen Jansens zunichte gemacht hatte.

Markus Jansen blickte mit rotgeränderten Augen auf das Tonband und beobachtete, wie sich die Spulen unaufhörlich und stumm drehten. Es war nur ein leichtes Schleifgeräusch zu hören. Ansonsten war es still im Vernehmungszimmer.

Frank versuchte etwas anderes. »Wir wissen von unseren Kollegen, daß Sie schon seit zwei Jahren zu der Gruppe *Kämpfer 20. Juli '44* gehören. Wie sind Sie zu diesen Leuten gestoßen?«

Jansen lehnte sich mit einem langen Seufzer in seinem Stuhl zurück, als habe ihn die Frage aus einer anderen Welt geholt. »Weiß nicht mehr.«

»Kommen Sie, strengen Sie sich an, versuchen Sie, sich zu erinnern. Wir sind noch lange nicht fertig. Seit wann kennen Sie Klaus Masuhr?«

Jansen starrte bockig geradeaus. »Das wissen Sie doch schon. Seit zwei Jahren. Was hat das mit Heikes Tod zu tun?«

»Das versuchen wir ja gerade zu klären. Also, warum haben Sie sich mit diesen ominösen Kämpfern zusammengetan? Rassenwahn, Deutschtum, Befreiungsphantasien? Was war es? Imponiergehabe? Machtgelüste? Lust an den Qualen anderer Menschen? Wie fühlt man sich, wenn man wehrlose Asylanten angreift? Wie Herrenmenschen?« Franks Stimme war voller Verachtung für den Neonazi, der sich bei jedem seiner Worte auf dem Stuhl wie unter Schlägen hin- und herwand.

Markus Jansen zuckte schließlich mit den Schultern. »Ich habe Kurt im BaCa in Kaldenkirchen kennengelernt. Da war er öfter, zusammen mit anderen aus seiner Clique. Wie das so ist in Kneipen. Und dann habe ich ihn einmal auf dem Flur vom Sozialamt getroffen. Wir sind dann zu ihm nach Hause, ein Bier trinken. Dabei hat er mir von seinen Fahrten in die Wälder an der Grenze erzählt. Er hat da mit seinen Kumpeln nach altem Kriegszeug gegraben. Stahlhelme, Munition, auch mal eine Panzerfaust, Gasmasken und so'n Kram. Scheint noch 'ne Menge da rumzuliegen. Sie wollten immer schneller sein als der Kampfmittelräumdienst. Einmal waren wir in Boisheim bei einem Bauern. Der hat uns von einem Flugzeug erzählt, das im Krieg bei ihm runtergekommen ist, so ein englischer Bomber muß das gewesen sein. Außerdem hat Masuhr sich mit irgendwelchen Leuten getroffen, die nach abgeschossenen Militärmaschinen suchen. Da waren auch Holländer dabei, die nach der einmotorigen Jagdmaschine von einem Amerikaner suchen. Die muß am 26. November '44 zwischen Kaldenkirchen und Breyell abgestürtzt sein. Angeblich hatte man die bei Venlo beschossen.«

»Ist ja gut, so genau wollen wir die Kriegsgeschichten jetzt nicht wissen.« Frank wurde ungeduldig. »Und dann sind Sie mit Masuhr und Konsorten durch den Wald gerobbt. Was hat Heike dabei gemacht?«

»Wir waren nicht oft dabei. Aber eigentlich war das die einzige Zeit, wo wir ungestört sein konnten. In Heikes Wohnung konnten wir nicht. Heike hatte Angst, daß ihr Vater uns überrascht.«

»Na, also, nun können Sie ja doch noch reden«, spottete Ecki.

»Waren Sie nie in der Wohnung Ihrer Freundin?«, schob Frank hinterher.

»Nur ein- oder zweimal, und nur ganz kurz. Ich wäre gerne öfter gekommen. Sie hatte es so schön.« Markus Jansen begann wieder leise zu schluchzen.

»Das muß aber eine merkwürdige Beziehung gewesen sein. Wo haben Sie sich denn mit Ihrer Freundin getroffen. In Ihrem Zimmer?«

»Nein. Das wollte ich nicht. Ich habe mich geschämt. Ich wollte verhindern, daß Heike sieht, wie meine Eltern leben. Ich wollte ihr den Anblick von meinem besoffenen Vater ersparen. Wir haben uns entweder mit den anderen im Wald getroffen, oder im E-Dry oder BaCa. Bei den Treffen im Wald waren mir die Typen von Masuhr egal, auch der ganze Nazi-Kram, ich wollte mich einfach in Ruhe mit Heike treffen. Die Wochenenden waren die schönsten in meinem Leben.« Er schluchzte wieder und suchte in seiner Hose nach einem Taschentuch. Als er keins fand, putzte er sich seine Nase am Ärmel ab.

»Noch einmal, wann haben Sie Heike das letzte Mal gesehen?« Ecki stellte sich dicht neben Jansen an den Tisch.

Markus Jansen knetete seine Hände. »Ich habe es doch schon mal gesagt, ich weiß es nicht. Sie ist irgendwann einfach nicht mehr gekommen.«

»Warum nicht, hatten Sie Streit?«

»Nein, sie ist einfach nicht mehr gekommen. Dabei wollte sie mir noch einen Schlafsack vorbeibringen, ich habe so gefroren. Und dann hat Masuhr gesagt, daß sie tot ist.« Markus Jansen liefen dicke Tränen über das Gesicht.

»Was hat Masuhr Ihnen gesagt?« Ecki schob das Mikrofon näher.

»Er ist wie immer mit einem Beutel Dosensuppen gekommen und hat mir gesagt, daß man Heike gefunden hat. In Breyell, vor dem Turm, tot. Ich habe ihn angeschrieen, daß er lügt und daß er mich zu Heike bringen soll. Aber dann hat er mir den Zeitungsartikel gezeigt. Da stand drin, daß Heike von einem Unbekannten erschlagen wurde. Und Masuhr hat dann gesagt, daß ich nicht mehr aus dem Wald wegkönne. Die Polizei würde mich suchen, weil sie mich für den Mörder hält. Aber ich habe sie nicht umgebracht. Wirklich nicht.« Jansens Schluchzen wurde wieder lauter. Ohne aufzusehen, suchte er wieder in seinen Hosentaschen nach einem Taschentuch.

Frank hielt ihm eine Packung Papiertaschentücher hin. Markus Jansen nahm sie wortlos. »Was meinen Sie, wer hat dann Heike van den Hövel umgebracht, wenn Sie es nicht waren?«

»Ich habe keine Ahnung. Heike hatte keine Feinde. Ich weiß es wirklich nicht.« Markus Jansen schneuzte sich laut die Nase.

»Hatte einer aus der Gruppe vielleicht ein Auge auf Heike geworfen? War jemand eifersüchtig? Sie war immerhin eine sehr attraktive Frau.«

»Nicht, daß ich wüßte. Es gab da auch den Ehrenkodex, daß die Freundin des anderen tabu ist. Das tut ein deutscher Mann nicht.«

»Ist das nicht ein bißchen zuviel deutsche Moral? Außerdem hört die Moral da auf, wo Verlangen einsetzt.« Frank war sich der tieferen Bedeutung seiner Worte nicht bewußt, das konnte Ecki sehen. Ohne daß Frank es merkte, saß er selbst so ziemlich mitten im Glashaus, dachte Ecki.

»Nein, ich habe nicht bemerkt, daß jemand scharf auf Heike war. Das hätte Heike auch gar nicht zugelassen. Wir haben uns wirklich geliebt.«

»Jaja, das haben Sie schon mehrfach gesagt.« Ecki stand immer noch am Tisch vor Jansen. »Sie haben mich noch immer nicht überzeugen können, daß Sie Heike van den Hövel nicht umgebracht haben. Wir werden bei Heike weiter nach DNA-Spuren suchen. Und wenn wir etwas gefunden haben, dann gnade Ihnen Gott.« Ecki ließ die Drohung offen.

»Wie oft soll ich Ihnen denn noch sagen, daß ich nichts getan habe! Ich war doch schon kurz davor, aus dem Wald zurück zu meinen Eltern zu gehen. Fragen Sie Masuhr. Heike und ich wollten uns eine neue Wohnung nehmen und dann bald heiraten.«

Frank fragte nach. »Eine neue Wohnung! Heike hatte doch eine Eigentumswohnung. Und wovon wollten Sie leben?«

»Ich wollte mir Arbeit suchen, vielleicht in Mönchengladbach oder Düsseldorf. Egal was, Hauptsache weg hier aus Nettetal. Außerdem wollte Heike die

Wohnung nicht mehr. Die Nachbarn seien ihr zu spießig, hat sie gesagt. Mit ihrem Vater wäre sie schon klargekommen, hat sie gesagt. Fragen Sie doch Masuhr.«

»Kurt Masuhr lebt nicht mehr. Verbrannt in seinem Auto. Gar nicht weit von ihrem Zelt.«

Markus Jansen sah mit weit aufgerissenen Augen ungläubig zwischen Ecki und Frank hin und her. »Was, das, wieso, nein, ich mein...« Markus Jansen konnte jetzt nur noch stottern.

»Kurt Masuhr wurde erschlagen, er war schon halbtot, bevor er verbrannt ist.« Ecki war wieder an die Wand zurückgekehrt.

Markus Jansen sah von einem zum anderen. »Was sehen Sie mich so an? Was soll das? Wollen Sie mir jetzt auch noch den Tod von Kurt Masuhr anhängen? Nein, nein, nicht mit mir.«

»Immerhin wurde er nicht weit von Ihrem Zelt ziemlich verschmort in seinem Auto gefunden.« Ecki wollte noch drastischer werden, besann sich dann aber. »Unsere Gerichtsmediziner haben unter der Leiche Holzreste gefunden. Sie stammen mit hoher Sicherheit von einem Baseballschläger. Ich frage Sie deshalb noch einmal: haben Sie einen Baseballschläger, bzw. haben Sie einen Baseballschläger besessen?«

Markus Jansen beugte sich vor und schlug die Hände vor das Gesicht. »Ich kann nicht mehr.«

»Heike van den Hövel ist auch nicht gefragt worden, ob sie die Schmerzen noch aushalten kann. Und Kurt Masuhr ist auch elendig verreckt, ohne daß er eine Chance hatte. Ich bin es jetzt satt. Hören Sie endlich mit dem Versteckspiel auf und sagen Sie uns die Wahrheit!« Frank stand wieder direkt vor Markus Jansen.

»Ich war es nicht, ich habe niemanden umgebracht.« Markus Jansen wand sich auf seinem Stuhl. »Ich habe niemanden umgebracht. Nicht Heike, nein, nein. Ich habe keinen Menschen umgebracht, auch nicht Kurt.« Er lag nun mit seinem Oberkörper und lang ausgestreckten Armen auf dem Tisch, sein Gesicht ganz nah an dem Mikrofon. Durch sein lautes Schnaufen und Schluchzen schlug der Pegel am Tonband weit aus.

Es klopfte an der Tür. Frank öffnete und sah Beuke, der ihm mit schiefem Grinsen ein Foto hinhielt. »Das haben wir im Haus von Masuhr gefunden. Vielleicht könnt ihr etwas damit anfangen. Die Blonde scheint eure Heike van den Hövel zu sein. Wer der Typ auf ihr ist, kann ich nicht sagen. Den Hintern kenn ich nicht. Und das Gesicht kommt mir auch nicht bekannt vor.«

»Mensch Beuke, du bist doch zu alt für diese Schmuddel-Pornos, gib schon her.« Frank flüsterte. »Danke, daß du das Foto gebracht hast. Wo kann es gemacht worden sein? Was meinst du?«

»Keine Ahnung, irgendwo und irgendwann an einem schönen Sommertag im Wald. Die beiden müssen jedenfalls viel Spaß gehabt haben.« Beuke legte den Zeigefinger zum Gruß an die Stirn und verschwand wieder.

Frank schloß die Tür, betrachtete das Foto und stutzte. Jansen und Ecki sahen ihn erwartungsvoll an.

»Können Sie mir etwas zu dem Bild sagen?« Frank warf das Foto auf den Tisch neben das Mikrofon.

Als habe er Angst davor, vergiftet zu werden, nahm Markus Jansen den Papierabzug mit spitzen Fingern hoch. Er warf nur einen kurzen Blick auf die Szene und warf das etwas unscharfe Bild angewidert von sich.

»Sie kennen die Aufnahme?«

Keine Antwort.

»Markus Jansen, kennen Sie das Foto?« Frank trat hinter ihn.

Der Angesprochene schob mit einer Fingerspitze das Foto noch ein Stück weiter von sich weg und nickte.

»Von wann ist die Aufnahme? Und wer hat sie gemacht?«

»Masuhr.«

»Mensch, Jansen, lassen Sie sich nicht jedes Wort einzeln aus der Nase ziehen. Vielleicht erzählen Sie uns endlich mal die ganze Geschichte.« Ecki wurde lauter.

Markus Jansen räusperte sich und setzte sich auf. »Kurt Masuhr hatte die beiden bei seinen Streifzügen durch den Wald beobachtet und dabei die Fotos gemacht. Einfach aus Neugier. Heike hat mir alles erzählt, damals. Sie kannte Masuhr vorher nicht. Erst als sie mit mir zu den Kameradschaftstreffen kam, hat Masuhr gewußt, wer auf den Fotos zu sehen ist. Bei einem der Saufabende hat Masuhr dann Heike die Fotos gezeigt. Sie hat sich fürchterlich aufgeregt, aber Kurt hat nur gelacht und die Fotos wieder weggesteckt. Ich war an dem Abend schrecklich wütend auf Heike. Aber sie hat mir dann später alles erklärt. Sie hat Böskes nicht geliebt. Es war für sie nur ein Spiel. Mehr nicht. Sie hat sich nur ein paar Mal mit ihm getroffen.«

Ecki schaute bei dem Namen Böskes erstaunt zu Frank, der ihm zunickte.

»Sie hat ihn regelrecht verarscht. Ihm die große Liebe vorgegaukelt. Sie hat ihn am ausgestreckten Arm verhungern lassen wollen. Für Heike war Böskes nur ein altes Schwein, das ihr in blinder Gier nachgekrochen kam.« Er stockte.

»Weiter.«

»Sie hat ihn ausgenommen wie eine Weihnachtsgans. Er hat ihr teure Geschenke gemacht. Schmuck und so. Ich weiß es auch nicht so genau, manchmal hatte ich das Gefühl, sie hat sich für irgendwas rächen wollen. Auf jeden Fall hat sie ihn nicht mehr getroffen, seit sie mit mir zusammen war. Das hat sie mir geschworen, daß es aus war mit Böskes. Und das habe ich ihr auch geglaubt. Die alten Geschichten waren mir auch egal. Heike hat mich nie belogen. Die Sache mit Böskes hatte für mich keine Bedeutung mehr.«

»Hat Sie das nicht gewurmt, daß Masuhr diese Fotos hatte?«
»Ich habe doch gesagt, daß mich die Sache nichts anging. Masuhr hat dann auch nie mehr etwas darüber gesagt.«
Frank beugte sich zu Jansen. »Ich glaube, es sieht nicht gut für Sie aus, Jansen. Für die Tatzeit haben Sie kein Alibi. Sie wollen im Wald gesteckt haben, in Ihrem Zelt. Auch für den Mord an Masuhr haben Sie keinen Entlastungszeugen. Und nun noch dieses Foto. Ich glaube, daß Sie Heike van den Hövel und Kurt Masuhr ermordet haben. Mord aus Haß und niederen Beweggründen.« Frank sah Ecki an. »Wir sollten für heute die Vernehmung beenden. Herr Jansen, Sie bleiben vorläufig weiter in Polizeigewahrsam. Ein Kollege wird Sie in Ihre Zelle bringen. Wir werden Ihre Eltern verständigen.«
Markus Jansen fing wieder an zu weinen. Frank sprach die Uhrzeit in das Mikrofon und schaltete das Tonband ab.

XXIX.

Böskes versuchte es noch einmal. »Klaus, das kannst du mir nicht antun. Wirklich.« Böskes spielte nervös mit dem Stiel seines Wasserglases und sah Klaus Vander ängstlich an.
»Du glaubst gar nicht, was ich noch alles kann. Du hängst in der Geschichte mit drin, und ich erlaube mir eben, ein kleines Honorar für meine Dienste zu berechnen. So einfach ist das. Sieh' es einfach als Geschäft.« Klaus Vander nahm einen Schluck aus seinem Rotweinglas. Sie hatten sich nicht weit vom Lambertiturm in der Hahnestroat getroffen. Draußen schneite es leicht.
»Du machst mein Leben kaputt. Alles, was ich mir aufgebaut habe.«
»Nein, mein Lieber, das machst du dir selbst kaputt. Hättest dich nicht mit der kleinen van den Hövel einlassen sollen. Der Verstand ist dir wohl in die Hose gerutscht. Was hast du dir eigentlich dabei gedacht?«
»Was weißt denn du schon? Wir haben uns geliebt. Heike war das sanfteste Geschöpf, das ich je in meinem Leben getroffen habe. Sie hat mich so verstanden, wie ich noch nie verstanden worden bin, von keiner Frau. Ich lasse mir von dir die Erinnerung an meine Heike nicht nehmen, merk' dir das. Und ich lasse mir mein Leben nicht zerstören, nicht von dir.«
»Willst du mir drohen? Du willst mir drohen?« Vander lachte kurz und trokken. »Vergiß' nicht, daß du mit dem Rücken an der Wand stehst, du bist nicht in der Position, auch nur die kleinste Forderung zu stellen. Denk' daran.« Klaus Vander winkte der Bedienung und bestellte noch ein Glas Rotwein.
Dieter Böskes sah wortlos aus dem Fenster. Aber er konnte kaum etwas erkennen, denn die unregelmäßig dicken Scheiben aus Rauchglas ließen die Konturen auf der Straße verschwimmen. Er würde nie das Geld zusammen-

bringen, ohne daß Christa etwas davon erfahren würde. Er war verzweifelt. In den vergangenen Tagen hatte er wieder und wieder die Affäre mit Heike verflucht. Wie hatte er sich nur hinreißen lassen können? Schließlich war sie so viel jünger. Hatte er wirklich gedacht, mit ihr ein neues Leben anfangen zu können? Mit der Tochter seines Freundes? Er, der Alte, der vom Jungbrunnen nippen wollte, dachte Böskes bitter. Die Vorstellung erschien ihm jetzt grotesk. Die Beziehung zu Heike durfte nie ans Tageslicht kommen. Nie. Er mußte das verhindern, mit allen Mitteln. Toni van den Hövel durfte nie etwas erfahren. Auch Christa nicht. Er hatte seit Wochen nicht mehr richtig schlafen können, hatte sein Geschäft vernachlässigt, hatte die traditionellen Kundenbesuche vor Weihnachten nur noch mechanisch abarbeiten können und mehr oder minder wortlos die mitgebrachten Präsente abgegeben. Immerzu hatte er das Bild von Heike vor Augen, das Foto, das ihm Vander gezeigt hatte. Er konnte sich noch genau an jenen Sommertag im Wald erinnern, an ihr Stöhnen und ihre Lust. Aber jetzt wollte er den Tag nur noch vergessen und ganz aus seiner Erinnerung streichen.

Er hatte schon daran gedacht, zur Polizei zu gehen. Es wäre so einfach gewesen, als er mit Joosten auf dem Markt gestanden hatte und Frank Borsch zu ihnen gestoßen war. Ein kleines Wort, und er wäre alle Last losgeworden. Aber er hatte es nicht fertiggebracht. Er hatte an seinen Ruf in der Stadt denken müssen, an Christa, an van den Hövel. Außerdem hätte ihm die Polizei nicht geglaubt. Vielleicht hätten sie ihm vorgeworfen, die Erpressung nur erfunden zu haben. Böskes hatte Angst vor dem Gefängnis. Er wollte nicht hinter Gitter. Er hatte schon jetzt das Gefühl zu ersticken. Sie hätten ihn verurteilt, wegen der Indizien. Da war er ganz sicher.

»Hey, Böskes, nun laß' mal nicht die Flügel hängen. Ich gebe dir mein Wort, du zahlst mir die Kohle und dann Schwamm drüber. Niemals werde ich dich noch mal mit der Geschichte behelligen. Du kannst dich auf mich verlassen.«

»Das habe ich gesehen, wie ich mich auf dich verlassen kann, du bist ein Schwein, Vander. Ein dreckiges Schwein.«

»Nanana, nun krieg' dich mal wieder ein.«

»Vander, ich habe das Geld nicht.«

»Dann borg' es dir. Frag' van den Hövel, der hilft dir bestimmt.« Klaus Vander lachte meckernd. Er fand seine letzte Bemerkung witzig.

»Du bis so widerlich. Am liebsten würde ich dich...«

Vander unterbrach ihn. »Was würdest du am liebsten? Mich umbringen? Dazu hast du nicht das Format. Du bist ein jämmerlicher Wicht, Böskes, weißt du das? Ein jämmerlicher Feigling. Wer ist denn in den Wald gefahren, du oder ich?«

Böskes antwortete nicht, sondern versuchte wieder, durch das dicke Glas des Fensters zu sehen. Vergeblich.

»Na, siehst du? Sage ich doch, ein Feigling. Und damit du mich nicht mißverstehst: Ich sage es dir nur noch einmal, also höre gut zu. Ich will das Geld, und zwar spätestens übermorgen. Wir treffen uns am Lambertiturm. Ich muß sowieso noch mal ins Dorf. Der Lambertiturm ist gut. Das fällt nicht auf, wenn wir uns dort treffen. Der Bauunternehmer und der Baustoffhändler. Einen besseren Ort für ein unverfängliches Treffen zweier erfolgreicher Geschäftspartner kann es nicht geben. Findest du nicht auch? Prost, lieber Dieter.« Vander hob das Glas in Böskes' Richtung und deutete ein Anstoßen an. »Laß' uns was essen. Die Gans soll wirklich gut sein. Herr Ober, die Karte bitte.«

»Ich habe keinen Appetit. Vander, ich flehe dich an, du zerstörst mein Leben. Ich gebe dir 5.000 Euro. 5.000, mehr habe ich nicht. Das ist doch auch viel Geld.«

»Jetzt fang' bloß nicht an zu feilschen. Wir sind hier nicht auf dem Jahrmarkt. Meine Geschäfte gehen schlecht, da kann ich jede *Zuwendung* gut gebrauchen. Außerdem steht Weihnachten vor der Tür, und ich habe noch so viele liebe Menschen zu beschenken. Übrigens, hast du eigentlich schon alle Geschenke?«

Böskes konnte sich kaum noch beherrschen. Er presste die Lippen aufeinander. Seine Hände hatte er längst zu Fäusten geballt. Die Knöchel traten weiß hervor, so fest drückte er sie zusammen. »5.000.«

Vander lächelte ihn an. »Ach, Dieter, du scheint es immer noch nicht verstanden zu haben. Soll ich dir noch mal das Foto zeigen? Als kleine Gedankenstütze. Wenn du willst, kannst du es behalten. Ich habe noch ein paar Abzüge machen lassen. Ging ganz problemlos.«

Böskes stand abrupt auf. Dabei stieß er gegen den Tisch. Sein Wasserglas konnte er noch geistesgegenwärtig festhalten, aber das Rotweinglas vor Vander kippte um und ergoß sich über die weiße Tischdecke. Wie Blut. Vander rückte mit einem Satz vom Tisch weg und fluchte. Wortlos verließ Böskes die Gaststätte. Er kümmerte sich nicht um den fragenden Blick des Wirts und das Tuscheln der anderen Gäste.

Sie waren wieder zu dritt im Vernehmungsraum. Zuvor hatten sich Frank und Ecki mit den Kollegen der Sonderkommission »Lambert« getroffen, um sich auf den letzten Stand der Ermittlungen bringen zu lassen. Die Atmosphäre im alten Rathaus war ein bißchen hektisch gewesen. Ständig klingelte ein Telefon, Kollegen kamen und gingen oder standen in kleinen Gruppen zusammen und diskutierten. Aber wie schon vermutet, waren die Erkenntnisse nicht wirklich neu. Die Auswertung der Sicherstellungen lief noch, die Aufarbeitung der Skinhead-Aktivitäten war umfangreicher als erwartet. Auf der Festplatte waren immer neue Adressen von irgendwelchen »Kampfgruppen«

aufgetaucht. Da immer noch nicht auszuschließen war, daß Masuhr auch von Rivalen aus der Szene umgebracht worden sein könnte, war im Moment fast die ganze Soko mit der Abarbeitung der offenen Fragen beschäftigt. Zahlreiche Hinweise waren mittlerweile auch von den Kollegen aus der Provinz Limburg eingegangen. Meist bezogen sie sich auf die Neonazi-Szene. Zu einem möglichen Serientäter war nichts dabei. Auch Auswertungen der LKA-Recherchen zu einem möglichen Mehrfachtäter waren ohne Ergebnis geblieben. Die ungeklärten Todesfälle der vergangenen Jahre schienen nichts gemeinsam zu haben. Zumindest nichts, was auf ihren Fall passen könnte.

Peter Beuke war nicht zur Besprechung erschienen. Staatsanwalt Böllmann hatte durchblicken lassen, daß Beuke sich möglicherweise mit einem V-Mann treffen könnte, der in der Neonazi-Szene am Niederrhein aktiv war. Zu Böskes wollten sie dann doch erst später fahren.

Frank hatte am Morgen versucht, Lisa anzurufen. Aber es hatte sich mal wieder nur ihr Anrufbeantworter gemeldet. Offenbar war sie schon auf dem Weg zur Schule gewesen. Frank hätte gerne eine Nachricht hinterlassen. Nachdem er aber eine Zeitlang auf den Hörer in seiner Hand gestarrt hatte, ohne zu wissen, was er hätte sagen sollen, hatte er einfach wieder aufgelegt. Ohne Frühstück hatte er das Haus verlassen und war mit Ecki nach Breyell gefahren. Erst später im Präsidium war ihm eingefallen, daß er vergessen hatte, den Fernseher auszuschalten.

»So, dann wollen wir von Ihnen noch einmal hören, wie Sie Heike kennengelernt haben.« Frank hatte nach dem Wechseln der Tonspule wieder das Mikrofon eingeschaltet und nahe an Markus Jansen herangerückt.

»Aber das habe ich Ihnen doch schon alles dreimal erzählt.« Markus Jansen sah übernächtigt aus. Er trug immer noch seine schmutzige Tarnhose und ein viel zu großes Sweatshirt.

»Macht nix. Wir hören Ihnen gerne zu.« Ecki nickte ihm aufmunternd zu. Allerdings ohne großen Erfolg, denn der Sarkasmus in seiner Stimme war nicht zu überhören gewesen.

»Ich habe dem von gestern nichts hinzuzufügen.« Markus Jansen verschränkte die Arme vor der Brust.

Ecki wurde laut. »Hören Sie zu, es geht um Ihren Kopf. Ihnen werden zwei Morde vorgeworfen. Sie sollten mit uns kooperieren, es geht für Sie um viel. Um alles, um genau zu sein. Wenn Sie angeblich nichts mit den Morden zu tun haben, sollten Sie sich etwas einfallen lassen. Noch glauben wir Ihnen kein Wort. Also, wann und wo haben Sie Heike van den Hövel kennengelernt?«

Schweigen.

Frank versuchte es nun. »Herr Jansen, mein Kollege hat recht. Wenn Sie nichts zu Ihrer Entlastung beitragen können, sieht es verdammt schlecht für

Sie aus. Der Staatsanwalt wird eine Mordanklage verfassen. Bei Doppelmord bedeutet das lebenslang. Und in diesem Fall heißt lebenslang deutlich mehr als 15 Jahre. Falls Sie überhaupt noch einmal freikommen sollten. Überlegen Sie also genau. Wenn Sie wollen, können Sie sich noch mit Ihrem Anwalt besprechen.«

Markus Jansen sah vor sich auf den Tisch. »Wie oft soll ich es Ihnen noch sagen? Ich habe mit den Morden nichts zu tun. Ich wußte bis gestern noch nicht einmal, daß Masuhr tot ist.«

»Haben Sie sich nicht gewundert, daß er nicht mehr bei Ihnen war?«

»Nein, warum sollte ich? Ich hatte noch genug zu essen dabei. Er ist sowieso nicht regelmäßig gekommen.«

Frank konnte merken, daß Markus Jansen nur widerwillig antwortete. Offenbar hatte eine weitere Vernehmung zum jetzigen Zeitpunkt keine Aussicht auf Erfolg. »Komm, Ecki, ich glaube, er braucht noch ein bißchen Bedenkzeit. Laß' ihn wegbringen. Ich geh' schon mal zum Parkplatz.« Im Hinausgehen drehte Frank sich noch einmal um. »Wissen Sie, daß Heike schwanger war?«

Markus Jansen wurde kreidebleich, sagte aber nichts.

XXX.

Das Gerüstbrett schwankte. Dieter Böskes ging vorsichtig bis zur nächsten Leiter. Das Gerüst hinter der Abdeckplane war leer. Die Arbeiter hatten wegen der Kälte nicht weitermachen können. Auf den Planken lag dicker Staub, hin und wieder mußte er auf dem Weg nach oben an kleinen, zusammengekehrten Schutthaufen vorbei. Noch waren nicht alle Stellen an den vier Turmseiten von bröckelndem Putz oder von losen Steinen befreit. Die Arbeiten würden sicher noch einige Wochen dauern. Böskes fühlte mit sachkundigen Händen über die schrundigen Wände. Die Schäden waren doch größer als ursprünglich vermutet. Das hatte er den Verantwortlichen bei der Stadt schon vor dem eigentlichen Beginn der Arbeiten gesagt. Der Regen und das verdammte Efeu hatten ganze Arbeit geleistet. Weil er Fachmann war und zudem den alten Turm mochte, war er froh, daß sich der Förderkreis mit seinem Nein zum Grün am Turm nach langem Hin und Her letztlich hatte durchsetzen können.

Dieter Böskes war auf der letzten Etage des Gerüsts angekommen. Er blieb stehen und sah durch die offene Plane hinunter. Seit dem 14. Jahrhundert stand der Turm schon in der Mitte des Dorfes. Nachdem das eigentliche Kirchenschiff abgetragen worden war, hatte der Lambertiturm 100 Jahre mehr oder weniger nutzlos auf dem Platz gestanden.

Wer weiß, wo die Glocken geblieben sind, dachte Böskes, der sich eigentlich nie ausführlich mit der Geschichte des Dorfes oder des Turms beschäftigt hatte. Der Kirchturm war einfach immer nur da gewesen, ohne daß er ihn zu Nachforschungen gereizt hätte. Der »Alte Lambert«, wie er bei den Breyellern hieß, war eine im Sinne des Wortes feste Größe im Dorfleben gewesen, ohne sonderlich aufzufallen. Allerdings hatten Denkmalschützer schon früh erkannt, welches Kleinod in der Dorfmitte stand. Und nun war es dem Förderkreis zu verdanken, daß die Bausubstanz nicht nur erhalten werden sollte, sondern auch über eine Nutzung des Turms nachgedacht wurde.

Wie sich die Zeiten änderten. Dieter Böskes konnte sich noch gut erinnern, wie er als junger Mann auf seiner cremefarbenen Vespa durch das Dorf gefahren war, um seine Christa zum Picknick oder zu einem Badeausflug abzuholen. Sie hatte wegen des Fahrtwinds ihren Petticoat festhalten müssen. Nun war er schon lange nicht mehr mit seiner Frau Schwimmen gewesen, geschweige denn, daß sie einen Korb gepackt und ins Grüne gefahren wären. Irgendwann war ihnen dieser Wunsch abhanden gekommen. Böskes konnte noch nicht einmal den Grund dafür nennen. Vermutlich war der Alltag schuld. Die ewigen Termine und Sorgen um die Firma, der Hausbau, die letztlich doch verschiedenen Interessen. Das Ausbleiben des Nachwuchses. Er wußte es nicht. Und es war auch nicht mehr wichtig.

Vor ihm lag das rote Pflaster des Platzes. Es war später Vormittag, und trotzdem war kaum jemand im Dorf unterwegs. In der Stadtbücherei gegenüber brannte Licht. Böskes konnte an einem der Fenster die schmale Gestalt des Büchereileiters erkennen, der offenbar tief in Gedanken versunken auf den Platz sah. Im Café neben dem Turm war ebenfalls Licht. Das künstliche Licht hinter den Fenstern machte den Wintertag noch düsterer. Er konnte erkennen, daß auch schräg gegenüber im alten Rathaus die Deckenbeleuchtung eingeschaltet war. Dort versuchte die Sonderkommission der Polizei immer noch, den Mord an Heike und diesem Neonazi aufzuklären. Vor dem Gebäude parkte ein Streifenwagen. Er konnte deutlich das große weiße VIE und die Nummer auf dem Autodach erkennen.

Böskes wußte, daß das Gebäude verkauft werden sollte. Ein Investor wollte dort eine Sozialstation oder ein Behandlungszentrum einrichten. Böskes war als Bauunternehmer im Gespräch und hatte schon erste Vorschläge und Baukostenberechnungen abgegeben. Wenn er recht überlegte, liefen die Geschäfte in den vergangenen Monaten doch nicht so schlecht. Kollegen, die er auf Tagungen gesprochen hatte, waren da ganz anders dran. Eigentlich hatte er in Nettetal sein Auskommen. Konjunkturelle Schwankungen hatte es immer wieder mal gegeben.

Gegenüber im Hochhaus, das er als einen seiner ersten Aufträge Anfang der 60er Jahre hochgezogen hatte, war in keinem der Fenster Licht zu sehen. Nur der Supermarkt im Erdgeschoß war hell erleuchtet. Kundschaft konnte er keine erkennen. Vor lauter Freude über den Bauauftrag war er damals mit Vander ein ganzes Wochenende an der Mosel gewesen.

Der geldgierige Vander. Fast tat er ihm leid. Dieter Böskes drehte sich um und ging vorsichtig an der Seite des Turms vorbei Richtung Biether Straße. Auch dort war an der Ecke die Plane zurückgeschlagen. So lange ist es schon her, dachte er, daß von Rixen aus die ganze Häuserzeile abgerissen worden war, um die Ortsdurchfahrt zu verbreitern. Die an die Stelle der alten Häuser gesetzten Neubauten konnten seiner Meinung nach nur schlecht diese auch für ihn schlimme Planungssünde der 60er Jahre überdecken. Bis hinter die Metzgerei, die vor mehr als 80 Jahren in eine alte Zigarrenfabrik eingezogen war, waren die alten Häuser abgerissen worden. Ein Stück Dorfgeschichte einfach so vernichtet. Das würde heute kein Planer mehr vorschlagen. Ihm kam der Heimatdichter Ferdie Reugels in den Sinn. Böskes sah auf seine Hände, mit denen er die eisigen Gerüststangen umklammerte. Gut, daß es so jemanden wie ihn gibt, der sich so liebevoll um die Bewahrung der Dorfchronik kümmert. Was mache ich mir ausgerechnet heute diese Gedanken, wunderte sich Böskes. Er atmete tief die kalte Luft ein und sah zum Horizont. Bei schönem Wetter soll man bis Holland gucken können, hatte ihm Joosten gesagt. Holland. Holland, ach Holland. Böskes mochte nicht weiterdenken.

Joosten war als Vorsitzender des Förderkreises mittlerweile förmlich mit dem Turm und seiner Geschichte verwachsen. Dieter Böskes war froh, daß er mit dem Fachmann für Baustoffe sozusagen auf Augenhöhe über die notwendigen Arbeiten am Turm hatte verhandeln können. Es war sicher ein Glücksgriff für den rührigen Verein, daß er einen dermaßen sachkundigen Vorsitzenden hatte.

Vander. Dieter Böskes mochte gar nicht an diesen Betrüger und Erpresser denken. Wie sich ein Mensch doch wandeln konnte im Verlauf seines Lebens. Wie viel Spaß hatte er mit ihm gehabt, wie viel hatten sie beide zusammen in dieser Stadt bewegen können. Nie wäre ihm in den Sinn gekommen, daß Vander ihn eines Tages so verraten würde. Zum Beispiel der Blumenladen gegenüber: die frühere Wirtschaft *Haus Grenzland*. Dort hatten sie nächtelang durchgesoffen und sich ewige Freundschaft geschworen. Und nun hatte Vander ihm den Boden unter den Füßen weggezogen. Einfach so, mit ein paar wenigen Sätzen.

Natürlich hätte er sich nie mit Heike einlassen dürfen. Das wußte er spätestens, seit Vander ihn erpreßte. Wenn er ehrlich zu sich selbst war, mußte er zugeben, daß er in seinem Innersten nie daran geglaubt hatte, mit Heike ein neues Leben anfangen zu können. Obwohl sie sich oft in seine Arme gekuschelt hatte, war sie ihm auf eine unbeschreibliche Art fremd geblieben, so als habe stets ein unsichtbares Gewebe den letzten Kontakt mit ihr verhindert. Zu schnell hatte er damals diese Gedanken von sich geschoben und nur für den

Augenblick gelebt. An Toni van den Hövel hatte er dabei nie gedacht. Erst Vander hatte ihn darauf gebracht, daß sein Freund van den Hövel unter Umständen sein Schwiegervater hätte werden können.

Böskes zog den schweren Mantel enger um seinen Körper. Er versuchte, den Gedanken daran abzuschütteln. Allein diese Vorstellung hätte ihn sicher von der Beziehung zu Heike zurückschrecken lassen. Da war er sich ganz sicher. Aber diese Gedanken waren ihm weder damals in ihrer Wohnung noch bei den zahlreichen anderen Treffen in den verschiedenen Hotels oder bei ihren Ausflügen in die Wälder der Umgebung gekommen.

Dieter Böskes ging die wenigen Schritte zurück zur Marktplatzseite. Es hatte zu schneien begonnen. Erst wenig, dann immer dichter flogen die Flocken um den Turm. Sie waren noch dünn. Wer weiß, wie lange es schneien würde, und ob der Schnee liegen bleiben würde, dachte Dieter Böskes. Er faßte ans Geländer und zog die Hand sofort zurück. Das blanke Metall war eiskalt. Erst jetzt bemerkte er, daß die Kälte durch den dünnen Stoff seiner Hose zog. Böskes begann, vor Kälte leicht zu zittern. Sofort versuchte er diesen Impuls zu unterdrücken. Er wußte, daß es reine Willensache war, ob er weiter fror.

Zu seinen Füßen ging eine Frau in dickem Mantel und mit Kopftuch in Richtung Friedhof. Er mußte wieder an Christa denken. Er hatte ihr gesagt, daß er noch einmal zur Baustelle mußte, um zu kontrollieren, ob sie auch winterfest war. Zu groß sei die Gefahr, daß spielende Kinder durch den Bauzaun schlüpfen und dann auf dem Gerüst herumturnen könnten. Er wollte nicht für die Nachlässigkeit seiner Arbeiter aufkommen müssen. Sie hatte ihn zur Tür begleitet und hinterher gewunken, als er mit seinem Wagen davongefahren war.

Böskes beugte sich über das Geländer und sah hinunter. Wer hatte Heike ermordet und ihre Leiche an den Turm gelegt? Seit ihrem Tod beschäftigte ihn diese Frage, ohne daß er eine Antwort gewußt hätte. Nach allem, was er wußte, war sie nicht hier gestorben, sondern irgendwo anders umgebracht worden. Erschlagen, vermutlich mit einem Baseballschläger. Ein schrecklicher Tod, dachte Böskes. Er hatte immer wieder versucht, sich vorzustellen, wie Heike wohl ausgesehen haben mochte, ob sie voller Blut gewesen war. Ob sie sehr gelitten hatte? Böskes fuhr sich mit der Hand durchs Gesicht. Er hatte sich immer wieder diffuse Bilder von dem Mord vor Augen geholt, dabei brachten ihn die Gedanken an ihren Tod fast um den Verstand. Aber Dieter Böskes wollte sich quälen.

Eine Zeitlang hatte er in der Vorstellung gelebt, er könnte den Mörder von Heike finden und für seine Tat bestrafen. Er war in Gedanken alle Möglichkeiten durchgegangen, hatte die verschiedensten Mordtheorien durchgespielt, versucht, sich das Gesicht des Mörders vorzustellen. Stundenlang hatte er im Büro gesessen und sich auf diese Weise gequält. Geholfen hatte es nichts. Im Gegenteil. Es hatte ihn nur noch mehr erschöpft. Seine Sekretärin hatte sich

Sorgen um ihn gemacht, Christa hatte ein paar Mal nachgefragt, aber er war allen immer nur ausgewichen.

Wer konnte Heike umgebracht haben? Diese Frage bohrte auch jetzt wieder in ihm. Heike, meine Heike. Er sah wieder hinunter. Durch das Schneetreiben meinte er, die Konturen zu sehen, die die Polizei beim Fund ihrer Leiche mit Kreide auf das Pflaster gemalt hatten. Aber es war nur eine Sinnestäuschung, hervorgerufen durch die Schneeflocken, die vor seinem Gesicht trieben. Dieter Böskes schloß die Augen und schob die Hände tiefer in die Manteltaschen. So stand er minutenlang und spürte nur die leichten Berührungen der Flocken auf seinem Gesicht. Sie hatten etwas Jungfräuliches in ihrer zarten Berührung. Böskes streckte nun das Gesicht bewußt in den Himmel, um den Flocken mehr Fläche zu bieten. Sanft rieselten sie auf seine Wangen, Wimpern, auf seinen Mund. Wie Küsse.

Immer wieder war er die Orte abgefahren, an denen er sich mit Heike getroffen hatte. Er war sogar ins E-Dry nach Geldern gefahren, in der Hoffnung, dort eine Spur aufnehmen zu können. Aber natürlich war er jedes Mal unverrichteter Dinge zurückgekommen. Die grelle Welt der Diskothek war nicht seine Welt, er hätte nicht gewußt, wo er nach Heikes Bekannten hätte fragen sollen. Er hatte sich aber auch nicht getraut, in den Hotels, *ihren* Hotels zu fragen, ob jemand Heike in Begleitung gesehen hatte. Die Herumfahrerei, die kurzen Besuche in den Hotel-Lobbys oder -Restaurants, das Wiedersehen mit den Orten, an denen er mit ihr für ein paar Stunden glücklich gewesen war, hatten ihn nur noch verzweifelter und trauriger werden lassen.

Heike war auf brutale Weise aus seinem Leben gerissen worden, das mußte er akzeptieren. Und er mußte akzeptieren, daß er ihren Mörder nie würde zur Strecke bringen können. Bei dem Gedanken lachte er kurz auf. Er hatte bei seiner Suche sogar seine Jagdgewehre dabeigehabt, in der absurden Hoffnung, den Täter unmittelbar für seine Tat büßen zu lassen. Wie dumm und kindisch von ihm. Nun standen die Waffen wieder im Schrank. Er hatte Christa wortlos die Schlüssel dazu auf den Wohnzimmertisch gelegt.

Wie Küsse. Die leichten Flocken wirbelten über sein Gesicht, das schon ganz naß war. Aber das spürte er nicht. Auch die Kälte hatte er aus seinen Gedanken vertreiben können. Weil ihm so warm war, hatte er sogar die Hände aus den Taschen genommen. Der schwere Mantel drückte auf seine Schultern. Die Turmuhr der Pfarrkirche schlug zur vollen Stunde. Es war an der Zeit. Dieter Böskes breitete die Arme aus und ließ sich fallen, Heike entgegen.

Augenzeugen berichteten später, der Mann habe für einen kurzen Moment wie ein großer schwarzer Vogel in der Luft gehangen. Die Schöße seines Mantels seien beim Sturz aufgeflattert, von dem Aufprall vor dem Turm sei nicht mehr als ein dumpfes Klatschen zu hören gewesen. Obwohl einer der Streifenbeamten zufällig vom Rathausfenster den Sturz von Dieter Böskes miterlebt hatte und den Rettungswagen sofort informieren konnte, kam für den Bauunternehmer Dieter Böskes jede Hilfe zu spät.

Kaum, daß sein Leichnam weggebracht worden war, standen schon zwei Kamerateams auf dem Markt und drehten Bilder von der Baustelle. Über die Blutlache war eine dicke Schicht Sägespäne gestreut worden. Die Journalisten waren alleine auf dem Markt. Das Dorf war wie ausgestorben. Die Reporter verschwanden schließlich in der nahen Imbißbude, auf der Suche nach einer heißen Mahlzeit und O-Tönen für ihre heiße Geschichte.

Frank und Ecki standen mit dem Wagen in Hinsbeck vor Böskes Haus. Wie groß doch die Unterschiede waren, hatte Ecki gesagt. Keine drei Kilometer von hier stand das alte Haus von Masuhr, heruntergekommen und abweisend. Und hier die Villa des Bauunternehmers, ein Fachwerkbau, der sich nahtlos in die niederrheinische Landschaft fügte, mit freiem Blick auf die umliegenden Wälder. Nicht nur jetzt, unter der dünnen Schneedecke, eine idyllische Welt. Das großzügige Anwesen lag so abseits der anderen Bebauung, daß vermutlich nur Radfahrer, Ausflügler zu Fuß oder Gesellschaften im Planwagen an der breiten Hausfront vorbei kamen.

»Komm, laß' es uns hinter uns bringen.« Frank schaltete das Radio aus und stieg aus. Er haßte diesen Teil seines Berufs, zu oft hatte er schon Angehörige erlebt, wie sie bei der Todesnachricht schreiend in sich zusammensackten oder sich stumm abwandten und stumm blieben. Auch Ecki brachte es kaum fertig, Angehörigen die Nachrichten vom einem gewaltsamen Tod zu überbringen. Das wußte Frank, da half auch keine Berufserfahrung. Der Tod verbreitete seinen Schrecken jedes Mal neu und jedes Mal auf andere Art. Beide gingen die wenigen flachen Stufen zum Eingang hoch. Frank klingelte.

»Ja?« Eine ältere Frau öffnete die Tür einen Spalt. Die Frau sah sehr gepflegt aus. »Was kann ich für Sie tun?«

»Mein Name ist Borsch, das ist mein Kollege Eckers. Polizei Mönchengladbach. Ich nehme an, Sie sind Frau Böskes?« Die Frau nickte. »Wir haben eine schlechte Nachricht für Sie.«

Bevor er weiterreden konnte, machte die Frau die Haustür ganz auf. »Kommen Sie bitte.«

Sie ging voran, führte die beiden Beamten in das großzügige Wohnzimmer und bat sie, Platz zu nehmen. Aus dem Fenster hatte man einen weiten Blick auf verschneite Wiesen und gestutzte Kopfweiden.

Frank räusperte sich. »Frau Böskes, Ihr Mann hat sich vor gut einer Stunde vom Lambertiturm in Breyell gestürtzt. Der Notarzt hat ihm nicht mehr helfen können. Er war schon tot, als der Rettungswagen kam.«

Christa Böskes hatte sich beim ersten Satz in einen Sessel sinken lassen, ohne den Blick von den Polizeibeamten zu nehmen. Die Ehefrau von Dieter

Böskes nahm die Nachricht äußerlich gefaßt auf. Gefühlsregungen vor Fremden waren offenbar nicht ihre Sache, dachte Frank.

Sie saßen sich eine kurze Weile schweigend gegenüber. Ecki und Frank wollten die Reaktion der Witwe auf die Nachricht erst einmal abwarten.

Als Christa Böskes sprach, klang ihre Stimme leise und dabei brüchig. »Ich habe das gewußt, Herr Kommissar. Sie sind doch Kommissar?«

Frank nickte.

»Gleich als er aus dem Haus ging, wußte ich, daß er nicht zurückkommen würde. Ich habe es an seinem Blick gesehen. Es war ein Abschied für immer, das habe ich gewußt. Ich weiß auch nicht, warum.«

»Frau Böskes«, Ecki rutschte auf die Kante des tiefen Sofas, »haben Sie eine Ahnung, warum Ihr Mann das getan hat?«

Christa Böskes schwieg und sah aus dem Fenster, so als suche sie in den Kronen der Kopfweiden eine Antwort auf die Frage.

Frank wurde deutlicher. »Frau Böskes, auch wenn es jetzt vielleicht nicht der richtige Moment ist, wußten Sie, daß Ihr Mann ein Verhältnis mit einer wesentlich jüngeren Frau hatte?«

»Nein, das habe ich nicht gewußt.« Sie strich sich mit einer unbewußten Bewegung den Rock glatt. »Geahnt ja, aber nicht gewußt.« Christa Böskes sah Frank direkt ins Gesicht. »Wissen Sie, ein Mann in seinem Alter, Männer tun so was. Zumindest habe ich das erleben müssen. Eine junge Frau, ist das nicht zu verstehen? Sehen Sie mich an, ich bin alt, nicht schlank, habe häßliche Falten, graues Haar. Ich kann verstehen, wenn Männer solche Frauen nicht mehr lieben.«

Frank konnte die Tränen in ihren Augen sehen. Ihre Seele mußte furchtbare Schmerzen ertragen.

Sie sah wieder zum Fenster hinaus, als sie weitersprach.

»Ich habe meinen Mann geliebt. Ich bin für ihn da gewesen, habe ihm in der Firma geholfen, habe ihn mit seinen Freunden losziehen lassen, habe sein Schweigen ertragen, weil ich ihn geliebt habe. Können Sie das verstehen?«

Frank antwortete nicht. Er mußte an Ruth denken.

»Daß er ein Verhältnis hatte, zählt jetzt nicht mehr. Ich habe ihm verziehen, denn er hat mir alles erzählt.«

»Dürfen wir erfahren, was er Ihnen erzählt hat?« Ecki versuchte, ihr mit der Frage nicht weh zu tun.

Die Antwort kam ohne Zögern, die Stimme von Christa Böskes klang wieder fester. »Er hatte ein Verhältnis mit Heike van den Hövel. Er hat sie geliebt, aber er hat sie nicht umgebracht. Das hat er mir erzählt, und das glaube ich ihm. Er hatte keinen Grund mehr für Lügengeschichten. Wir haben die ganze Nacht geredet. Können Sie sich das vorstellen, die ganze Nacht? Das haben wir seit 20 Jahren nicht mehr gemacht, geredet, wirklich miteinander geredet, zugehört, was der andere gesagt hat. Wissen Sie, das mag jetzt seltsam klingen, aber ich bin meinem Mann für diese Nacht dankbar.«

»Hatte Ihr Mann einen Verdacht, wer Heike van den Hövel umgebracht haben könnte?« Frank war froh, daß sie offen mit der Frau sprechen konnten, fast klang sie ein wenig unbeteiligt. Das lag aber sicher nur an ihrer, für diese Umstände, unglaublichen Selbstbeherrschung.

»Nein, keinen Verdacht. Mein Mann muß tagelang über diese Frage gegrübelt haben. Einen Verdacht hatte er nicht. Aber, er ist erpreßt worden.«

»Erpreßt worden?« Frank und Ecki hatten fast gleichzeitig nachgefragt und sich dabei erstaunt angesehen.

Ecki ließ Frank weiter fragen. »Wer hat ihn erpreßt, und womit ist er erpreßt worden?«

»Einen Moment, bitte.« Christa Böskes stand auf und ging zu einem Sideboard im Eßzimmer, das sich an das Wohnzimmer anschloß. Sie zog eine Schublade auf und kam mit einem Foto zurück, das sie den Beamten hinhielt. »Da.«

Frank erkannte die Aufnahme sofort, es war das gleiche Foto, das Beuke bei Masuhr gefunden hatte. Das hieße demnach, daß Böskes Masuhr umgebracht haben könnte, schoß es Frank durch den Kopf. »Hat Ihr Mann den Namen Klaus Masuhr erwähnt?«

Christa Böskes schüttelte den Kopf. »Ist das der Mann, der verbrannt im Wald gefunden wurde?«

»Das ist der Mann. Sind Sie sicher, daß Ihr Mann den Namen nicht erwähnt hat? Hat er vielleicht von einem Treffen mit einem Unbekannten erzählt?«

»Nein, mein Mann ist von einem Unbekannten angerufen worden, der ihm von Fotos erzählt hat, die er im Wald von meinem Mann und dieser Heike gemacht hat. Solche Fotos.« Sie zeigte auf den Abzug. »100.000 Euro sollte mein Mann zahlen, andernfalls wollte der Erpresser die Sache veröffentlichen. Mein Mann ist natürlich nicht auf die Forderungen eingegangen. Woher sollte er auch das viele Geld nehmen?«

»Und dann?« Ecki war dabei, sich ein paar Notizen zu machen.

»Mein Mann ist dann noch ein paar Mal angerufen worden. In seiner Verzweifelung hat er sich dann Hilfe geholt. Sein Freund Klaus Vander wollte die Sache für ihn regeln. Hat Dieter jedenfalls geglaubt.«

»Was meinen Sie damit?« Frank nickte ihr zu, fortzufahren.

»Nun, ja, Vander hat sich mit dem Unbekannten nachts im Wald getroffen. Er wollte ihm mit einem Trick die Fotos entlocken. In dem Koffer war gar kein Geld. Dabei ist es dann zu dieser Auseinandersetzung gekommen.«

»Sie meinen, Vander hat Masuhr umgebracht?«

»So hat es mein Mann mir erzählt. Angeblich soll es ein Unfall gewesen sein. Ich weiß es nicht. Aber das ist noch nicht alles.«

Frank und Ecki sahen sie erwartungsvoll an.

Christa Böskes saß immer noch mit durchgedrücktem Rücken aufrecht im Sessel und sah weiter auf die weiße Landschaft vor ihrem Fenster. »Vander hat Dieter erpreßt. Dieses Schwein. Er wollte Geld haben für sein Schweigen. Das hat Dieter endgültig zerstört. Vander war sein bester Freund. Verstehen Sie, sein bester Freund, das hat Dieter immer wieder gesagt.« Christa Böskes liefen nun Tränen über das Gesicht.

»Wollen Sie damit sagen, daß dieser Klaus Vander sozusagen die Geschäfte von Masuhr übernommen hat und ihren Mann ausnehmen wollte?« Frank konnte die Wendung in dem Fall immer noch nicht glauben.

»Vander wollte von meinem Mann zunächst 20.000 Euro in bar. Als Schweigegeld. Im Gegenzug wollte er die Negative vernichten. Er hielt das für ein faires Geschäft. Mein Mann hätte diese Forderung nie erfüllt. Das hätte Vander wissen müssen.« Christa Böskes wechselte unvermittelt das Thema. »Kann ich ihn sehen?«

»Ich fürchte, das wird vorerst nicht möglich sein. Der Leichnam ihres Mannes ist vermutlich schon in der Gerichtsmedizin in Duisburg. Wir müssen erst die genaue Todesursache kennen. Sie verstehen? Darüberhinaus würde ich Ihnen empfehlen, Ihren Mann so in Erinnerung zu behalten, wie Sie ihn zuletzt gesehen haben. Ein Menschenkörper ist nach so einem Sturz kein angenehmer Anblick.«

Christa Böskes blieb stumm. Nur ihr Brustkorb hob und senkte sich wie unter einer schweren Last. Sie fixierte mit ihren Augen einen imaginären Punkt irgendwo draußen am grauen niederrheinischen Horizont.

»Frau Böskes, eine letzte Frage. Wissen Sie, wo wir Herrn Vander finden?« Ecki hatte seinen Notizblock wieder in die Jackentasche gesteckt.

»In Lobberich. Sein Betrieb liegt an der Straße Richtung Grefrath. Baustoffe Vander.« Christa Böskes wirkte jetzt wie versteinert.

Ecki und Frank erhoben sich. »Bleiben Sie ruhig sitzen, wir finden alleine den Weg nach draußen.« Frank legte seine Visitenkarte auf den Beistelltisch neben dem Sessel. »Ich werde mich bei Ihnen melden. Wir müssen Ihre Aussage noch zu Protokoll nehmen. Sie können dazu ins alte Breyeller Rathaus kommen, das erspart Ihnen den Weg nach Mönchengladbach ins Präsidium. Wie gesagt, wir melden uns wieder, wahrscheinlich schon morgen. Haben Sie jemanden, der sich um Sie kümmern kann? Sie sollten jetzt besser nicht alleine bleiben.«

Christa Böskes nickte stumm. Sie wandte ihren Blick auch nicht ab, als die beiden Polizeibeamten den Raum verließen und die Haustüre leise hinter ihnen ins Schloß fiel. Sie würde noch lange so dasitzen und stumm weinen.

Im Auto atmete Ecki erst einmal tief durch. »Eine bewundernswerte Frau. So gefaßt. Ich hätte das nicht gekonnt.«

»Diese Frau war nicht gefaßt. Sie ist in dem Moment zerbrochen, als ihr Mann ihr seine Affäre gebeichtet hat und sie seinen kläglichen und billigen Versuch, aus der Sache rauszukommen, ertragen mußte. Sie war eher leblos, ohne Kraft. Das war mein Eindruck.« Frank schnallte sich umständlich an.

»Glaubst du ihr?« Ecki startete den Motor.

»Im Augenblick bleibt mir nichts anderes übrig. Wollen mal abwarten, was Vander uns zu sagen hat. Und van den Hövel. Wir werden nicht umhinkommen, ihn nach dem Verhältnis zwischen Heike und Böskes zu fragen. Zu blöd, daß wir nicht zur Beerdigung von ihr konnten. So gesehen hätte die Verhaftung von Jansen nicht dazwischenkommen dürfen.«

»Ich weiß nicht, ich weiß nicht«, Ecki wog den Kopf hin und her, »vielleicht wollte die Böskes nur ihren Mann schützen, quasi posthum. Schlimm, daß er vom Turm gesprungen ist. Aber einen Ehemann als Mörder, das wäre sicher auch für diese Frau zuviel gewesen. Möchte nicht wissen, wie sie das Spießrutenlaufen überstehen wird.«

»Wir sollten einen Wagen vor ihr Haus beordern. Damit die Presse ein bißchen Respekt hat. Sonst wird die arme Frau gnadenlos überrollt.« Frank griff nach dem Funkgerät.

»Du kennst doch die Boulevardpresse. Die werden sich davon nicht abschrecken lassen, glaub' mir.«

»Abwarten. Ich werde die Kollegen anweisen, niemand zu Christa Böskes zu lassen. Erst will ich Vander. Und dann brauche ich die Aussage der Frau.« Frank informierte die Leitstelle in Viersen. Er legte das Mikrofon zufrieden in die Halterung. In einer halben Stunde würde ein Wagen vor dem Haus von Böskes stehen. Ihm fiel ein, daß er Böllmann anrufen mußte, und ließ sich über die Leitstelle verbinden. Er mußte warten, denn erst mußte Böllmann aus einer Besprechung herausgeholt werden.

In knappen Worten informierte er den Staatsanwalt über den Fortgang seiner Ermittlungen. Böllmann sagte ihm zu, für einen Durchsuchungsbeschluß zu sorgen. Das Schreiben sollte dann mit einem Kurier nach Lobberich gebracht werden. Böllmann hatte einen guten Draht zur Haftrichterin, das müßte zügig gehen, dachte Frank zufrieden.

Es war schon ziemlich spät, als Frank und Ecki fast an der Firma vorbei gefahren waren. Die Einfahrt zum Unternehmen von Vander lag kaum dreißig Meter hinter dem Ortseingang auf der linken Seite. Erst in letzter Sekunde lenkte Ecki auf den Firmenhof. Entsprechend quietschten die Reifen.

»Mein Gott, hättest du nicht aufpassen können? Wenn uns jetzt ein Wagen entgegengekommen wäre. Wir sind doch nicht in einem amerikanischen Action-Film.«

»Entschuldige, aber du hättest genauso aufpassen können. Reg' dich nicht auf, ist doch schließlich nichts passiert.« Ecki machte ärgerlich die Zündung aus. Er ärgerte sich vor allem über sich selbst. Sonst passierte ihm so etwas nicht. Aber er war in Gedanken bei seinen Kindern gewesen. Er freute sich auf Weihnachten. Endlich mit seinen Kindern und seiner Frau zusammensein können, keinen Druck durch den Dienstplan zu haben. Er hatte sich extra für die Feiertage freigenommen. Frank hatte freiwillig seinen turnusmäßigen Dienst auf der Kriminalwache übernommen. Frank hatte ihm das von sich aus angeboten, wegen der Kinder, und weil er, wie Frank gesagt hatte, doch selbst keine hatte. Ecki hoffte, daß sie vielleicht doch noch den Fall vor Weihnachten würden lösen können. Zumindest waren sie der Aufklärung des Mordes an Masuhr ein gutes Stück näher gekommen – wenn die Aussage von Böskes Frau stimmte und sie Vander zu fassen kriegten. Vielleicht hatte Böskes ja auch irgendwelche Aufzeichnungen hinterlassen, in denen er Vander belastete.

Der Baustoffhandel Vander war in einem langgestreckten, zweistöckigen weißen Bau aus Kalksandstein untergebracht. Das Obergeschoß war mit dunkelblauen Aluminiumprofilen verkleidet, auf der breit der Firmenname in weißen Buchstaben angebracht war. Auf dem kleinen Vorplatz parkten an diesem Nachmittag mehrere Privatwagen und kleinere Firmenfahrzeuge.

Auf dem Hof standen Paletten mit braunen Kanalrohren, Gitterboxen mit Pflastersteinen, daneben Ständer, auf denen Beispiele für die unterschiedlichsten Dacheindeckungen angebracht waren. Außerdem waren entlang der Fassade sicherlich mehr als ein Dutzend Schubkarren hochkant gegen die Außenmauer gelehnt. Von einem LKW, der halb in einem offenen Hallentor stand, lud gerade ein Gabelstapler Pakete mit rotbraunen Fassadenklinkern ab. Hinter der breiten Fensterfront konnten Frank und Ecki die Angestellten bei der Büroarbeit sehen. Zwei Türen führten ins Innere. Die beiden ließen die breite Glastür mit dem Hinweis *Verkauf* links liegen und nahmen den Eingang mit der Aufschrift Büro. Nachdem sie die schwere Brandschutztür aufgezogen hatten, standen Frank und Ecki unvermittelt in einem langen, hell gestrichenen Flur, von dem rechts und links mehrere einfache Bürotüren abgingen. An den Eingängen hingen kleine Namensschilder aus Plexiglas.

Frank klopfte an der ersten Tür und trat ein, ohne die Antwort abzuwarten. Eine Frau von Mitte 40 mit tiefschwarz gefärbten Haaren war gerade dabei, die Blumen auf dem Fensterbrett zu gießen. Die Büroangestellte trug einen billigen dunklen Wollrock und darüber einen bunten gestrickten, engen Pullover, der ihre fülligen Hüften unvorteilhaft betonte. Erschrocken fuhr sie herum, als sie Franks Stimme hörte.

»Guten Tag, können Sie uns bitte sagen, wo wir Ihren Chef finden?«

Die Frau stellte die Porzellankanne auf den Schreibtisch und zog ihren Pullover glatt. »Wen meinen Sie? Herrn Vander?«

Als Frank nickte, zeigte sie mit ihrem Daumen Richtung Tür. »Immer gerade durch, die letzte Tür rechts. Dort finden Sie seine Sekretärin.«

An den Wänden des schmalen Flurs hingen mehrere signierte Arbeiten von Christos Reichstagsverhüllung. Sie wirkten in der kahlen Umgebung seltsam kalt und leer. Am Ende des Gangs stand die beschriebene Tür weit auf. Eine junge, schlanke Blondine in einem strengen, blauen Kostümkleid legte gerade den Hörer auf, als die beiden Beamten eintraten. Sie strahlte sie mit ihren blauen Augen freudig an, als ob sie die beiden schon längst voller Ungeduld erwartet hätte.

»Was kann ich für Sie tun, meine Herren?«

»Oh, guten Tag, mein Name ist Borsch, und das ist mein Kollege Eckers, Kripo Mönchengladbach, wir möchten zu Herrn Vander.«

Das Lächeln verschwand beim Wort »Kripo« übergangslos aus dem Gesicht der Blondine. Ihre Augen wanderten unruhig von einem zum anderen. »Darf ich fragen, in welcher Angelegenheit Sie kommen?« Mehr irritiert und unbewußt ordnete sie dabei mit ihren schmalen gepflegten Händen ihren ohnehin fast leeren Schreibtisch.

»Das würden wir Herrn Vander lieber selbst sagen. Ist er da?« Jetzt war es Ecki, der sein strahlendstes Lächeln aufgesetzt hatte. Frank wußte nur zu gut, daß Ecki seine Freundlichkeit dazu nutzte, die Wachsamkeit der Sekretärin abzulenken, um sie so ungestörter und genauer beobachten zu können.

Die Blondine sah nervös zum Telefon. Polizei im Haus, das verhieß sicher nichts Gutes. »Es tut mir leid, aber Herr Vander ist zur Zeit nicht da.«

»Dann können Sie mir doch sicher sagen, wo wir ihn erreichen können?« Ecki hatte sich bei der Frage mit beiden Armen auf den Schreibtisch gestützt und mit dem Schmelz in seiner Stimme seinen ganzen Charme vor der Sekretärin ausgebreitet, die sichtlich nervöser wurde.

»Das, äh, nein, ja, äh, nein, das geht nicht. Klaus, ich meine, Herr Klaus Vander ist nicht da.«

Die Blondine hatte ihre Fassung wiedergefunden und war mit ihrem Bürostuhl ein Stück zurückgerückt. Durch die heftige Bewegung war ihr Rock etwas zu hoch gerutscht. Mit einer hastigen Handbewegung versuchte sie, den Fauxpax zu korrigieren.

Ecki sah sie amüsiert an. »Sie brauchen gar nicht rot zu werden. Sagen Sie mir einfach, wo ich Ihren Chef finde, und schon sind wir wieder weg.«

Frank wurde die Sache allerdings zu bunt. Seine Stimme klang nicht im mindesten so freundlich wie die von Ecki. »Hören Sie auf, uns etwas vorzumachen. Sagen Sie uns, wo Herr Klaus Vander ist. Bitte.« Das letzte Wort kam mit deutlicher Verzögerung und fordernd.

»Ich, ich weiß nur, daß er den ganzen Tag im Büro war. Bis eben. Dann ist er weggefahren. Ich weiß wirklich nicht, wohin.«

»Hat er Termine, wo ist sein Kalender? Sie müssen als seine Sekretärin doch einen Überblick über seine Termine haben.«

Frank hatte nun endgültig die Geduld verloren. Die gespielte Unschuld der kleinen Blondine ging ihm auf den Wecker. Was dachte sie sich eigentlich dabei? Hatte sie tatsächlich allen Ernstes die Vorstellung, daß alle Männer auf ihr kindliches Getue abfahren?

»Ich weiß es wirklich nicht. Moment, ich seh' mal nach, vielleicht steht etwas in seinem Kalender.« Sie stand auf und verschwand auf ihren hohen Absätzen nach nebenan. Frank konnte an Eckis Gesicht ablesen, was er dachte.

»Nein, auf seinem Schreibtisch finde ich nichts. Möglich, daß er zu einem Kunden raus ist. Oder er ist nach Hause. Das macht er manchmal.« Die Stimme aus dem Nebenraum klang alles andere als überzeugend.

»Und wo ist sein Zuhause, bitte?« Frank versuchte es auf die ruhige Art und betonte dabei jedes Wort.

»Er wohnt nicht weit von hier. Er hat vor Jahren eine alte Villa gekauft, direkt am Ortseingang. Die alte Rokal-Villa.« Die blonde Chefsekretärin hatte sich wieder hinter ihren Schreibtisch gesetzt. Dort fühlte sie sich sicher.

Ecki hatte eine Idee. »Mit wem hat er denn zuletzt am Telefon gesprochen? Hat er Ihnen gegenüber irgend etwas gesagt?«

»Nein. Hat er nicht.« Die Blondine klang patzig wie ein kleines Kind. »Herr Vander sagt mir nicht immer, mit wem er telefoniert. Herr Vander hat einen eigenen Telefonspeicher an seinem Apparat.«

»Dürfen wir den mal sehen?« Er war schon auf dem Weg in Vanders Büro.

»Halt, Sie können doch nicht...«

Frank fiel ihr ins Wort. »Und ob wir können.« Er folgte Ecki.

Das Büro von Vander sah genauso kahl und nüchtern aus wie der Flur. Einzig ein großformatiges Gemälde an der Wand gegenüber dem Fenster brachte Farbe in den Raum, der ansonsten von Grau- und Weißtönen dominiert wurde. Der wuchtige Schreibtisch des Firmenchefs stand gegenüber der Bürotür. Jeder, der zum Chef mußte, würde vor lauter Ehrfurcht vor dem respekteinflößenden Möbelstück sein Anliegen, seine Beschwerden oder Wünsche vergessen, dachte Frank. Auch eine Methode, um sich Autorität zu verschaffen.

Ecki stand schon an der Telefonanlage und suchte den Knopf für die Wahlwiederholung. »Aha, da ist er schon.«

Auf dem Display des Telefons, das neben einem gerahmten Foto der Familie Vander stand, erschien eine Nettetaler Nummer. Nach scheinbar endlos langem Klingeln nahm am Ende der anderen Leitung jemand ab. »Ja?« Es war eine Frauenstimme.

Ecki mochte es nicht glauben. »Frau Böskes, sind Sie es?«

»Ja. Wer ist da?«

»Eckers, Kripo Mönchengladbach. Hat Sie Herr Vander heute angerufen?«

»Woher wissen Sie das? Ja, vor ungefähr einer halben Stunde. Sie waren gerade weg.«

Ecki drückte die Lautsprechertaste, damit Frank mithören konnte. »Was wollte er von Ihnen?«

»Er wollte sein Geld. Er wollte Dieter sprechen. Ich habe ihm gesagt, daß er tot ist. Daß er meinen Mann in den Tod getrieben hat. Daß er ein Schwein ist. Aber er hat nur gelacht. Ich habe ihm gesagt, daß Sie bei mir waren und alles wissen.« Ein unterdrücktes Schluchzen war zu hören.

»Hat er sonst noch etwas gesagt? Was er tun will, ob er sich mit Ihnen treffen will? Er muß doch noch etwas gesagt haben?« Ecki sah Frank bedeutungsvoll an.

Vanders Sekretärin stand am Eingang und sah stumm Richtung Telefon. Während sie Ecki zuhörte, wurde ihr Gesicht zunehmend wie versteinert und blutleer. Trotz ihres aufwendigen Make-ups sah die Sekretärin jetzt grau aus.

»Nein, er hat nur gelacht. Es war ein böses Lachen. Da habe ich einfach den Hörer aufgelegt.«

»Das haben Sie gut gemacht. Beruhigen Sie sich. Wir haben Ihnen einen Streifenwagen geschickt. Er müßte gleich da sein. Machen Sie niemandem auf. Es kann gut sein, daß gleich Kamerateams vor Ihrer Tür stehen. Machen Sie denen nicht auf, warten Sie auf unsere Kollegen.«

»Ist gut.« Die Stimme von Christa Böskes klang wieder brüchig und leise, als sie auflegte.

»Und jetzt?« Ecki sah Frank an.

»Los, wir müssen zum Auto zurück, telefonieren.« Er drehte sich zu der Blondine um, die ihn mit großen Augen ängstlich ansah.

»Was ist mit Klaus, was hat Klaus getan? Ich verstehe das alles nicht. Bitte sagen Sie mir, was los ist, bitte, Herr Kommissar.« Mit Tränen in den Augen blickte sie hilfesuchend von Frank zu Ecki, der sie aber nur kühl musterte.

»Das werden Sie noch früh genug erfahren. Ich gebe Ihnen den guten Rat, denken Sie über Ihre Beziehung zu Ihrem Chef nach. Sie gehen doch mit ihm ins Bett, oder irre ich mich?«

Sie nickte nur stumm und suchte dabei in ihrer Jacke nach einem Taschentuch.

Ecki war noch nicht fertig. »Sie werden jetzt auf unsere Kollegen warten. Die bringen einen Durchsuchungsbeschluß mit. Sie werden den Herren Rede und Antwort stehen und ihnen alle Unterlagen zeigen, die sie sehen wollen. Ist das klar?«

Wieder nur ein stummes Nicken.

»Und ich warne Sie, kommen Sie ja nicht auf die Idee, Ihren Chef oder Liebhaber, was auch immer er für Sie ist, anzurufen. Das kann Ihnen eine Anklage wegen Beihilfe einbringen. Haben Sie das auch verstanden?«

Nicken.

Ecki schlug nun wieder einen weicheren Ton an. »Seien Sie ein gutes Mädchen, gehen Sie zurück in Ihr Büro und warten Sie auf unsere Kollegen von der Spurensicherung. Das Büro von Vander ist ab sofort tabu für Sie. Aber das muß ich wohl nicht mehr extra betonen?«

Heftiges Kopfschütteln kam als Antwort.

»So, und nun gehen Sie und machen sich ein bißchen frisch. Sie sehen ja furchtbar aus. Was für ein Auto fährt Vander eigentlich?«

»Einen dunklen Mercedes-Kombi. Den hat er noch nicht so lange.«

»Notieren Sie uns das Kennzeichen bitte auf einem Zettel. Hat er ein Wochenendhaus oder irgendwo eine Ferienwohnung?«

»Ein Haus in der Eifel, in Stadtkyll.«

»Notieren Sie auch die Adresse. Waren Sie schon mal da?«

Sie nickte. Fast verschämt, dachte Frank.

»Hat Vander eine Waffe?«

»Sie meinen eine Pistole?«

»Eine Pistole, einen Revolver, Gewehre.«

»Er hat zwei oder drei Jagdgewehre, soviel ich weiß. Er geht doch mit Herrn Böskes und den anderen vom Brauchtums-Club zur Jagd.«

»Wo bewahrt er die Waffen auf?«

»Ich weiß nicht, ich habe sie noch nicht gesehen. Ich mache mir nichts aus der Jagd, wissen Sie. Ich glaube, die Gewehre sind bei ihm zu Hause.« Die Sekretärin war jetzt wieder ganz das naive Blondchen.

Vanders Sekretärin und Geliebte verließ mit den beiden Ermittlern das Vorzimmer. Auf dem Flur verschwand sie schniefend in der Damentoilette.

Kaum im Auto, hatte Frank schon das Funkgerät in der Hand und rief die Dienststelle in Viersen an, um sich mit dem Führungsstab verbinden zu lassen. »Ja, Ringfahndung. Wir suchen Klaus Vander, er ist mit einem dunklen Mercedes-Kombi unterwegs, neues Modell.« Er gab das Kennzeichen durch. Frank fluchte, denn er mußte akzeptieren, daß er einen Hubschrauber auf die Schnelle nicht bekommen würde, da der über Mönchengladbach im Einsatz war. Erst gegen Abend würde er damit rechnen können. Wenn überhaupt, denn das Wetter sollte schlechter werden. Immerhin konnte Frank durchsetzen, daß er zu den zugesagten Straßensperren noch einige Streifenwagen zugeteilt bekam, die auf den Straßen patrouillieren sollten. »Na, wenigstens etwas.« Frank hatte das Gespräch beendet und lehnte sich mit dem Kopf an die Nackenstütze. Die Entwicklung gefiel ihm gar nicht. »Wenn er sich nach Holland abgesetzt hat, dann wird's kompliziert. Ich habe die niederländischen Kollegen noch im Ohr.«

»Nun warte doch erst einmal ab. Vielleicht steckt er ja noch irgendwo. Die Kollegen werden als erstes beim ihm zu Hause nachsehen.« Ecki versuchte, die Ruhe zu bewahren. So nervös kannte er Frank nicht. Sein Freund mußte mächtig unter Druck stehen. Ob das nun an den beiden Morden lag oder an seinem Streß mit Lisa, das konnte er nicht einschätzen. Aber er würde es herausbekommen.

»Was denkst du?« Frank sah ihn fragend an.

»Nun, das war mal wieder die klassische Nummer: alter Unternehmer vögelt seine Sekretärin. Hast du gesehen, wie jung die ist? Die ist sicher erst knapp über 20, höchstens 25. Und hast du ihren Aufzug gesehen? Diese steifen Business-Klamotten machen sie zehn Jahre älter. Die passen überhaupt nicht zu ihr. In Jeans und Pulli kann ich sie mir richtig süß vorstellen.«

»Macho. Nicht die Sekretärin, du Idiot. Ich meine Vander.«

»Nu' reg' dich ab. Ich meine, das sieht doch aus wie ein Schuldeingeständnis, so wie Vander das Büro verlassen hat. Er weiß, daß wir ihm auf der Spur sind. Aber er hat keine Chane, wir kriegen ihn.«

»Na, hoffentlich.«

»Stell dir vor, der Typ fährt in den Wald, trifft sich mit Böskes Erpresser, nietet den um und erpreßt dann seinen angeblich besten Freund. Das ist doch widerlich.« Ecki schüttelte sich demonstrativ.

»Was wunderst du dich eigentlich immer noch so? Bei unserem Job?«

»Ich mein' ja nur.«

Frank beobachtete aus dem Auto, wie der Fahrer des Lastzugs die Planen herunterklappte. Seinen Job möchte ich haben, dachte er. Geregelte Arbeitszeit, immer die gleichen Touren, und das wichtigste: Klinkersteine sind keine Menschen, sie begehen vor allen Dingen keine Morde.

Der Fahrer hatte trotz der Kälte die Ärmel seines Flanellhemds hochgekrempelt. Er zurrte mit kräftigen Armbewegungen die Haltegurte der Plane fest und verabschiedete sich von einem der Vander-Beschäftigten mit Handschlag. Dann kletterte er mit einer kurzen Bewegung in das Führerhaus und warf die Papiere, die er in der Hand gehalten hatte, auf die schmale Ablage hinter der Windschutzscheibe.

Ecki unterbrach Franks Gedanken. »Ich mein', die Sachen kann man sich so lange nicht vorstellen, bis sie dann passieren und wir sie am Hals haben.«

»Was?«

»Ich meine, Menschen können anderen Menschen die schlimmsten Dinge antun, und trotzdem gehen sie anschließend nach Hause, als sei nichts geschehen. Oder gehen mit ihrer Sekretärin ins Bett, wie Vander.«

Der Lastwagen zog vorsichtig an ihnen vorbei und bog dann ab Richtung Autobahn. Frank sah ihm nach. »Der hat's gut. Er hat nur mit Steinen zu tun.«

»Findest du das beneidenswert? Den ganzen Tag hinter dem Steuer, im Stau, sich bei jedem Wetter auf irgendwelchen Baustellen durch den Matsch quälen und sich anschließend noch beschimpfen lassen, weil man zu spät ist?«

»Vermutlich hast du recht. Und wir haben uns unseren Beruf schließlich freiwillig ausgesucht. Vielleicht sind wir ja auch dazu geboren, das Leid anderer Menschen zumindest erträglich zu machen.«

Ecki konnte sich die bissige Bemerkung nicht verkneifen. »Bist du jetzt zum Esoteriker geworden? Deine Volkshochschulweisheiten sind ja wirklich erhellend. Alle Achtung. Oder steckt Lisa dahinter?«

»Laß' Lisa aus dem Spiel. Vielleicht hat sie ja recht, daß Bullen immer nur das Abenteuer suchen, den Kick, den du im Büro nie kriegen wirst. Warum sonst hocken wir nächtelang in kalten Autos vor fremden Häusern oder sind auf der Suche nach verstümmelten Leichen und saugen jede Abartigkeit menschlichen Daseins wie ein Schwamm in uns auf? Immer mehr wollen, nicht aufhören können mit der Arbeit. Wir sind nichts anderes als Junkies. Unsere Droge ist das Verbrechen, das Mißtrauen, hinter jedem Gesicht könnte sich ein Massenmörder verstecken. Sind wir nicht alle auf der Suche nach Hannibal Lector? Immer und überall, jeden Tag? Und soll ich dir was sagen? Lisa hat recht. Wir sind nur deshalb in diesem Job, weil er uns ablenkt. Ablenkt von unserer eigenen inneren Leere. Wir sind leer, verstehst du? Wir sind hohl. Wo ist unsere Seele? Wo? Wem haben wir sie geopfert? Wir sind abhängig vom Kick, weil wir sonst elendig vor die Hunde gehen würden. Weil wir kein Ziel in unserem Leben haben. Nur auf den Anstoß von außen angewiesen sind, ohne den wir nicht atmen können.« Frank hatte sich in Rage geredet. Schweiß stand auf seiner Stirn.

»Mann, bist du fertig.« Ecki war sprachlos. »Komm' mal wieder runter. Wir haben doch auch schöne Zeiten.«

»Ich hasse meinen Beruf. Hast du gehört? Ich hasse diesen Scheißberuf, diese ständigen Ermittlungen, die uns am Ende doch kein Stück weiter bringen. Immer nur Stückwerk. Wem tun wir Recht an? Hilft unsere Arbeit den Opfern? Nein. Hilft sie den Angehörigen? Nein. Tot ist tot und bleibt tot.« Frank schlug dabei mehrfach mit der Faust auf das Armaturenbrett.

Ecki legte ihm beruhigend seine Hand auf den Arm. »Wir helfen dem Staat, Recht zu sprechen. Die Gesellschaft braucht uns, zu ihrer Sicherheit. Ohne uns geht die gesellschaftliche Ordnung verloren, wie es so schön im Politikerdeutsch heißt. Ohne uns wagt sich keine Oma mehr alleine über die Straße.« Ecki verstand die Welt nicht mehr. So hatte er seinen Freund und Kollegen noch nie erlebt.

»Scheiß auf die Ordnung. Soll ich dir was sagen? Dem Staat ist es scheißegal, was mit den Tätern passiert. Hauptsache, sie werden gefaßt und verurteilt. Hauptsache, Formblatt XY ist ausgefüllt und die Akte kann zugemacht werden. Schwamm drüber, wir haben Recht gesprochen. Seht her, das Gute hat gesiegt! Daß ich nicht lache! Ich könnte kotzen.« Frank starrte wütend auf das Firmenschild: Vander Baustoffe.

Ecki versuchte es noch einmal. »Frank, ohne uns würden so Typen wie Vander ungeschoren davonkommen. Willst du das? Daß solche Schweine machen können, was sie wollen? Daß sie auf Recht und Gesetz pfeifen? Ohne Polizei würde die Welt im Chaos versinken.«

»Hat die Polizei jemals etwas bewirken können? Was ist denn mit den kleinen Mädchen, die draußen von den Geisteskranken mißbraucht und dann weggeworfen werden, wie ein wertloses Stück Fleisch? Was ist mit den Kindern, die von ihren Eltern zu Tode geprügelt werden? Werden die durch uns wieder lebendig? Was ist mit den Ehefrauen, die von ihren Männern erschlagen werden? Was ist mit den Unschuldigen, die nur durch Zufall von einem durchgeknallten Typen abgeschlachtet werden? Hört das Morden auf, bloß weil wir eines der Schweine gefaßt haben? Nein, mein Lieber. Das tut es nicht. Lies die Statistiken, dann weißt du, wo wir stehen. Wir stopfen nur Löcher, sorgen für ein ruhiges Gewissen der Politiker, der Richter, der Gesellschaft. Wir sind nichts weiter als ein Haufen Scheiße, der nur dazu da ist, daß andere ruhig schlafen können.«

Ecki konnte es kaum glauben, Frank hatte wirklich Tränen in den Augen. Ecki hatte Frank noch nie weinen sehen.

»Ich möchte, daß meine Tochter weiß, daß sie sich sicher fühlen kann, weil ihr Papi Polizist ist.« Ecki wußte gar nicht mehr, wie er auf den völlig überraschenden Gefühlsausbruch seines Freundes reagieren sollte. »Ich glaube, daß du im Moment ein bißchen zuviel um die Ohren hast. Ich bin sicher, daß wir Vander und auch den Mörder von Heike kriegen werden. Und daß sie ihre gerechte Strafe bekommen. Das glaube ich, so wahr ich hier sitze. Und ich werde alles dafür tun, um solche Typen wie Vander zur Strecke zu bringen.«

»Du machst dir nur was vor. Denk an meine Worte. Wenn Vander weg ist, wachsen Tausende nach. Dieser Hydra werden wir nie den Kopf abschlagen können. Das Verbrechen ist immer und ewig. Lisa hat recht.«

»Hast du in letzter Zeit eigentlich etwas von ihr gehört?« Ecki formulierte die Frage ganz vorsichtig.

»Nein. Ich kann sie nicht erreichen. Sie geht nicht ans Telefon. Ich kann ihr nichts auf den Anrufbeantworter sprechen. Da ist so viel, was ich ihr sagen will. Das kann ich so einem Ding nicht sagen. Das kann ich nur Lisa sagen. Mensch, Ecki, die Sehnsucht nach ihr bringt mich um.« Frank schniefte.

»Glaubst du, sie hat einen anderen?« Ecki hätte sich am liebsten auf die Zunge gebissen. Aber die Frage war da schon raus.

Frank sagte eine ganze Weile nichts. Er fuhr sich nur mehrfach mit der Hand über die Augen. Dann hatte er sich wieder gefaßt. »Nein, das glaube ich nicht. Nicht wirklich. Obwohl ich auch darüber schon nachgedacht habe. Nein, das hätte mir Lisa schon gesagt. So fair und ehrlich ist sie. Ich weiß nicht, was sie hat. Das ist es ja, was mir solche Sorgen macht. Um ehrlich zu sein, ich bin auch schon ein paar Mal an ihrer Schule vorbeigefahren, in der Hoffnung, ich könnte sie auf dem Schulhof sehen. Aber ich hatte kein Glück. Außerdem kam ich mir ein bißchen doof dabei vor. Wie ein verliebter Pennäler.« Er grinste schief.

»Und Ruth? Hast du von ihr noch einmal etwas gehört?«

Frank schüttelte eher geistesabwesend den Kopf. »Nein. Sie ist wahrscheinlich bei ihrer Mutter. Ich will auch nicht mehr mit ihr reden. Warum fragst du das jetzt? Das ist vorbei. Endgültig. Hör' auf mit diesen alten Geschichten.«

Ecki wollte seinen Freund ablenken. Vielleicht tat es ihm gut, wenn er mit ihm reden konnte. »Tut mir leid. Ich wollte nicht in alten Wunden rühren.«

»Ich weiß. Ach, vergiß es. Wenn die Sache hier vorbei ist, habe ich noch genug Zeit, um mich mit meinem Leben zu beschäftigten.«

Ecki kramte im Handschuhfach nach Süßigkeiten. Er hielt Frank schließlich eine offene Tüte Lakritzschnecken hin. »Wenn du nicht reden willst, ist es auch gut. Du mußt nicht mit mir darüber reden. Laß' dir Zeit. Andererseits habe ich das Gefühl, daß du vor dir selbst davonläufst. Es gibt keinen günstigen Zeitpunkt, um Probleme zu lösen. Sie kommen immer zum ungünstigen Zeitpunkt.«

»Du hörst dich an wie ein Psychiater. Ich brauche keinen Seelenklempner. Ich brauche Lisa.«

»Sag ich doch, du braucht einen Seelendoktor. In diesem Fach scheint sie wirklich gut zu sein. Ach übrigens, ich habe mir die neue CD von Karl Moik gekauft.«

Frank mußte bei diesem abrupten Themenwechsel unwillkürlich lachen. »Du wirst auch nie schlau, was? Warum nun wieder Moik?« Frank nahm sich kauend die zweite Lakritzschnecke aus der Tüte.

»Meine Frau und ich mögen seine Musik. Und die neue CD mit den Weihnachtsliedern ist einfach Klasse. Wenn der mal in der Grefrather Eissporthalle auftreten würde, würde ich mir sofort Karten kaufen.«

»Du solltest lieber mal mit zu einem Buddy Guy-Konzert kommen. Das ist Musik! Auch Volksmusik, wenn du so willst. Aber eine, die dir die Schuhe auszieht. Er spielt übrigens im Januar im Tor 3 in Düsseldorf.«

Ecki hatte sein Ziel erreicht. Frank war aus seinem Tief heraus, zumindest für den Augenblick. Er würde seine Frau fragen, ob Frank nicht Weihnachten zum Essen kommen könnte. »Nee, laß' man. Andererseits: wenn ich mit dir zu diesem, wie heißt er noch, nach Düsseldorf fahren soll, dann mußt du mit mir zum nächsten Musikantenstadl. Abgemacht?«

Frank grinste schief. »Nee, nu' laß' du man. So weit geht meine Liebe zu dir nun doch nicht. Hör' du ruhig weiter Karl Moik, oder wie deine geliebten Schlagerfuzzis alle heißen.« Ihm drehte sich förmlich der Magen um bei dem Gedanken, daß er mit Ecki im Musikantenstadl sitzen müßte.

Gerade als Frank eine Blues-CD einschieben wollte, um seinen Entschluß auch akustisch zu bekräftigen, ging das Funkgerät. »Ottokar hört.«

»Wir haben die Zielperson geortet. Ein Nachbar hat uns gesagt, daß Vander wohl erst vor kurzem von seinem Grundstück runter ist. Er soll eine Reisetasche und zwei Gewehre dabei haben. Eine Streifenwagenbesatzung hat ihn dann zufällig von einer Tankstelle wegfahren sehen. Die Zielperson bewegt sich mit ihrem Fahrzeug in südliche Richtung. Wir warten auf weitere Anweisungen.«

»Vander scheint zur Autobahn zu wollen.« Frank hatte seinen Gefühlsausbruch von eben völlig vergessen. »Also in die Eifel. Mit wie vielen Fahrzeugen können Sie ihm folgen?«

»Wir haben noch zwei Wagen in der Nähe. Sie sind schon unterwegs.«

»Gut, bleiben Sie dran. Meinen Sie, daß Sie ihn noch vor der Autobahn stoppen können?«

»Das müssen wir abwarten. Vander fährt mit hoher Geschwindigkeit. Wir wollen den Berufsverkehr nicht gefährden.«

Frank meldet sich ab und sah Ecki an. »Worauf wartest du noch? Fahr' endlich los, Mensch.«

»Jawoll, Chef.« Ecki beschleunigte den Ford noch auf dem Firmengelände und bog mit quietschenden Reifen vom Firmengelände Richtung Autobahn ab. Obwohl sich Frank am Armaturenbrett festhalten mußte, sagte er diesmal nichts.

Über die Landstraße Richtung Boisheim war es bis zur Auffahrt zur Autobahn A 61 nicht weit. Unterwegs ließ sich Frank ständig die jeweilige Position des Mercedes-Kombi durchgeben. Vander war in der Tat mit sehr hoher Geschwindigkeit unterwegs. Möglicherweise ahnte er, daß er verfolgt wurde.

Frank wurde von einer inneren Unruhe ergriffen, gepaart mit Aufregung. Er war jetzt der Jäger, der sein Wild zur Strecke bringen wollte. Jetzt nur keinen Fehler machen! Die Beute mußte in die Enge getrieben werden. Über Funk gab Frank die Anweisung, daß sich an den Auf- und Abfahrten Richtung Koblenz Streifenwagen sichtbar aufstellen sollten. Er wollte Vander vor sich her treiben, bis der Polizeihubschrauber in Position gebracht werden konnte. Außerdem mußte die Teilsperrung der Autobahn noch organisiert werden. Frank hatte vor, Vander von dem Polizeihubschrauber stellen zu lassen, der nun doch früher als geplant von seinem Einsatz in Mönchengladbach hatte abgezogen werden können. Der Helikopter sollte möglichst niedrig über Vander fliegen und ihn so zum langsamen Fahren zwingen. Außerdem sollten ihm ein Sondereinsatzkommando mit Fahrzeugen entgegenkommen. Die Aktion war sicher nicht ganz ungefährlich, aber Frank wollte Vander noch auf der Autobahn stellen, aus deren Asphaltschlauch es bei optimaler Planung mit großer Sicherheit kein Entkommen geben dürfte.

Mittlerweile war es dunkel geworden. Die Scheinwerfer der entgegenkommenden Fahrzeuge blendeten Frank. Ecki hatte die Straße vor sich im Blick. Frank wußte, daß die A 61 mittlerweile hinter ihnen abgesperrt war. So konnte zumindest von hinten kein fremder Wagen die Festnahme stören. Die Sperrung der Fahrbahn Richtung Koblenz dürfte auch nicht mehr lange auf sich warten lassen. Frank hoffte, daß der Zugriff spätestens in Höhe Kerpen erfolgen würde.

»Verdammt, wo bleibt der Hubschrauber?« Ecki hatte den Funkverkehr zwischen Frank und dem SEK mitgehört.

»Sie werden gleich da sein. Wir haben jetzt keine Eile mehr. Die Ausfahrten bis Kerpen sind gesperrt. Da wird er nicht durchkommen. Und sollte er auf die Idee kommen, über einen Parkplatz auf das offene Feld entkommen zu wollen, wird er keine Chance haben. Der Hubschrauber wird ihn ruckzuck geortet haben.«

Sie waren jetzt in Höhe des Autobahnkreuzes Mönchengladbach. Die Fahrbahn vor ihnen war gespenstisch leer. Die Fahrer der LKWs auf der Gegenfahrbahn wunderten sich sicher über den verlassen wirkenden Autobahnabschnitt. Normalerweise war um diese Uhrzeit auf beiden Spuren dichter Verkehr. Auch wenn Frank und Ecki vor sich kein Fahrzeug sahen, konnte Vander nicht allzu weit sein.

»Möchte mal wissen, was Vander mit den beiden Gewehren vor hat.« Ecki sah zu Frank rüber.

»Was schon? Er denkt sich, daß er seine Haut so teuer wie möglich verkaufen will. Du weißt doch, wie Menschen unter Druck handeln. Aber das ist nicht mehr als eine Panikreaktion. Ich glaube nicht, daß er seine Waffen gegen uns einsetzen wird. Außerdem haben wir das SEK dabei. Wird schon schiefgehen.« Frank klopfte auf den Kunststoff des Armaturenbretts. »Toi, toi, toi.«

Der Leiter des SEK meldete sich und bestätigte die Ankunft des Hubschraubers. Der Pilot war Vander schon dicht auf den Fersen. Auch Klaus Vander mußte mittlerweile gemerkt haben, daß auf der Autobahn etwas nicht stimmte; daß er allein unterwegs war. Frank ordnete an, daß die Streifenwagen langsam zu Vander aufschließen sollten. Er wollte den Druck auf ihn erhöhen.

Ecki schaltete die Scheibenwischer ein. Knapp hinter dem Autobahnkreuz Wanlo fuhren sie direkt in eine Regenfront. Auch das noch, das hatte ihnen gerade noch gefehlt. Der Regen klatschte in dicken Tropfen gegen die Windschutzscheibe und zog Schlieren. Jetzt hoffentlich kein Blitzeis, dachte Frank. Die Scheinwerfer der entgegenkommenden Autos ließen tausende Regentropfen auf den Scheiben ihres Mondeos glitzern. Frank konnte einen Moment lang nichts mehr erkennen. Auch Ecki hatte Probleme, denn er schaltete die höchste Wischerstufe ein.

Beide schwiegen und warteten auf den Sichtkontakt zu Vander. Aus den

Augenwinkeln konnte Frank die Streifenwagen an den Abfahrten stehen sehen. Im Rückspiegel konnte er ihre abgeblendeten Scheinwerfer erkennen, die beim Passieren jeweils kurz aufblendeten.

In Gedanken war Frank schon bei der Vernehmung Vanders. Es würde sicher eine lange Nacht werden. Ihm ging es nicht allein um die Erpressung und den Mord an Masuhr. Natürlich würde er Vander mit dem Mordvorwurf konfrontieren. Aber eben nicht nur. Vielleicht hatte Böskes Vander irgendwas über Heike erzählt, das sie in ihren Ermittlungen weiter bringen würde.

Dem regen Funkverkehr konnte Frank entnehmen, daß sich Kamerateams von RTL und Sat.1 auf den Weg zur A 61 gemacht hatten.

»Diese Aasgeier.« Ecki schlug mit der flachen Hand auf das Lenkrad. »Möchte wetten, daß sie unseren Funk abgehört haben. Wenn es nach denen ginge, säßen sie am liebsten gleich bei uns auf der Rückbank.«

Frank ließ sich mit Polizeisprecher Hans-Peter Wirtz verbinden. »Hallo, Peter, am besten sammelst du deine Schäfchen ein, anders kriegen wir die Typen nicht unter Kontrolle.«

»Schon passiert. Ich habe alle angerufen und zu einem Sammelpunkt beordert. Warte, der liegt, ja, der liegt an der B 265, nahe dem Kreuz Bliesheim. Ich bin schon auf dem Weg dahin und warte auf die Presse. Nach dem Zugriff stoße ich mit dem ganzen Pulk zu euch. Tut mir nur einen Gefallen: Der Zugriff sollte nach Möglichkeit nicht in der Nähe einer Brücke sein. Sonst kommen die Kamerateams von oben doch noch zu ihren Bildern. Und das wäre nicht so gut.«

»Danke, einstweilen.« Frank war froh, daß er sich auf den Sprecher der Polizei verlassen konnte.

»Und, aufgeregt?« Ecki sah angestrengt in die Dunkelheit. Der Regen hatte nicht nachgelassen.

»Paß' nachher bloß auf, daß wir beim Bremsen nicht ins Schleudern kommen. Die Fahrbahn ist bestimmt glatt wie Schmierseife.«

»Keine Bange, ich hab' alles im Griff.«

»Den Spruch kenn' ich.«

»Was soll das denn heißen? Dir geht es wohl wieder besser, oder warum beschimpfst du mich jetzt? Hab' ich schon jemals einen Satz gemacht mit unseren Dienstwagen?« Ecki tat beleidigt.

»Is' ja gut. War nur 'n Scherz.«

»Du suchst dir auch immer die unpassendsten Stellen für deine Witze aus. Ich hab' Familie, da werd' ich schon aufpassen. Außerdem gibt's Weihnachten Puter. Den will ich auf keinen Fall verpassen.«

Frank hat mit einem Mal ein flaues Gefühl im Magen. Nicht, weil er mal wieder den ganzen Tag über nichts Vernünftiges gegessen hatte. Er würde es nicht verkraften, wenn Ecki irgend etwas zustoßen würde. Dafür war er mit dem liebenswerten Chaoten schon zu lange zusammen. In den langen Dienstjahren war ihm Eckis eigene Art ans Herz gewachsen. Selbst seine Affenliebe zur Volksmusik hatte Frank ertragen gelernt. Andererseits war er froh, daß Ecki im Gegenzug ihm auch seine Spleens nachsah. Frank fühlte sich in Eckis Gesellschaft wohl. So, wie er auch Eckis Frau und die Kinder mochte. Frank sah Ecki von der Seite an.

»Was ist?« Ecki kaute geräuschvoll an seinen Lakritzschnecken.

»Nichts. Ich frage mich nur, wie es van den Hövel geht. Und wie er mit dem Tod seiner Tochter leben wird. Ob er noch einmal auf die Beine kommt? Auf mich macht der Mann einen gebrochenen Eindruck. Aber das habe ich ja schon einmal gesagt. Ich glaube, daß es in der nächsten Zeit noch schlimmer für ihn kommen wird. Stell' dir vor, dein Freund ist mit deiner Tochter ins Bett gegangen.«

»Ich würde ihn umbringen.« Ecki sagte das ganz ruhig und sachlich. So ruhig, daß Frank keinen Zweifel daran hatte, daß Ecki wirklich so reagieren würde.

Väter müssen so sein, dachte Frank. Aber was wußte er schon darüber, wie sich Väter fühlen? Er würde wohl nie die Gelegenheit bekommen, ein Vater zu sein. Dabei hatte er sich, wenn er ehrlich zu sich selbst war, immer danach gesehnt.

Ecki machte ein sorgenvolles Gesicht. »Wir müssen noch einmal mit Christa Böskes sprechen, bevor es die Presse tut. Das sind wir ihr und van den Hövel schuldig. Die beiden sind die wirklich Leidtragenden.

»Du hast recht, werden wir gleich morgen tun. Und danach müssen wir uns mit Markus Jansen unterhalten. Und ich will endlich den Abschlußbericht über die Auswertung der sichergestellten Sachen aus dem Zelt. Das kann doch nicht so schwer sein. Manchmal frage ich mich, was die Kollegen in der KTU den ganzen Tag so machen. So viele Gewaltdelikte gibt es bei uns ja nun auch wieder nicht.«

»Sei nicht so hart mit ihnen. Die tun auch nur ihre Arbeit.«

»Aber sie könnten in diesem Fall ruhig schneller machen. Die Ermittlungen ziehen sich schon viel zu lange hin. Wenn wir nicht bald zu einem Ergebnis kommen, zieht man uns die Kollegen ab, und unsere Soko besteht dann nur noch auf dem Papier. Und was das heißt, weißt du.« Frank hatte schon viel zu viele ungelöste Fälle in den Aktenschränken verschwinden sehen. Die mühsamen Recherchen der vergangenen Wochen mußten endlich zum Abschluß kommen.

»Du darfst nicht so ungeduldig sein. Wie oft soll ich dir das noch sagen? Wir werden auch diesen Fall lösen. Diesmal dauert es halt etwas länger.« Ecki versuchte erneut, Frank aufzumuntern. »Bei euren Proben geht auch nicht immer alles beim ersten Mal. Oder irre ich mich da?«

»Ach, hör' bloß auf. Ich weiß bald schon gar nicht mehr, wie eine Bluesharp aussieht, geschweige denn, daß ich die Stücke noch fehlerfrei drauf habe. Ist wirklich alles ein bißchen viel im Moment. Ich hoffe, im neuen Jahr wird's ruhiger. Sonst sehe ich auf Dauer für meinen Part in der Band schwarz.«

»Wann habt ihr eigentlich den nächsten Auftritt?«

Frank konnte nicht mehr auf Eckis Frage antworten. Der Einsatzleiter des SEK meldete, daß Vander festsaß. Der Hubschrauber hatte ihn von oben ins Visier genommen und flog trotz der schlechten Sicht und der Dunkelheit dicht über ihm. Außerdem hatten sich drei SEK-Busse aus ihrem Bereitstellungsraum aufgemacht, um Vander entgegenzukommen. Sie waren keine fünf Kilometer mehr von ihm weg.

In der Ferne tauchten aus dem Regen die Rücklichter der Streifenwagen auf, zu denen Ecki allmählich aufschloß. Jetzt saß Vander endgültig in der Falle. Frank konnte den Hubschrauber sehen, der immer wieder abdrehte, an Höhe verlor und wieder hochzog. Vander mußte direkt vor ihnen sein.

Ecki hatte sein Tempo nicht wesentlich verringert. Vander versuchte offenbar, mit Schlingerbewegungen dem Helikopter auszuweichen. Das konnte Frank an den hin- und herdriftenden roten Rücklichtern sehen. In der Ferne tauchten die grellen Scheinwerfer der SEK-Fahrzeuge auf. Vander schien sie nicht zu bemerken, denn er erhöhte noch die Geschwindigkeit. Die Rücklichter wurden für einen Moment kleiner. Offenbar war Klaus Vander ganz auf den Rückspiegel konzentriert und auf den Luftraum über ihm. Der flüchtende Baustoffhändler machte nicht die geringsten Anstalten, anzuhalten. Er schien davon überzeugt zu sein, seinen Verfolgern doch noch entkommen zu können.

Wieder fiel der Hubschrauber fast senkrecht vom Himmel, um kurz vor dem Aufprall auf das Dach des Mercedes-Kombi hochzuziehen.

Ecki starrte angestrengt durch die Scheibe, die von den Scheibenwischern nur schlecht vom Regen freigehalten wurde. Er pfiff trotz der Anspannung durch die Zähne. »Der Pilot ist entweder lebensmüde oder ein absoluter Könner. Guck' dir das mal an. Der hat wohl überhaupt keine Angst.«

Auch Frank hatte den Atem anhalten müssen: Ein echtes Flieger-As saß über ihren Köpfen in der kleinen Hubschrauberkanzel. Die Kollegen vom SEK kamen immer näher. Vander mußte doch endlich aufgeben! Er mußte seine ausweglose Situation doch längst erkannt haben, dachte Frank aufgeregt. Aber unbeirrt hielt der Verfolgte auf die Schweinwerfer vor ihm zu, die immer größer wurden.

Noch ehe Frank entschieden hatte, die Aktion aus Sicherheitsgründen abzubrechen und er die Anweisung geben konnte, die waghalsigen Manöver des Hubschraubers zu beenden und die Autobahntrasse frei zu machen, wurden die Einsatzkräfte von den Ereignissen überrollt. Plötzlich verschwanden die Rücklichter von Vanders Mercedes. Er hatte das Licht ausgemacht.

»Bist du wahnsinnig?« Frank schrie die Frage in Richtung Vander, obwohl der ihn nicht hören konnte, und starrte dabei fassungslos geradeaus.

Vander hatte das Lenkrad herumgerissen. Durch diese massive Richtungsänderung wurde der Wagen wie von einer riesigen Faust förmlich von den Rädern gerissen. Der tonnenschwere Wagen flog nun fast quer zur Fahrbahn mit der ganzen Breitseite nach links über die Leitplanke, die er nicht einmal berührte. Noch in der Luft krachte der Wagen gegen den Pfeiler der Brücke, die Frank vorher nicht wahrgenommen hatte. Wie ein Gummiball prallte der Mercedes vom Beton zurück und landete funkensprühend auf dem Asphalt. Der schwere Wagen überschlug sich mehrmals und rutschte dabei weiter geradeaus. Wie eine Billardkugel wurde er nun zwischen den Leitplanken hin und her geschleudert, bis er schließlich als Blechknäuel in den Scheinwerferkegeln der Einsatzbusse zum Halten kam.

Ecki hatte hart bremsen müssen und war nur mit Not an den Streifenwagen vor ihnen vorbeigekommen. Er hielt fast gleichzeitig mit ihnen in kurzem Abstand zur Unfallstelle. Über ihnen stand der Hubschrauber und tauchte die Umgebung in grelles weißes Licht.

Frank saß zitternd auf dem Beifahrersitz und krallte seine Hände um seinen Sicherheitsgurt. »Das war kein Unfall.«

Ecki umklammerte immer noch das Steuer. »Nein, das war mit Sicherheit kein Unfall. Vander hat buchstäblich das Licht ausgemacht und der Show ein Ende gemacht. Das war glatter Selbstmord.«

Sekunden später standen die beiden Polizeibeamten im strömenden Regen am Autowrack. Einer der Streifenbeamten kam mit einem Feuerlöscher in der Hand hinter ihnen hergelaufen. Er löschte die wenigen Flammen, die aus dem ehemaligen Motorraum des Mercedes züngelten. Der dunkle Blechhaufen rauchte an mehreren Stellen. Die Einsatzkräfte des SEK versammelten sich in ihren dunklen Uniformen rund um den Wagen. Einer leuchtete mit seiner Taschenlampe in die Trümmer, die einmal der Innenraum des Wagens gewesen waren.

»Erkennst du was?« Ecki war Frank gefolgt, der sich vorsichtig dem Wagen genähert hatte, denn immerhin war eine Explosion noch nicht ganz auszuschließen.

»Da.« Frank zeigte in den Strahl der Taschenlampe. Vor ihnen war Vander. Die zusammengeschobene Karosserie hatte ihn gegen das Lenkrad gepreßt, das er wie im Schlaf umarmte. Sein Gesicht war blutüberströmt. Er starrte mit leeren Augen gegen das Autodach. Seine Brille hing an ihrer goldenen Kette nutzlos halb über dem Armaturenbrett. Vanders schwarze Kleidung hob sich kaum von der Umgebung ab.

»Komm, wir fahren. Ich glaube, für uns gibt es hier nichts mehr zu tun.« Ecki hatte genug gesehen und zog Frank vom Auto weg.

»Laß' mich. Ich will mir das ansehen.« Frank war wütend. Schon wieder einer, der sich seiner Verantwortung entzogen hatte.

»Nun komm schon, laß' uns fahren.« Ecki schob Frank zum Auto. Widerwillig stieg Frank ein.

Ecki setzte zurück und lenkte den Wagen vorsichtig an den Streifenwagen vorbei. Im Rückwärtsgang fuhren sie bis zur nächsten Auffahrt. Frank fuhr sich mit beiden Händen durchs Haar. »Laß uns über Land zurückfahren. Ich brauche jetzt Ruhe. Mach' langsam, bitte.«

Die beiden fuhren über Grevenbroich zunächst schweigend in Richtung Polizeipräsidium, bis es Ecki nicht mehr aushielt. »Meinst du, wir haben Vander in den Tod getrieben? Schließlich haben wir ihn gehetzt wie ein Tier?«

Frank zuckte die Schultern. »Ich habe kein Mitleid mit ihm. Er hat sich selbst gerichtet. Schon an dem Tag, an dem er Masuhr umgebracht hat.«

»Wenn er ihn umgebracht hat. Du bist ziemlich hart mit Vander.«

»Wir werden beweisen, daß er Masuhr getötet hat. Schließlich haben wir die Aussage von Christa Böskes. Und wenn er seinen Freund mit Fotos erpreßt hat, werden wir die auch finden. Ich werde sein Haus von oben bis unten auf den Kopf stellen lassen.«

Ecki sagte nichts.

»Mir tut nur die Kleine leid, die Sekretärin. Sie hat den Falschen geliebt.«

»Hat Vander eigentlich Familie? Irgendwer muß doch die Firma weiterführen oder den Nachlaß regeln.«

»Keine Ahnung. Hast du nicht das Bild auf seinem Schreibtisch gesehen? Auch das werden wir herausfinden. Warum so fürsorglich? Vander ist selbst schuld. Komm', Ecki, jetzt kannst du ruhig einen Zahn zulegen. Ich bin müde und will nach Hause. Ich will noch was essen und dann nur noch ins Bett. Wir werden morgen weitermachen. Morgen bei van den Hövel. Und dann werden wir die Akte Klaus Vander schließen, mit allem drum und dran. Meinetwegen auch mit einem riesigen Presserummel.«

»Willst du unsere Aktion von eben etwa als Erfolg verkaufen? Davon kann doch wohl keine Rede sein.« Ecki sah seinen Freund ungläubig an.

»Nein, es geht mir nicht darum. Von Erfolg kann wirklich keine Rede sein. Aber ich will, daß jeder erfährt, was hinter den Fassaden von Männern wie Böskes und Vander vorgeht. Was in Wahrheit in der angeblich ach-so-heilen Welt passiert. Die Abgründe, die sich auftun.«

»Bist du sicher, daß das verstanden wird? Daß das jemanden wirklich interessiert? Oder liefern wir den Klatschspalten und selbsternannten Enthüllungsjournalisten nicht bloß neues Material für die tägliche Fütterung ihres gedankenlosen Publikums?«

»Weißt du die Antwort?«

Ecki zuckte nur stumm mit den Schultern.

XXXI.

Die Landschaft sah aus wie ein Gemälde: links und rechts der Autobahn hatte in der Nacht Eisregen die blaßgrünen Felder und dunklen Baumstämme der Randbepflanzung mit einer Glasur aus gefrorenem Wasser überzogen. Die Waldränder an den Süchtelner Höhen glichen noch mehr einer braunen Wand als sonst zu dieser Jahreszeit. Selbst der hellblaue Himmel schien von einem dünnen Eispanzer überzogen. Dabei war es schon Mittag.

Die A 61 war erst seit dem späten Vormittag durch die schwache Kraft der Sonne und den Einsatz der Streufahrzeuge der Autobahnmeisterei eisfrei. Ein Wintertag, der unter anderen Umständen Ecki mit Frau und Kindern an die frische Luft getrieben hätte. Statt dessen waren Frank und er unterwegs nach Kaldenkirchen. Voller Hoffnung und auf der Suche nach neuen Erkenntnissen. Auch Ecki machte sich mittlerweile ernste Sorgen, daß ihre Ermittlungen genauso festfrieren würden wie die Landschaft, die an ihnen vorbeiflog.

Sie waren erst deshalb gegen Mittag in Mönchengladbach losgekommen, weil Staatsanwalt Böllmann zuerst ihre Version von der glücklosen Jagd auf Vander hatte hören wollen. Außerdem mußten Einzelheiten für die Pressekonferenz besprochen werden, die der Staatsanwalt am Nachmittag mit den Einsatzleitern des SEK geben wollte. Frank hatte um seine Freigabe gebeten. Statt Interviews geben zu müssen, wollte er lieber weiter ermitteln. Außerdem wollte er mit van den Hövel sprechen, noch bevor einer der Journalisten auf dem Gelände des Obstbauern erschien. Dagegen hatte Böllmann nichts einzuwenden gehabt. Schließlich standen ihm der Leiter des SEK und dessen Stellvertreter zur Seite, um die Fragen der Journalisten, die zum Teil schon kurz nach dem Selbstmord Vanders mit Wirtz vor Ort gewesen waren, zu beantworten.

Frank und Ecki fanden van den Hövel in seinem Büro.

»Lassen Sie sich auch noch mal blicken? Was machen die Ermittlungen, haben Sie Heikes Mörder endlich? Ich hatte Sie eigentlich zur Beerdigung erwartet. Statt dessen waren zwei auffällig unauffällig wirkende Herren da, die sich während der Beerdigung abseits der anderen Trauergäste aufgehalten haben. Sie waren nachher verschwunden, ohne auch nur ein Wort mit mir gewechselt zu haben. Was sollte dieses Theater? Wollten sie die Trauergemeinde observieren? Meinen Sie, daß einer von denen meine Tochter auf dem Gewissen hat?« Toni van den Hövel saß an seinem Schreibtisch und überschüttete die beiden Kommissare förmlich mit Vorwürfen, statt sie zu begrüßen und ihnen einen Platz anzubieten. van den Hövel wartete mit finsterer Miene auf eine Antwort.

Frank sprach zuerst. »Es tut mir leid, aber wir waren verhindert. Die Ermittlungen, verstehen Sie?« Er blieb bewußt vage. »Dürfen wir uns setzen?«

van den Hövel zeigte wortlos auf die beiden Stühle vor dem Schreibtisch.
»In den vergangenen Tagen hat sich einiges ereignet, das Sie sicher interessieren wird.« Frank sah Toni van den Hövel direkt in die Augen.
»Machen Sie es nicht so spannend. Ich habe zu tun. Was ist also?« van den Hövel machte aus seiner Abneigung gegen den Besuch der beiden Polizeibeamten keinen Hehl. Wie zum Beweis blätterte er demonstrativ in den verschiedenen Papieren, die vor ihm lagen.
Frank ließ sich nicht beirren. »Ich kann ja verstehen, Herr van den Hövel, daß Sie auf uns nicht gut zu sprechen sind. Die Ermittlungen sind in der Tat nicht so ganz einfach. Wir haben bisher noch nicht alle Fragen geklärt. Zumindest sind wir in einem Punkt ein Stück weiter. Wir wollen Sie auch nicht lange belästigen. Nur ein paar Fragen.«
van den Hövel nickte gönnerhaft. »Und?«
Ecki versuchte, nicht sofort mit der Tür ins Haus zu fallen. »Haben Sie heute schon Zeitung gelesen, Radio gehört oder den Fernseher eingeschaltet?«
van den Hövel sah sie verwundert und fragend an. »Nein. Das heißt, doch. Ich habe den ganzen Morgen WDR 4 gehört, der einzige Sender, den ich ertragen kann, ohne abzuschalten.«
Ecki schien einen Verbündeten gefunden zu haben. »Den höre ich auch oft. Was ich aber sagen will: Der Baustoffhändler Klaus Vander hat sich gestern Abend umgebracht. Er ist auf der A 61 gegen einen Brückenpfeiler gerast.«
van den Hövel blieb stumm.
»Kannten Sie ihn?«
van den Hövel nickte langsam. »Natürlich, er war ja mein Brauchtums-Bruder. Aber warum erzählen Sie mir das alles? Was habe ich damit zu tun? Wann, sagten Sie, ist das passiert?« van den Hövel schien nicht besonders erstaunt, betroffen oder aufgeregt zu sein. Zumindest hatte es den Anschein.
Frank schob seinen Stuhl ein Stück zurück. »Nichts. Nichts haben Sie mit Vanders Tod zu tun. Zumindest nicht direkt. Wir haben Vander verfolgt. Wir wollten ihn festnehmen. Er stand in dem Verdacht, für den Tod von Masuhr verantwortlich zu sein. Sie haben davon gehört?«
»Masuhr? Dieser Neonazi aus Hinsbeck?«
»Genau der.«
»Ja, und?«
»Nach allem, was wir bisher wissen, waren Masuhr und Vander in eine Erpressung verwickelt.« Frank ließ van den Hövel jetzt nicht mehr aus den Augen. »Eine Erpressung, die mit Ihrer Tochter zu tun hat.«
Toni van den Hövel sah Frank mit ausdruckslosen Augen an. Dabei preßte er die Kiefer aufeinander. Die Muskelbewegungen, die sich unter der Haut seiner Wangen abzeichneten, verrieten allerdings seine Anspannung. »Mit Heike?«, flüsterte er schließlich kaum hörbar.

»Mit Heike – und mit Ihrem Freund Dieter Böskes«, fügte Frank mit einer leichten Verzögerung hinzu.

van den Hövels verwirrter Blick zeigte deutlich, daß er nicht glauben wollte, was er gerade gehört hatte. »Heike, Böskes, was soll das?« Er geriet ins Stottern.

Ecki machte es kurz. »Ihre Tochter und Ihr Freund hatten ein Verhältnis. Wußten Sie das?«

van den Hövel wurde dunkelrot im Gesicht. »Das ist nicht wahr, was Sie da behaupten! Heike und Böskes, nein, unmöglich!« Seine Stimme überschlug sich förmlich. van den Hövel ballte die Fäuste und stand auf. Wütend schlug er gegen den Fensterrahmen.

Das Telefon klingelte. van den Hövel fuhr herum und griff zum Hörer. »Jetzt nicht.« Ohne zuzuhören, mit abwesendem Gesicht, hatte er einfach den Hörer auf die Gabel geworfen.

»Es tut mir leid, aber wir haben einen Beweis für eine – zumindest vorübergehende – gewisse Beziehung, Liaison zwischen den beiden.« Frank versuchte, van den Hövels Wutausbruch nicht noch zusätzlich anzuheizen.

»Welche Beweise? Ich will die Beweise sehen! Sofort! Welche Beweise?«

»Die können wir Ihnen zum jetzigen Zeitpunkt nicht vorlegen. Sie müssen uns schon so glauben.« Ecki hatte wieder seinen Block hervorgezogen und machte sich Notizen.

»Was schreiben Sie da!?« van den Hövel war außer sich und schien sich nicht beruhigen zu wollen. Er kam hinter seinem Schreibtisch hervor und baute sich vor Ecki auf. Dabei wirkte er eher jämmerlich als drohend. Der Obsthofbesitzer mußte in den vergangenen Tagen weiter an Gewicht verloren haben. Seine Trachtenjacke hing in großen Falten lose an seinem Oberkörper herunter, so als sei sie ihm über Nacht mehrere Nummern zu groß geworden. Außerdem hatte sein Gesicht tiefe Falten, die Augen lagen weit zurück in ihren Höhlen. Er war wieder unrasiert. Außerdem hatte er sich nicht die Zähne geputzt, dachte Ecki angewidert und war unwillkürlich einen Schritt zurückgetreten. »Ich will die Beweise sehen. Ich glaube Ihnen kein Wort.«

Frank war sitzen geblieben und legte seine Hand auf van den Hövels Unterarm. »Bitte beruhigen Sie sich.«

Unwillig schüttelte van den Hövel die Hand ab und ging hinter seinen Schreibtisch zurück, blieb aber stehen.

Frank setzte nach. »Ich kann, wir können wirklich verstehen, was in Ihnen vorgehen muß. Ihre Tochter und Ihr bester Freund. Das ist nicht zu verstehen, geschweige denn zu verkraften. Das wissen wir. Und trotzdem, es stimmt.«

van den Hövel ließ sich schwer auf seinen Schreibtischstuhl fallen und schlug seine Hände vors Gesicht. Plötzlich hob er den Kopf und sah die beiden an. Seine Augen funkelten vor Haß. »Ich lasse mir das Gedenken an Heike durch Ihre absurden Behauptungen nicht besudeln. Nein. Das wird Ihnen nicht gelingen. Lassen Sie mich damit in Ruhe. Und erwähnen Sie den Namen Böskes nie mehr. Nie mehr, haben Sie mich verstanden? Nie mehr. Finden Sie lieber Heikes Mörder. Sonst werde ich das tun.« Er wandte sein Gesicht von den beiden ab und sah zur Wand. Sein Schweigen würde nun endgültig sein.

»Böskes hat sich das Leben genommen.«

van den Hövel zuckte bei der Nachricht nur unmerklich zusammen und sah weiter starr auf die Bürowand. Er wollte nicht mehr mit den Beamten sprechen.

Frank sah Ecki an und zuckte mit den Schultern. Ecki wertete das als Zeichen zum Aufbruch und stand auf. »Wir werden alles tun, um den Täter zu finden, das kann ich Ihnen versprechen. Wir melden uns wieder bei Ihnen.«

Frank und Ecki verließen das Büro, ohne sich weiter um van den Hövel zu kümmern, der offenbar tief in Gedanken versunken war.

Als Toni van den Hövel hörte, daß die Polizeibeamten mit ihrem Wagen den Hof verließen, stand der Unternehmer schwerfällig auf. Er hatte einen Entschluß gefaßt.

Im Auto wunderte sich Frank: »Was hast du dir da eigentlich notiert?«

»Hast du nicht bemerkt, daß sich van den Hövel mehr über das Verhältnis seiner Tochter zu Böskes aufgeregt hat als über ihren Tod?«

»Das wundert mich nicht. Immerhin ist der Mann am Ende seiner Kräfte und auch am Ende seiner Geduld. Immerhin haben wir den Mörder seiner Tochter immer noch nicht festnehmen können. Und – möchtest du hören, daß deine Tochter...?« Frank sprach den Satz nicht aus.

»Okay. van den Hövel ist am Ende seiner Kraft. Das sehe ich ein. Was wird er jetzt tun? Meinst du, er wird jetzt auf eigene Faust den Täter suchen? Ist ihm das zuzutrauen? Wo sollte er auch mit der Suche anfangen?«

»Na, vielleicht in der Neonazi-Szene. Wer sagt uns denn, daß er nicht versucht, Kontakt zu den Skinheads zu bekommen? Schließlich hat groß und breit in der Zeitung gestanden, wo sich die Gestalten für gewöhnlich treffen, um ihrem Wahn Futter zu geben.«

»van den Hövel hat eine Waffe.«

»Ich weiß, das ist mir auch schon durch den Kopf gegangen. Wir müssen ein Auge auf ihn haben. Das letzte, was wir brauchen können, ist Selbstjustiz. Andererseits, ich kann mir nicht vorstellen, daß er sie auch benutzt.«

»Das hast du bei Vander auch gesagt. Zum Glück haben wir nicht erleben müssen, ob du mit deiner Vermutung richtig gelegen hast. Du darfst nicht vergessen, daß van den Hövel sich in einer Ausnahmesituation befindet. Der ist unter Umständen zu allem fähig. Ich will ja nicht übertreiben, aber er könnte zu einer tickenden Zeitbombe werden.«

»Du hast recht.« Frank zog das Funkgerät zu sich und beorderte einen Streifenwagen zu van den Hövels Haus. Die Beamten sollten die Waffe oder die Waffen unter dem Vorwand einziehen, sie überprüfen zu müssen. »Zufrieden?«

»Natürlich.« Ecki sah Frank von der Seite an. »Was nun? Breyell oder Präsidium? Oder Feierabend?«

»Wie bist du denn drauf? Wir haben noch lange nicht Feierabend. Wir wollten uns doch noch Markus Jansen vornehmen. Wir müssen mit ihm weiterkommen. Viel länger werden wir ihn nicht festhalten können. Sein Anwalt nimmt uns in der Luft auseinander, wenn wir ihn ohne begründeten Verdacht noch einen Tag länger festhalten. Nee, wir fahren ins Präsidium.«

Kaum in Mönchengladbach angekommen, bestätigte sich Franks Vermutung. Auf dem Weg zum Vernehmungszimmer kam ihnen die Sekretärin des Polizeipräsidenten entgegen und machte nicht gerade ein nettes Gesicht. Susanne Gruyters war sowieso meist schlecht gelaunt. Niemand in der Behörde wußte so recht, warum. Andererseits, nachdem Susanne Gruyters nun schon mehr als 20 Jahre in Amt und Würden war, wunderte sich keiner mehr über ihr miesepetriges Gesicht. War sie sauer oder wütend, war ihr Gesicht noch finsterer als sonst. Erst dann war Vorsicht geboten, oder man lief Gefahr, unter ihre bürokratisch korrekten Räder zu kommen. Was meist mit verächtlichen Blicken und Türenschlagen ihrerseits endete. Und einer Laune, die noch Tage später die Stimmung in der Dienststelle drohend überschattete.

Dabei war Susanne Gruyters nicht unansehnlich. Für ihre 43 Jahre hatte sie sich eine sportliche Figur erhalten, die dazu auch noch ansehnlich proportioniert war, wie Kollegen hin und wieder in der Kantine beim Essen bemerkten. Das tat ihnen dann doppelt weh: eine Bürofurie ihres Kalibers steckte zu allem Übel noch in einer hübschen Verpackung, die normalerweise die Männerherzen reihenweise hätte schwach werden lassen müssen. Aber spätestens nach dem ersten Rüffel traute sich kein Mann mehr näher an Susanne Gruyters heran als bis zur Schwelle ihres Büros. Bislang waren alle gegenteiligen Versuche spätestens an der Schreibtischkante mehr als kläglich gescheitert. Frank kannte mehrere dieser Geschichten.

Susanne Gruyters trug diesmal einen Aktenstapel, den sie eng an ihre Brust gedrückt hatte und stellte sich auf dem halbdunklen Flur Frank und Ecki in den Weg. Oh, oh, dachte Frank, das kann ja heiter werden. Er versuchte ein fröhliches Gesicht zu machen und fühlte sich doch wie ein kleiner Junge, der beim Lügen ertappt worden war. Auch Ecki war unwohl, er versuchte einen möglichst neutralen Gesichtsausdruck. Er scheiterte aber kläglich, dachte Frank nach einem Seitenblick voller Genugtuung.

»Rechtsanwalt Wagmann hat schon mehrfach nach Ihnen gefragt.«

»Aha.« Frank ließ sie kommen.
»Es geht um Markus Jansen. Rechtsanwalt Wagmann war eben beim Chef. Er will seinen Mandanten abholen. Es liege nichts Schwerwiegendes gegen ihn vor, meint er. Auf jeden Fall will er Sie sprechen. Sofort.«
Sofort, soso. Das Wort hatte Wagmann sicherlich nicht gebraucht. Frank vermutete eher, daß Susanne Gruyters ihr *sofort* hinzugefügt hatte, um Frank klarzumachen, daß er mal wieder die Dienstvorschriften recht großzügig ausgelegt hatte.
»Natürlich, sofort.« Frank wollte an Susanne Gruyters vorbei. Sie hatte aber seinen Ausbruchsversuch mit einem schnellen ansatzlosen Ausfallschritt im Keim erstickt. Dabei hatte sie den Aktenstapel noch enger an ihre Brust gedrückt. Beim Fußball wäre das Sperren ohne Ball gewesen, dachte Frank mit einem Anflug von Ärger. Statt dessen fragte er zuckersüß: »Kann ich noch etwas für Sie tun, liebe Frau Gruyters?«
»Hören Sie auf mit dem Gesülze. Tun Sie lieber was für sich. Ihre Frau hat auch noch bei mir angerufen. Sie erwartet Ihren Rückruf. Ich habe Ihnen die Nummer, unter der sie zu erreichen ist, auf den Schreibtisch gelegt. Sie schien nicht sonderlich glücklich am Telefon. Als Frau spürt man das.« Sie streckte sich.
Ohoh, geballte Frauenpower. Frank hob die Hände. »Okay, okay, erst kümmere ich mich um Wagmann, dann rufe ich meine Frau an. Meine Ex-Frau, um genau zu sein.«
Susanne Gruyters sah ihn skeptisch an. Unerbittlich scannte sie mit ihrem Blick die unglückliche Figur vor sich.
»Bestimmt, Frau Gruyters.« Frank kam sich langsam dämlich vor. Was bildete sich die Gruyters ein? Er war doch kein dummer Junge, den man so einfach vor anderen maßregeln konnte. Nur gut, daß Ecki dabei war. »Würden Sie uns bitte vorbeilassen? Wir haben es eilig.« Um noch einen draufzusetzen, fügte Frank einigermaßen fröhlich hinzu: »Sie wollen doch schließlich auch nicht, daß der arme Jansen länger als nötig auf sein heimisches Bett verzichten muß.«
»Ihre dummen Witze ziehen bei mir nicht, Herr Borsch, das können Sie sich bei mir sparen. Sie wissen ganz genau, daß Sie dabei sind, in der Sache Jansen einen Fehler zu machen.«
Frank zuckte zusammen, er kochte innerlich. Die herablassende Art dieser Büroschnepfe ging ihm nun wirklich zu weit. Zu allem Übel mischte sich auch noch Ecki ein.
»Wo sie recht hat, hat sie recht.«
»Jetzt reicht's. Lassen Sie uns vorbei. Sie haben sicher noch mehr zu tun, als hier anderen Leuten den Weg zu versperren.« Aber sein wütender Angriff verpuffte einfach so an ihren verschränkten Armen. Im Gegenteil, ihr Gesicht

blieb unbeweglich, und ihre Augen schienen Franks Blick zu durchbohren. Ecki zog Frank an Susanne Gruyters vorbei. Erst nach ein paar Schritten entspannten sich Franks Schultern, und sein Kopf kam wieder zum Vorschein.

Was beide nicht sehen konnten: Im Weitergehen hatte sich ein leichtes Lächeln auf Susanne Gruyters Lippen breit gemacht, das immer mehr zum Grinsen wurde. Aber Frank und Ecki hörten nur den rhythmischen Takt ihrer hochhackigen Schuhe auf dem alten Steinboden.

Frank ging kurz in sein Büro. Dort fand er unter dem Stapel neu angekommener Unterlagen auch einen Brief. Er war von Böskes, an ihn gerichtet, aufgegeben am Tag seines Selbstmords. Es waren nur wenige Zeilen, die Frank aber umso mehr berührten. Beim Lesen ließ er sich in seinen Bürostuhl sinken. In einfachen, dafür aber eindringlichen Worten schilderte Böskes die Liebe, die er für Heike empfunden hatte, und die Hoffnung auf ein neues Leben mit dieser jungen Frau, die seine längst verloren geglaubte Leidenschaft in ihm, dem alternden Liebhaber, wieder zum Vorschein gebracht hatte.

Mit den gleichen schlichten Worten beschrieb Dieter Böskes das Entsetzen über Vanders Ausraster und dessen Mord an Masuhr sowie die Wut und die Verzweiflung über die Erpressung, mit der Vander sein Leben endgültig an den Rand des Erträglichen gedrängt hatte. Weil er nie gelernt hatte, sich zu wehren, wenn es um private Dinge ging, habe er den endgültigen Weg ins Nichts gesucht. In der Hoffnung, irgendwo auf Heike zu treffen. Das fleischliche Leben würde enden und mit neuer Seele wieder beginnen. So stand es wirklich da. Seine Frau bat er in dem Schreiben an Frank noch einmal um Verzeihung: »Sie ist eine gute Frau, der ich viel Leid angetan habe. Sie hätte etwas besseres verdient gehabt. Aber es gibt keinen anderen Weg für mich. Gott stehe mir bei.«

Frank ließ den Brief sinken. Das Gefühl von Mitleid und Verständnis für Böskes wich langsam Ratlosigkeit. War Böskes etwa ein Held, der konsequent seinen Weg aus dem Leben ging? Wie konnte dieser Mann nur so vor Selbstmitleid zerfließen, selbst so kurz vor seinem Tod? Welches Recht hatte er, seine Frau alleine zu lassen? Frank wußte es nun: Er war nicht den Weg aus dem Leben gegangen, Böskes war mit seinem Freitod lediglich dem Leben aus dem Weg gegangen. Feige.

Frank warf den Brief auf den Schreibtisch. Ein Gutes hatte das Schreiben immerhin: sollte es echt sein, war Markus Jansen endgültig entlastet. Auch ein Fahndungserfolg, dachte Frank zynisch.

Im Vernehmungszimmer hatte Markus Jansen wieder vor dem alten Revox Spulentonband Platz genommen. Frank schaltete das Gerät ein und sprach die Daten für das Protokoll ins Mikrofon, das er anschließend vor Jansen rückte.

»Wie fühlen Sie sich?« Frank sah Markus Jansen von der Seite an.

»Was soll die Frage? Haben Sie schon mal in einer Ihrer Scheißzellen schlafen müssen? Schlafen! Wenn das gegangen wäre!« Jansen verzog das Gesicht.

»Wir haben eine gute Nachricht für Sie.« Frank wartete ab.

Jansen sah überrascht auf und wartete gespannt.

»Sie haben Masuhr nicht umgebracht. Das wissen wir jetzt.«

»Ach nee, haben Sie ausnahmsweise mal Ihre Arbeit gemacht? Was ist passiert, daß Sie mir auf einmal glauben? Ich faß' es nicht!« Jansen ließ sich lässig in seinem Stuhl nach hinten fallen.

Frank blieb trotz der zornigen Worte gelassen. Er konnte Jansen in gewisser Weise sogar verstehen. »Seien Sie froh, daß die Ermittlungen Sie nicht mehr belasten – was Ihren Freund Masuhr betrifft.«

»Sie haben meine Frage nicht beantwortet: was ist passiert, daß Sie mir endlich glauben?«

Ecki stand mit verschränkten Armen halb hinter Jansen. »Das werden Sie noch früh genug erfahren. Erzählen Sie uns lieber von Ihrem Verhältnis zu Heike van den Hövel. Da sind immer noch ein paar Fragen offen. Eine ganze Menge Fragen, um genau zu sein.«

Markus Jansen fuhr herum. »Wie oft soll ich Ihnen das noch sagen, ich habe Heike nicht umgebracht. Ich habe Sie geliebt. Man bringt doch nicht um, was man liebt! Verstehen Sie das doch. Würden Sie Ihre Frau oder Freundin umbringen?« Der Hieb saß, Frank wußte keine Antwort.

»Wir nicht, aber Sie vielleicht.« Ecki stand immer noch unbeweglich Jansen gegenüber. »Bleiben Sie ganz ruhig und drehen Sie sich wieder zum Mikrofon. Können wir weitermachen?«

Jansen gehorchte und starrte stumm auf das Mikrofon.

»Wann haben Sie Heike das letzte Mal lebend gesehen?« Frank stand nun auf der anderen Seite des Tisches und stützte die Arme auf die Tischplatte.

»Was heißt *lebend*? Ich habe sie nicht tot gesehen.«

»Der Herr ist wohl ein ganz schlauer.« Ecki stellte sich neben Frank. »Also, wann haben Sie Heike das letzte Mal gesehen?«

»Das habe ich Ihnen schon alles hundertmal gesagt. Hören Sie doch einfach das Band ab. Da ist alles drauf.« Markus Jansen zeigte mit einer Hand verächtlich auf das Tonbandgerät. Ihm ging die Fragerei deutlich auf die Nerven. »Das war im Wald. Kurz nachdem ich abgehauen bin.«

Frank versuchte einen anderen Zugang. »Haben Sie sich eigentlich nicht gewundert, warum Ihre Freundin Sie auf einmal nicht mehr besucht hat?«

Jansen sah auf seine Hände, die er auf seinem Schoß liegen hatte. »Zuerst nicht. Dann habe ich Masuhr gefragt. Und der hat mich beruhigt und mir versprochen, mit Heike zu sprechen. Ich habe mir gedacht, daß ihr Vater sie beobachtet und jeden Schritt überwacht. Ich habe mir immer und immer wieder gesagt, daß Heike wieder in den Wald kommen würde.« Seine Stimme war jetzt ganz leise. »Aber sie ist nicht gekommen.«

»Könnte es nicht so gewesen sein, daß Heike bei Ihnen im Wald war und Ihnen eröffnet hat, daß sie mit Ihnen Schluß machen wollte, weil sie Böskes immer noch liebte? Und Sie haben dann aus blinder Wut mit einem Knüppel auf sie eingeschlagen. Wenn Sie sie schon nicht haben konnten, dann sollte sie auch kein anderer haben.«

Jansen wollte auffahren.

»Keine abwegige Überlegung, die Kriminalgeschichte ist voll von diesen Affekttaten. Geben Sie es doch endlich zu, Jansen, Sie ersparen sich und uns eine Menge Ärger. Außerdem wird der Richter Ihr Geständnis mit Sicherheit bei der Urteilsfindung wohlwollend berücksichtigen.« Ecki hatte Jansen die ganze Zeit beobachtet, um zu sehen, wie der junge Mann reagierte. Aber statt eines erneuten Wutausbruchs begann Jansen zu weinen.

Frank kam um den Tisch herum und legte Markus Jansen die Hand auf die Schulter. »Soll ich Ihr Schweigen als Geständnis werten?«

Jansen schüttelte nur den Kopf. Frank nickte Ecki zu, und die beiden verließen das Verhörzimmer. Im Vorraum ließ sich Frank auf einen Stuhl fallen. »Wenn ich ehrlich bin, ich weiß nicht mehr weiter. Wirklich Belastendes haben wir nicht gegen Jansen in der Hand. Ich glaube, daß wir ihn entlassen müssen. Uns bleibt keine Wahl.«

»Und dann?«

»Wir werden noch einmal ganz von vorne anfangen müssen. So jedenfalls geht es nicht weiter.«

Ecki holte tief Luft. Er sah das Weihnachtsfest mit seiner Familie in weite Ferne rücken. »Ich weiß nicht, na gut, du hast vermutlich recht. Jansen macht mir zumindest im Moment nicht den Eindruck des abgebrühten Mörders. Geplant hat der den Tod seiner Freundin nicht, so weit bin ich mittlerweile auch schon. Vielleicht war es wirklich eine Affekthandlung, Totschlag. Zu dumm, daß die Spurensicherung im Wald beim Zelt keine Spuren gefunden hat.«

»Dort wird der Mord vermutlich auch nicht passiert sein. Denn an der Leiche sind keine Spuren von Waldboden gefunden worden. Vermutlich ist sie in einer Plane verpackt auf den Lambertimarkt gebracht worden. Die Spurenlage ist nicht eindeutig. Der Tatort könnte überall sein.«

»Lassen wir Jansen also laufen?«

»Vorläufig. Sag' Wagmann Bescheid, daß er Jansen mitnehmen kann. Er soll sich aber für uns zur Verfügung halten. Jansen soll die Wohnung seiner Mutter möglichst nicht verlassen.«

»Und was machst du jetzt?«

»Ich werde mir noch mal die Akten vornehmen, zumindest die, die hier sind. Die Unterlagen in Breyell werden wir morgen sichten. Vielleicht haben wir etwas übersehen. Irgendein kleines Detail. Außerdem spreche ich noch einmal mit Beuke.«

Frank saß in seinem Büro. Mittlerweile war sein Kaffee kalt. Bis auf das karge Licht seiner Schreibtischlampe war das Büro dunkel. Markus Jansen war wortlos mit seinem Anwalt verschwunden. Dafür hatte Daniel Wagmann Frank noch einmal eindringlich davor gewarnt, seine Kompetenzen zu überschreiten. Frank hatte ihn einfach nur reden lassen, mit dem Kopf genickt und sich seinen Teil gedacht. Sollte Wagmann sich doch aufregen. War sowieso nur Show. Er mochte Anwälte nicht besonders. Dafür hatte er in seiner Laufbahn schon zu oft erleben müssen, daß Anwälte ihre Mandanten mit juristischen Spitzfindigkeiten vor ihrer gerechten Strafe bewahrten. Abgesehen davon mochte er Staatsanwälte, mit Ausnahme von Böllmann vielleicht, auch nicht sonderlich. Besonders, weil sie oft zu langsam und zögerlich waren, wenn ihm ein Fall oder eine Verhaftung unter den Nägeln brannte. Aber das war eine andere Geschichte.

Ecki hatte er in den Feierabend geschickt, nachdem er gehört hatte, daß sein Freund noch kein Geschenk für seine Frau hatte. Langsam wurde es wirklich eng. Bis zum Heiligen Abend waren es nur noch ein paar Tage. Und wie er Ecki kannte, brauchte der einige Zeit, bis er das Richtige gefunden hatte.

Bevor Ecki aber das gemeinsame Büro verlassen hatte, waren ihm die Pflanzen auf dem Fensterbrett aufgefallen. Sie hatten in den vergangenen Tagen arg unter dem Fahndungstreß zu leiden gehabt. Der Ficus hatte mehr Blätter abgeworfen als sonst um diese Jahreszeit. Schimpfend hatte Ecki die welken Blätter aufgesammelt und den Pflanzen Wasser gegeben. Frank mußte ihm versprechen, daß er sich in Zukunft mehr um das Grün in ihrem Büro kümmern würde.

Ecki hatte ein Händchen für Pflanzen. Während anderswo in den Büros die Blumen regelmäßig eingingen und ersetzt werden mußten, wuchs und blühte auf ihrem Fensterbrett immer noch die erste gemeinsame Pflanzengeneration, sah man mal von den Cannabispflanzen ab, die regelmäßig auf dem Kompost landeten.

Zu Hause hatte Ecki einen regelrechten Dschungel im Wohnzimmer, der von ihm und seiner Frau liebevoll gepflegt wurde. Frank mußte an Marion denken. Eine patente Frau, die mit beiden Beinen im Leben stand. Ecki und seine Frau turtelten auch heute noch wie frisch verliebt. Frank war neidisch auf soviel Wärme und gegenseitiges Verstehen. Der Gedanke legte sich wie ein schweres Gewicht auf seine Brust. Nachdenklich rührte er in seinem kalten Kaffee.

Er konnte nur mühsam den Impuls unterdrücken, Lisa anzurufen. Er brauchte sie jetzt mehr denn je. Aber er hatte Angst, wieder nur von ihr abgewiesen zu werden. Lisa, Lisa, Lisa, in seinem Kopf kreiste nur noch ihr Name. Frank wählte ihre Nummer und legte sofort wieder auf. Da die Anschlüsse der Polizei keine Kennung hatten, würde sie nicht wissen, wer versucht hatte, sie zu erreichen.

Frank dachte an die Abende, die er glücklich war in Lisas Wohnung. Die gemeinsamen Essen bei Kerzenschein, das Tapezieren und Anstreichen im vergangenen Mai. Wie die Kinder hatten sie die wildesten Bilder auf die Wände gepinselt, hatten Herzen gemalt und in großen Buchstaben *Ich liebe dich*. Frank dachte an die romantischen Bäder in der viel zu kleinen Wanne, mit Sekt und viel Schaum. Und Frank mußte an die zärtlichen, wilden und atemlosen Stunden im Bett denken. Ihre gemeinsame Lust auf Neues, Lisas freche Tabulosigkeit und ihre feuchten Lippen, die ihn so unendlich gierig machen konnten.

Ob Böskes ähnlich über Heike gedacht hatte? Hatte Markus Jansen ähnliche Erlebnisse mit Heike gehabt wie Frank mit Lisa? Oder waren bei ihnen Lust und Liebe getrennt, hatten sie Sex mit Liebe verwechselt? Was hatte Jansen wirklich für Heike empfunden? Wie war er wirklich damit fertig geworden, daß Heike vor ihm mit Böskes an den gleichen Orten im Wald war? Konnte sich aus dem nagenden Gefühl der – wenn auch unbegründeten – Eifersucht Haß entwickeln? Hatte das eindeutige Foto, das Masuhr herumgereicht hatte, wie eine Art Brandbeschleuniger gewirkt? Hätte er, Frank, den Tod von Böskes verhindern können, wenn er selbst Vander auf die Spur gekommen wäre? Wenn er doch nur diese Fragen beantworten könnte, wäre er der Lösung des Falles mit Sicherheit längst ein Stück näher.

Frank fühlte sich wie ein Anfänger. Wenn er ehrlich war, hatte er bis hierhin nur Glück gehabt. Der Mord an Masuhr hatte sich ohne sein Zutun aufgeklärt. Aber er konnte nicht dasitzen und darauf warten, daß auch der Tod von Heike van den Hövel sich von selbst löste. Die Presse wurde immer unruhiger. Wenn man die Artikel genau las, dann konnte man schon jetzt erhebliche Zweifel an seiner Arbeit zwischen den Zeilen herauslesen. Staatsanwalt Ralf Böllmann wurde zusehends unruhiger. Der Polizeipräsident hatte auch schon nachfragen lassen, was denn mit ihm los sei. Er sei doch sonst ein so zuverlässiger Ermittler. Und die Kollegen hatten mittlerweile auch schon nicht viel mehr als ein mitleidiges Schulterklopfen für ihn übrig. Es mußte etwas passieren, aber was?

Frank war froh, daß er sich auf Ecki verlassen konnte. Sein Hang zur schnulzigen Volksmusik war in Wirklichkeit nur dann lästig, wenn beide nicht im Streß waren und Zeit hatten, über Musik zu streiten. Frank versuchte, sich Mut zu machen. Immerhin hatte er mit Ecki bisher noch jeden Mord aufgeklärt. Frank nahm einen tiefen Schluck von dem kalten Kaffee, spuckte ihn aber gleich wieder in den Becher. Ekelhaft. Er sah sich um, die Kaffeedose stand mit offenem Deckel neben der Maschine. Ein sicheres Zeichen, daß die Dose leer war. Frank stand auf und kramte im Aktenschrank nach einem frischen Paket Kaffee. Fehlanzeige. Er erinnerte sich daran, daß Ecki ihn schon vor Tagen gebeten hatte, neuen Kaffee mitzubringen. Hätte er sich das nur gemerkt. Aber er schaffte es ja kaum, für sich einzukaufen.

Fluchend setzte er sich wieder hin. Wie sollte er die nächsten Stunden ohne Kaffee zubringen? Außerdem fehlte ihm die Musik. Schon längst hatte er sich einen tragbaren CD-Player ins Büro mitnehmen wollen. Aber auch das war immer daran gescheitert, daß er nicht rechtzeitig die Angebote bei Aldi oder Lidl genutzt hatte. Es stimmte schon, er war einfach unzuverlässig. Selbst in solchen an sich völlig nebensächlichen Dingen.

Dabei konnte er mit Musik eindeutig besser arbeiten. Außerdem wäre es eine Hilfe, wenn er bei der Arbeit nebenbei die neuen Stücke durchhören könnte, die sie proben wollten. So könnte er sich optimal vorbereiten und müßte nicht erst im Proberaum mit der Arbeit an den Stücken beginnen.

Frank hatte sich gerade die Unterlagen über die Obduktion von Heike van den Hövel aus dem Stapel gezogen, als es kurz und laut klopfte und Beuke den Kopf durch die Tür steckte.

»Na, immer noch bei der Arbeit?«

Frank zuckte mit den Schultern. »Was soll ich machen? Mörder warten nicht. Setz dich. Was machst du denn noch hier?«

Peter Beuke nahm mit leichtem Ächzen auf Eckis Stuhl Platz. »Mann, mein Kreuz. Der Rücken wird immer schlimmer.«

»Gut, daß du da bist. Ich muß mit dir reden. Versteh' mich bitte nicht falsch, aber ich hatte eine Zeitlang das Gefühl, daß du mir nicht alles gesagt hast, was du über Jansen, Masuhr und die ganze Skinhead-Szene weißt. Immer wenn ich mit dir gesprochen habe, hatte ich das Gefühl, du legst jedes Wort auf die Goldwaage. Oder irre ich mich da?«

»Nein, du irrst dich nicht. Ich will ganz offen zu dir sein. Einige Zeit hatte ich Angst, daß unser Kontaktmann in der Szene durch eure Ermittlungen auffliegt. Und das habe ich mit allen Mitteln verhindern wollen. Wir haben dazu viel zu viel auf dem Spiel stehen.«

»Wieso?« Frank nahm beim Zurücklehnen einen Bleistift in die Hand und drehte sich mit dem Bürostuhl hin und her.

»Das will ich dir auch sagen. Das ist jetzt auch kein Problem mehr, wo der Mord an Masuhr geklärt ist. Es gibt Hinweise darauf, daß der ein oder andere honorige Bürger Nettetals gewisse Verbindungen zu den Neonazis unterhält. Wir stehen mit unseren Ermittlungen erst am Anfang, und es war schon schwer genug, einen Mann in die Szene zu schleusen.«

»Etwa Jansen?« Frank setzte sich abrupt auf.

»Nein, nicht Jansen. Du kennst den Mann nicht. Laß' es dabei bewenden, frag' nicht weiter. Ich wollte meine Ermittlungen in Bezug auf die möglichen Verbindungen zwischen den Skins und den sogenannten besseren Kreisen der Stadt auch deshalb nicht stören, weil es mein letzter Fall sein wird. Frank, ich habe den Antrag auf vorzeitige Pensionierung eingereicht. Ich will vom Leben noch etwas haben. Ich habe mich lange genug mit Verdächtigen, unfähigen Kollegen und bornierten Anwälten, Staatsanwälten und Richtern herumgeärgert. Ihr könnt auch ohne mich Mönchengladbach und den Rest der Welt sauber halten.«

»Weiß der Staatsanwalt von deinem V-Mann?«

»Bis du verrückt, davon wird er noch früh genug erfahren. Laß' mich erst einmal die ersten handfesten Beweise haben.«

»Peter, ich komme nicht weiter im Fall van den Hövel. Jansen behauptet, mit dem Mord nichts zu tun zu haben. Ich bin mittlerweile so weit zu glauben, daß er nicht lügt. Jansen ist nicht der typische Täter. Zumindest kommen mir Zweifel an unserem eigenen Verdacht. Aber andererseits spricht auch so viel gegen ihn. Jansen kann mit dem Verhältnis zwischen Böskes und seiner Freundin nicht fertig geworden sein. Jansen hat für die Tatzeit kein Alibi. Und der alte van den Hövel hat ihn vom Hof gejagt.«

Peter Beuke ließ Frank reden und hatte dabei die Finger wie zum Gebet gegeneinander gelegt. Seine Lippen berührten die Fingerspitzen. Ruhig saß er im Stuhl und wartete.

Frank fuhr fort. »Wir müssen irgend etwas übersehen haben. Und wenn es nur eine Kleinigkeit ist. Seid ihr zusammen mit der Spurensicherung noch einmal die Fundstücke aus dem Wald durchgegangen? Ist euch da etwas aufgefallen? Irgendwas, was nicht zu Jansen paßt? Habt ihr sein Zimmer noch mal auf den Kopf gestellt? Da fällt mir ein, warum habe ich den abschließenden Bericht immer noch nicht auf meinem Schreibtisch liegen?«

Peter Beuke schüttelte den Kopf. »Uns ist nichts Ungewöhnliches aufgefallen. Nun sind auch noch nicht alle Spuren ausgewertet. So gesehen kam der Selbstmord von Vander und somit die Lösung des Mordfalls Masuhr zum denkbar ungünstigsten Zeitpunkt. Wir hätten die aufgestockte Ermittlungskommission dringend noch eine Zeitlang beschäftigen können.« Beuke fühlte sich von Frank zu Unrecht angegriffen. »Das sollte dir die Frage beantwortet haben. Wir haben einfach im Moment nicht genug Leute.« Er besann sich wieder. »Nein, ich meine, daß wir nichts Außergewöhnliches gefunden haben. Laß' mich noch einmal überlegen.« Beuke schloß die Augen und blieb eine Weile still sitzen. Dann stand er auf. »Ich bin gleich wieder zurück. Ich muß ein Kopie der Liste auf meinem Schreibtisch haben. Der Rest ist bei den Kollegen in Breyell.« Beim Hinausgehen drückte Beuke den Rücken extra stark durch, um sich zu strecken. Dabei stützte er mit der rechten Hand den Rücken und ächzte wieder.

Keine drei Minuten später war Beuke wieder da. Beim Setzen schlug er den dünnen Hefter auf und überflog den Inhalt. Seine Brille hob er dabei ein bißchen an, um besser sehen zu können.

»Und, was sagen deine Akten?« Frank mußte beim Anblick des weitsichtigen Kollegen schmunzeln. Beuke hatte in dieser Pose eher etwas von einem übergenauen Postbeamten, als daß er wie ein Kriminalpolizist wirkte. Vielleicht ist es wirklich besser, daß sich Beuke in den Ruhestand versetzen lassen will, dachte Frank mit viel Mitgefühl für seinen Kollegen.

»Ich kann nichts entdecken. Da, lies selbst.« Beuke hielt ihm den Hefter hin.

Frank lehnte sich wieder im Schreibtischstuhl zurück. Aufmerksam blätterte er durch die wenigen Seiten. »Was ist mit den Zeltplanen? Habt ihr da DNA-fähige Spuren entdeckt?«

Beuke schüttelte den Kopf.

»Was ist mit den Klamotten von Jansen? Habt ihr an denen Verwertbares gefunden? Haare, etc.?«

Beuke schüttelte erneut den Kopf.

Frank las weiter. »Was ist hier mit dem ganzen Kleinkram? Taschenmesser, kleine Maglite, diverse Schlüssel?«

»Die sind zum Teil noch in der KTU. Die Kollegen haben sich erst die großen Sachen vorgenommen. Schlafsack, Kleidung, Zeltplanen, Schuhe. Du kennst das. Blättere mal ans Ende. Da müßte stehen, was noch zur Untersuchung weg ist.«

»Hier ist es: die Maglite ist zurück, die Schlüssel sind da. Das Taschenmesser ist noch unterwegs. Habt ihr die Schlüssel überprüft?«

»Nur Hausschlüssel oder alte Schlüssel, die schon lange kein Schloß mehr gesehen haben. Einzig interessant könnte ein auffällig kleiner Schlüssel sein. Der scheint auf einen kleinen Kasten zu passen. Vielleicht auch zum Schloß eines Tagebuchs. Die Kollegen sind sich noch nicht einig. Wir haben weder in Jansens Zimmer noch im Zelt den passenden Kasten, oder worauf auch immer der Schlüssel passen könnte, gefunden.«

Frank schlug den Hefter zu. »Das bringt uns auch nicht weiter. Nicht wirklich. Hast du noch eine Idee?«

Beuke schüttelte müde den Kopf.

»Also, dann noch mal alles von vorne. Das ganze Programm.« Frank machte ein Gesicht, als habe er Essig getrunken. »Ich bin's langsam echt satt.«

Beuke stand auf und sah seinen Kollegen aufmunternd an. »Du wirst das schon in den Griff kriegen. Außerdem ist bald Weihnachten, dann geht es sowieso ruhiger zu.«

»Beuke, was soll der Quatsch? Ich brauche keinen Psychiater. Was ich brauche, ist der Mörder von Heike van den Hövel.« Gereizt warf Frank den Bleistift auf die Schreibtischunterlage.

Peter Beuke zog kurz die Augenbrauen hoch und hob beschwichtigend die Hände. »Schon gut, schon gut. Ich habe es doch nur nett gemeint, Frank. Du solltest dir vielleicht mal wieder einen Urlaub genehmigen. Dann kommst du auch wieder zu Verstand. Ich weiß gar nicht, wie Ecki das schon so lange mit dir aushält. Scheint zu stimmen, was die Kollegen über dich sagen.«

»Was sagen die Kollegen?« Frank sah Beuke abwartend an.

»Na, daß du in letzter Zeit so etwas wie eine Tretmine bist. Man weiß nie, wann du hochgehst. Schönen Abend noch, Frank.« Beuke ließ den Schnellhefter auf dem Schreibtisch liegen und verließ das Büro.

Lalelu, nur der Mann im Mond schaut zu, wenn die kleinen Babys schlafen, drum schlaf auch du.
Ene mene Miste, es rappelt in der Kiste, ene meine meck und du bist weg.
Taler, Taler, du mußt wandern.

Ecki sah an dem Haus hoch. »Mann, das ist vielleicht eine Bruchbude.«

»Nee, sozialer Wohnungsbau.« Frank klingelte, aber niemand öffnete.

Ecki drückte gegen die Tür, die sofort aufsprang. »Aha, sozialer Wohnungsbau. Die Klingel funktioniert nicht, dafür geht die Tür auf, die sich nicht mehr schließen läßt. Mal sehen, ob Jansen zu Hause ist.«

Der Hausflur roch penetrant nach gekochtem Wintergemüse. An Jansens Wohnungstür klingelte Frank zweimal kurz hintereinander. Nichts rührte sich. Dann klopfte er gegen die Wohnungstür. »Herr Jansen, sind Sie da? Machen Sie bitte auf. Borsch hier.«

Hinter der Wohnungstür blieb es still. Frank klingelte erneut.

Es tat sich immer noch nichts.

»Ich kann nur hoffen, daß er nicht abgehauen ist.« Frank klopfte nun härter gegen die Wohnungstür. In ihrem Rücken hörten sie ein Geräusch. Als sie sich umdrehten, konnten sie gerade noch einen Schatten sehen, dann fiel die Tür von gegenüber wieder ins Schloß.

»Arsch«, murmelte Frank und drückte erneut den Klingelknopf an Jansens Wohnungstür.

Sie wollten schon wieder gehen, als sich die Tür langsam öffnete. Markus Jansen stand in Unterhemd und Jogginghose im Türrahmen. Seine Frisur war zerwühlt. Er kniff die Augen zusammen. »Was ist los? Warum machen Sie so einen Krach? Ich habe geschlafen. Was wollen Sie von mir?«

»Dürfen wir reinkommen?«

Jansen nickte mißmutig und schlurfte voran in den dunklen Flur. In der Wohnung roch es genauso durchdringend nach abgestandener Luft. Jansen ging wortlos in sein Zimmer und setzte sich auf das Bett. Der Flur und auch das Zimmer machten auf Frank und Ecki einen verwohnten Eindruck. Die Bewohner hatten offenbar seit Jahren kein Geld oder keine Lust zum Renovieren.

»Herr Jansen, bevor wir weiter mit Ihnen reden, sollten Sie eines wissen.« Frank suchte einen Stuhl, um sich zu setzen.

Jansen nickte Richtung Fenster, wo der Schreibtisch stand. Frank setzte sich auf den Schreibtischstuhl. Ecki blieb im Türrahmen stehen und betrachtete angewidert das Tarnnetz an der Decke und die braunen Devotionalien, die überall im Zimmer verteilt waren.

»Warum sind Sie hier? Was wollen Sie mir sagen? Daß ich Heike nicht umgebracht habe? Gottverdammtnochmal, das weiß ich selber.« Jansens Lachen klang nicht echt, sondern hatte einen sarkastischen Unterton.

»Sie liegen nicht ganz so falsch. Ich, das heißt, wir sind nicht ganz abgeneigt, Ihnen zu glauben. Fragen Sie mich nicht nach dem Warum, das kann ich Ihnen jetzt nicht erklären. Zumindest wollen wir derzeit den Gedanken nicht ganz außer acht lassen, daß Sie nicht der Mörder von Heike van den Hövel sind. Dazu müssen Sie aber mehr mit uns kooperieren.«

Ecki fügte hinzu: »Bisher haben wir davon allerdings noch nicht allzuviel gemerkt. Da muß schon mehr kommen.«

»Können Sie Ihrem Kollegen sagen, daß er mir mit diesen Sprüchen keine Angst macht?« Jansen versuchte Ecki zu ignorieren.

Frank überhörte die Bitte. »Lassen Sie mich zusammenfassen: Sie haben Heike im E-Dry in Geldern kennengelernt. Durch Zufall sind Sie auf den Hof ihres Vaters geraten, der aber bald hinter die Beziehung zwischen Ihnen und seiner Tochter gekommen ist. Anschließend haben Sie sich in den Wald abgesetzt. Anfangs hat Heike Sie noch besucht und mit Lebensmitteln versorgt. Als sie wegblieb, haben Sie zunächst keinen Verdacht geschöpft. Erst später haben Sie vom gewaltsamen Tod Ihrer Freundin gehört. Soweit richtig?«

Markus Jansen nickte. Immer wieder fuhr er sich mit beiden Händen nervös durch sein Haar.

»Erzählen Sie mir jetzt, wie Sie Ihre Zeit mit Heike verbracht haben.«

Markus Jansen beugte sich gespannt vor. »Wo soll ich anfangen? Wir haben uns zuerst nur im E-Dry getroffen. Aber da konnten wir nicht reden. Es war immer zu laut. Wir haben dann stundenlang in ihrem Auto gesessen und gequatscht. Im Sommer waren wir auch oft im Wald bei Leuth. Aber das wissen Sie ja. Einmal war ich bei ihr in der Wohnung. Aber da habe ich mich nicht sonderlich wohlgefühlt.«

»Warum?«, fragte Ecki dazwischen und drückte sich vom Türrahmen ab.

»Weil ich immer Angst hatte, daß ihr Vater hereinkommen könnte. Außerdem war alles so anders als bei uns. So, so modern und, und weiß. Und sauber.« Markus Jansen sah zu Boden.

Frank ließ Jansen einen Moment seinen Gedanken nachhängen, dann fuhr er mit der Befragung fort. »Hatte Heikes Vater denn einen Schlüssel zu der Wohnung?«

»Das weiß ich nicht, ich hatte einfach Schiß.«
»Kannten Sie Toni van den Hövel da schon?«
»Nein, aber Heike hatte mir schon viel von ihm erzählt.«
»Was hat sie Ihnen erzählt?«
»van den Hövel war sehr streng mit ihr. Schon immer. Sie hat mir erzählt, daß sie seit ihrer Kindheit kaum etwas alleine machen durfte. Heike hat darunter sehr gelitten. Sie hatte manchmal richtig Angst vor ihm.«
»Hat sie Ihnen das gesagt?«
»Mehr als einmal. Wir kannten uns kaum, da hat sie in Geldern auf dem Parkplatz der Disko im Auto gesessen und eine Stunde nur geheult. Ich weiß auch nicht, warum, aber es muß irgendwas mit ihrem Vater zu tun gehabt haben. Ich habe sie gefragt, aber sie hat immer nur mit dem Kopf geschüttelt.«
»Und weiter?« Ecki war zum Fenster gegangen und sah Jansen von oben herab an.
»Nichts weiter. Sie hat damals viel geheult. Ich habe sie immer wieder danach gefragt, was sie denn hat, aber sie hat mir nichts erzählt. Herr Kommissar, ich habe Heike nicht umgebracht. Dafür habe ich sie zu gerne gehabt. Wir haben uns wirklich geliebt. Ich passe ja eigentlich nicht so zu ihr, weil, sie hat ja Geld und ich habe noch nicht mal einen richtigen Beruf. Aber wir beide wollten die Welt auf den Kopf stellen. Wir wollten sogar heiraten, Kinder kriegen. Wir haben uns das oft vorgestellt, wenn wir zusammen waren. Wir wollten eine richtige kleine Familie sein, und jetzt ist Heike tot. Was soll ich denn jetzt machen?« Tränen standen in seinen Augen. Markus Jansen sah verzweifelt von Frank zu Ecki.
Ecki versuchte einen Trost. »Die Zeit heilt alle Wunden.« Aber er wußte, daß das ein billiger Spruch war und keine echte Hilfe.
»Mich interessiert das trotzdem noch, was Heike über ihren Vater erzählt hat. Markus, versuchen Sie, sich genau zu erinnern.«
Jansen griff neben sich und wischte sich mit dem Kopfkissen kurz durchs Gesicht. »Ich weiß doch wirklich nicht mehr. Ich wollte es ja herauskriegen. Ich hatte so eine Wut auf ihren Vater. Ich hätte ihn am liebsten verprügelt. Wie kann er seine Tochter nur so behandeln? Ich wollte sie da rausholen. Aber sie hat immer nur gesagt, daß sie ihren Vater nicht einfach alleine lassen kann. Wer sollte sich denn um ihn kümmern? Herr Kommissar, wie kann man zu einem Vater halten, der einen nur unterdrückt?«
»Lieben Sie Ihren Vater?«
Markus Jansen sah Frank verdutzt an. »Wie meinen Sie das? Mein Alter säuft und schlägt meine Mutter.«
»Und?«
»Als ich klein war, da war mein Vater der Größte für mich. Ich habe ihn so geliebt, wie Kinder ihre Eltern lieben.«

»Und ist davon nichts übrig geblieben?«
Jansen zögerte mit der Antwort. »Fast nichts.«
»Sehen Sie, nur fast nichts.«
Ecki hatte sich wie immer ein paar Notizen gemacht. »Wie konkret waren ihre gemeinsamen Zukunftspläne wirklich?«
Markus Jansen sah ihn fragend an. »Wir wollten heiraten. Vielleicht nicht jetzt, aber später auf jeden Fall.«
»Wann später?«
»Später, wenn der Alte, ich mein', wenn Heikes Vater ihr das Geschäft überschrieben hätte. Dann auf jeden Fall. Heike hat mich auch geliebt. Ihr war es egal, daß ich nichts habe. Und ich habe ihr versprochen, daß ich eine Lehre als Gärtner und Obstbauer mache, um ihr einmal in der Firma helfen zu können.«
»Wie haben Sie denn Kontakt halten können, Sie waren doch nicht jeden Tag mit ihr zusammen. Außerdem durfte doch ihr Vater nichts merken?«
»Wir haben viele SMS geschickt und richtige Briefe.«
»Haben Sie auch Briefe bekommen? Haben Sie sie noch?«
»Nein, ich, die Beamten haben doch alles mitgenommen. Die müssen bei Ihnen auf dem Revier sein.«
Frank sah Ecki fragend an. Der zuckte nur mit den Schultern.
»Sagen Sie, haben Sie ein Tagebuch über Ihre Liebe geführt?« Frank merkte, daß Jansen nicht ganz verstand, deshalb fügte er hinzu: »Verliebte tun manchmal die verrücktesten Dinge.«
Markus Jansen sah ihn weiter fragend an. »Nee, ein Tagebuch habe ich nicht. Nur die Briefe.«
»Ich frage deshalb, weil bei Ihren Sachen ein kleiner Schlüssel gefunden wurde. Die Kollegen vermuten, daß er zu einem kleinen Kasten oder zu einem Tagebuch gehört. Hätte ja sein können.« Frank stand auf.
»Nein. Ich habe kein Tagebuch, aber Heike hat eins gehabt.«
»Wo? Und warum haben Sie den Schlüssel?« Frank setzte sich wieder.
»Heike hat es als Liebesbeweis gesehen, daß sie mir den Schlüssel anvertraut hat. Es muß ein altes Tagebuch gewesen sein, in das sie schon lange nichts mehr hineingeschrieben hat.«
»Hat sie Ihnen nie gesagt, wo sie das Buch hat?«
»Wir haben darüber nicht gesprochen. Ich denke, es ist irgendwo in ihrer Wohnung, bei ihren Sachen.«
Vielleicht findet sich ja in dem Tagebuch ein Hinweis, der uns dem Mörder ein Stück näher bringt, dachte Frank. Es ist zumindest einen Versuch wert. Was blieb ihnen auch anderes übrig? Bisher hatten sie bei ihren Ermittlungen nun wahrlich noch nicht viel zustandegebracht, Böllmann hatte da ganz recht. Am besten, sie würden direkt in Heikes Wohnung nach Hinsbeck fahren. »Lassen Sie uns später weiterreden. Komm, Ecki, wir haben noch einiges zu

erledigen. Herr Jansen, Sie halten sich bitte zu unserer Verfügung. Wir brauchen Sie noch. Haben Sie eigentlich etwas von Ihrem Vater gehört?«

Jansen schüttelte den Kopf.

Im Treppenhaus begegnete ihnen ein Mann mit einem Tannenbaum. Grußlos drängte er sich an ihnen vorbei.

»Wo sollen wir zuerst suchen?« Ecki zog vor der Haustür den Reißverschluß seiner Lederjacke hoch, um sich wenigstens ein bißchen vor der beißenden Kälte zu schützen. Hätte er doch den Schal mitgenommen, den Marion ihm im Flur auf den Schrank gelegt hatte.

»Ich denke, daß wir in ihrer Wohnung anfangen. Wenn wir dort nichts finden, dann werden wir van den Hövel bitten, uns bei ihm zu Hause bei der Suche zu helfen. Es ist ja nicht ausgeschlossen, daß Heike das Tagebuch irgendwo in ihrem Elternhaus deponiert hat.«

»Ist der Schlüssel zu ihrer Wohnung schon an van den Hövel zurückgegangen oder liegt der noch in Breyell im Rathaus?«

»Keine Ahnung.« Frank nahm sein Handy und wählte die Nummer der Sonderkommission. Das Gespräch war denkbar kurz. »Der Schlüssel ist noch nicht an van den Hövel zurückgegangen.«

»Dann laß' uns zu ihm fahren.«

»Warte, ich rufe ihn an, wir holen den Schlüssel und treffen uns mit ihm an der Wohnung. Das geht mit Sicherheit schneller.«

»Wenn er denn zu Hause ist.«

»Alte Unke. Gib' mir lieber die Nummer.«

Ecki kramte seinen Notizblock hervor und blätterte durch die Seiten.

»Warte, mir fällt ein, ich hab' sie noch gespeichert.« Frank drückte schon die Wahlwiederholung. »Hallo, Borsch hier, Kripo Mönchengladbach, ist Herr van den Hövel in Haus? Nein? Wann kommt er zurück? Wann? Das kommt ja hin. Würden sie ihm bitte ausrichten, daß er direkt zur Wohnung seiner Tochter kommen soll. Ja, wir wollen uns dort noch einmal mit ihm gemeinsam umsehen. Danke!« Frank legte auf. »Abflug.«

In Breyell trafen sie im alten Rathaus lediglich auf einen Streifenpolizisten, der gelangweilt in einer Zeitung blätterte. Als er die beiden kommen sah, schlug er den *Express* zu. »Eben war ein Josef Giskes hier, er wollte zu Ihnen. Ich habe ihm gesagt, er soll es später noch einmal versuchen. Er hat mir gesagt, daß er in der Spielhalle auf der Josefstraße zu erreichen ist.«

»Danke.« Frank hatte keine Zeit, sich Gedanken darüber zu machen, was sein alter Schulfreund von ihm wohl gewollt haben könnte. Das konnte warten. Wahrscheinlich wollte er eh' nur bei einem Kaffee von alten Zeiten reden.

Als sie wieder vor dem Gebäude standen, stießen sie auf eine Hochzeitsgesellschaft, die gerade angekommen war und sich vor der Kirche sammelte. Die Braut fror in ihrem dünnen, weißen Kleid erbärmlich und wurde von ihrem Zukünftigen nur notdürftig mit einem übergeworfenen Herrenmantel vor der Kälte geschützt. Gerade feierlich sah das nicht aus, wie Braut, Brautführer und der Rest der Gäste eher hastig als würdevoll im Inneren der Kirche verschwanden, dachte Frank. Nur wenige Schaulustige oder Freunde und Bekannte blieben draußen zurück. Erst jetzt bemerkte Frank, daß ein Großteil des seitlichen Mauerwerks der Pfarrkirche von einer Plane verhüllt war. Noch ein Fall für den Denkmalschützer, dachte Frank.

Gut eine Viertelstunde später standen sie vor dem gepflegten Haus am Ortsrand von Hinsbeck. Von den nahen nassen Feldern wehte der penetrante Geruch von verfaultem und verwesendem Kohl herüber. Die Rolläden der Wohnung waren heruntergelassen: van den Hövel mußte seit ihrem letzten Termin in der Wohnung dort gewesen sein. An den Fenstern der anderen Wohnungen war niemand zu sehen. Die Bewohner waren vermutlich arbeiten. Soweit Frank wußte, waren die meisten von ihnen in Düsseldorf und Mönchengladbach beschäftigt. Hinsbeck war schon lange eine bevorzugte Wohngegend für Großstädter. Lange bevor die WestLB-Akademie im restaurierten Schloß Krickenbeck Anfang der 90er Jahre mit ihrer betrieblichen Bildungsarbeit begonnen hatte.

Ecki erinnerte sich an ihren ersten Besuch in Heike van den Hövels Eigentumswohnung. »Ich weiß nicht, was du hast, Frank. Sieht doch schick aus, Buchsbaum und Kalksandstein – ich würde sogar sagen, vornehm. Das Haus paßt doch gut hier hin. Und so eng hocken die Leute hier nun auch nicht aufeinander. Ich find's schön hier. Wenn ich an unsere Nachbarschaft in Hardt denke...« Weiter kam er nicht.

»Ist ja schon gut, Ecki.«

»Ich meine ja nur.«

Der idyllische Eindruck, den das Mehrfamilienhaus von außen machte, war in dem Moment verflogen, als die beiden die Türe zur Wohnung von Heike van den Hövel öffneten.

Die Wohnung war komplett durchwühlt worden. Im Flur lagen die Schubladen des kleinen Schränkchens neben der Garderobe auf dem Boden. Schuhe, Schals, Handschuhe lagen verstreut im Weg. In der schmalen Küche waren die Türen der Hängeschränke aufgerissen, jemand mußte in seiner Wut Tassen und Teller von den Einlegeböden gefegt haben. Auch die Türen der Unterschränke standen offen, auf dem Küchenboden lagen zwischen Töpfen Kochbücher, die vorher auf dem Regal neben dem Fenster gestanden hatten. Aus dem offenen Kühlschrank strahlte das helle Licht nutzlos in den Raum.

Ganz vorsichtig bewegten sich Frank und Ecki durch das Chaos. Schweigsam stiegen sie am Eingang zum Wohnzimmer über umgeworfene Stühle, deren Polster aufgeschlitzt waren. Routiniert verschafften sie sich einen Überblick über die ehemals gemütliche und mit Geschmack eingerichtete Wohnung einer jungen Frau, deren Zuhause längst zum Tatort geworden war.

Auch im Wohnzimmer bot sich den Beamten ein Bild der Verwüstung. Die Flügeltüren des alten Eichenschranks standen auf, auf dem Boden davor häuften sich Papiere, zerrissene Bücher, zerschlagene Gläser und zerbrochenes Porzellan zu einem kleinen Hügel. Auch die Polster der Couch waren aufgeschlitzt, an den Wänden hingen die Rahmen mit den Drucken von Kandinsky schief in ihren Halterungen. Selbst die Blumenkübel, die in einer Gruppe vor dem großen Fenster gestanden hatten, waren umgekippt worden.

Bevor Frank und Ecki sich im Bad und im Schlafzimmer umsahen, wählte Frank von seinem Handy aus die Nummer der Spurensicherung und forderte mit eindringlicher Stimme die Kollegen an.

Im Badezimmer war der Spiegelschrank von der Wand gerissen und sein Inhalt in die Wanne gekippt worden. Der Duschvorhang hing halb abgerissen daneben. Nagellack war dunkelrot in den Abfluß der Wanne gelaufen.

Der oder die Täter hatten das Schlafzimmer am stärksten zerstört. Auch hier mußte Frank erst Licht machen. Der Bettkasten war auseinandergebrochen, Kissen und Oberbett waren aufgeschnitten, der Teppichboden war mit einer dünnen Schicht Daunenfedern bedeckt, die bei jeder Bewegung der beiden Polizeibeamten leicht aufwirbelten. Eine Schmuckschatulle lag leer dazwischen. Die Schranktüren waren aus ihren Verankerungen gerissen und auf das Bettgestell geworfen worden. Sämtliche Kleidung lag im Zimmer verstreut. Sogar der Boden des Schlafzimmerschranks war weggerissen.

»Wer tut so was?« Ecki kniete vor dem Schrank und untersuchte die Bodenplatte des Schranks.

»Jemand, der einen Schlüssel zu der Wohnung hat. Die Frage ist, was hat der, was haben die Täter hier gesucht? Einbrecher waren das mit Sicherheit nicht. Oder hast du an der Tür Einbruchsspuren bemerkt?«

Ecki schüttelte langsam den Kopf. »Nee. Nicht auf den ersten Blick. Aber das hier ist interessant. Sieh' dir das doch mal an.«

Frank kniete sich dazu und nahm die Platte in die Hand, die ihm Ecki entgegen hielt. Aber es war nur auf den ersten Blick eine einfache Platte. In Wirklichkeit war sie geteilt und konnte zu einem Drittel aufgeklappt werden. Das Scharnier war an der Unterseite so geschickt angebracht, daß selbst die Schnittstelle der beiden Plattenstücke bei einem ersten flüchtigen Blick in den halbdunklen Schrank nicht entdeckt werden konnte. Der Schrankboden war offenbar zu einem Deckel umgearbeitet worden.

Frank beugte sich vor und tastete in den freien Raum, der von den Brettern abgedeckt worden war. Außer Teppichboden fühlte er nichts.

»Der Besucher hat wahrscheinlich gefunden was er gesucht hat.«

»Was meinst du damit, Schmuck? Oder denkst du an van den Hövel?«

»Vielleicht auch Schmuck, um eine falsche Spur zu legen. Ich glaube, daß van den Hövel es auf das Tagebuch seiner Tochter abgesehen hat.«

Ecki stand heftig auf. »Das geht mir zu schnell. van den Hövel. Tagebücher. Was soll schon in den Tagebüchern stehen, daß sie so interessant für ihn macht? Außer pubertärer Kinderkram. Oder was meinst du?«

»Und warum sieht die Wohnung so aus? Nee, Ecki, hier hat jemand gewütet, der die Aufzeichnungen unter allen Umständen finden wollte. Das waren keine normalen Einbrecher, die aus Mangel an Beute ihre Wut an der Einrichtung ausgelassen haben. Hier hat jemand gehaust, der umso wütender und cholerischer wurde, je länger er suchen mußte. Ich bin davon überzeugt, daß van den Hövel die Aufzeichnungen seiner Tochter gesucht hat. Er wollte verhindern, daß jemand anderes sie findet. Die Frage ist nur, warum. Niemand sonst als van den Hövel war in der Wohnung. Du wirst sehen, die Spurensicherung wird keine anderen Fingerabdrücke finden.«

»Was macht dich da so sicher?«

»Ich bin mir nicht sicher. Ich bin mir in diesem Fall von Anfang an über nichts sicher gewesen. Ich habe nur eine Ahnung, daß in diesem Tagebuch oder in den Tagebüchern schreckliche Geheimnisse verborgen sein können. Hatte van den Hövel nicht ganz zu Anfang von dem Streit erzählt, den er mit seiner Tochter über ihr Tagebuch hatte?«

***

Liebes Tagebuch,

in dieser Woche habe ich nicht viel zu berichten. Am Sonntag waren Mama, Papa und ich am Krickenbecker See spazieren. Die Sonne hat geschienen, es war schön. Am Montag habe ich Evi getroffen, sie war lange krank. Ihre Mutter hat sie zur Schule gebracht. Ich durfte lange nicht mit ihr spielen. Am Mittwoch hat Mama mich nach Breyell gebracht. Ich soll Akkordeon lernen. Dazu habe ich aber keine große Lust. Ich würde lieber in den Reitstall gehen. Aber das möchte Papa nicht so gerne. Ach, könnte ich doch eine gute Fee finden, die mir meine Wünsche erfüllt. Gestern waren Evi, Claudia und ich schwimmen.

Liebes Tagebuch,

heute waren wir wieder schwimmen. Da habe ich wieder den netten Jungen getroffen. Er ist so süß. Er kann so lieb gucken.

Liebes Tagebuch,

endlich darf ich reiten. Das Pferd heißt Gismo und ist sehr groß. Ich habe mich sehr gefreut. Mama und ich haben in Lobberich Reitstiefel und Reithose gekauft, und auch eine Gerte. Wenn ich älter bin, darf ich ein eigenes Pferd haben. Das hat Mama mir versprochen. Ach, wäre ich doch nur schon alt.

Gestern habe ich Ralf getroffen. Er war mit Evi bei mir zu Hause. Aber er durfte nicht lange bleiben, Papa wollte das nicht. Aber Evi mußte sowieso gehen. Evi ist jetzt meine beste Freundin. Ich freue mich so. Evi darf auch bald mit in den Reitstall. Dann können wir immer zusammen die Pferde putzen. Ich habe Evi erzählt, daß ich ein bißchen in Ralf verliebt bin. Das darf Papa aber nicht erfahren. Ich glaube, Papa mag Ralf nicht.

Liebes Tagebuch,

gestern habe ich mit Akkordeon aufgehört. Es hat mir keinen Spaß gemacht. Papa war sehr böse. Aber ich will das blöde Ding nicht mehr. Es ist so schwer. Außerdem hat mich Ralf ausgelacht, als ich ihm von dem Akkordeon erzählt habe. Das fand ich sehr gemein. Ich habe Evi von dem Streit erzählt. Aber sie hat nur gelacht. Ich weiß nicht, ob Evi immer noch meine Freundin ist. Auch will ich nicht mehr mit Ralf sprechen. Er hat mich sehr enttäuscht. Warum hat er gelacht? Außerdem hat er seinen Freunden alles erzählt, daß ich in ihn verliebt bin, und so. Jetzt habe ich nur noch Dich, liebes Tagebuch. Wenn ich alles aufschreibe, geht es mir immer viel besser. Ich werde immer alles genau in Dich rein schreiben. Ich werde Dich immer gut verstecken, damit niemand das Buch findet. Du bist mein größter Schatz.

Liebes Tagebuch,

heute habe ich von Papa etwas sehr schönes bekommen. Wir haben in Viersen bei Horten den Mantel gekauft, den ich immer haben wollte. Er ist braun und kurz, mit einem schönen Kragen. Sonst ist in dieser Woche nicht viel passiert. Das Reiten klappt schon ganz gut. Ich freue mich schon auf mein eigenes Pferd.

Liebes Tagebuch,

ich habe heute Evi etwas sehr wichtiges gefragt. Ich wollte wissen, ob ihr Vater auch immer mit ihr baden wollte. Sie hat Nein gesagt. Früher hat sie mal mit ihrem Papa in der Wanne gesessen und mit Schaum gespielt. Aber heute nicht mehr. Ich kann sie also nicht mehr fragen. Du weißt schon, was ich meine. Mein Vater will nicht mehr, daß ich zum Reiten gehe. Die Leute da seien kein Umgang für mich. Ich mußte mich abmelden. Ich werde Gismo ganz schlimm vermissen. Er war doch mein guter Freund. Wie soll das Leben weitergehen?

Liebes Tagebuch,

hört das denn nie auf? Heute Nacht war mein Vater wieder an meinem Bett. Er hat sich neben mich gelegt und mich wieder gestreichelt. Dann hat er seine Hand zwischen meine Beine gelegt und weitergestreichelt. Was soll ich nur machen? Ich wünschte, ich wäre tot. Hilf mir, liebes Tagebuch.

Evi spricht nicht mehr mit mir, weil Vater nicht erlaubt, daß sie mit Jungen zu uns kommt. Das tut mir auch weh.

Letzte Nacht war er wieder da. Es war ekelig. Ich schäme mich so. Seit Mama tot ist, muß ich so oft an früher denken. Als er mir Geldstücke vorne in die Scheide gesteckt hat und ich raten mußte, ob es ein Markstück ist oder ein Fünfmarkstück. Wenn ich richtig geraten hatte, durfte ich das Geld behalten. Aber ich wollte das Geld nie. Er ist damals so oft gekommen. Aber Mama hat nie etwas gemerkt. Und ich habe mich nie getraut, ihn zu verraten. Warum hat Mama nie etwas gesagt? Ob Mama davon wußte? Daß er oben auf dem Speicher eine Gummimatte hatte, die er immer in mein Zimmer brachte, wenn sie nicht da war? Mama, Mama, wo bist du nur?

Ich hasse ihn, aber er ist doch mein Vater. Was soll ich nur tun?

Ich muß jedesmal fast brechen, wenn er sich auf mich legt. Er stinkt nach Schweiß und er stöhnt dann immer so, als würde er jeden Moment abkratzen.

Ist das immer so, wenn Mann und Frau zusammen sind? Ich möchte so gerne mal mit einem richtigen Mann schlafen und nicht mit so einem ekeligen Tier. Wenn ich mich nicht auch bewege, schreit er mich an, ich soll sofort stöhnen. Wann geht das endlich vorbei?

Letzte Nacht hat er mich geschlagen, weil ich mich gewehrt habe. Das hat er vorher noch nie getan. Er hat dann gebettelt, daß ich ihm verzeihe. Er hat in meinem Bett geweint wie ein Kind. Ich könnte ihn umbringen, aber er ist doch mein Vater. Ich bin alles selbst schuld. Ich hätte früher nicht so ungehorsam sein sollen.

Vater ist auf alle eifersüchtig. Ich darf nicht mehr alleine über den Hof gehen, weil angeblich die Polen mich so gierig anstarren würden. Dabei sind sie total nett und hilfsbereit. Ich bin froh, daß ich wenigstens einmal im Monat am Samstag weggehen darf. Aber wie lange wird er mir das noch erlauben? Schon jetzt muß ich stundenlang mit ihm reden, damit ich weg kann. Oder er will, daß ich mit ihm zusammen dusche. Danach läßt er mich endlich in Ruhe. Ich bin froh, wenn ich aus dem Haus bin. Warum tut er mir das an? Er kommt jetzt wieder öfter in der Nacht zu mir.

Liebes Tagebuch,

ich habe Dir schon lange nicht mehr geschrieben. Es hat sich viel und doch nichts geändert. Ich muß jetzt jeden Tag mit ihm im Büro arbeiten.

Angeblich will er mir den Betrieb überschreiben. Aber ich glaube, daß er mich so nur besser unter Kontrolle hat.

Er hat mir eine Wohnung in Hinsbeck gekauft. Damit ich mal alleine sein kann, hat er gesagt. Aber das ist nicht so. Fast jeden Abend steht er vor meiner Tür und bettelt, reinkommen zu dürfen. Ich habe Angst, daß die Nachbarn was merken. Er schlägt mich tot, hat er gesagt, wenn ich ihn nicht reinlasse. Einmal habe ich ihn vor der Türe stehen lassen, da hat er einfach seinen Schlüssel genommen. Ich habe nachher fürchterlich geblutet.

Liebes Tagebuch,

es wird doch noch alles gut. Ich weiß jetzt, wie ich mich an ihm rächen kann. Ich schlafe jetzt mit Böskes. Der ist auch ein altes Schwein, hat mich in Düsseldorf angequatscht. Da hatte ich die Idee. Wenn ich noch ein paarmal mit ihm im Bett war, werde ich Vater alles erzählen. Das wird ihn umbringen. Ich freue mich schon jetzt auf sein Gesicht. Sein bester Freund schläft mit seiner Tochter.

Ich hasse alle Männer. Aber ich bin trotzdem fast ein bißchen glücklich.

Böskes macht mir viele Geschenke. Wenn der wüßte. Wenn ich mit ihm im Wald bin, muß ich die Zähne zusammenbeißen. Aber er ist immer schnell fertig. Er fragt nie, ob ich glücklich bin. Er bespringt mich wie ein Tier. Dann schnell die Hose hoch, und wieder ab ins Büro. Ich finde ihn so widerlich.

Alle Männer sind nur Schweine. Aber ich werde es allen heimzahlen. Auch Böskes wird bezahlen müssen.

Liebes Tagebuch,

ich muß Dir von Markus erzählen. Ich glaube, ich habe mich verliebt. Zum ersten Mal in meinem Leben. Wir haben uns am Samstag im E-Dry kennengelernt. Er war mir sofort aufgefallen. Er hatte nicht die Anmachmatsche drauf wie die anderen blöden eingebildeten Typen. Er ist eher schüchtern. Ich glaube, daß er es zu Hause auch nicht einfach hatte. Er hat gleich am ersten Abend im Auto viel von sich erzählt. Ich fand es so toll, daß er nicht versucht hat, mich zu küssen oder mir das T-Shirt hochzuschieben. Wir haben uns direkt für Samstag wieder verabredet. Ich hoffe, daß ER nichts merkt. Markus darf nicht anrufen, das habe ich ihm gesagt. Er hat auch mich viel gefragt, aber ich habe ihm noch nicht viel von mir erzählt. Ich weiß auch gar nicht, ob ich ihm jemals alles erzählen kann. Aber er ist so nett. Ich freue mich schon auf unser Wiedersehen.

Ich habe mit Böskes Schluß gemacht. Ich kann seine schleimige Art nicht länger ertragen. Was denkt er sich eigentlich? Ich bin doch nicht sein Eigentum. Ich habe ihm klipp und klar gesagt, wenn er mich nicht in Ruhe läßt, werde ich alles seiner Frau erzählen. Da wurde er erst wütend und hat mich dann angefleht, nichts zu verraten. Wenn er wüßte, daß er in der Falle sitzt. Ich warte noch auf die günstige Gelegenheit, um IHM von Böskes und seinem geilen Gesabber zu erzählen. Ihr werdet meine Rache alle noch zu spüren bekommen. Böskes war noch ein paarmal im Büro. Ich hätte so leicht alles erzählen können. Aber ich will noch warten. Wenn ER wüßte, daß Böskes mir im Wald den Slip zerrissen hat, vor lauter Geilheit. Ich glaube, ER würde Böskes erschießen. Und dann werden sie ihn festnehmen und für immer ins Gefängnis sperren.

Am Samstag treffe ich mich mit Markus!!!!!!!!!!!!!

Liebes Tagebuch,

Markus ist so lieb. Wir kennen uns schon so lange, aber er wollte noch nie mit mir schlafen. Vielleicht will ich es selbst bald. Ich weiß es noch nicht so genau. Dann soll es schön werden, so schön wie noch nie in meinem Leben.

Mir gefällt nur nicht, mit welchen Typen Markus zusammen ist. Ich glaube, das sind Neonazis. Jedenfalls grölen sie mit besoffenem Kopf immer solche Lieder. Außerdem grüßen sie sich immer mit dem Hitler-Gruß. Und dann hängen sie das ganze Wochenende im Wald herum und spielen Krieg. Zuerst fand ich das lustig. Aber jetzt ist das nur noch ätzend. Markus hat mir versprochen, daß er damit aufhört. Er will das, weil er mich liebt, hat er gesagt. Ich bin so glücklich. Nur darf ER nichts merken.

Es ist etwas ganz Schlimmes passiert. Markus war heute auf dem Hof. Er ist vom Arbeitsamt geschickt worden. Er soll bei IHM arbeiten. Sonst kriegt er kein Geld mehr vom Amt. Markus hat mir nicht gesagt, daß er bei uns anfangen soll. Er hat mir gesagt, daß er mich überraschen wollte. Aber er hat mir Angst gemacht. Er weiß noch nichts über IHN. Vielleicht ahnt er was. Ich weiß es nicht. Jedenfalls darf ER noch nicht erfahren, daß wir uns lieben. Erst muß ER weg sein, im Gefängnis kann er mir nichts mehr tun.

Böskes hat wieder angerufen, er wollte sich mit mir treffen, aber ich habe nur aufgelegt.

Es ist passiert, was nicht hätte passieren dürfen: ER hat Markus heute vom Hof gejagt. Ich habe es geahnt und befürchtet. ER will niemanden da haben, in den ich mich verlieben könnte. Markus ist schnell weg. Ich konnte noch nicht einmal mehr mit ihm sprechen. Jetzt ist Schluß. ER muß jetzt büßen. ER will wieder mein Leben zerstören. Das lasse ich nicht zu. Jetzt ist Zahltag. ER summt den ganzen Tag wieder das Zeugs. Ich hatte das schon längst vergessen. Melodien wie: Lalelu, nur der Mann im Mond schaut zu. Oder: Taler, Taler du mußt wandern. Ich habe gefleht, daß er damit aufhört. Aber ER fängt immer wieder damit an, immer wenn ich ins Zimmer komme. Ich muß Markus finden. Unbedingt. Ich werde sonst wahnsinnig.

Ich muß noch ein bißchen warten. Erst muß ich Markus versorgen. Er muß sich nicht mehr verstecken müssen. Vielleicht sollte ich mit seiner Mutter reden. Sie wird bestimmt verstehen, daß wir uns lieben.

Heute werde ich wieder zu Markus gehen. Er tut mir so leid da draußen. Allein in der Kälte und in der Dunkelheit. Ich will jetzt mit ihm schlafen. Da draußen im Wald, im Zelt. Da bin ich ihm ganz nahe. Es ist an der Zeit.

Mein Gott, ich bin schwanger. Von IHM. Die Sünde ist über mich gekommen. Jetzt ist alles aus. Das ist das Ende. Lieber Gott, hilf mir. Hilfe!!!!!!!!!!!!!

***

»Und? Was machen wir jetzt?« Ecki sah Frank an.

»Wir werden jetzt zu van den Hövel fahren. Wer sonst als van den Hövel kann ein Interesse an den Aufzeichnungen haben?«

»Aber jeder andere auch. Vielleicht gibt es noch jemanden, den wir bisher noch nicht kennen? Und, wer sagt uns denn, daß in dem Schrank wirklich das oder die Tagebücher versteckt waren? Und, was soll da drinstehen?«

»Das sind genau die Fragen, die ich an van den Hövel habe.«

Franks Handy klingelte. »Ja?« Frank sah Ecki an und verzog bedeutungsvoll das Gesicht. »Wann hat er angerufen? Nein, ich habe jetzt keine Zeit. Ich habe keine Ahnung, was er von mir will. Wenn er es ihnen auch nicht gesagt hat, ich habe keine Ahnung.« Frank legte auf. »Josef hat mich wieder zu erreichen versucht. Er hat Schneider nicht gesagt, was er von mir will. Offenbar hat er etwas Wichtiges auf dem Herzen.« Frank zuckte mit den Schultern. »Muß er sich halt gedulden. Wir haben Wichtigeres zu tun.«

Warum hatte Frank bei diesem Fall immer das Gefühl, zu spät zu kommen? Nicht nur, daß er bei Böskes und Vander nicht früher hatte eingreifen können, weil ihn bei den Ermittlungen bisher stets die falschen Fragen beschäftigt hatten. Nun kam er womöglich auch noch bei van den Hövel zu spät, dachte Frank verärgert, als sie von van den Hövels sichtbar aufgelöst und verstört wirkender Sekretärin hatten hören müssen, ihr Chef habe das Haus in aller Eile verlassen mit dem Hinweis, alle Termine für die nächsten Tage abzusagen.

Einigermaßen ratlos saßen Frank und Ecki im Auto.

»Was hat das nun wieder zu bedeuten?«

»Das hat wahrscheinlich zu bedeuten, daß van den Hövel weiß, daß wir von dem Tagebuch wissen und ein paar unbequeme Fragen an ihn haben. Mist, verdammter.«

»Cool bleiben, der kommt nicht weit. Der hat höchstens eine Stunde Vorsprung.« Ecki bediente schon das Funkgerät und gab van den Hövels Daten durch.

Sie fuhren zum alten Breyeller Rathaus. Mehr konnten sie im Moment ohnehin nicht tun. Dort wurden sie bereits von Staatsanwalt Böllmann erwartet.

»Ich hoffe, wir haben nicht einen Fehler gemacht, als wir Jansen entlassen haben. Er ist nach wie vor unsere einzige Verbindung zu Heike van den Hövel. Sieht man mal von ihrem Vater ab.« Ralf Böllmann hatte sich an Franks Schreibtisch gesetzt und sich einen Kaffee geben lassen, an dem er zwischen den einzelnen Sätzen mit nachdenklicher Miene vorsichtig nippte. Er wiederholte seine Sorgen. »Ich bin mir immer noch nicht sicher, ob wir ihn nicht doch zu früh haben laufen lassen. Hoffentlich haben wir keinen Fehler gemacht.«

»Ich glaube nicht, daß wir einen Fehler gemacht haben. Der Fall hat eine ganz neue Wendung genommen.« Frank klärte den Staatsanwalt ausführlich über den aktuellen Stand ihrer Ermittlungen auf. Böllmann hörte ihm schweigsam zu und trank dabei in bedächtigen Schlucken seinen Kaffee.

Als Frank fertig war, setzte Böllmann die Tasse ab und stieß hörbar Luft durch die Zähne. »van den Hövel. Der alte van den Hövel. Ihre Theorie, Borsch, ist gar nicht mal so abwegig. Möchte mal wissen, warum van den Hövel sich so verhält. Damit macht er sich höchst verdächtig. Das muß er doch wissen. Andererseits: ich habe Toni van den Hövel bisher für den liebenden Vater gehalten, der am Tod seiner Tochter zu zerbrechen droht. Was denken sie, Herr Eckers, was in den Tagebüchern steht?«

Ecki setzte sich halb auf eine Ecke des Schreibtisches und zählte seine Vermutungen an seinen Fingern ab. »Nehmen Sie doch mal die Fakten zusammen. van den Hövel hat selbst davon erzählt, wie heilig für Heike die Aufzeichnungen waren. So wichtig, daß sie sie vor ihrem Vater versteckt hat. Jansen hat ausgesagt, daß Heike massive Probleme mit ihrem Vater hatte. Und daß ihr ihre Tagebücher so viel bedeuten. Wie hat er gesagt?« Ecki suchte nach den richtigen Worten. »In den Büchern steht ihre Abrechnung, soll sie zu Markus Jansen gesagt haben. Die Bücher seien so etwas wie die Lösung ihrer Probleme. Sie habe erst durchs Schreiben einen Weg aus der Hölle gefunden. Dagegen hat Christa Böskes uns erzählt, daß Heike ein aufgewecktes kleines Mädchen gewesen sei, ein Sonnenschein, den jeder gerne mochte. Und daß ihr Vater sehr an ihr hing. van den Hövel habe seine Heike vergöttert. Wie niedlich muß es für die Erwachsenen gewesen sein, wenn Heike erzählt hat, daß ihr Vater sie einmal heiraten würde. Jede Bemerkung für sich genommen, sagt noch nicht viel aus, nimmt man sie aber zusammen, dann ergibt sich eine ganz andere, erschreckende Bedeutung. Ich wage es kaum auszusprechen.«

»Sie meinen, van den Hövel hat seine eigene Tochter mißbraucht?«

Ecki nickte.

»Und umgebracht?«

Ecki hob die Hände, halb fragend, halb abwehrend. »Wäre doch möglich, oder? Oder haben Sie eine andere Erklärung? Oder du, Frank?«

Frank hatte seinem Kollegen aufmerksam zugehört. Eckis Theorie klang stimmig. Frank nickte zustimmend.

Böllmann stand auf, ging zum Fenster und sah hinaus. »Der Vater mißbraucht sein eigenes Fleisch und Blut. Bringt sein Kind sogar um. Wenn die Theorie denn stimmt: was muß passiert sein, damit es soweit kommen konnte? Nicht nur der Mißbrauch, auch der Mord.«

»Vielleicht hat er sie im Affekt umgebracht? Vielleicht wollte sie nicht mehr länger Opfer sein? Wollte sich wehren? Sie hatte möglicherweise in Markus Jansen zum ersten Mal in ihrem Leben einen Verbündeten, vielleicht sogar einen Leidensgenossen, wenn man sich mal ansieht, wie Jansen aufgewachsen ist. Vielleicht hat sie zum ersten Mal in ihrem Leben eine Chance gesehen, um aus dieser Hölle, die ihr Zuhause war, ausbrechen zu können. Und das hat sie van den Hövel erzählt. Und er hat sie im Streit umgebracht, weil er das Objekt seiner Liebe, seiner Begierde, seinen Besitz, nicht verlieren wollte.« Ecki sah Frank und Böllmann erwartungsvoll an.

»Wie paßt da Böskes in die Geschichte?« Frank schien von Eckis Theoriegebäude noch nicht ganz überzeugt.

»Da muß ich passen. Darauf kann ich mir noch keinen Reim machen.«

Böllmann stand auf und nahm seine Aktentasche. »Das klingt ja alles sehr überzeugend. Aber solange wir nicht die Aufzeichnungen gesehen und mit van den Hövel gesprochen haben, bleibt Ihre Theorie reine Spekulation. Finden Sie das Tagebuch, und finden Sie van den Hövel.« Böllmann verabschiedete sich von den beiden mit dem Hinweis auf einen wichtigen Termin in Mönchengladbach.

»Und, was machen wir mit dem angebrochenen Abend?« Ecki schien nur eine Antwort zu erwarten, denn er räumte schon die Papiere, die sich auf seinem Schreibtisch angesammelt hatten, fein säuberlich auf einen Stapel.

»Was wohl? Wir können jetzt nur abwarten, ob van den Hövel irgendwo auftaucht. Sollen wir noch auf ein Bier zu Kreuels?«

»Nee, laß' man, ich fahre lieber heim. Ich habe für heute die Nase voll. Langsam beginnt der Fall van den Hövel auch mich zu nerven. Ich denke, daß wir alles getan haben, um van den Hövel zu kriegen. Das ganze Programm läuft jetzt auch ohne uns. Ich glaube nicht, daß er irgendwo unerkannt unterkriechen kann. Ich denke, das Ganze ist nur noch eine Frage von Stunden. Außerdem, geh' ruhig allein zu Kreuels. Beim Aufwärmen deiner alten Breyeller Geschichten bin ich eh' fehl am Platz.« Ecki war schon fast zur Türe raus, als er sich noch einmal umdrehte. »Ich laß' mich von einem der Kollegen aus Viersen fahren. Wenn was ist, ruf' einfach an. Ciao!«

Frank blieb noch einen Moment unschlüssig an seinem Schreibtisch stehen, dann setzte er sich. Eher unlustig blätterte er durch die Akten und Papiere auf seinem Schreibtisch. Ihm fielen zwei Zeitungsausschnitte der Westdeutschen Zeitung entgegen, die in der Umlaufmappe gesteckt hatten.

Was wollten 17jährige mit Panzerfaust?

VENLO. Zwei 17jährige Männer aus Tegelen sind in Gewahrsam gekommen, weil die Polizei in ihrer Wohnung eine Panzerfaust und eine Pistole fand. Nach Hinweisen hatten die Beamten die Wohnung nahe dem Grenzübergang Kaldenkirchen durchsucht. Beide Waffen waren nicht geladen, stellte der Kampfmittelräumdienst des niederländischen Heeres fest. Dennoch werden sich die 17jährigen wegen Besitzes von Kriegswaffen zu verantworten haben.

Frauen-Mord wird neu aufgerollt

von Michael Weissberg

Jasmin (25) war im April 1998 Am Weihergraben umgebracht, ihr Mörder aber nie gefunden worden. Jetzt gibt es Hinweise auf einen 31jährigen aus Großbritannien. Der Mord an einer jungen Frau am 3. April 1998 blieb für die Polizei immer voller Rätsel: die 25jährige war am späten Nachmittag im Neusser Apartmenthaus Am Weihergraben erwürgt und dann mit einem Baseballschläger erschlagen worden. Die Polizei ermittelte auf Hochtouren – doch fassen konnte sie den Täter nie.

Jetzt gibt es Hinweise aus Großbritannien auf einen Tatverdächtigen: der 31jährige Soldat Marc B. war zum Zeitpunkt der Tat in Mönchengladbach stationiert und lebte mit seiner damaligen Frau in Neuss. Am Samstag stürzte er sich laut britischen Medienberichten aus dem siebten Stock eines Hotels in York – nachdem er in der Silvesternacht in Whitby eine 22jährige erstickt hatte. Der 31jährige hinterließ einen Abschiedsbrief, in dem er gestand, die junge Studentin in einem Waldstück nahe seiner Kaserne getötet zu haben. Die Leiche war erst Tage später gefunden worden. Die britische Polizei erfuhr schnell von der Vergangenheit des Mannes in Deutschland, wo er sich an einer Spaziergängerin vergangen haben soll. Auch wegen Körperverletzung war der Soldat schon aufgefallen. Die englischen Beamten überprüfen zudem weitere ungeklärte Mordfälle. Wie auch die hiesigen Polizeibehörden die Akten ungeklärter Tötungsdelikte herauskramen.

Auf Marc B. wurden die Neusser Ermittler aufmerksam, als sie seiner Ex-Frau auf Bitten der britischen Kollegen die Todesnachricht überbringen wollten. Als sie in der Neusser Wohnung der Frau klingelten, saßen dort bereits mehrere britische Reporter im Wohnzimmer. Die Beamten kombinierten: Ein Mörder, der 1998 in Neuss lebte, dazu ein ungeklärter Mordfall in dieser Zeit – das KK 11, das die Akten nie geschlossen hatte, nahm deshalb nach WZ-Informationen die seit Jahren ruhenden Ermittlungen wieder auf.

Da am Tatort DNA-Material des Täters sichergestellt worden war, soll es nun einen Abgleich mit den britischen Behörden geben.

Frank seufzte, na prima. Eine Spur nach England. Auf diesen Hinweis hätte er selbst kommen können. Denn am Niederrhein lebten trotz Truppenabbau immer noch mehrere Tausend britische Soldaten mit ihren Familien. Und warum sollte ein möglicher Serientäter nicht aus England kommen und zu einer Einheit der britischen Streitkräfte gehören? Er mußte darüber dringend mit Ecki sprechen.

In den vergangenen Tagen hatte er seine Schreibtischarbeit völlig vernachlässigt. Er fühlte sich überfordert und ausgelaugt. Das kann's doch nicht sein, sagte er zu sich selbst, noch keine 50, und schon sehne ich mich nach meiner Pensionierung. Früher hatte er den Kopf über Kollegen geschüttelt, die irgendwann nur noch ihre Stunden absaßen, um dann nach Hause zu ihrem Fernseher zu gehen. So wollte er nie enden, das hatte er sich geschworen. Und nun war er selbst nicht mehr weit davon entfernt, sich innerlich von seinem Job verabschieden zu wollen.

Er wußte nur zu genau, daß er mit dieser Einstellung nicht beim KK 11 würde bleiben können. Er müßte dann in eine andere Dienststelle wechseln. Vielleicht wurde ihm die Arbeit wirklich immer schwerer, weil er in der Zeit bei der Mordkommission schon zu viele Leichen gesehen hatte, zu viele Fragen hatte stellen müssen, ohne immer die richtigen Antworten bekommen zu haben. Er hatte im Moment jedenfalls das Gefühl, alle Welt bürdete ihm Last um Last auf, ohne Rücksicht darauf, daß sein Rücken die Bürde nicht mehr lange würde tragen können.

Frank mußte sich zwingen, nicht in seinen trüben Gedanken zu versinken. Selbstmitleid konnte er im Moment am wenigsten brauchen. Er mußte den Fall zu einem Ende bringen. Und zwar schnell.

Zuunterst im Stapel fand er einen Bericht der Spurensicherung, die nach Vanders Selbstmord dessen Haus durchsucht hatte. Die Kollegen hatte eine Menge Interessantes gefunden. Vor allem, was die Finanzen Vanders betraf. Offenbar hatte Klaus Vander in massiven finanziellen Schwierigkeiten gesteckt. Nach Lage der Dinge würde eine Insolvenz des Baustoffhandels über kurz oder lang nicht zu vermeiden sein. Vander hatte nach den Ermittlungen große Summen aus seiner Firma herausgezogen und für private Zwecke genutzt. Vor allem hatte er Unsummen in den jüngsten Aus- und Umbau seines Hauses gesteckt. Die Kollegen hatten Rechnungen einer Hifi-Firma gefunden, die weit über das Normale hinausgingen. Vander hatte Unsummen verbraucht, um sein Haus in allen Räumen mit teurer Audio- und Videotechnik auszustatten, die durch einen zentralen Rechner gesteuert wurde. Außerdem hatte er nur teuerste Baumaterialien verwendet. Der schmiedeeiserne Zaun an seiner Villa hatte vergoldete Spitzen bekommen, die Außenanlagen hatten alleine so viel gekostet wie eine kleine Eigentumswohnung. Selbst bei einem Weinhändler in Mönchengladbach hatte Vander Schulden im hohen vierstelligen Bereich. Der Baustoffhändler Vander mußte im wahrsten Sinne in Saus und Braus gelebt haben. Nicht nur seine Sekretärin und Geliebte mußte beeindruckt gewesen sein von der vordergründigen finanziellen Potenz Vanders, sondern auch seine Freunde, Geschäftspartner und Bekannte. In einem Schreibtisch waren Listen mit Adressen von Leuten gefunden worden, die augenscheinlich regelmäßig kleine Geschenke bekommen hatten. Frank fand auch Namen mit Meerbuscher und Düsseldorfer Adressen.

Frank wunderte es nicht, daß Vander die Gelegenheit genutzt hatte, um an das Geld von Böskes zu kommen. Wenn es geklappt hätte, wäre sein Freund und Vereinskamerad eine fette Gans gewesen, die sich über Jahre hätte ausnehmen lassen müssen.

Neben den Geschäftspapieren hatte die Spurensicherung auch einen braunen DIN-A4-Umschlag mit Rotterdamer Absender gefunden. Darin eingetütet waren einige Fotos, auf denen Böskes und Heike zu sehen waren. Was mußte Heike bei den Treffen mit Böskes empfunden haben? Ob sie ihn geliebt hatte? Wenigstens in den kurzen Momenten ihrer Sexspiele im Wald? Oder ob sie nur auf ein schnelles Abenteuer aus gewesen war?

Der Absender des Briefumschlags stammte mit einem derer überein, die in Masuhrs Adressenkartei aus der Skinhead- und Neonazi-Szene gefunden worden waren. Ein weiteres Indiz dafür, daß Vander für den Tod Masuhrs verantwortlich war. Außerdem waren in der Garage Schuhe gefunden worden, die Vander im Leuther Wald getragen haben mußte. Denn die Anhaftungen stimmten laut Analyse mit den Bodenproben überein, die am Tatort genommen worden waren.

Wenigstens dieser Fall kann als gelöst zu den Akten, dachte Frank. Auf zwei kurzen Aktennotizen, die ihm beim Durchsehen der Akten entgegenfielen, war vermerkt, daß sich Josef bei der Mordkommission gemeldet hatte. Josef, stimmt. Er würde nachher in der Spielhalle bei seinem Schulfreund vorbeischauen.

Die Akten zu Böskes ließ er unberührt, weil er sie schon bearbeitet hatte. Das tragische Schicksal des Bauunternehmers sprach für sich. Die abschließenden Ermittlungen hatten nichts ergeben, was sie weitergebracht hätte. Sie hatten im Wesentlichen bestätigt, was Christa Böskes ausgesagt hatte. Frank vermochte nicht zu sagen, wer ihm mehr Leid tat, Böskes oder seine Frau. Was würde aus ihr werden? Die Nettetaler würden entweder hinter ihr her tuscheln: das ist die Frau von dem Selbstmörder, oder sie würden ihre Neugierde nur mühsam hinter Mitleid verbergen können. Soweit er es einschätzen zu können meinte, würde sie in Nettetal auf lange Sicht kaum eine Chance auf Normalität haben. Ecki würde jetzt sicher sagen, daß das nichts mit der Stadt zu tun habe, und vielleicht hatte er damit auch recht, dachte Frank.

Kein Skinhead-Überfall – Frau hatte Vergewaltigung nur erfunden
(dpa). Die Viersener Polizei hat die angebliche Vergewaltigung einer

40jährigen durch Skinheads als Lügengeschichte entlarvt. Die Frau hatte behauptet, daß vier Männer sie beim Entleeren einer Mülltonne entführt und vergewaltigt hätten. Der Grund: sie habe sich einen Tag zuvor vor einem Supermarkt für einen Jugendlichen eingesetzt, den fünf Skinheads belästigt hätten. Tatsächlich wies die Frau Verletzungen auf. Doch jetzt räumte sie ein, ihre Vergewaltigung vorgetäuscht und sich die Verletzungen selbst zugefügt zu haben. Als Grund nannte die Frau zunächst, sie habe eine frühere Vergewaltigung nicht verarbeitet. Doch auch das widerrief sie inzwischen. Dagegen soll sich der Vorfall auf dem Supermarktplatz so abgespielt haben. Die Polizei bezweifelt das jedoch und stoppte deshalb die Fahndung nach einer Gruppe von 25 bis 32 Jahre alten Skinheads. Gegen die Viersenerin wird nun wegen Vortäuschung einer Straftat und falscher Verdächtigung ermittelt. Verschiedene Medien hatten über den Fall in großer Aufmachung berichtet.

Er nahm einen blauen Hefter mit Zeitungsausschnitten zur Hand. Eine beachtliche Menge, sortiert nach Datum. Er blätterte die Schnipsel durch. Nicht gerade schmeichelhaft, die Überschriften, dachte Frank. »Mord gibt Rätsel auf«, »Was tut die Polizei? Angst vor weiteren Morden«, »Täter möglicherweise Neo-Nazi?«, »Mordkommission tritt auf der Stelle«, »Immer noch kein Täter«, »Tatort Wald. Kam die Polizei wieder zu spät?«, »Was verschweigt die Polizei?«, »Böllmann: die Beamten tun ihre Arbeit. Staatsanwalt stellt sich vor Polizei«, »Unfähig? Suchen Sie den Mörder, Herr Kommissar!«, »Jetzt reicht's!«, »Heike in *ehrenwerten Kreisen* umgekommen? Was wissen die Nettetaler wirklich?«, »Wen decken die Nettetaler?«

Die Boulevardblätter hatten es sich nicht nehmen lassen, aus den Morden eine Serie über schlampige Polizeiarbeit zu machen. Frank warf die Zeitungsausschnitte auf den Tisch. Die Schmierfinken hatten gut schreiben. Es war natürlich einfacher, kübelweise Häme über ihn auszuschütten, statt sachlich bei den Fakten zu bleiben. Aber damit ließ sich ja in diesem Land mittlerweile keine Auflage mehr machen. Durch die nicht gerade motivierende Lektüre der Artikel war ihm die Lust vergangen, sich auch noch die Fernsehbeiträge anzusehen, die Schneider extra für ihn auf Video aufgenommen hatte. Darin kam bestimmt auch nichts anderes rüber als Kritik und Spott. Er schob die Kassette in die oberste Schublade des Schreibtisches. Das hatte Zeit, dachte Frank und nahm im Rausgehen seine Lederjacke vom Haken. Dabei fühlt er in der Innentasche nach seinem Handy.

Unten vor der Tür schlug ihm ein eiskalter Wind entgegen. Die dicken Glühlampen der Weihnachtsbeleuchtung, die der Werbering aufgehängt hatte, schwangen heftig hin und her. Der Dorfkern war in milchig trübes, gelbliches Licht getaucht. Niemand war unterwegs. Sogar die Frittenbude gegenüber war leer. Frank hatte das Gefühl, selbst der alte Lambertiturm hatte sich vor der beißenden Kälte hinter seine Planen geduckt. Bis Kreuels war es nicht weit. Trotzdem, die knapp 100 Meter vom alten Rathaus bis zur Tür der alteingesessenen Kneipe hastete Frank mehr als daß er ging.

Der Wirt stand allein hinter dem Tresen und grüßte Frank mit einem erwatungsvollen Lächeln. »Na? Was machst du denn noch in Breyell? Hast du nicht schon längst Feierabend? Oder ist die Polizei tatsächlich immer im Dienst? Habt ihr den Mörder von Heike immer noch nicht? Wird mal langsam Zeit.« Wilfried Kreuels wandte sich um und drehte die Musik leiser. Das war Frank nur recht, denn auf WDR 4-Musik hatte er nun wirklich keinen Bock.

Frank nickte nur kurz und hing seine Jacke auf den Ständer nahe beim Eingang. Auf dem Weg zur Theke sah Frank sich um. Keiner der Tische war besetzt. Die Kälte hatte wohl auch die härtesten Trinker zu Hause vor ihren Bierflaschen bleiben lassen, dachte er. Er kannte den Wirt noch aus der Schulzeit. Wilfried Kreuels mußte so um 1963 mit seinen Eltern nach Breyell gekommen sein. Sein Vater hatte damals die Wirtschaft Fußangel übernommen und aus dem Kino, das ursprünglich zu der Gaststätte gehörte, einen Veranstaltungssaal gemacht. Über Jahrzehnte war das »Hotel Kreuels« dann regelrecht zur Hochburg des Nettetaler Karnevals geworden. Davon zeugten die vielen gerahmten Fotos an den Wänden des rustikal eingerichteten Schankraums. Aber auch das Sommerbrauchtum war vertreten mit Fotos und der obligatorischen Vitrine für Fahnen und andere Schützen-Devotionalien. Kreuels war eine typische Dorfkneipe. Außerdem gab es sechs Gästezimmer, die vor allem von Geschäftsleuten genutzt wurden, die am Niederrhein besonders gebrauchte oder neue Textilmaschinen kauften.

Sein Freund Wilfried war nie der Schlankeste gewesen, dachte Frank, als er sich ein Alt bestellte. Aber in den vergangenen Jahren hatte er sich doch eine beachtliche Rundung angefuttert. Dafür waren seine Haare an den Ecken ziemlich licht geworden. Seine flinken Augen, denen nichts zu entgehen schien, standen in ziemlichem Kontrast zu der eher behäbig und gemütlich wirkenden Figur.

»Nee, laß' man. Die Polizei ist nicht immer im Dienst. Und den Mörder von Heike haben wir immer noch nicht. Hast du keinen Tip für mich?«

»Was die Leute so reden? Ich kann dir sagen, was die Leute so reden. Daß ihr allesamt unfähig seid. Das reden die Leute.« Wilfried stellte Franks Bier auf den Tresen. »Wohlsein.«

Frank nahm einen tiefen Schluck. Tat das gut! Wenn er den Fall hinter sich gebracht hatte, würde er sich mit einem Kasten Bier im Proberaum verkriechen, schwor er sich, als er das Glas absetzte. »Ich weiß, daß die Ermittlungen auf der Stelle treten. Das muß mir keiner auch noch sagen.«

»Schlimme Sache mit Böskes, oder? Muß für van den Hövel ein ziemlich herber Schlag sein.«

»Das kann mal wohl sagen. Wann hast du ihn das letzte Mal gesehen? War er in den letzten Tagen mal hier?«

»Wird das jetzt ein Verhör?« Wilfried Kreuels grinste hinter seiner großen Brille.

»Im Ernst. Sach' mal.«

»van den Hövel ist eher selten bei mir. Höchstens mal, um Muscheln zu essen, oder Spargel. Er ist ja von Kaldenkirchen Zuhaus' und geht bestimmt mehr da aus. Früher, als seine Frau noch lebte, kam er häufiger zu uns. Danach nur noch selten. Er war dann sonntags zum Essen bei uns. Oder er war mit seinen Jagdfreunden hier. Aber sonst, er war wohl eher in der Hahnestroat, da brauchte er nur die paar Schritte über die Straße, um in die Spielhalle zu kommen.«

»Hat er viel gespielt?«

»Da frag' Josef, der arbeitet da. Das weiß der bestimmt besser als ich. Noch ein Alt?« Ohne die Antwort abzuwarten, hatte sein Freund Wilfried das Glas schon unter dem Zapfhahn.

»Wie war van den Hövel eigentlich, früher?«

Wilfried Kreuels legte eine Hand auf den Zapfhahn und sah Frank nachdenklich an. »Ja, wie war van den Hövel früher? Ganz normal, Unternehmer, Familienvater. Ganz normal halt.«

»Ein liebevoller Vater?«

»Ja, klar. Er war ganz vernarrt in seine Tochter. Wenn sie sonntags zum Essen kamen, haben sie immer da vorne den Tisch in der Ecke gehabt. Als erstes bekam Heike ihre Limo. Ja, und dann haben sie bestellt. Ja, und dann hat er sich wirklich liebevoll um seine Tochter gekümmert. Ja, ich glaube, mehr als seine Frau, die eigentlich immer einen eher hölzernen Eindruck auf mich gemacht hat. Ja. Hölzern, das ist der richtige Ausdruck. Hier, dein Bier.«

Frank nickte und fragte weiter. »Was meinst du mit liebevoll?«

»Liebevoll ist liebevoll. Was soll ich dazu sagen? Hm. Wenn ich mich recht erinnere, hat er eigentlich immer mit ihr geschäkert, hat ihren Arm oder ihren Rücken gekrabbelt, ihr durchs Gesicht gestreichelt. Wie ein liebevoller Vater halt mit seiner Tochter umgeht.«

»Und das fand Heike immer toll?«

»Warum fragst du? Ich weiß nicht, hab' da nicht so drauf geachtet. Sonntags ist hier immer viel Betrieb. Kann sein, daß sie schon mal die Hand abgeschüttelt hat. Was weiß ich denn? Warum fragst du?«

Frank ließ die Frage unbeantwortet. »Und seine Frau war hölzern? Was meinst du damit?«

»Ich glaube, ich habe sie nie mal richtig lachen sehen. Sie saß meist mit einem ziemlich, wie sagt man, sauertöpfischen Gesicht am Tisch. Sie war eigentlich genau das Gegenteil von ihrem Mann, der auch schon mal, wenn er gut drauf war, eine Lokalrunde oder zwei geschmissen hat. Meistens war er da schon nicht mehr so ganz nüchtern. Wenn er dann an der Theke gesessen hat,

hat er mir von seinen Problemen mit seiner Frau erzählt. Noch ein Bier?« Schon wieder schwebte das Glas unter den Zapfhahn.

»Nun mach' mal nicht so schnell. Nur noch dieses eine. Ich muß noch fahren. Außerdem will ich noch bei Josef vorbeigucken. Welche Probleme meinte van den Hövel?«

»Du fragst mich Sachen. Woher soll ich das noch wissen? Das ist schon so lange her. Außerdem, was meinst du, was mir die Leute hier den ganzen Abend so erzählen? Da kann man den Eindruck kriegen, das Eheleben ist ein ewiger Kampf, bei dem nur der Mann verlieren kann.«

»Und, ist das so?« Frank stützte sich am Tresengeländer ab und bog den Rücken durch.

»Ich war auch schon mal verheiratet. Willst du noch mehr hören?«

»Welche Probleme hatte van den Hövel denn nun?«

»Mann, ich weiß nicht mehr. Bestimmt das Übliche. Seine Frau ließ ihn nicht mehr ran. Oder er hatte eine andere. Oder er kriegte keinen mehr hoch. Was weiß denn ich?« Wilfried Kreuels schüttelte den Kopf und stellte Franks Bier mit einem Ruck auf den Deckel als Zeichen, daß für ihn das Thema van den Hövel durch war.

Die nächsten Minuten schwiegen sich die beiden Schulfreunde an. Frank mußte an die Zeit denken, als er mit Wilfried hinten im Saal der Kneipe gespielt hatte. Einmal hatten sie dort eine große Trommel gefunden, mit der sie so lange Krach gemacht hatten, bis es Wilfrieds Mutter zuviel wurde und sie die beiden auf die Straße schickte.

»Wie laufen die Geschäfte?«

»Siehste doch. Blendend.«

»Ich mein' jetzt nicht heute abend.«

»Ich bin zufrieden. Es könnte besser sein. Aber es ist überall schlecht. Ich komm' schon über die Runden.«

Als Frank das Bier ausgetrunken hatte, wollte er zahlen, aber Wilfried winkte ab. »Bist heute abend mein Gast. Ich werde gleich zumachen. Kommt doch keiner mehr. Paß' auf, daß du dir da draußen nicht den Tod holst.«

Frank wollte schon fragen, wie Wilfried das gemeint hatte, ließ es aber bleiben und zog seine Jacke über. »Man sieht sich.«

Leichtes Schneetreiben hatte eingesetzt. Sollte es wirklich weiße Weihnachten geben? Frank zweifelte daran. Diese Zeit schien am Niederrhein endgültig vorbei. Dazu hatte sich das Klima zu sehr verändert in den vergangenen Jahren. Er fühlte sich fast ein bißchen betrunken. Die drei Bier waren vielleicht doch zuviel gewesen. Er hatte Hunger, er überlegte kurz, ob er sich irgendwo noch eine Portion Fritten holen sollte, beließ es aber bei dem Gedanken. Er wollte nur noch kurz zu Josef und dann ab ins Bett.

Um sich von seinem Hunger abzulenken, sah er sich auf dem Weg zur

Spielhalle die Weihnachtsdekorationen in den Geschäften an. Bei der weihnachtlichen Straßenbeleuchtung und dem Schneetreiben verströmten die mit Weihnachtskugeln, Engeln und dicken roten Kerzen dekorierten Schaufenster tatsächlich so etwas wie Wärme. Was ein bißchen Licht doch ausmachen kann, dachte Frank.

Am Kiepenkerl, der wie sein vierbeiniger Weggefährte in Bronze gegossen auf der Ecke zwischen Josef- und Biether Straße stand, mußte Frank kurz an sein Elternhaus denken, das Anfang der 70er Jahre der damals so umstrittenen Ortskernsanierung zum Opfer gefallen war. Er war sicher, daß diese Maßnahme von damals heute so nie durchgeführt würde. Er vermißte schmerzlich sein Elternhaus. Die Bagger hatten ihn damals ein Stück mit entwurzelt.

Frank mußte sich erst an das Halbdunkel der Spielhalle gewöhnen. An den Wänden leuchteten grell und mit rhythmischem Blinken rund 20 verschiedene Geldspielautomaten. Einige machten mit immer den gleichen wiederkehrenden Geräuschen auf sich aufmerksam. Ihre Anzeigen versprachen dem Benutzer höchste Gewinnchancen. Andere zeigten stumm ihre bunten Glücksrollen. Vor jedem Automaten war ein Barhocker aufgestellt. Wände und Decken waren in einem dunklen Blau gestrichen. In einer Ecke stand ein Schießstand mit dem Blick auf düstere Fabrikhallen, in denen die Softwarehersteller als Appetithappen finstere muskelbepackte Typen in Tarnanzügen und mit schweren Waffen gegenseitig Jagd aufeinander machen ließen. In der Mitte des Raums waren zwei Rennsimulatoren aufgebaut, auf deren Bildschirmen verschiedene Rennstrecken abgebildet waren. Rechts hinten stand im Halbdunkel eine schwarz gestrichene Theke, hinter der Josef mit Abrechnungen beschäftigt war. Bis auf seinen Freund war die Spielhalle leer.

»Kein gutes Wetter für Spieler? Hallo, Josef.« Frank zog einen der Barhokker zu sich und setze sich.

»Das hat nicht nur was mit dem Wetter zu tun. Die Leute haben nicht mehr so viel Geld locker sitzen wie früher. Weißt du, die Spieler sind so was wie ein Barometer. Wenn es ihnen schlecht geht, dann geht es uns allen schlecht. Und uns geht es wirklich nicht berauschend.«

Frank fand, daß sein Jugendfreund die allgemeine Stimmung im Land aus seiner Sicht nicht treffender hätte analysieren können.

»Willst du einen Kaffee? Ich habe noch einen in der Kanne.«

»Ich glaube, den kann ich wirklich gut gebrauchen. Auch auf die Gefahr, daß ich nachher nicht einschlafen kann. Sag' mal, arbeitest du gerne hier?« Frank deutete mit dem Daumen hinter sich. »Ich könnte das Gedudel nicht den ganzen Tag ertragen, und immerzu im Halbdunkel arbeiten. Auch bei schönem Wetter nur grelle Daddelkisten statt Sonne. Das wäre nix für mich. Nee, ehrlich.«

Josef hatte sich zur Kaffeemaschine herumgedreht und sah Frank über die

Schulter an. »Von irgendwas muß der Mensch ja leben. Nee, ist schon in Ordnung. Seit ich nicht mehr auf dem Bau arbeiten kann, mache ich immer die Spätschicht. So habe ich über Tag frei. Ich habe mich längst daran gewöhnt. Außerdem brauche ich nicht soviel Schlaf.« Josef stellte die Tasse auf die Theke. »Die Gäste sind meist sowieso mit den Automaten beschäftigt und lassen mich in Ruhe. Höchstens, daß sie mal Geld wechseln oder einen Kaffee wollen. Hin und wieder auch mal ein Schwätzchen. Das reicht mir. Ich lebe gerne allein, naja.« Josef ließ offen, was er mit »naja« meinen könnte.

Frank rührte nachdenklich in seinem Kaffee. »Du hast ein paar Mal versucht, mich zu erreichen. Warum?«

Josef sah ihn aufmerksam an. Seine Augen wirkten hinten den dicken Brillengläsern übergroß. Etwas unsicher nahm er ein Spültuch und wischte imaginären Schmutz von der Theke. »Ich weiß ja nicht, aber der Tod von Heike geht mir nicht aus dem Kopf. Sie war ein nettes Mädchen.« Er verbesserte sich. »Sie war eine hübsche junge Frau. Und nun ist sie schon beerdigt. Wer kann so etwas getan haben?«

»Warst du im Rathaus, nur um mir diese Frage zu stellen?«

»Also, ja, ich meine, nein. Nicht nur. Also ich habe dich gesucht, weil ich mir Gedanken gemacht habe.«

»Worüber hast du dir Gedanken gemacht?«

Sein Freund sah verlegen zur Seite. »Na, über den alten van den Hövel und seine Tochter.«

»Mensch, Josef, mach's nicht so spannend.«

»Ich kann mich nicht so ausdrücken. Nachher habe ich was Falsches gesagt, und ich bekomme nur Ärger. Deshalb habe ich auch nur mit dir sprechen wollen. Weil ich hoffe, daß du mich verstehst.«

Frank sagte nichts. Statt dessen zog er seine Lederjacke aus und legte sie über die Lehne des Nachbarhockers. Dabei nickte er Josef aufmunternd zu.

»Also, ich habe dir ja schon gesagt, daß van den Hövel oft hier war und gespielt hat. Manchmal hat er stundenlang vor einem der Geräte gesessen und keinen Ton gesprochen. Ich glaube, daß es ihm beim Spielen nicht ums Gewinnen ging, sondern eher darum, sich abzulenken. Ich weiß nicht, wovon, aber er wirkte so abwesend, drückte manchmal scheinbar wahllos die Tasten. Er hatte auch nicht ein Lieblingsgerät wie die anderen Spieler. Er kam meist rein, grüßte kaum oder gar nicht und fing an zu spielen. Dabei hat er manchmal viel Geld verloren. Aber er hat sich nichts anmerken lassen.«

»Du meinst, er war kein Spieler?«

»Das weiß ich nicht. Ich weiß nur, daß richtige Spieler anders sind. Sie vergessen zwar auch alles um sich herum, sind aber dabei so konzentriert, als wollten sie eins mit der Maschine sein, um sie dann besiegen zu können. Als wenn sie dazu jemals eine Chance hätten. Sie können nur verlieren.«

»Du hast keine Achtung vor diesen Typen, nicht?«

»Nein. Wie kann man seine Zeit, sein Leben so verschwenden? Im Grunde sind das arme Schweine, auf der Jagd nach dem großen Glück, das sie doch nie erreichen werden.«

Frank dachte, daß das nicht nur auf Spieler zutrifft. Er war genauso auf der Jagd. Auf der Jagd nach dem Täter, nach dem Glücksgefühl, das er nach dem Geständnis eines Verdächtigen empfand. Er war auf der Jagd nach Liebe und Anerkennung, und das schon seit seiner Kindheit. Schließlich war er auf der Jagd nach seinem inneren Frieden. Ecki war auf der Jagd, und bestimmt war auch van den Hövel auf der Jagd. »Und van den Hövel kam oft?«

»Besonders nach dem Tod seiner Frau. Zunächst hatte ich das Gefühl, er wollte den Schmerz über ihren Tod vergessen. Heute glaube ich, daß es etwas anderes sein mußte. Ich kann sowieso überhaupt nicht verstehen, daß so ein Mann wie van den Hövel hierher kommt. Der hat doch alle Möglichkeiten. Bei seinem Geld und seinen Freunden braucht der doch nicht das billige Vergnügen. Er kann doch ins Spielcasino nach Aachen fahren, wenn er unbedingt spielen will. Oder er kann sich anders ablenken, Urlaub machen, oder was auch immer.« Josef hatte mit dem Wischen aufgehört und den Lappen unter der Theke verschwinden lassen.

»War er in den vergangenen Tagen mal hier?«

»Nein. Ich habe ihn länger schon nicht mehr gesehen.«

»Was meinst du damit, *es muß etwas anderes sein*?« Frank schob die leere Kaffeetasse zur Seite.

»Wie gesagt, ich habe in den vergangenen Wochen lange über van den Hövel nachdenken müssen. Und dann ist es mir eingefallen. Wenn van den Hövel mit dem Spielen fertig war, hat er immer noch einen Kaffee getrunken. Dabei hat er mir immer von seiner Tochter erzählt. Was für ein nettes Kind sie sei, immer brav und folgsam. Nie hätten sie Streit. Immer käme ein liebes Wort über ihre Lippen, egal, was er ihr zumute. Er sei mehr als ein Vater für sie. So ein Verhältnis zwischen Tochter und Vater gebe es nicht noch einmal auf der Welt. Und das er es nie ertragen könnte, wenn Heike mal einen Mann kennenlernen und ihr Elternhaus verlassen würde. Er hat sich dann förmlich in einen Rausch geredet. Manchmal ging das über eine halbe Stunde. Dabei hat er mir Fotos gezeigt. Es waren immer die gleichen Fotos. Fotos, als Heike noch klein war. Heike auf der Schaukel mit fliegendem Röckchen, Heike als kleines Mädchen nackt in der Badewanne. Heike als junges Mädchen im Badeanzug und noch andere. Er hat mir die Fotos nur hingehalten, anfassen durfte ich sie nicht. Er hat jedesmal eine Show abgezogen. Wie ein Verschwörer hat er die Fotos aus seiner Brieftasche gezogen. Hätte nur noch gefehlt, daß er sich dabei noch nach allen Seiten umgesehen hätte, um ja zu verhindern, daß auch andere seine Tochter zu sehen bekommen. Ein komischer Kauz.«

»Das ist doch nichts Ungewöhnliches für einen Vater, daß er stolz ist auf seine Tochter, wäre ich auch.«

»Du hättest mal seinen Blick sehen sollen. Wie er die Fotos angesehen hat, so sieht kein Vater die Bilder seiner Tochter an. Richtig gierig, als habe er sie noch nie vorher angesehen. Dabei muß er die Fotos oft ansehen haben, denn sie waren regelrecht abgegriffen. Wenn er mit seinem Gerede fertig war, ist er dann abrupt aufgestanden, hat gezahlt und ist grußlos verschwunden.«

»Josef, was willst du mir damit sagen?«

Sein Schulfreund holte wieder das Tuch hervor und begann, es in seinen Händen zu kneten. »Ich will niemanden verdächtigen. Aber nach allem, was die Leute reden, was in den Zeitungen gestanden hat, und nachdem ich mir so meine Gedanken gemacht habe, vielleicht, vielleicht hat van den Hövel was mit seiner Tochter gehabt? Das ist kein stolzer Vater, der mir nur nette Schnappschüsse seines Kindes gezeigt hat.« Josef sah Frank schüchtern an.

»Das ist ein schwere Beschuldigung, die du da vorbringst, weißt du das? Hast du mit jemanden darüber gesprochen?«

Josef hatte den Kopf eingezogen wie ein geprügelter Hund. »Nein, habe ich nicht. Ich wollte es doch auch nur dir alleine erzählen. Deshalb habe ich auch den Beamten nichts erzählt. Habe ich jetzt etwas falsch gemacht? Ist eine dumme Geschichte, die ich dir da erzählt habe, was? Vergiß' sie einfach, bitte. Tut mir leid.«

Frank legte beschwichtigend seine rechte Hand auf Josefs Unterarm. »Beruhige dich. Ist schon gut, daß du mir das erzählt hast. Vielleicht hast du mit deiner Vermutung ja nicht ganz unrecht. Wir werden van den Hövel fragen.«

Josef zuckte zurück. »Laß' mich bloß da raus. Wenn das bekannt wird, daß ich van den Hövel zu Unrecht beschuldigt habe, dann kann ich einpacken. Mein Chef wird mich rauswerfen. Und im Dorf kann ich mich dann auch nirgends mehr blicken lassen.«

»Mach' dir keine Sorgen, Josef. Ich werde dich da raushalten. Das verspreche ich dir. Wir werden van den Hövel auf den Zahn fühlen – wenn wir ihn haben. Denn noch ist er spurlos verschwunden.«

Josef sah ihn erschrocken an. Seine Augen wirkten noch größer »van den Hövel ist weg? Geflüchtet?«

»Ich will mal so sagen, es wundert uns schon, daß er weg ist. Aber wir werden ihn aufspüren. Früher oder später. Und dann muß er reden. Bis dahin – kein Wort zu irgend jemandem von unserem Gespräch. Kann ich mich darauf verlassen?« Frank nahm die Lederjacke vom Hocker und zog sein Portemonnaie.

»Laß' stecken.« Josef nahm mit beiden Händen die Tasse vom Tresen und stellte sie ins leere Becken. »Du kannst dich auf mich verlassen.«

Frank verabschiedete sich und verließ die Spielhalle. Josef war nach Wilfried Kreuels nun schon der zweite, der ihm von dem auffallend innigen Verhältnis zwischen Vater und Tochter van den Hövel erzählt hatte. Strenggenommen gehörte auch Christa Böskes dazu, die auch von dem netten Miteinander der beiden erzählt hatte.

Frank schlug den Kragen hoch. Es schneite immer noch leicht. Trotz der beißenden Kälte ging er langsam die Straße hinunter Richtung Lambertiturm. Die Luft tat ihm gut. Er war sich sicher, daß er nun das Motiv kannte.

XXXII.

Frank drehte die Anlage weit auf. Ihm war nach hartem Blues-Rock und nicht nach Sonny Terry oder Mississippi John Hurt. Was er brauchte, war *Red House*, gespielt von Joe Satriani, Eric Johnson und Steve Vai: fast zehn Minuten Hendrix. Der Meister hätte seine helle Freude an der Version gehabt.

Zum ersten Mal seit Wochen hatte Frank das Gefühl, ausgeschlafen zu sein. Er war gutgelaunt aufgewacht. Nach einer ausgiebigen Dusche hatte er sich ein ebenso ausgiebiges Frühstück gegönnt. Zuvor hatte er allerdings auf der Dienststelle Bescheid gesagt, daß er später kommen würde. Da die Fahndung nach van den Hövel bisher ergebnislos verlaufen war und sie weiter nichts tun konnten als warten, wollte er die Zeit nutzen, um in seiner Wohnung etwas zu tun.

Als er sich beim Frühstück allerdings in seiner Küche umgesehen hatte, war ihm die Lust auf Staubsaugen vergangen. So schlimm sah es nun doch nicht aus. Kommt Zeit, kommt Staubsauger, dachte er vergnügt und blätterte in der Zeitung. Hat auch seine guten Seiten, wenn man alleine lebt, dachte er. Und schon waren seine Probleme wieder da. Er ließ die Zeitung auf den Tisch fallen. Lisa war noch immer wie vom Erdboden verschluckt. Zumindest reagierte sie immer noch nicht auf sein Flehen, sein Betteln, sein Fluchen, seine Liebesschwüre, seine Hilferufe, auf all die hilflosen Botschaften, die er ihr mittlerweile auf ihrem Anrufbeantworter hinterlassen hatte. Mehrfach hatte er schon diese seelenlose Maschine verflucht, dabei war sie im Moment doch seine einzige Verbindung zu ihrer Welt, in die er nicht mehr zu passen schien.

Einmal hatte er ihr sogar die uralte Nummer *Wie vor Jahr und Tag* von Reinhard Mey auf den Anrufbeantworter gespielt. Vor allem, weil er wußte, daß sie die Zeilen *Wie vor Jahr und Tag, liebe ich dich noch, / Vielleicht weiser nur und bewußter noch, / Und immerfort ist ein Tag ohne Dich, / Ein verlor'ner Tag, verlor'ne Zeit für mich* und *Ich hab tausendmal versucht, Dich zu erlernen, / So, wie man aus einem Buch lernen kann, ich Tor* besonders mochte. Aber auch das hatte letztlich nichts genutzt.

Er blätterte lustlos durch die Zeitung, als sein Telefon läutete. Als er hastig nach dem schnurlosen Hörer griff, stieß er den Kaffeebecher um. Fluchend nahm er das Telefon ans Ohr und versuchte mit der anderen Hand, den Kaffee daran zu hindern, über die Tischkante zu fließen. »Borsch?«

Am anderen Ende waren überraschenderweise weder Ecki noch sein Aktenführer Klaus Schneider, sondern Christa Böskes. Sie entschuldigte sich für die Störung, wolle ihm aber doch ihre Entscheidung mitteilen. Er bat sie um einen Moment Geduld, um die Musik leiser drehen zu können.

Mit ruhiger Stimme erklärte sie ihm anschließend, daß sie schon mit ihrem Anwalt und Notar gesprochen habe. Sie wolle aus Nettetal weg, die Stadt sei voller Erinnerungen und schmerzlicher Erfahrungen. Sie wolle in Köln eine Eigentumswohnung kaufen. Die Stadt würde ihr helfen, die ganze Sache zu verarbeiten. An Nettetal wolle sie vorerst nicht mehr denken müssen. Ein neues Leben wolle sie beginnen, soweit dies ihr Alter und ihr Schmerz zuließen. Sie wisse, daß sie sich eher etwas vormachte, aber eine andere Chance habe sie am Ende ja doch nicht. Und schließlich sei das Haus und das Grundstück viel zu groß für sie. Geld werde sie genug haben, ihr Mann habe doch etwas hinterlassen, und der Hausverkauf werde ja auch noch etwas bringen. Vererben wolle sie ohnehin nichts, an wen auch? Eine Bitte habe sie noch: sie wolle gerne Kontakt zu Markus Jansen aufnehmen. Sie habe das Gefühl, sie sei ihm etwas schuldig und wolle ihm finanziell ein bißchen unter die Arme greifen. Ob er ihr vielleicht die Adresse geben könnte?

Frank hatte ihr schweigend zugehört. Er wollte und konnte sie nicht von ihrer Entscheidung abhalten, Nettetal zu verlassen. Wieder jemand, der auf der Jagd nach dem inneren Frieden war, dachte er. Und doch wieder scheitern würde. Entgegen seiner Gewohnheit gab er ihr Jansens Adresse. Er bezweifelte, daß Jansen Geld annehmen würde. Warum auch? Daß Heike tot war, würde das Geld auch nicht mehr ändern. Frank behielt seine Bedenken allerdings für sich. Was die beiden miteinander zu bereden hatten, war nicht mehr seine Sache.

Er wünschte ihr viel Glück und verabschiedete sich von ihr. Die letzten Formalitäten, die mit dem Tod von Dieter Böskes zusammenhingen, würden die anderen Kollegen seiner Dienststelle erledigen können.

Frank wußte nicht zu sagen, ob er ihre Entscheidung mutig fand. Vermutlich hatte er sie während ihrer kurzen Begegnung zu Unrecht als das betrogene Heimchen am Herd eingeschätzt. Sie war bestimmt stärker und selbständiger, als er ahnte.

Frank stand auf. Während des ganzen Telefonats hatte er versucht, den Kaffeefluß aufzuhalten. Er legte das Telefon auf den Tisch und nahm das Spültuch, um den Tisch abzuwischen. Er mußte den verfärbten Lappen zweimal auswaschen, bis der Tisch sauber war. Die Zeitung war so aufgeweicht, daß er sie tropfend in den Mülleimer stopfte. Mit dem Spüllappen wischte er nachlässig den Boden auf. Er hielt seine Hände an die Nase. Sie rochen nach Kaffee und Spültuch. Frank ging ins Badezimmer, um sich zu rasieren.

Er war gerade fertig, als das Telefon erneut klingelte. Mit dem Badetuch in der Hand ging er zurück in die Küche, um die Musikanlage erneut leiser zu machen. Er meldete sich und rieb dabei mit dem Handtuch über sein Kinn. »Borsch?«

Es war Klaus Schneider. Ecki habe er schon verständigt. Schneider klang merkwürdig nervös. Es gebe Neues von van den Hövel. Ein Anrufer habe erklärt, daß der Obsthofbesitzer in einem Jagdhaus hocke und einen merkwürdig verwirrten Eindruck mache. Der Anrufer sei ein Vereinskollege von van den Hövel, der ihm am Vorabend den Schlüssel für die Jagdhütte überlassen hatte. Der Anrufer sei mit ihm zu dem Holzhaus im Leuther Wald gefahren, weil ihm nicht ganz geheuer war, daß van den Hövel mitten in der Woche in den Wald wollte. van den Hövel habe zwar gesagt, er wolle einfach mal ein, zwei Tage was anderes sehen, aber eben das sei ihm komisch vorgekommen. van den Hövel habe so etwas noch nie gemacht. Die Hütte werde von den Jagdfreunden in aller Regel nur in der Jagdsaison genutzt, und dann auch nur von allen gemeinsam, zum Schüsseltreiben. Manchmal auch zu Sommerfesten.

Frank unterbrach Schneider. »Sag' mir lieber, wo die verdammte Hütte steht und wer sonst noch in den Wald unterwegs ist.«

»Außer Ecki niemand.« Schneider gab ihm die Lage der Hütte durch.

»Okay, das finde ich. Und – danke, Schneider. Den Rest kannst du mir nachher erzählen.« Ihm fiel Vander ein. »Hat van den Hövel Waffen dabei?«

»Soviel ich weiß, nur seine Doppelläufige.«

»Na, prima. Das reicht. Na, wir werden schon klarkommen.« Frank legte auf und zog sich in Rekordzeit an.

Keine fünf Minuten später war er auf dem Weg nach Nettetal.

Ecki hatte den Wagen rund 100 Meter vor der Hütte abgestellt und war langsam parallel zum Waldweg Richtung Hütte gegangen. In Breyell hatte er zuvor im alten Rathaus ein Funkgerät geholt und von dort noch kurz mit Staatsanwalt Böllmann telefoniert. Böllmann war zwar auf dem Sprung in eine Verhandlung gewesen, sicherte ihm aber zu, nötigenfalls auf Abruf bereitzustehen. Anschließend war er zu Hubert Heutz nach Schaag gefahren, um sich den Zweitschlüssel für die Jagdhütte abzuholen. Ecki hatte Heutz nur mit Mühe davon abhalten können, mit ihm zu kommen. Der Schaager Bäckermeister hatte Angst um seine Hütte. Er flehte Ecki förmlich an, möglichst wenig kaputtzumachen. Man wisse ja aus dem Fernsehen, was bei Festnahmen so alles passieren könne. Außer einer Musikanlage, Fernseher und Videorecorder sei zwar nichts wirklich Wertvolles dort, aber das Wochenendhäuschen habe er vor vielen Jahren mit Freunden quasi alleine Stein für Stein hochgezogen.

Ecki konnte Hubert Heutz schließlich beruhigen. Es werde schon nicht zum gewaltsamen Sturm auf die Hütte kommen, Festnahmen passierten in aller Regel weniger spektakulär als in den Fernsehkrimis. Er verschwieg dem wakkeren Bäcker, daß er mit seinem Kollegen Schneider vereinbart hatte, daß sich für alle Fälle ein Sondereinsatzkommando bereithalten sollte.

Der Weg durch das Unterholz war einfacher, als Ecki dachte. Die Tannen standen lichter zusammen als an anderen Stellen des Grenzwalds. Trotzdem boten sie Ecki ausreichenden Sichtschutz. Er wollte und durfte nicht allein handeln, aber er wollte immerhin schon vor Ort sein, um gegebenenfalls eine mögliche Flucht van den Hövels rechtzeitig registrieren zu können. Immer wieder sah Ecki auf seine Uhr und fragte sich, wann denn endlich Frank auftauchen würde. Eigentlich hätte er schon bei ihm sein müssen.

Nach 50 Metern blieb Ecki stehen und wartete. Er sah hinauf durch die Tannenspitzen. Der Himmel über dem Grenzwald war grau und verhangen. Es roch nach Schnee. Ecki mußte an seine Kinder denken. In drei Tagen war Weihnachten und das alte Jahr schon fast wieder vorbei. Er zog die Nase hoch. Er hatte sich in den vergangenen Tagen irgendwo einen Schnupfen geholt. Das hatte ihm noch gefehlt, so kurz vor den Feiertagen krank zu werden. Marion hatte ihm zwar ein paar homöopathische Mittel aus der Hausapotheke aufgedrängt, aber er glaubte nicht so recht an den Erfolg.

Ecki versuchte, durch das Gebüsch das Haus zu erkennen. Aber viel mehr als das Heck eines Geländewagens und zwei breite Fenster war nicht zu sehen. van den Hövel war also noch dort. Ecki wurde langsam ungeduldig. Wo nur Frank blieb? Wie auf ein Stichwort knackten hinter ihm Zweige. Er fuhr herum und griff dabei nach seiner Dienstpistole, die im Schulterholster steckte. Da war Frank aber schon bei ihm und legte ihm die Hand auf den Arm. Obwohl van den Hövel sie nicht hören konnte, unterhielten sie sich flüsternd.

»Du kommst reichlich spät.«

»Ich war noch nicht angezogen. Außerdem ist es bis Leuth auch noch ein Stück zu fahren. Schneider hat mich nicht erreicht, weil ich telefoniert habe.« In kurzen Sätzen informierte Frank Ecki über das Gespräch mit Christa Böskes.

Ecki schüttelte den Kopf. »Was meinst du? Sollen wir klingeln?«

Frank sah durch das Gebüsch. »Laß' uns lieber erst mal die Umgebung untersuchen. Ich möchte nicht, daß uns van den Hövel zu früh bemerkt.«

Meter um Meter drangen die beiden vor. Je näher sie kamen, umso mehr achteten sie darauf, keinen Lärm zu machen. Die Jagdhütte entpuppte sich bei näherer Betrachtung als ein aus Stein gemauertes, komfortables Häuschen, in dem sicher mehrere Zimmer Platz hatten. Der Begriff »Wochenendhäuschen« war untertrieben, dafür war der Bau viel zu groß. Er war mit Sicherheit noch zu einer Zeit errichtet worden, als die Auflagen des Natur- und Landschaftsschutzes noch nicht so streng ausgelegt wurden. Außerdem, dachte Frank, hatten die Jagdfreunde mit Sicherheit ihre guten Kontakte zu den Genehmigungsbehörden genutzt. Anders konnte er sich das für die Verhältnisse stattliche Gebäude nicht erklären. Man muß nur die richtigen Leute kennen, dachte Frank, dann bekommen Vorschriften und Auflagen auf einmal eine ganz andere Bedeutung.

Der Wald reichte bis nahe ans Haus, getrennt nur durch einen niedrigen Jägerzaun und einen breiten Streifen nackten unbebauten Bodens. Das Gelände wirkte ungepflegt, was aber sicher an der Jahreszeit lag. Der eineinhalbgeschossige Bau war bis zur halben Höhe verputzt und ehemals sicher weiß gewesen. Durch die Witterung und die Umgebung hatten sich an vielen Stellen grüne Stellen gebildet. Außerdem rankten sich an einer Seite Rosenstöcke bis fast zum Dach. Oberhalb der verputzten Flächen war die Hauswand mit Holzplanken verbrettert. Das alte dunkle Holz war schon länger nicht gestrichen worden. Rechts neben den beiden breiten Fenstern führten zwei Stufen zum Eingang hoch, über dem trotz der Tageszeit eine schwache Birne in einer Metallfassung brannte. Einen Anbau oder Schuppen hatte das Haus nicht, dafür führte ein schmaler Weg zur Rückseite des Gebäudes.

Frank zeigte auf den Geländewagen und sein Funkgerät, das er sich ebenfalls in Breyell geholt hatte. »Bleib' du hier, ich werde mich am Wagen vorbei zur Rückseite vorarbeiten. Wenn was ist, melde dich über Funk.«

Ecki nickte und beobachtete die beiden Fenster, bis Frank hinter dem Haus verschwunden war. Als Ecki sicher war, daß niemand am Fenster stand und die Umgebung beobachtete, war er mit ein paar schnellen Sätzen an der Hauswand. Er ging in die Hocke, duckte sich halb mit dem Rücken zur Wand unter das rechte Fenster und wartete. Er horchte angestrengt, ob sich über ihm am Fenster etwas regte oder ob Geräusche aus dem Haus nach draußen drangen, aber über ihm war es ruhig. Für einen Moment wußte Ecki nicht weiter. Dann schob er sich unter den Fenstern durch, bis er um die linke Hauswand herum war und sich wieder aufrichten konnte. Noch immer war nichts zu hören. Er zog seine Pistole und drückte sich fest gegen die Wand.

Millimeter um Millimeter schob er sich vor. Er wollte versuchen, durch das linke Fenster einen vorsichtigen Blick in das Innere zu werfen. Ecki unterdrückte sein heftiges Atmen, indem er seine Lippen fest aufeinander preßte. Er fuhr mit der freien Hand in seine Jacke und schaltete das Funkgerät aus. Das fehlte noch, daß im ungeeignetsten Augenblick ein Ruf kam.

Bevor er um die Ecke bog, horchte er lange. Aber er hörte nur seinen eigenen Herzschlag und das Blut, das heftig in seinen Adern pochte. Er schwor sich, bei nächster Gelegenheit wieder mehr Sport zu machen. Wo Frank nur stecken mochte? Aber auch von der Rückseite des Hauses kam kein Laut. Ecki atmete tief durch und drehte sich mit einer schnellen Körperbewegung um die Hausecke. Wieder preßte er sich fest gegen die Wand, und wieder kam er nur Millimeter voran. Er hatte das Gefühl, schon eine Ewigkeit an der Hauswand zu stehen. Dabei waren seit dem Verschwinden von Frank kaum zwei Minuten vergangen.

Als Ecki fast am Fenster angekommen war, nahm er die Hand mit der Pistole runter. So konnte er einen Blick ins Innere werfen, ohne daß zuviel von seinem Körper zu sehen war. Wieder wartete Ecki eine kleine Ewigkeit, bis er sicher war, daß im Haus alles ruhig war.

Nach einem tiefen Atemzug schob er seinen Kopf über die untere Ecke des Fensterrahmes und riskierte nur einen schnellen Blick in das Zimmer. Er hatte dabei nicht viel sehen können. Nur soviel, daß er sicher war, einen zweiten Blick riskieren zu können, denn er hatte nur den Hinterkopf eines Mannes gesehen, der mit dem Rücken zum Fenster saß. Erneut schob Ecki sich nahe an den Rahmen. Diesmal ließ er sich mehr Zeit, um die Szene im Zimmer zu betrachten. Was er sah, ließ ihm den Atem stocken.

van den Hövel saß in einem tiefen Sessel. Von ihm war nicht viel mehr als sein Kopf und sein rechter Arm zu sehen, der das doppelläufige Gewehr hielt, das neben dem Sessel mit dem Kolben auf dem Boden stand. van den Hövels ganze Aufmerksamkeit galt dem Fernseher, in dem ein Film lief, der mit einer Amateurkamera aufgenommen worden sein mußte. Zumindest ließen die schlecht belichteten Aufnahmen darauf schließen. Ecki brauchte eine ganze Weile, bis ihm mit Erschrecken klar wurde, was er dort sah.

Die Videokamera, die den Film aufgenommen hatte, war auf den ersten Blick fest an einem Platz in einem Wohnzimmer installiert gewesen. Im Hintergrund war jedenfalls eine dunkle Schrankwand zu sehen. Auf der linken Seite ragte ein Glastisch mit einem goldfarbenen Gestell in die Szene. In der Mitte des Bildes war ein ungefähr zehn, elf, zwölf Jahre altes Kind zu sehen, das verlegen in das Objektiv sah. Es war ein blondes Mädchen, das nur Hemd und Höschen anhatte. Sie trat von einem Bein auf das andere und zog ständig am Stoff ihrer Unterwäsche, so als schämte sie sich. Mehrfach sah sie an der Kamera vorbei. Offenbar gab ihr jemand Anweisungen, denn sie begann sich um sich selbst zu drehen und machte dabei ungelenke Verrenkungen. Mal schob sie ihren Po ins Bild, mal reckte sie ihren Oberkörper in die Kamera. Wieder sah sie auf einen Punkt neben dem Objektiv, diesmal ängstlicher, dann schüttelte sie den Kopf. Plötzlich zuckte sie zurück, als würde sie angeschrieen. Tränen liefen ihr über das Gesicht. Wieder zog sie unbeholfen an ihrem Unterhemdchen, bis sie begann, es auszuziehen.

Ecki wendete sich ab und drehte sich mit dem Rücken zur Wand. Er atmete tief ein. Er konnte nicht glauben, was er dort sah. Was geschah dort mit dem Kind? Das Mädchen mußte im gleichen Alter sein wie seine Nichte Nicole. Das waren keine harmlosen Familienaufnahmen, das war Kinderpornografie.

Ecki zwang sich, wieder hinzusehen. Er konnte gerade noch erkennen, wie ein Mann mit dem Rücken zur Kamera stand und das Mädchen bei der Hand nahm. Er mußte die Kleine hinter sich herziehen, so sehr hatte sie ihren kleinen Körper auf dem Platz vor der Kamera steif gemacht.

Ecki erkannte den Mann sofort. Es war van den Hövel, wenn auch etliche Jahre jünger und schlanker. Auch das Haar war voller. Das Mädchen war Heike. Daran bestand überhaupt kein Zweifel mehr.

van den Hövel selbst hatte auch nicht mehr als seine Unterhose an. Er zog seine Tochter vor sich zu Boden. Die Kleine hatte ihren Widerstand aufgegeben und kniete nun nackt vor ihrem Vater. Ihre dünnen Ärmchen umschlangen schlaff die haarigen Beine ihres Vaters.

In Ecki stieg heiße Wut auf. Die Pistole brannte in seiner Hand. Das konnte doch nicht wahr sein: der Vater machte kinderpornografische Aufnahmen von seiner eigenen Tochter und saß nun mehr als ein Dutzend Jahre später vor den Bildern von damals. Was war der Mann nur für ein mieses Schwein.

Ecki wollte brüllen vor Schmerz und Wut und konnte dabei nur mühsam den Impuls unterdrücken, das Fenster einzuschlagen, um dem Spuk ein Ende zu machen. Er biß sich mit einem unterdrückten Heulen in seine geballte linke Faust, um seine Gefühle wieder unter Kontrolle zu bekommen.

Er machte einen Schritt zurück und zog sich hinter die Hausecke zurück. Er mußte Frank erreichen.

Er schaltete das Funkgerät wieder ein und rief seinen Freund. Frank meldete sich. Ecki war verstört; er merkte nicht, daß Frank schon längst neben ihm stand.

»Was ist los, Ecki, du bist ja leichenblaß?«

»van den Hövel sitzt da drin und sieht sich Kinderpornos an. Pornos, die er mit seiner Tochter gedreht hat. Heike und er als Hauptdarsteller.«

Ecki mußte würgen, ihm war kotzeschlecht.

»Ich habe es geahnt.«

»Was hast du geahnt? Daß van den Hövel seine Tochter vor laufender Kamera mißbraucht? Du willst doch nicht behaupten, daß du das gewußt hast.« Ecki zischte ihn an.

»Nein, natürlich nicht. Nur weiß ich seit gestern, was das Motiv für den Mord an Heike und wer der Täter sein könnte.«

Ecki sah ihn fragend an.

»Ich erzähl's dir später. Laß' uns erst van den Hövel verhaften.«

»Du meinst, das Sondereinsatzkommando soll anrollen?«

»Das wird schon unterwegs sein. Ich hab auf dem Weg hierher nochmal mit Schreiber gesprochen. Die Kollegen werden schon in der Nähe sein. Nein, wir werden versuchen, van den Hövel alleine zu kriegen.«

»Das ist zu gefährlich. Schließlich ist er bewaffnet. Laß' das die Kollegen machen. Die haben das trainiert. Wir sind für so eine Sache nicht fit genug.«

Frank hatte ihm nicht zugehört. »Wenn du ihn hier vorne ablenkst, dann versuche ich, ihn drinnen zu überraschen. Das müßte funktionieren. Wir müssen nur schnell genug sein, dann kann van den Hövel auch mit seiner Flinte nichts mehr anrichten.«

Ecki sah ihn skeptisch an.

»Glaube mir, das schaffen wir schon. Die hintere Tür ist offen. Ich habe das eben ausprobiert. Dahinter ist so etwas wie eine Küche. Von dort führt eine Tür direkt in den Raum, in dem van den Hövel sitzt.«

»Und wie soll das gehen?«

Frank zeigte auf sein Handgelenk. »Laß' uns die Uhren vergleichen. Sagen wir in drei Minuten. Dann wirfst du Steinchen gegen das Fenster. van den Hövel wird sich so erschrecken, daß er zum Fenster stürzen und dabei nicht auf die Tür in seinem Rücken achten wird. Das ist meine Chance. Ich werde ihn dann von hinten überwältigen. Hoffentlich.«

Ecki sah immer noch skeptisch aus und überlegte angestrengt. Dann gab er sich einen Ruck. »Okay, es könnte klappen. Aber unser Alleingang wird Ärger geben. Laß' uns lieber vorsichtshalber das SEK informieren, sonst funken die uns noch dazwischen. Die können sich ja schon mal in Position bringen und gegebenenfalls sofort eingreifen.« Als Frank nickte, rief Ecki über Funk die Einsatzleitung und schilderte kurz das Vorhaben. Am Ende des Gesprächs hob Ecki den Daumen.

Frank sah auf die Uhr. »Also, in drei Minuten. Von jetzt an. Los.«

Frank ließ Ecki zurück und schlich zur Rückseite des Hauses. Dort mußte er zwei blauen Regentonnen ausweichen, die bis oben gefüllt waren. Auch auf dieser Seite war ein Fenster, nur deutlich kleiner. Geduckt ging er vorsichtig bis zur Tür. Langsam und vorsichtig drückte er die alte Klinke runter. Er wußte von seinem ersten Versuch, daß die Tür leicht klemmte und nur mit einem kurzen Ruck zu öffnen war. Zum Glück waren die Scharniere nicht rostig.

Auch diesmal gab die einfache dunkle Holztüre geräuschlos nach. Mit einem kurzen schnellen Schritt stand Frank im halbdunklen Raum. Er wartete einen Moment und zog dabei seine Pistole. Es roch muffig in der Küche. Das Fenster war schon länger nicht mehr geöffnet worden, denn über den Griff und den Rahmen hatte eine Spinne ihr Netz gesponnen. Reste von Fliegen hingen in dem dichten Gewirr grauer dünner Fäden. Frank überlegte mit Genugtuung, daß auch van den Hövel in der Falle saß.

Der schmale Raum war spärlich eingerichtet. Die Unterschränke einer ausgedienten Küchenzeile standen unter dem Fenster. Auf der abgenutzten Arbeitsplatte bemerkte er eine Kaffeemaschine und gebrauchtes Geschirr.

Links von der Tür stand ein alter, beige gestrichener Küchenschrank aus den 50er Jahren. Ein eher häßliches Überbleibsel aus den Gründertagen der Republik. Daneben ein Kühlschrank jüngerer Bauart. Neben der Tür zum Wohnzimmer stand eine moderne Eistruhe, mit viel Platz für die geschossene Beute der Jagdgesellschaft. Frank hatte nachgesehen, die Truhe war leer.

Auf Zehenspitzen war Frank bis zur Tür geschlichen, immer in der Angst, daß der Holzfußboden unter seinem Gewicht knarren würde. Die Tür zum Wohnzimmer war nur angelehnt. Durch den Türspalt konnte Frank die kleinen Geweihe junger Rehböcke sehen, die als Trophäen an der gegenüberliegenden Wand zwischen den Fenstern hingen. Wenn er ganz nach rechts sah, wurden die Umrisse einer wuchtigen Schrankwand sichtbar, die in den frühen 70er Jahren modern war: rustikale Eiche mit Barfach. Auf dem Steinboden lag ein großer, dunkelrot gemusterter Läufer, der auch schon bessere Zeiten gesehen hatte.

Es war, wie Ecki gesagt hatte. Frank konnte erkennen, wie van den Hövel gebannt auf den Fernseher starrte. Der Widerschein des Videofilms spiegelte sich grau in seinem Gesicht. Regungslos saß der Obsthofbesitzer in dem schwarzen Ledersessel mit schwerem Eichengestell. Sein Gesicht wirkte angespannt. van den Hövel hatte seine Lodenjacke an und war unrasiert. Seine dunkle Breitcordhose hing faltig um seine Beine. van den Hövel hatte in den vergangenen Wochen noch mehr an Gewicht verloren. Frank wußte nun, warum. van den Hövel war ein gebrochener Mann. Allein seine Faust hielt das doppelläufige Gewehr eisern umklammert. Dabei wirkte die gefährliche Waffe eher wie eine Stütze für den alten Mann, der zusammengesunken in seinem Sessel hockte.

Frank sah auf seine Uhr. Es mußte gleich soweit sein. Er lehnte sich leicht gegen die Küchenwand und wartete. Dabei ließ er seine Uhr nicht aus den Augen. Der Sekundenzeiger schien eine Ewigkeit zu brauchen. Hin und wieder sah er zu van den Hövel hinüber. Aber der saß weiter wie angewurzelt vor dem Fernseher und gab sich seiner Gier hin. Wie konnte ein Mensch nur so weit kommen? Was mußte passiert sein, damit van den Hövel für seine Tochter zu einem Monster geworden war, vor dem es kein Entkommen gab? Weder in Heikes Kindheit, noch bis zu ihrem Tod. Frank war sich sicher, daß van den Hövel sein eigenes Fleisch und Blut getötet hatte. Und er würde auch herausbekommen, warum. Noch auf dem Weg nach Leuth hatte er Staatsanwalt Böllmann bestellen lassen, für einen Durchsuchungsbeschluß zu sorgen. Er wollte, daß in van den Hövels Haus jeder Quadratzentimeter abgesucht würde.

Das laute knisternde Geräusch am Fenster kam für beide, Frank und van den Hövel, völlig überraschend. van den Hövel war mit einem Satz aus seinem Sessel und am Fenster, sein Gewehr hatte er nun in beiden Händen. Frank konnte hören, wie er es entsicherte. Er mußte jetzt handeln. Noch war van den Hövel abgelenkt. Er nahm die Klinke in die Hand und öffnet die Tür mit einem Ruck. Mit der nächsten Bewegung stürzte Frank in den Raum. Dabei riß er eine große Kupfervase um, die mit Plastikblumen gefüllt war. Er war mit einem Hosenbein in ihren weit ausladenden Stielen hängen geblieben. Das Kupferblech schepperte laut auf den nackten Fliesen.

Ecki hatte sich, nachdem Frank ihn alleine gelassen hatte, wieder unter den Fenstern in Richtung Geländewagen bewegt. Auf dem Weg dorthin sammelte er Steinchen, die er aus dem harten Boden kratzen mußte. Er suchte sich eine Position hinter dem schrägstehenden Wagen, von wo aus er die Fenster beobachten konnte, ohne selbst gesehen zu werden zu können.

Er ging in die Hocke und wartete. Von außen sah alles ruhig aus. Frank mußte mittlerweile in der Küche sein. Je länger er wartete, umso mehr kamen Ecki Zweifel, daß sie das Richtige taten. Er hätte sich von Frank nicht überreden lassen dürfen. Was, wenn die Aktion schiefging? Wenn Frank etwas zustieß? van den Hövel war am Ende. Er hatte nichts mehr zu verlieren. Seine von ihm über alles geliebte Tochter war tot. So wie es aussah, war er auch ihr Mörder. Die Polizei war ihm auf der Spur. Sein Leben war zu Ende. Ihm konnte im Zweifel egal sein, ob er noch einen Menschen mehr auf dem Gewissen hatte. Ecki mußte an Masuhr, an Vander und Böskes denken. Auf eine gewisse Weise war van den Hövel auch für ihren Tod verantwortlich. Und für das Leid, das er Markus Jansen und Christa Böskes angetan hatte. Und wem sonst noch. Nicht auszuschließen, daß auch der frühe Tod seiner Frau mit dem schrecklichen Verbrechen an seiner Tochter zu tun hatte. Gut möglich, daß seine Frau etwas geahnt hatte und an dieser Ahnung zugrunde gegangen war. Nach allem, was Ecki und Frank von ihr wußten, mußte sie lange Jahre immer wieder krank gewesen sein. Sie war zweimal in eine Nervenklinik eingewiesen worden. Mehrfach war sie wochenlang in Kur gewesen, ohne daß sich ein Anzeichen von Besserung gezeigt hätte. Elvira van den Hövel mußte eisern geschwiegen und still gelitten haben, denn die Ärzte hatten bis zuletzt vor einem Rätsel gestanden.

Ecki hatte immer noch die Szene vor Augen, die er vor wenigen Minuten hatte mitansehen müssen. Er konnte nur hoffen, daß van den Hövel alleine die Aufnahmen gesehen hatte. Aber wer weiß? Nicht auszuschließen, daß sich hinter der bürgerlichen Fassade der Jagdfreunde ein Kinderpornoring verbarg, der mit den Videos unschuldiger Kinder seine schmutzigen Geschäfte machte. Ecki und Frank würden auch das herausfinden.

Zunächst aber galt es, van den Hövel festzunehmen. Ecki hörte hinter sich ein Geräusch. Er fuhr herum. Staatsanwalt Ralf Böllmann war hinter ihm aufgetaucht. Bei ihm ein Polizeibeamter in Schutzkleidung, den er nicht kannte.

»Mensch, was machen Sie hier für einen Alleingang? Sind Sie wahnsinnig? Sie werden sich dafür verantworten müssen. Holen Sie Ihren Kollegen Borsch zurück, stoppen Sie die Aktion. Das SEK übernimmt.«

Ecki schüttelte den Kopf. Er sah auf seine Uhr. »Zu spät. Frank ist schon drin. Die drei Minuten sind um.« Mit einer weit ausholenden Bewegung warf er die aufgesammelten Steinchen in Richtung Haus. Alle drei duckten sich. Sie konnten hören, wie die kleinen Kiesel wie Hagelkörner gegen die Fensterscheiben prasselten. Vorsichtig hoben sie die Köpfe.

Toni van den Hövel war am Fenster erschienen, sein Gewehr hielt er mit beiden Händen fest vor der Brust. Mit einer hastigen Bewegung beugte er sich vor und sah sich hektisch nach allen Seiten um. Plötzlich drehte er sich um, dann fiel krachend ein Schuß. Sie konnten deutlich das grelle Mündungsfeuer von van den Hövels Gewehr erkennen. Dann war er vom Fenster verschwunden.

Um Ecki brach die Hölle los. Von allen Seiten sprangen Angehörige des Sondereinsatzkommandos mit gezogenen Waffen aus dem Gebüsch und dem Unterholz hervor und stürmten auf das Haus zu. Einige duckten sich mit ihren Gewehren unter die Fenster, andere liefen rechts und links um das Haus. Der erste Beamte, der die Tür erreicht hatte, trat sie mit einem kräftigen Tritt ein und verschwand im Flur. Hinter ihm folgten drei seiner Kollegen. Böllmann war neben Ecki hinter dem Landrover geblieben.

Trotz der Kälte brach Ecki der Schweiß aus. Er hatte Angst um seinen Freund. Er machte sich Vorwürfe, daß er Frank nicht von seinem Plan abgehalten hatte. Nun war doch alles schiefgegangen. Und er war schuld. Ecki hielt nichts mehr hinter dem Wagen. Böllmann versuchte noch, ihn am Ärmel festzuhalten, aber Ecki war schon weg. In langen Sätzen rannte er bis zum Haus und nahm die beiden Eingangsstufen auf einmal. Er stieß den Beamten zur Seite, der ihn am Eingang aufhalten wollte. Von dem kleinen Flur ging links die Tür zum Wohnzimmer ab. Das Türblatt hing schief in der Angel.

In der Mitte des Wohnzimmers stand Frank und atmete schwer. Vor ihm lag van den Hövel schon mit Handschellen gefesselt auf dem Boden.

»Gott sei Dank. Bist du okay?« Ecki ging zu seinem Freund und legte ihm seinen Arm um die Schulter.

»Weißt doch, Unkraut vergeht nicht.« Frank zitterte am ganzen Körper.

»Was ist passiert?«

»Ich habe die Vase übersehen.« Frank zeigte auf die große Kupferkanne, die in den Raum gerollt war. »Die hat so einen Krach gemacht, daß van den Hövel herum ist und sofort geschossen hat. Da war ich aber schon bei ihm und hab' ihn von den Beinen geholt. Der Schrot, der für mich bestimmt war, steckt da oben.« Frank zeigte an die Decke.

Über ihnen war ein Teil der Deckenvertäfelung durch die Wucht der Schrotladung in Fetzen gegangen.

»Nicht auszudenken, was alles hätte passieren können.« Ecki drückte seinen Freund fester.

Frank zitterte noch immer. »Dann, lieber Ecki, hättest du dich endlich nicht mehr für deine CD-Sammlung rechtfertigen müssen.« Er versuchte zu grinsen.

Ecki sagte nichts, sondern schlug seinem Freund nur heftig auf die Schulter.

SEK-Beamte hatten van den Hövel mittlerweile auf die Beine gestellt. Seine Jacke hing ihm halb von den Schultern. Schief stand er vor den beiden Kriminalbeamten. Sein Blick ging ins Leere.

Frank sprach ihn an. »Herr van den Hövel. Ich nehme Sie wegen Mordverdachts fest. Ich bin davon überzeugt, daß Sie Ihre Tochter erschlagen haben. Haben sie das verstanden?«

Toni van den Hövel blieb stumm und regungslos. Sein Blick verriet nicht, ob er Frank verstanden hatte.

»Herr van den Hövel, hören Sie mich? Sie stehen unter Mordverdacht.«

Toni van den Hövel blieb weiter stumm. Als Ecki Franks Worte wiederholen wollte, öffnete van den Hövel seinen Mund. Ein leises Summen war zu hören; van den Hövel summte eine Melodie, erst ganz leise, dann konnten die Umstehenden die Worte verstehen.

Lalelu, nur der Mann im Mond schaut zu, wenn die kleinen Babys schlafen, drum schlaf auch du. Lalelu, nur der Mann im Mond schaut zu, wenn die kleinen Babys schlafen, drum schlaf auch du. Hmhmhmhm. van den Hövel begann sich zu dem Kinderlied leicht zu wiegen. Sein Oberkörper bewegte sich im Rhythmus der Melodie leicht von links nach rechts. Seine leeren Augen hatten jetzt einen feuchten Schimmer.

Staatsanwalt Böllmann war mittlerweile zu ihnen gestoßen und unterhielt sich leise mit dem Einsatzleiter. Dann kam er zu Frank und Ecki.

»Das war denkbar knapp, Herr Borsch. Sie können froh sein, daß das so gerade geklappt hat. Wir alle können froh sein, daß Ihr Alleingang so glimpflich abgegangen ist. Auch wenn ich Ihre Aktion offiziell nicht gutheißen kann – trotzdem, herzlichen Glückwunsch zu der Festnahme.«

Frank faßte van den Hövel am Arm, aber der festgenommene Obsthofbesitzer schüttelte Franks Hand ab. Während er weiter das alte Kinderlied summte, suchte sein Blick den Fernseher. Aber der Bildschirm war tot. Ein Beamter hatte den Fernseher ausgeschaltet.

XXXIII.

Frank hatte van den Hövel ins Präsidium bringen lassen. Während Ecki den Abschluß der Tatortuntersuchung in der Jagdhütte und die Durchsuchung von van den Hövels Wohnhaus koordinierte, versuchte Frank eine erste Vernehmung. Außerdem waren Staatsanwalt Ralf Böllmann und der Anwalt von Toni van den Hövel im Verhörraum anwesend.

»Wir sind, nach allem, was wir bisher recherchiert haben, davon überzeugt, daß ihre Tochter mit einem Baseballschläger umgebracht wurde. Wir sind weiterhin davon überzeugt, daß Sie Ihre Tochter getötet haben. Wollen Sie nicht reinen Tisch machen? Ihre Ruhe werden Sie sowieso nicht mehr finden.« Frank hatte sich van den Hövel gegenübergesetzt.

van den Hövel saß mit hängenden Schultern zusammengesunken auf seinem Stuhl, und sein graues Gesicht wirkte noch immer abwesend. Schließlich murmelte er etwas vor sich hin, das niemand im Raum verstand.

Frank setzte nach. »Haben Sie einen solchen Schläger benutzt?«

»Häcksler«, mehr brachte van den Hövel nicht über die Lippen.

»Was meinen Sie damit? van den Hövel, reden Sie!«

van den Hövels Anwalt schaltete sich ein. »Merken Sie nicht, daß mein Mandant mit den Nerven am Ende ist? So wird das nichts. Herr van den Hövel braucht Ruhe. Bitte verschieben Sie die Vernehmung.«

Frank sah zu Böllmann, der schüttelte den Kopf.

»Ich frage Sie noch einmal, Herr van den Hövel, woher hatten Sie den Baseballschläger? Und wo ist er jetzt? Auch wenn Sie nichts sagen, wir finden ihn.«

van den Hövel atmete schwer. Tief aus seiner Brust kam ein gequälter Laut, der nichts Menschliches mehr hatte. Er klang eher wie das tiefe, warnende Grollen eines Wolfs. Frank konnte van den Hövel kaum verstehen.

»Gekauft in Krefeld.«

»Und warum ein Baseballschläger?«

van den Hövel bäumte sich förmlich unter der Antwort auf. Seine Gesichtszüge waren fast fratzenhaft. Die Bilder in seinem Kopf mußten fürchterlich sein. Er konnte nur mit Mühe sprechen. Auf seiner Stirn standen dicke Schweißperlen. »Ich – ich wollte, daß es aussieht wie von diesen Rechten.« Er sank wieder in sich zusammen. Sein Atem kam jetzt flach.

Sein Anwalt beugte sich zu ihm »Herr van den Hövel, Sie müssen jetzt nicht antworten. Sie belasten sich unnötig. Ich als Ihr Anwalt rate Ihnen, seien Sie still. Wir sollten uns erst noch beraten. Hören Sie?«

van den Hövel brach in Tränen aus. Sein Oberkörper schüttelte sich unter heftigem Schluchzen. Jedes Wort machte ihm große Mühe. »Ja, es stimmt, Heike hat mir wehgetan. Ich habe sie entfernen müssen.«

Frank traute seinen Ohren nicht. van den Hövel hatte wirklich gesagt: »entfernen müssen«? Der Mann sprach von seinem eigenen Kind! Schmutz entfernte man oder Gestrüpp, aber doch nicht sein eigenes Kind! Frank fühlte kalte Wut in sich hochsteigen. Der Mann gehörte weggeschlossen, für immer. van den Hövel war krank, geisteskrank.

Aus van den Hövel löste sich mit einem Mal ein Wortschwall, als seien in seinem Inneren alle Dämme gebrochen. »Sie hat mich erpreßt. Wollte mich um mein Leben bringen. Ich habe ihr doch nichts getan. Aber ich konnte doch nicht zulassen, daß sie unsere gemeinsame Zukunft kaputtmacht. Ich hatte noch so viel vor. Und sie sollte doch den Betrieb übernehmen. Sie hatte doch immer Spaß daran, die Pflanzen wachsen zu sehen.«

van den Hövel griff nach dem Mikrofon und umklammerte den Ständer derart fest, daß seine Fingergelenke weiß wurden. Frank war durch die plötzliche und unerwartete Bewegung nach vorne getreten, um van den Hövel zurückzudrängen, aber Böllmann winkte ab.

Statt dessen legte er van den Hövel die Fotos vor, die nach dem Fund von Heikes Leiche am Lambertiturm gemacht worden waren. Die Spurensicherung hatte da schon mit Kreide die Umrisse der Toten nachgezeichnet. Mit leeren Augen starrte die Tote ihren Vater an.

van den Hövel begann zu winseln. »Nein, nein, nein. Meine kleine Mausi. Meine Mausi, ich wollte das nicht, ich wollte das nicht.«

Der Anwalt legte mit einer hilflosen Geste die Hand auf die bebende Schulter seines Mandanten. Aber van den Hövel wand sich unter ihr weg.

»van den Hövel, Sie haben Ihre eigene Tochter umgebracht, nachdem Sie sie jahrelang mißbraucht haben. Was haben Sie nur getan?« Frank mußte sich beherrschen, um ihn nicht anzuschreien.

Wie unter Schlägen war van den Hövel bei jedem Wort zusammengezuckt. Er wimmerte und strich immer wieder über das Foto seiner Tochter. Dann straffte er sich plötzlich und richtete sich auf. »Ich habe Heike geliebt. Sie konnte so lieb zu mir sein. Wenn wir zusammen gebadet haben, hat sie immer so fröhlich ausgesehen. Meine Tochter hat mich geliebt.«

Im Gegensatz zu Böllmann konnte Frank nicht mehr an sich halten. Er schrie van den Hövel seine Verachtung ins Gesicht. Vor Schreck zuckte Böllmann zusammen. »Ihr Kind muß Höllenqualen ausgestanden haben. Der eigene Vater. Sie ist nie mit den düsteren Monstern fertig geworden, die sie jeden Tag gesehen hat und die ihr in jeder Nacht in ihren Träumen erschienen sind. Wissen Sie, was das für Qualen sind, wenn ein Kind keinen Schutz mehr findet im eigenen Haus, im eigenen Zimmer? Wenn niemand da ist, der ihr hilft? Sie Schwein, erst haben Sie aus Ihrem Kind einen seelischen Krüppel gemacht, und dann haben Sie sie erschlagen wie einen räudigen Hund!«

»Lüge, alles Lüge. Meine kleine Mausi.« van den Hövel wand sich wieder unter Tränen auf seinem Stuhl. »Ich habe ihr doch noch helfen wollen. Habe ihr über das Haar gestrichen und gesagt, Mausi, Mausi, wach auf, es ist alles gut. Du mußt keine Angst mehr haben, dein Papa ist doch da. Aber sie hat nicht mehr geantwortet. Ich habe versucht, sie zu beatmen. Aber sie hat sich nicht mehr bewegt, sie hat mich einfach alleine gelassen. Was soll ich jetzt nur tun?«

Frank war aufgesprungen und hatte van den Hövel über den Tisch am Kragen aus dem Stuhl gerissen. Ganz nahe brachte er sein wütendes Gesicht an van den Hövel heran und flüsterte: »Versuchen Sie jetzt nicht, den Gequälten zu spielen. Sie sind der Täter, van den Hövel, nicht das Opfer. Sie haben Ihre Tochter mißbraucht und erschlagen. Ich verachte Sie, van den Hövel. Sie und Ihr verlogenes Leben. Sie sind ein Monster, van den Hövel, das für immer weggeschlossen gehört. Ich wünschte, Sie würden in Ihrer Zelle elendig verrecken! Wissen Sie, was Sie erwartet, wenn Ihre Mitgefangenen erfahren, was Sie getan haben? Gnade Ihnen Gott, daß sie es nicht erfahren. Aber Sie werden keine Chance haben. Die Trommeln im Knast funktionieren gut. Ihre Mithäftlinge warten schon auf Sie. Dann werden Sie spüren, was es heißt, einen Menschen zu mißbrauchen. Und es wird weh tun, sehr weh. Und wissen Sie was? Ich habe kein Mitlied mit Ihnen, keine Sekunde.« Der ganze Frust, der ganze Schmerz der vergangenen Wochen, die Enttäuschungen brachen aus Frank heraus. Es ging nicht mehr allein um van den Hövel, es ging um mehr, es ging um seine eigene Existenz. Es war jetzt nur noch ein schmaler Grat zwischen Polizist und Täter. Frank war noch nicht fertig. »Und wissen Sie was? Ich bin davon überzeugt, daß Ihre Tochter ein Kind von Ihnen erwartet hat. Sie Schwein. Sie haben Ihre eigene Tochter geschwängert. Das werden wir Ihnen nachweisen, verlassen Sie sich darauf.«

»Jetzt reicht es!« van den Hövels Anwalt drängte sich zwischen die beiden. »Herr Staatsanwalt, ich möchte Sie bitten, weisen Sie den Beamten auf die Konsequenzen hin, wenn er nicht sofort aufhört, meinen Mandanten weiter auf so ungehörige Weise unter Druck zu setzen. Herr Böllmann, ich bin entsetzt über die Art und Weise, wie die Polizei mit Verdächtigen umgeht.«

»Herr Borsch, Herr Schuhmann hat recht. Mäßigen Sie sich. So geht das nicht. Ich kann Ihre Aufregung verstehen. Aber, Borsch, Sie sind Polizist, vergessen Sie das nicht! Sie haben eine Pflicht dem Verdächtigen gegenüber!«

Frank hatte sich stöhnend auf seinen Stuhl zurückgeworfen und die Augen geschlossen. Es dauerte eine Weile, bis er sich wieder gefaßt hatte. Er öffnete die Augen und strich sich das Hemd glatt. Er sah auf den Tisch, als er langsam und leise sprach. »Herr van den Hövel, Ihre Tochter hat in den vergangenen Jahren Tagebuchaufzeichnungen gemacht, die sehr wichtig für uns sind. Können Sie uns, bitte, sagen, wo diese Bücher oder Aufzeichnungen sind?«

van den Hövel schnappte immer noch nach Luft. Dann atmete er auf einmal völlig ruhig und faltete seine Hände, die er wie zum Gebet auf den Tisch legte. Er sah Frank offen ins Gesicht. Von seinen Mundwinkeln aus zog sich ganz langsam ein feines Lächeln über das Gesicht. Als es die Augen erreicht hatte, öffnete van den Hövel leicht die Lippen. »Lalelu, nur der Mann im Mond schaut zu, wenn die kleinen Babys schlafen, drum schlaf auch du.« Die nächste Zeile summte er nur noch.

Frank war mit einem Mal total erschöpft . »Bringt ihn weg.«

XXXIV.

Die Vernehmungen hatten noch Stunden gedauert. Erst weit nach Mitternacht waren sie beendet. Schließlich hatte van den Hövel sein Geständnis unterschrieben und war in seine Zelle gebracht worden. Es war nur noch eine Formsache, daß der Haftrichter am nächsten Tag Untersuchungshaft anordnete.

Die Presse, die lokalen wie die überregionalen Blätter, Hörfunk und Fernsehen überschlugen sich mit Sensationsberichten. RTL brachte sogar einen Schwerpunkt mit Liveberichten aus Nettetal. Dort hatte der Kölner Sender vor dem Lambertiturm ein provisorisches Studio aufgebaut. Die Moderatorin vor Ort, eine schlanke Blondine, hatte allerdings mehr mit der beißenden Kälte und dem Wind zu tun, der durch den Ortskern und ihre Haare fegte, als daß sie tiefgreifende Analysen zum Tatgeschehen und der psychischen Befindlichkeit einer Kleinstadt hatte liefern können. Viel mehr, als in näselndem Ton und mit betroffenem Blick die Frage aufzuwerfen, wie ein solcher Verbrecher, wie ein solches Monster jahrzehntelang unbehelligt als ehrenwertes Mitglied der Gesellschaft mitten unter den schockierten und bedauernswerten Mitmenschen in Nettetal hatte leben können, viel mehr war ihr während ihrer Livesendung nicht gelungen.

»Nettetal hat seit gestern ein anderes Gesicht«, das hatte sie wirklich gesagt. Auch nachdem sich Frank zum dritten Mal den aufgezeichneten Beitrag angesehen hatte, mußte er den Kopf schütteln über soviel Dummheit und Arroganz. Woher nahm die dumme Kuh nur das Recht, so über diese Stadt zu urteilen?

Es war der Vormittag des Heiligen Abends. Das Präsidium war bis auf die Leitstelle und die Kriminalwache leer. Frank saß in seinem Büro und räumte seinen Schreibtisch auf. Er hatte sich lange Zeit genommen für seinen Abschlußbericht. Bei der Durchsuchung der Jagdhütte hatten die Kollegen in einem Ofen eine Menge Papierreste gefunden, die von Heikes Aufzeichnungen sein konnten. van den Hövel hatte die belastenden Tagebücher nicht sorgfältig genug verbrannt. Die Spezialisten waren sicher, einen Teil der insgesamt drei Tagebücher wieder lesbar machen zu können. Auf van den Hövels Grundstück hatten Leichenspürhunde an einem Haufen gehäckselten Holzes angeschlagen. Eine erste Untersuchung hatte ergeben, daß an einigen Holzchips Blutreste klebten, die eindeutig Heike zuzurechnen waren. Derzeit wurde der Haufen Holzstückchen für Holzstückchen untersucht, um möglichst viele Reste des Baseballschlägers sicherzustellen. Außerdem wollten die Kollegen mit ihren Hunden sämtliche Fahrzeuge kontrollieren. Es würde zwar schwer werden, aber möglicherweise ließen sich ja noch verwertbare Spuren vom Transport der Leiche finden.

Frank konnte zufrieden sein. Der Fall war gelöst. van den Hövel würde zur Verantwortung gezogen. Nun kam es auf seinen Anwalt an und die Gutachter, ob van den Hövel wegen Heimtücke und niederen Beweggründen zu lebenslanger Haft verurteilt würde oder ob er wegen eingeschränkter Schuldfähigkeit mit einer vergleichsweise geringen Gefängnisstrafe davonkam. Auch wenn sich Frank sonst über die Winkelzüge der Anwälte ärgerte, diesmal war es ihm egal, wie hoch die Strafe ausfallen würde. van den Hövel hatte sich mit dem Tod von Heike längst selbst bestraft. Bis zu seinem Tod würde er unter Qualen an seine Tat denken müssen. Und niemand würde ihm helfen können.

Als Frank eher oberflächlich durch den Ausschnittdienst blätterte, den die Pressestelle den einzelnen Dienststellen regelmäßig zur Verfügung stellte, um die Kollegen mit Berichten über wichtige juristische Neuerungen oder Entwicklungen auf dem Gebiet der Strafverfolgung auf dem Stand der Diskussion zu halten, fiel sein Blick auf die Fotokopie eines Artikels, der weiter hinten in dem Pressespiegel abgeheftet war.

Regierung will Sexualstrafrecht verschärfen

BERLIN (dpa). Die Bundesregierung will den Kampf gegen den sexuellen Mißbrauch von Frauen, Kindern und behinderten Menschen verschärfen. Dazu sollen künftig auch Verwandte und Nachbarn verpflichtet werden, Fälle von sexuellem Missbrauch anzuzeigen, wenn sie davon Kenntnis erhalten. Das Bundesjustizministerium erklärte gestern, eine entsprechende Novelle des Strafgesetzbuches sei in Vorbereitung.

Der »Bild am Sonntag« sagte Justizministerin Brigitte Zypries (SPD): »Wer erfährt, daß ein Kind mißbraucht wird oder mißbraucht werden soll, muß dies melden – dem Jugendamt oder der Polizei. Wer das unterläßt, muß damit rechnen, wegen Nichtanzeige einer Straftat belangt zu werden. Dies kann in schweren Fällen mit einer Freiheitsstrafe von bis zu fünf Jahren geahndet werden.« Zypries verwies darauf, daß Menschen im Umfeld von Opfern sexueller Straftaten oftmals Kenntnis von den Vorgängen hätten oder sie ahnten. »Trotzdem unternehmen viele nichts dagegen.«

Für eine Verschärfung des Sexualstrafrechts dürfte es im Bundestag eine breite Mehrheit geben. So hatte die Union im Dezember ihre Forderungen bekräftigt, den Missbrauch von Kindern auch rechtlich verschärft zu bekämpfen.

Ungerührt warf Frank die Kopien in den Papierkorb. Für Heike kam die Initiative um viele Jahre zu spät. Dann warf er den alten, fast abgelaufenen Jahreskalender hinterher, den er in jedem Jahr von der Polizeigewerkschaft mit den besten Wünschen zum Fest geschickt bekam.

Zu spät! Er mußte an Ecki denken und sprang auf. Meine Güte! Sein Kollege hatte ihn am 1. Weihnachtstag zum Essen eingeladen, und er hatte noch nicht einmal ein Geschenk. Zuerst hatte er nicht so recht gewußt, ob er die Einladung annehmen sollte oder nicht. Dann hatte er aber an seine Alternativen gedacht. Und allein in der Wohnung hocken und sich vor lauter Herzschmerz vollaufen zu lassen, darauf hatte er auch keine Lust.

Wenn er sich beeilte, konnte er in einer Buchhandlung vielleicht noch ein Buch finden, das er verschenken konnte. Das sah dann wenigstens nicht ganz so nach einem Verlegenheitsgeschenk aus. Und vielleicht schaffte er es sogar noch bis zu Saturn. Auch wenn es ihm schwerfiel, würde er für seinen Freund auch in der Volksmusikecke nach Neuheiten stöbern. Und in der Bluesabteilung konnte er bei der Gelegenheit ja auch noch mal nachsehen. Da steht bestimmt auch ein kleines Geschenk für mich, dachte Frank vergnügt. Er griff nach seiner Lederjacke und drehte sich noch einmal um. Sein Büro wirkte aufgeräumt, mit ruhigem Gewissen konnte er den Jahreswechsel begehen.

Er hatte die Tür schon hinter sich abgeschlossen und war im Begriff, das Gebäude zu verlassen, als er sein Telefon klingeln hörte. Zuerst wollte er es einfach überhören und dachte, wofür haben wir die Kriminalwache? Die werden sich schon um den Anrufer kümmern. Er hatte schließlich Weihnachten.

Frank ließ es klingeln, bis er fast am Treppenhaus war. Dann siegte sein Pflichtbewußtsein und er ging seufzend zurück in sein Büro. Widerwillig nahm er den Hörer auf.

»KK 11, Borsch?«

Frank wurde blaß, sein Herz begann zu rasen. Lisa! Lisa wollte ihn sehen.

Er stotterte in den Hörer. »Ja, nein, ja, ich kann vorbeikommen. Ja, jetzt sofort. Nein, kein Problem, ich, ja, ich ... ich freue mich. Ja, bis gleich.«

Frank warf den Hörer auf den Apparat und rannte zur Tür. Vor lauter Nervosität und Freude verhedderte er sich mit seinem Schlüssel im Schloß. »Scheiße. Na, komm' schon!«

Er hastete über den Flur und rannte die Treppen hinunter. Ein Kollege, der zufällig aus dem Fenster der Leitstelle sah, mußte lachen, als Frank mit seinen glatten Schuhen über das Kopfsteinpflaster schlidderte und beinahe vor seiner Autotür in die Knie gegangen wäre.

Frank war mehr mechanisch den Weg zu Lisas Wohnung gefahren, ohne auf den Verkehr zu achten. Er vergaß sogar, den CD-Player einzuschalten. Ihm gingen so viele Gedanken gleichzeitig durch den Kopf, daß er sich kaum auf die Fahrt konzentrierte. Mehrfach wurde er durch das wilde Hupen anderer Autofahrer aufgeschreckt. Mit quietschenden Reifen hielt er vor dem alten Mietshaus. Er drückte die Gartenpforte auf und schellte bei Lisa Sturm. Er mußte einen Augenblick warten, bis der Türsummer ging. Frank stürzte die Treppen hoch und klingelte. Mehr unbewußt strich er sich übers Haar und prüfte den Sitz seines Kragens.

Ihm schien die Zeit schier endlos lang, bis sich die Wohnungstür einen Spalt öffnete.

»Ja?«

»Lisa, ich...« Frank wurde auf einmal schlecht. Hoffentlich hatte sie es sich nicht schon wieder anders überlegt.

Lisa machte die Tür weit auf. Sie lachte ihn an. »Dummkopf, komm' rein.« Sie hatte wieder ihren Bademantel an und ein Badelaken wie einen Turban auf ihr nasses Haar gesetzt.

Frank sah sie forschend an und zögerte.

»Na, was ist, soll ich mir hier den Tod holen?« Lisa sah ihn aufmunternd an und zog eine Flasche Sekt hinter ihrem Rücken hervor, die sie vor Franks Nase verlockend schwenkte.

Frank atmete tief durch und trat ein. Er war völlig verwirrt. Lisa machte hinter ihm die Tür zu und blieb im Flur stehen. Dann zog sie ihn mit einer Hand zu sich. »Frohe Weihnachten.« Sie gab ihm einen Kuß auf den Mund. Frank wären fast die Beine weggeknickt.

»Äh, frohe Weihnachten. Ich meine, ich habe aber kein Geschenk für dich.« Frank sah verlegen zu Boden.

»Ich aber für dich.« Lisa flüsterte etwas in sein Ohr.

»Nein! Wann?«

»In ungefähr sechs Monaten.«

ENDE

Maskenball

Der 2. Fall der beiden Mönchengladbacher
Kommissare Frank Borsch und Michael »Ecki« Eckers

Der Tote ist mit einem Strick an den glatten Stamm einer alten Buche gefesselt. Über seinen Kopf hatte man eine Art Kartoffelsack gestülpt. An Armen und Beinen hat die Leiche dunkle Flecken. Sie sehen aus wie eingetrocknetes Blut. Auch die Oberfläche des groben Leinenbeutels ist voll davon.

Wurde Hans-Georg Verhoeven hingerichtet? War es ein Ritualmord? Warum musste der Rentner aus Nettetal-Breyell sterben? Wer, um alles in der Welt, tötet einen alten, schwachen und hilflosen Menschen? Welche Wahrheit verbirgt sich hinter der prachtvollen Jugendstilfassade der Harderwaldklinik? Was hat Oberarzt Köhler mit der Sache zu tun?

Die beiden Mönchengladbacher Kriminalhauptkommissare Frank Borsch und Michael »Ecki« Eckers ermitteln in ihrem zweiten Fall im Umfeld der Geriatrie. Sie lernen schnell: Alte Menschen verbergen jede Menge Rätsel und Geheimnisse ...

Und da ist noch der urgemütliche Polizeiarchivar Heinz-Jürgen Schrievers, für den Anti-Aging nicht nur ein Schlagwort ist. Allerdings geht er Frank damit mächtig auf die Nerven. Der Kommissar hört lieber den Blues – wenn Ecki nicht gerade auf WDR 4 umgeschaltet hat.

»Der Mann kommt aus dem tiefsten Niederrhein ...
Er weiß, wie die Menschen hier so sind, wie sie denken, wie sie fühlen ...
Deshalb schreibt der Mann Krimis. Verdammt spannende.«
Neue Rhein Zeitung NRZ

»Küsters arbeitet geschickt mit Kontrasten, spannend und ergreifend.
Schöner als bei Küsters kann ein Mord nicht sein.«
Westdeutsche Zeitung

»Als langjähriger Gerichtsreporter kennt Arnold Küsters die
Details polizeilicher und gerichtlicher Arbeit und setzt diese gekonnt um.«
Neuss Grevenbroicher Zeitung NGZ

»... exzellent geschriebene Kapitel aus der Tätersicht,....«
Rheinische Post

ISBN 978-3-920743-62-2; € 10,90

Verlag der Buchhandlung Matussek & Sohn, Nettetal

MK Bökelberg

Der 3. Fall der beiden Mönchengladbacher
Kommissare Frank Borsch und Michael »Ecki« Eckers

Der letzte Torjubel ist längst verweht. Das Bökelbergstadion ist leer. Nur der Wind und die Bagger reißen noch an den alten Tribünen. Erst jetzt gibt der Berg sein Geheimnis preis: Beim Abriss wird am Ehrenmal für die Toten ein Skelett gefunden.

Welche Rolle spielt der erfahrene Abwehrspieler und Publikumsliebling Alexander Rauh in diesem Spiel um Geld und Macht?

»Ich kann mir das alles nicht erklären.« Günter Bongartz saß blaß in seinem imposanten Schreibtischstuhl. Seine Körperhaltung hatte nichts mehr von der so oft beschworenen charismatischen Ausstrahlung. »In unserem Verein hat es so etwas noch nie gegeben. Fußball und Mord: das passt doch nicht zusammen.«

Kriminalhauptkommissar Frank Borsch und sein Freund und Kollege KHK Michael »Ecki« Eckers ahnen noch nicht, dass es in ihrem dritten Fall um weit mehr geht als nur um Fußball und Mord. Auf sie warten ganz andere Profis.

Daniel C. Hünner will Oberbürgermeister werden. Um jeden Preis.

ISBN 978-3-920743-61-5; € 9,90

Verlag der Buchhandlung Matussek & Sohn, Nettetal

und demnächst...

Schweineblut

Der 4. Fall der beiden Mönchengladbacher
Kommissare Frank Borsch und Michael »Ecki« Eckers

Mit leisem Surren fuhr das Seitenfenster hoch. Sie hatte genug gesehen. Es wurde langsam Zeit. Ganz leicht fuhr sie mit dem Daumen über die frisch geschliffene Klinge.
»Schweineblut. Sie sind nicht von hier, Herr Kommissar, nicht wahr?«

KHK Frank Borsch und KHK Michael »Ecki« Eckers ermitteln in einem Mordfall in Bracht, der sie in das Schützenbrauchtum am Niederrhein führt. Sie lernen schnell, dass hohe Erträge in der Landwirtschaft nicht nur mit Kartoffeln zu tun haben, sondern auch mit illegalen Düngemitteln und der Ernte von Hanfplantagen.

Welche Rolle spielt ihr Kollege Jan Kuhnert vom KK 14? Ist der Drogenfahnder wirklich nur Kollege? Und warum riskiert Viola Kaumanns in der alten Versandhalle in Grevenbroich ihr Leben?
Gut, dass der Archivar der Mönchengladbacher Polizei, Heinz-Jürgen Schrievers, den Überblick behält.
Und gut, dass Franks Bluesband STIXS endlich einen neuen Gitarristen hat. Obwohl »Ecki« lieber weiter WDR 4 hört...

ISBN 978-3-920743-64-6; ca. € 10,90

Verlag der Buchhandlung Matussek & Sohn, Nettetal

Finsternis im Kopf

Ein Niederrhein-Krimi
von Jürgen Hühnerbein

Georg Dreegen ist Kriminalhauptkommissar am Niederrhein. Ein Junggeselle, erfolgreich und beliebt. Er verbringt einen Kurzurlaub in Prag, den ersten Urlaub seit Jahren. Georg Dreegen sucht nach Ruhe und Entspannung, gerät aber in einen Strudel mörderischer Ereignisse, die sich wie ein blutiger Faden zu einem Netz spinnen, in dessen Zentrum die Stadt Nettetal steht – der Geburtsort von Georg Dreegen …

Die Suche nach dem Heiligen Gral mag abgeschlossen sein. Der Finder aber, Parzival, steht wieder auf, streift die uralten Sagen und Legenden ab und taucht ein in das 21. Jahrhundert, um die Welt endgültig vom Bösen zu befreien. Die Jagd beginnt …

»... originelle Geschichte, spannend geschrieben.«
Westdeutsche Zeitung

»Der Krimi ... ist ebenso spannend wie blutig.«
Neue Rhein Zeitung NRZ

ISBN 978-3-920743-65-3; € 8,90

Fehlende Mönche

Ein historischer Mönchengladbach-Krimi
von Hans Georg Beckers

Ort der Handlung ist die rheinische Benediktiner-Abtei Gladbach und ihre Umgebung in der Zeit zwischen dem Tod des Abtes Johann von Epsendorf, der am 10. Januar 1505 im Alter von 53 Jahren verstarb, und der Wahl von Aegidius von Bocholtz als Nachfolger am 14. Januar. In diesen wenigen Tagen zwischen Tod und Neubeginn haben sich in Gladbach Ereignisse zugetragen, von denen jetzt berichtet werden soll.

ISBN 978-3-920743-64-6; ca. € 10,90

Verlag der Buchhandlung Matussek & Sohn, Nettetal